国家社科基金资助项目“无人驾驶汽车侵权法律问题研究”研究成果
（批准号：18FX119）

本书获江西财经大学法治江西建设协同创新中心经费资助

无人驾驶汽车
侵权法律问题研究

Research on the Legal Issues of
Autonomous Car Infringement

熊进光　著

法律出版社
LAW PRESS · CHINA
——北京——

图书在版编目(CIP)数据

无人驾驶汽车侵权法律问题研究 / 熊进光著. -- 北京 : 法律出版社, 2023
ISBN 978 - 7 - 5197 - 8275 - 7

Ⅰ. ①无… Ⅱ. ①熊… Ⅲ. ①无人驾驶 – 汽车 – 交通运输管理 – 法律 – 研究 – 中国 Ⅳ. ①D922.296.4

中国国家版本馆 CIP 数据核字(2023)第 168458 号

无人驾驶汽车侵权法律问题研究
WUREN JIASHI QICHE QINQUAN FALÜ WENTI YANJIU

熊进光 著

策划编辑 蒋 橙
责任编辑 蒋 橙
装帧设计 鲍龙卉

出版发行 法律出版社
编辑统筹 法律应用出版分社
责任校对 朱海波
责任印制 刘晓伟
经　　销 新华书店

开本 710 毫米×1000 毫米 1/16
印张 22 **字数** 323 千
版本 2023 年 11 月第 1 版
印次 2023 年 11 月第 1 次印刷
印刷 唐山玺诚印务有限公司

地址:北京市丰台区莲花池西里 7 号(100073)
网址:www.lawpress.com.cn
投稿邮箱:info@lawpress.com.cn
举报盗版邮箱:jbwq@lawpress.com.cn
销售电话:010 - 83938349
客服电话:010 - 83938350
咨询电话:010 - 63939796

书号:ISBN 978 - 7 - 5197 - 8275 - 7
定价:86.00 元
凡购买本社图书,如有印装错误,我社负责退换。电话:010 - 83938349

目录
Contents

导　论

一、研究背景及意义

（一）研究问题的背景

1. 无人驾驶汽车行业的发展历程

第四次工业革命的到来，使人工智能成为万众瞩目的新一轮热点，关于人工智能的使用计划也逐步在各行各业中产生。在此时代背景下，人工智能的重要应用领域之一——无人驾驶汽车格外夺人眼球。实现无人驾驶汽车所依赖的人工智能技术主要是以车载计算机为核心的智能驾驶系统，包含人工智能、视觉计算、雷达、监控装置和全球定位系统在内的多个功能之间协同合作，进而完成在没有任何人外部操作的干预下，由计算机自动安全地操作机动车辆。汽车工业的发展已历经100余年，而当下正在从功能汽车时代迈入下一个智能汽车时代。[1] 第一辆能真正无人驾驶的汽车出现于20世纪80年代，随后从20世纪90年代中期的货车自动列队行驶项目"Chauffer"至今，无人驾驶技术已经有了近30年的实践经验。[2] 无人驾驶技术，总体来说是以传统汽车工业为基础，引入人工智能、物联网、高性能计算等新兴尖端信息技术，经过不断科学测试最终实现最佳融合效果的产物。应当说，无人驾驶汽车的出现，改变了全

---

〔1〕 柴占祥、聂天心、[德]Jan Becker编著：《自动驾驶改变未来》，机械工业出版社2017年版，第3～6页。

〔2〕 [日]泉田良辅：《智能化未来——无人驾驶技术将如何改变我们的生活》，李晨译，浙江大学出版社2015年版，第24页。

球汽车与交通出行领域的业务钻研方向,即从传统现实交通运输化发展转变为智能化和网联化的流通发展之新方向。有人甚至以“脚踩着四个轮子的机器人”称呼无人驾驶汽车,这是由于无人驾驶汽车的技术装备花样繁多,包括利用传感器、摄像头、雷达感知环境,使用卫星定位系统和高清卫星地图实时定位,无线连接云端交通信息库,并内置高频处理器以智能化处理自身收集到的各类数据,向终端控制系统及时反馈数据,瞬间完成加速、刹车、变道、跟随等交通指令。[1]

早在 2014 年美国汽车工程师学会(SAE International)便发布了无人驾驶分级标准,其中将无人驾驶分为 L0 – L5 6 个级别,至 2021 年 4 月,无人驾驶分级标准又经历了 3 次修改,[2]其中自动化的不同程度、人类用户和驾驶自动化系统的角色如表 0 – 1 所示。[3] L0 – L2 级均为驾驶员执行部分或全部的动态驾驶任务(ODD),L0 级即为当前普遍适用的传统机动车;L1 – L2 级是当前汽车市场中带有自动化系统的智能汽车,L2 级的自动化程度更高,自动化功能更多。L3 – L5 级则在 ADS 启用中执行全部 ODD,不同的是,L3 级需要用户成为后备用户,随时接替 ADS 成为驾驶员;L4 级要求在 ODD 达到限值后用户需要接替 ADS 成为驾驶员;L5 级则实现了完全自主化驾驶,属于真正意义上的“无人”驾驶。其中,L0 – L3 级被划定为非自主阶段无人驾驶汽车,人类驾驶员的地位不可替代;L4 – L5 级系自主阶段无人驾驶汽车,在允许开启自主驾驶模式后人类驾驶员便只是乘客,驾驶员的作用不明显。

---

〔1〕 腾讯研究院等:《人工智能:国家人工智能战略行动抓手》,中国人民大学出版社 2017 年版,第 78 页。

〔2〕《SAE J3016:驾驶自动化分级》(2021 年 4 月,中文版),载腾讯网,https://new.qq.com/omn/20210525/20210525A0071000.html。

〔3〕 专有名词 ADS (automated driving system) 指自动驾驶系统;DDT (dynamic driving task) 指动态驾驶任务;ODD (operational design domain)指操作设计域;后备用户指当 ADS 故障或警告提示后需要干预、介入的人类驾驶员;调度员指启用 ADS,将无人驾驶汽车投入适用的人。参见《SAE J3016:驾驶自动化分级》(2021 年 4 月,中文版),载腾讯网,https://new.qq.com/omn/20210525/20210525A0071000.html。

表 0－1　SAE 自动驾驶汽车分级情况

SAE 自动驾驶汽车分级	（驾驶员）用户角色	驾驶自动化系统（ADS）角色
L0（无驾驶自动化）	执行全部动态驾驶任务（DDT）	如果有 ADS，不连续执行任何 DDT（即使其他车辆系统提供警报或瞬时紧急干预）
L1（驾驶员协助）	执行 ADS 未执行的其余 DDT；监督驾驶自动化系统，并根据需要进行干预，以保持车辆的安全运行；确定驾驶自动化系统的启用和断开是否适当；每当需要时立即执行整个 DDT	ADS 启用中：通过执行纵向或横向车辆运动控制子任务执行部分 DDT，根据驾驶员请求立即断开
L2（部分驾驶自动化）	执行 ADS 未执行的其余 DDT；监督驾驶自动化系统，并根据需要进行干预，以保持车辆的安全运行；确定驾驶自动化系统的启用和断开是否适当；每当需要时立即执行整个 DDT	ADS 启用中：通过执行纵向或横向车辆运动控制子任务执行部分 DDT，根据驾驶员请求立即断开
L3（有条件驾驶自动化）	ADS 未启用：验证配备 ADS 车辆的运行准备情况；当 ADS 启用后成为 ODD 停地后备用户； ADS 启用中：及时接受车辆系统中 DDT 执行相关的系统故障，及时执行 DDT 后备，ADS 一断开就转变为驾驶员	ADS 未启用：仅在 ODD 范围内启用、操作； ADS 启用中：在 ODD 范围内执行整个 DDT，用户请求时断开，出现故障后向 ODD 后备用户发出干预请求，在发出干预请求后的适当时间断开
L4（高驾驶自动化）	ADS 未启用：验证配备 ADS 车辆的运行准备情况，确定是否启用 ADS； ADS 启用中：仅当实际存在的乘客/调度员，不需要执行 DDT 或 DDT 后备，在 ADS 达到 ODD 限值后进行 ODD，在请求断开后成为驾驶员	ADS 未启用：仅在 ODD 范围内启用、操作； ADS 启用中：在 ODD 范围内执行整个 DDT，达到 ODD 限值、用户要求最小风险、故障后将执行 DDT 后备

续表

SAE 自动驾驶汽车分级	(驾驶员)用户角色	驾驶自动化系统(ADS)角色
L5(全驾驶自动化)	ADS 未启用:验证配备 ADS 车辆的运行准备情况,确定是否启用 ADS; ADS 启用中:仅当实际存在的乘客/调度员,不需要执行 DDT 或 DDT 后备,在请求断开后成为驾驶员	ADS 未启用:允许在所有驾驶员可管理的道路条件下启用 ADS; ADS 启用中:执行整个 DDT,用户要求最小风险、故障后将执行 DDT 后备

值得注意的是,为了推动我国无人驾驶汽车的产业发展,2021 年 8 月 20 日,由工业和信息化部提出、全国汽车标准化技术委员会归口的《汽车驾驶自动化分级》(GB/T 40429—2021)推荐性国家标准由国家市场监督管理总局、国家标准化管理委员会批准发布,自 2022 年 3 月 1 日起实施。根据该标准,我国将汽车驾驶自动化功能分为 0 级(应急辅助)、1 级(部分驾驶辅助)、2 级(组合驾驶辅助)、3 级(有条件自动驾驶)、4 级(高度自动驾驶)、5 级(完全自动驾驶)共 6 个不同的等级。[1]

当无人驾驶汽车从设想变为现实之日,它将会给人类社会带来更美好、更安全的可能,这将提升全体人类的福祉;同时也必将为投资者带来巨大的经济效益。因此也就不难理解为何无人驾驶能够吸引全世界各大科技巨头企业的目光,进而使 AI 产业领域迅速变为人类技术比拼和尖端资本角力的战场。苹果、谷歌、微软、亚马逊等作为世界首屈一指的顶尖科创企业,都对人工智能的市场前景格外青睐,除了海量的资本注入,部分尖端企业甚至从自身内部着手

〔1〕 根据我国《汽车驾驶自动化分级》(GB/T 40429—2021)关于汽车自动驾驶的分级标准,0 级至 2 级为驾驶辅助,系统辅助人类执行动态驾驶任务,驾驶主体仍为驾驶员;3 级至 5 级为自动驾驶,系统在设计运行条件下代替人类执行动态驾驶任务,当功能激活时,驾驶主体是系统。据了解,与美国 SAE 标准相比,我国《汽车驾驶自动化分级》的等级划分更清晰、严格,且等级命名更符合我国实际,更准确、更直白易懂,也更注重安全。参见《中国自动驾驶分级国标正式出台,2022 年 3 月 1 日正式实施》,载界面新闻网,https://baijiahao. baidu. com/s? id = 1711247105103590759&wfr = spider&for = pc,2022 年 12 月 20 日访问。

开始实施战略转型，意图将人工智能作为企业未来业务发展的根基。进军这块"沃土"的不仅有美国企业，以"BAT"为首的中国科创企业也已将人工智能视为重点战略展开了攻势，在人才培养、技术创新、业务规划、理论经验总结等多个方面都有积极投入。[1] 无人驾驶已然成为人工智能产业出现的九大发展热点领域之一。[2] 在当前世界范围内的无人驾驶产业格局中，美、德两国以显著优势位居浪潮之尖，日本、韩国紧随其后，我国也迅速觉醒，成果显著。最具代表性的企业无疑是美国特斯拉公司，其在无人驾驶汽车领域内的战略规模已经实现了量产，并已正式投入市场，甚至在此基础上构建起了一整套较为成熟的商业模式。[3] 麦肯锡未来移动中心（The McKinsey Center for Future Mobility）在 2017 年 5 月发布过一份报告《无人驾驶机器人何时能够上路》，[4] 其中对无人驾驶汽车的商业部署时间进行估计。该报告认为，SAE 分级标准中的 L4 无人驾驶汽车将在未来 5 年内出现，而自主阶段无人驾驶汽车（L5）的应用则将在 10 年以后。[5] 总之，无人驾驶不仅意味着传统汽车产业成功与人工智能、物联网、高性能计算高新技术实现了完美融合，更深层次的内涵在于，当前全球汽车与交通出行领域已发生了剧烈变化。

2. 无人驾驶汽车行业的发展前景

库兹韦尔在《奇点临近》中预测，2045 年将成为人工智能纪元正式到来之日。[6] 无人驾驶汽车的未来前景是美好的，无人驾驶汽车将普及化，进入我们的日常生活。

---

[1] 腾讯研究院等：《人工智能：国家人工智能战略行动抓手》，中国人民大学出版社 2017 年版，第 69 页。

[2] 人工智能九大发展热点领域分别是指 AI 芯片、自然语言处理、语音识别、机器学习应用、计算机视觉与图像、技术平台、智能无人机、智能机器人、自动驾驶。

[3] 姜允侃：《无人驾驶汽车的发展现状及展望》，载《微型电脑应用》2019 年第 5 期。

[4] Kersten Heineke, Philipp Kampshoff, Armen Mkrtchyan & Emily Shao, *Self-driving Car Technology: When Will the Robots Hit the Road?*, McKinsey & Company, p. 4 - 10 (2017).

[5] 美国汽车工程师学会（SAE）将自动驾驶汽车视智能化、自动化程度水平分为 6 个等级：无自动化（L0）、驾驶支援（L1）、部分自动化（L2）、有条件自动化（L3）、高度自动化（L4）和完全自动化（L5）。

[6] ［美］库兹韦尔：《奇点临近》，董振华、李庆诚译，机械工业出版社 2011 年版，第 187 页。

无人驾驶技术的发展会给世界带来巨大变化。如在汽车行业,无人驾驶汽车可能不再“私有化”,汽车企业将由“销售车辆”转向“销售车辆娱乐服务”。在 ICT 行业,无人驾驶汽车之间是通过通信技术相互连接的,在移动通信营业厅也将可以购买无人驾驶汽车服务。在金融行业,有了“不会发生车祸的汽车”后,汽车保险的定义、资金流向、产业结构都将会发生巨大变化。对于交通监管部门,既然不再由人类驾驶汽车,驾照也有取消的可能性。从产业的发展情况来看,上述推断都将不再是遥远的梦想,不仅谷歌、苹果等美国高科技巨头瞄准着这个方向,日本、德国、中国也都在无人驾驶方面积极部署,希望抢占发展的先机和制高点。〔1〕 无人驾驶汽车最直观的优势效果在于能够拯救生命、降低车祸率。世界卫生组织(WHO)曾经公布过一个数据,每年在全球范围内约有 125 万人死于交通事故。这意味着一个可怕的现实,即全球每天因交通事故遇难的人数高于 3400 人,同时每年还有几千万人因交通事故受伤或致残,而在其中,交通事故更是导致 15 ~29 岁的年轻人死亡的首要原因。绝大部分的交通事故都是由司机喝酒、分心(视觉、手动、认知)〔2〕、犯困、接打电话等导致的,90% 的交通事故都是由人为因素导致的。解放驾驶员的双手就意味着减少这种人为因素导致的交通事故概率,能够大大降低交通事故的发生率,从而拯救成千上万人的性命。无人驾驶汽车的主要存在意义便在于此。

自部分无人驾驶汽车正式投入市场以来,交通事故多次发生并受到了社会高度关注,围绕无人驾驶汽车的侵权责任纠纷也随之而来。2016 年 1 月,一名车主在使用特斯拉自动驾驶系统在河北省邯郸市路段的高速公路上追尾了清扫车造成车主身亡。〔3〕 2017 年 3 月,Uber 的一辆沃尔沃无人驾驶汽车在美国亚利桑那州坦佩发生车祸,Uber 无人车直接侧翻在地。〔4〕 根据美国车管局

---

〔1〕 腾讯研究院等:《人工智能:国家人工智能战略行动抓手》,中国人民大学出版社 2017 年版,第 77 页。

〔2〕 视觉是指将视线从道路上移开,手动是指将手从方向盘上移开,认知是指将注意力从驾驶中移开。

〔3〕 魏保志主编:《创新汇智——热点技术专利分析》,知识产权出版社 2019 年版,第 81 页。

〔4〕 GeekCar:《解析历史上的无人车事故案例:到底怪人类,还是怪机器?》,载搜狐网,https://www.sohu.com/a/204757035_120865,2021 年 8 月 22 日访问。

(Department of Motor Vehicles, DMV)2014 年至 2018 年的无人驾驶事故记载，通用与谷歌 Waymo 分别发生了 53 起、41 起碰撞事故，无人驾驶汽车一时也因此被网友戏称为“碰碰车”。[1] 各参与研发无人驾驶的公司，都曾发生过无人驾驶汽车交通事故，可见目前的无人驾驶汽车没有 100% 的安全。尽管不能排除意外情况、软件缺陷或设计错误等导致无人驾驶汽车车祸事故的可能，不过总体而言无人驾驶汽车依然比人类驾驶安全系数更高，其造成伤亡总数也可能远低于人类驾驶者。[2]

无人驾驶汽车发生交通肇事所致损害是不可预见和不可避免的，但整体来看，研究开发无人驾驶汽车技术还是利大于弊的。2017 年 2 月，美国兰德智库便向美国众议院能源和商业委员会、数字商务和消费者保护小组委员会提交了一份名为《实现无人驾驶汽车安全的挑战与途径》的报告。[3] 该报告提出，由于真实世界的路况是极其复杂且多变的，无人驾驶汽车仍然面临着许多困难与挑战，“允许无人驾驶汽车在真实世界中上路，带来的风险就像允许未成年人驾驶汽车一样”。但该报告并非完全否定无人驾驶，文中也强调了无人驾驶汽车安全性相对较高，能够减少因车祸而伤及无辜性命，改变人们的出行方式，给人们的生活带来极大的便利，提升幸福感。有外国机构的测试数据表明，自动驾驶系统可以减少 90% 的事故发生率，所以无人驾驶被认为比人类驾驶更安全。[4]

无人驾驶汽车若想要走进现实，必须优化人工智能系统。这就需要从科学技术和法律政策两个方面考虑。在科学技术方面，为了让无人驾驶汽车早日上路，除了研发无人驾驶汽车的公司要提高无人驾驶技术外，无人驾驶汽车监管

---

[1] Origin:《我们分析了加州 114 起无人车事故，发现了这些有趣的事》，载虎嗅网，https://www.huxiu.com/article/273131.html，2021 年 8 月 22 日访问。

[2] [美]莎拉·芭氏、蒂莫西·M. 亨利：《IT 之火——计算机技术与社会、法律和伦理》，郭耀译，机械工业出版社 2019 年版，第 4 页。

[3] Nidhi Kalra, *Challenges and Approaches to Realizing Autonomous Vehicle Safety and Benefits*, Rand Corporation, p. 2 – 8 (2017).

[4] 司晓：《论人工智能的民事责任——以自动驾驶汽车和智能机器人为切入点》，载《法律科学》2017 年第 5 期。

部门也应当联合产业、研究机构和高校，找到更加切实有效的安全测试方法，并对相关方法进行严格、客观、独立的验证评估。此外，还应当采用更加灵活的安全测试规范，根据不同阶段无人驾驶产业发展的需要，制定严格的公共交通准入标准以约束无人驾驶车辆的安全性。在法律政策方面，应当以政策为导向，建立符合无人驾驶汽车特点的相关法律法规。无人驾驶汽车交通事故的发生，犹如在学界扔下了一枚原子弹，炸开了隐藏在科技沃土之下的制度贫瘠，关于无人驾驶汽车准予上路测试的政府监管、交通事故侵权法律责任承担等问题的讨论从未停下。尽管各国学者对此进行了多方位的分析研究，但关于无人驾驶汽车的许多问题仍然无法得到充分解决。如无人驾驶汽车是否拥有法律人格，侵权后责任如何承担等，诸多问题并无定论，学者对此莫衷一是。总之，无人驾驶汽车的前景是光明的，而实现这个目标仍有很长一段路要走。

（二）研究问题的价值

1. 完善民事主体资格理论

人工智能的现实应用之一——无人驾驶汽车，作为一种全新的技术，必然会给传统的民事主体理论带来冲击。目前，关于无人驾驶汽车侵权行为的自主化、类人性化等理论的出现使人工智能是否有民事主体资格成为学界探讨的热点问题之一。无人车（本书所指的无人驾驶汽车）法律地位的厘定，乃为有针对性地解决其侵权责任承担的前提。[1] 若其主体资格有无之争议一直悬而未决，则人工智能的发展将会缺乏法律价值指引。[2] 换句话说，是否赋予无人驾驶汽车主体资格，即如何对无人驾驶汽车进行法律定位，是研究无人驾驶汽车侵权规则的基础和前提。

为解决无人驾驶汽车民事主体资格难题，亟须一种更符合无人驾驶汽车侵权理论和法律定位的民事主体制度。即使是专门研究无人驾驶汽车的学者也

---

〔1〕 杜明强、冷传莉：《论无人驾驶汽车交通事故侵权责任》，载《安徽师范大学学报（人文社会科学版）》2020年第2期。

〔2〕 彭诚信：《人工智能的法律主体地位》，载《人民法治》2018年第18期。

很难给出一个明确的定义,[1]而无法给出定义的原因主要有以下几点:第一,无人驾驶汽车显然属于人工制造,很难将其人格化。第二,它们通常在某种程度上由人进行控制。这使它们到底属于人类的延伸,还是它们本身就是独立实体难以判定。目前,大部分学者认为当前非自主阶段无人驾驶汽车暂不具备赋予其民事主体资格的条件,但对处于自主阶段的无人驾驶汽车是否有资格成为法律主体,目前尚不存在绝对否定的观点。[2] 无人驾驶汽车处于自主阶段时,对于其是否具有法律主体地位的争议,在学界存在肯定说、否定说及中间说等不同的观点。不同的学说观点之下,无人驾驶汽车及其自主系统的可问责性之结论存在很大差异。持肯定说的学者普遍认为,无人驾驶汽车能够与周围社会环境进行交互,在驾驶系统没有设定的情况下能够产生一定的自主行为,具有类人性,应赋予其法律主体地位。否定说认为,无人驾驶汽车本质上仍是工具,其作为产品被创造出来就是为人类服务的,不具有人格,故不能成为法律主体,只能作为客体而存在。通过人类的双手,制造出了与人类在法律上具有同等地位但与人类相分离的"人",违背了人类中心主义,也必然会出现不利于社会发展的劳动异化现象。[3] 中间说认为,无人驾驶汽车是一种特殊的主体,或者说在满足某种条件时才能成为主体,当无人驾驶汽车发展到可以独立作出意思表示的时候,具有类似人类独立思考和深度学习的能力时,是特殊的民事主体。就自主阶段无人驾驶汽车的主体资格问题,频频涌现的各种观点学说互相驳斥,无法形成定论。

在这种情况下,笔者认为,可以在现有法人制度体系下,增设一种特别法人——"电子法人",以完善当前主体资格理论。无人驾驶汽车作为"电子法

---

[1] [美]瑞恩·卡洛、迈克尔·弗鲁姆金、[加]伊恩·克尔编:《人工智能与法律的对话》,陈吉栋、董惠敏、杭颖颖译,上海人民出版社2018年版,第5~6页。

[2] 郑志峰:《自动驾驶汽车交通事故责任的立法论与解释论——以民法典相关内容为视角》,载《东方法学》2021年第3期;尤婷、刘健:《自动驾驶汽车的交通事故侵权责任研究》,载《湘潭大学学报》2021年第2期。

[3] 马克思主义的劳动异化论认为,由于生产资料私有制的存在,人类的劳动成果不再为劳动者所有,作为劳动者的人受到其劳动成果的控制,因而出现了劳动者与劳动成果之间的对立,以及劳动者与控制劳动成果的人之间的对立,导致了人类劳动成果不能为劳动者自身发展所用的异化现象。参见陈和芳:《论人工智能侵权责任主体的识别机制》,载《学术交流》2020年第7期。

人”,有其独特的运行方式,意思能力也不同于财团法人和社团法人,增设“电子法人”是有其合理性的。权责分摊是无人驾驶汽车成为民事主体的根本理由。无人驾驶汽车自主行为后果,因其“擅自”行为切断了法律上的因果关系,产品责任和动物责任等均无法应对,只有赋予无人驾驶汽车民事主体资格,方能解决其带来的权利、义务和责任的分摊问题。无人驾驶汽车自主行为切断法律上的因果关系,无人驾驶汽车自主行为风险全部社会化并不合理。此外无人驾驶汽车自主行为与多方主体存在利益关系,无人驾驶汽车自主行为所生权利、义务和责任理应分摊。总而言之,“电子法人”的提出和设立既不会对现有民事主体制度造成危害,也能够完善我国《民法典》中特别法人的规定。

2. 丰富侵权损害法学理论

理论指导行为,无人驾驶汽车侵权的实践处理规则需要依靠法理的支持。本书多角度分析无人驾驶汽车侵权的法理,为构建现实侵权损害规则提供理论参考。第一,在风险社会视野下,智能科技会带来多种风险,[1]其侵权具有广泛性。风险丛生、风险叠加、风险度高是智能社会的显著特征,在这种社会环境下无人驾驶汽车会面临技术风险、剩余风险、规制风险、数据泄露风险和责任分配风险。这些风险的存在让我们不得不去关注无人驾驶汽车因某种风险而陷入的各类侵权责任。第二,从大规模侵权理论角度看,无人驾驶汽车侵权具有数量众多、后果严重、因果关系难证等特征。[2] 道路交通领域的大规模侵权可简要概括为交通工具数量多,损害大,发生时间和空间紧密相连,难以划分为单个独立的事故。而在未来,无人驾驶汽车可能要面临大规模侵权诉讼的挑战,可能会出现多车碰撞导致多数人或财产受到侵害,也可能会出现汽车的电子系统或软件出现故障导致人员伤亡或财产损失等侵权事件。在大规模侵权视角下,无人驾驶汽车存在责任主体难以认定、因果关系难以界定的问题。对此,应当建立大规模侵权损害救济基金、责任保险制度以应对无人驾驶汽车侵权损害

---

〔1〕 张文显:《构建智能社会的法律秩序》,载《东方法学》2020 年第 5 期。

〔2〕 王素娟主编:《虚拟与现实社会中有形与无形财产间最新民商问题法律分析》,中国人民公安大学出版社 2012 年版,第 240 页。

发生的后续纠纷。第三,从法经济学视角看,无人驾驶汽车侵权损害救济应当建立一种激励机制,将发生事故的社会成本最小化,实现侵权法的经济学价值——“外部性内在化”。[1] 在产权理论下,无人驾驶汽车的运行和发展过程既包括私人产权,也包括国家产权。在危险分担理论下,无人驾驶汽车引发的侵权至少涉及机动车所有人、研发设计者和国家三方主体,侵权损害赔偿也理应由多方主体进行分担。在报偿理论下,各级政府在建设无人驾驶信息化道路时投入了巨大成本,作为管理者国家也应承担相应责任,在这种视角下,国家管理人也理应成为无人驾驶汽车侵权纠纷中的责任主体。在危险控制理论下,无人驾驶汽车的开发制造者、驾驶人应承担无人驾驶汽车侵权的损害赔偿责任。第四,在法社会学视角下,面对无人驾驶汽车侵权问题,研究法的社会作用似乎更为重要。[2] 追求法的社会效果而非法学概念,研究平衡无人驾驶汽车利益的规范,建立以技术和法律为主导的社会控制机制,为无人驾驶汽车立法做前瞻性准备。第五,从公共政策理论出发,为解决无人驾驶汽车侵权问题,需要有政府等社会公共权威机构、组织为其制订公共计划、行为准则,如颁布法令、出台条例、作出策略等。[3] 公共政策所追求的目标是补偿功能和自由保障功能,公共政策是实现侵权责任平衡功能的关键要素。在科技法的背景下,应完善无人驾驶汽车侵权法律规范,建立多方联合的侵权赔偿制度。

3. 促进综合性风险分配机制的构建

科技正常使用会给社会带来一定的负面效应,无人驾驶汽车也不可避免地存在风险。风险根据其来源的不同可划分为外部风险和被制造出来的风险。外部风险是指“来自外部的、因为传统或者自然的不变性和固定性带来的风

---

[1] 外部性内在化是经济学术语,其含义是为纠正外部性问题造成的效率偏差,引入激励机制以促进理性选择,使生产或购买接近社会最优量。侵权法的经济本质便是运用好责任规范,实现外部性内在化,预防事故发生。参见[美]罗伯特·考特、托马斯·尤伦:《法和经济学》,史晋川、董雪兵译,格致出版社、上海三联书店、上海人民出版社2010年版,第178页。

[2] 法社会学着重研究两个问题:一是发生的法社会学,即研究生活中法产生的过程;二是操作的法社会学,即研究社会生活中法的效果。参见何勤华:《西方法学史纲》(第3版),商务印书馆2016年版,第497~498页。

[3] 钱再见:《现代公共政策学》,南京师范大学出版社2007年版,第7页。

险”。被制造出来的风险是指“由我们不断发展的知识对这个世界的影响所产生的风险,是指我们在没有多少历史经验的情况下所产生的风险”。[1] 无人驾驶汽车所带来的风险是被人为制造出来的风险。有学者提出,“科学是风险的解决方案,也是风险的媒介”。[2] 在当前的科学环境下,风险普遍存在于客观现实之中。无人驾驶汽车侵权风险已经取代了原本外部风险,占据了风险主导地位,在这种风险的背后,是传统工业社会向风险社会的转型。[3] 工业和社会发展必然导致风险社会的产生,它“不是一种可以选择或拒绝的选择,它产生于不考虑后果的自发性现代化的势不可当的运动中”。[4] 与传统工业社会存在显著不同,风险社会表现出以下特征:首先,风险的危险等级发生了变化。[5] 无人驾驶汽车从私家车向共享汽车、公共交通扩展,带来的风险与危害也随之增大,从个体风险向公共风险转化。其次,风险的发生规模和波及范围发生了巨大的变化。从无人驾驶汽车的全球发展格局来看,风险既是地域性的,又是全球性的,无人驾驶汽车带来的风险和损害在全球范围内都有体现。

结合风险社会的特性,构建多层次、多元化、综合性的无人驾驶汽车侵权风险分配机制。风险分配机制,即国家为保障社会公平,以法律的形式分配风险,由各主体分担风险的一种制度规范。而风险分配正义是风险分配机制的分配价值观,是公平正义的一部分。[6] 处于风险社会的人类面对风险的威胁无法视而不见,尤其当这种威胁可以指向未来,即“当人类当下的行为直接受到具有威胁性的未来的影响”。[7] 因此,在进行风险分配和损害赔偿时应该明确以

---

〔1〕 [英]安东尼·吉登斯:《失控的世界》,周红云译,江西人民出版社2001年版,第22页。

〔2〕 [德]乌尔里希·贝克:《风险社会——新的现代性之路》,张文杰、何博闻译,译林出版社2018年版,第176页。

〔3〕 杨帆:《风险社会视域中侵权损害赔偿与责任保险的互动机制》,中国社会科学出版社2016年版,第8页。

〔4〕 [荷]沃特·阿赫特贝格:《民主、正义与风险社会:生态民主政治的形态与意义》,周战超编译,载《马克思主义与现实》2003年第3期。

〔5〕 杨帆:《风险社会视域中侵权损害赔偿与责任保险的互动机制》,中国社会科学出版社2016年版,第7页。

〔6〕 谢进川:《媒介政治社会学分析》,中国传媒大学出版社2017年版,第209页。

〔7〕 [德]乌尔里希·贝克:《风险社会》,何博闻译,译林出版社2004年版,第188页。

下几点:首先,需要明确依据何种原则对风险进行分配。无人驾驶汽车对传统归责原则具有挑战性,有必要进行制度创新。从过错原则的两次勃兴,到过错推定归责方式的转变,再到工业社会时期无过错责任原则的兴起,这都是基于归责原则构建出的调整机制在应对新事物的挑战。笔者认为,在未来社会,随着无人驾驶汽车的出现,可以基于主体性考量的归责原则需要进行类型化转变,以构建出无人驾驶汽车归责原则。无人驾驶汽车可分为非自主阶段和自主阶段,在非自主阶段,区分无人驾驶模式下的归责和接管义务模式下的归责;在自主阶段,区分产品责任、高度危险责任、代理人责任和"电子法人"责任归责原则的不同及其相对应的适用条件。其次,当今社会,大规模侵权日益频发,而每每发生大规模侵权案件后,其所带来的损害后果都远非侵权法本身所能承受,侵权法遭遇现实的影响后,难以在"风险社会秩序"中发挥作用,而是逐渐远离秩序,成为一个驻足观望的"局外人"。[1] 风险一直存在,该风险不管由谁来单独承担都不合理,且该风险过大,任何主体单独承担都不公平,也不利于无人驾驶汽车产业的发展。有必要对无人驾驶汽车侵权的责任主体进行深入分析论证,为无人驾驶汽车侵权制度构建奠定明确的主体基础。因此,无人驾驶汽车的风险分配机制应当是多元化的:由各主体分担风险,更有利于无人驾驶科技的发展和各主体之间的利益关系平衡。最后,风险社会的到来会牵引出其他严峻问题,个人安全、经济发展和社会稳定都岌岌可危。故而,无人驾驶汽车的风险分配机制应当具有综合性,涵盖多方面、多领域。

4. 推进被侵权人损害救济体系建设

关于被侵权人损害救济体系如何建设问题是无人驾驶汽车发展面临的法律挑战之一。由于人工智能的自主性和不可预测性,当人工智能大规模地进入人们的生活时,无法查明原因的人工智能侵权事件的发生不可避免。而此时,如何建设无人驾驶汽车侵权救济体系是进一步推进问题解决的重要需求。有学者主张无人驾驶汽车侵权事件中,被侵权人可以依据现行侵权责任规范进行

---

〔1〕 张铁薇:《"风险社会"与侵权法的新理念》,载《光明日报(学术版)》2007 年 4 月 17 日。

救济。[1] 要么按照道路交通事故规则追究责任主体责任,要么按照产品责任以保护被侵权人利益。也有学者提出,无人驾驶汽车侵权是责任体系中新的侵权类型,需要根据无人驾驶汽车侵权的特性来制定新的责任规则,[2]以保护被侵权人的正当利益。具有自主性和不可预测性的人工智能对现行的侵权规则制度发起挑战:传统交通事故责任和产品责任均捉襟见肘。[3] 如机动车交通事故侵权处理规则对非自主阶段的无人驾驶汽车或许还勉强够用,但在面对自主阶段的无人驾驶汽车交通事故时却有点应接不暇了,驾驶人如何判定、交通事故归责原则如何适用等问题均无法解决。而在产品责任的法律框架下,无人驾驶汽车的产品缺陷认定异常复杂且困难,被侵权人的权益难以得到维护。

推进被侵权人损害救济体系建设是有必要的。当前,我国无人驾驶汽车的开发研究在蓬勃发展,而许多问题也在不断显现,如相关法律法规不健全、传统侵权理论不能完全应对等。我国暂无关于无人驾驶汽车的正式立法计划,尚无专门的法规对无人驾驶汽车的责任承担、受害人权益保障等问题作出规定。笔者认为,仅以传统机动车交通事故处理规则来应对无人驾驶汽车侵权案件,并不能达到填补被侵权人损害的法律效果。而面对传统侵权法理论对无人驾驶汽车侵权损害赔偿责任的规定还不够完善的窘境,更应当探索新的侵权处理规则。以传统的侵权理论为基础,参照适用现有的侵权法律法规和侵权理论,借鉴当前关于无人驾驶汽车侵权的新观点学说,构建一个结构合理的救济体系。在明确风险分配原则和赔偿责任主体的同时,该体系还应囊括以下方面:侵权损害赔偿实现机制和不同类型无人驾驶汽车侵权责任承担方式。目前,一种综合性的损害救济体系已在世界范围内逐步探索和建立,并成为各国关注的焦点。[4] 侵权责任、责任保险、社会保险、商业保险以及公益救助基金等多种救

---

〔1〕 杨立新:《用现行民法规则解决人工智能法律调整问题的尝试》,载《中州学刊》2018 年第 7 期。

〔2〕 付其运:《人工智能非主体性前提下侵权责任承担机制研究》,载《法学杂志》2021 年第 4 期。

〔3〕 高完成、宁卓名:《人工智能产品致害风险及其侵权责任规制》,载《河南社会科学》2021 年第 4 期。

〔4〕 朱岩:《侵权责任法通论 · 总论》,法律出版社 2011 年版,第 37 页。

济渠道构成了该系统的主要内容。[1] 主要分为两大类：一类是公共性的损害赔偿体系，包括社会保险和公益基金等救济机制；另一类是私人性损害赔偿体系，包括第一方保险与侵权责任（含责任保险）。具体表现为，建立链式分配责任体系，通过基金责任、保险责任和社会保障来多方面分担风险，形成完整的侵权责任分配链条，在保护被侵权人利益和促进技术发展间提供良性法律框架。[2]

5. 促进民事立法完善

无人驾驶汽车侵权的法律问题尚待法律规制。美国埃尔曼杰曾说过，"法律乃是改革的主要力量，是解决冲突的首要渠道"。[3] 法律的诞生是为了解决现实问题。从目前来看，无人驾驶汽车发生交通事故的案例每年都有，无人驾驶技术给社会生活带来问题是无法完全避免的。此外，科技是大国的核心竞争力，人工智能的技术需求和国际合作陡增，而近年来我国无人驾驶技术在发展迅速的同时法律规制却跟不上，大大影响了我国无人驾驶汽车的发展。[4] 相较于欧美国家，由于我国无人驾驶汽车技术起步晚，相关的政策和立法经验明显不足。要应对无人驾驶汽车交通事故侵权的法律问题，分析域外国家的人工智能立法特点并借鉴其中的先进之处是非常有必要的。在此基础上，本书结合我国的法律体系，提出相关立法建议，希望能够推进无人驾驶汽车立法乃至人工智能立法进程。

各国对于人工智能的立法虽留白较多，但仍有许多可借鉴之处。如俄罗斯《格里申法案》的草案，它是俄罗斯第一部机器人法草案，条文仅有 4 条，却包

---

〔1〕 杨帆：《风险社会视域中侵权损害赔偿与责任保险的互动机制》，中国社会科学出版社 2016 年版，第 11 页。

〔2〕 袁曾：《无人驾驶汽车侵权责任的链式分配机制——以算法应用为切入点》，载《东方法学》2019 年第 5 期。

〔3〕 阿迪力·穆罕默德主编：《关于品行的格言》（下），新疆美术摄影出版社、新疆电子音像出版社 2010 年版，第 307 页。

〔4〕 张玉洁、朱昊：《人工智能治理视野下无人驾驶汽车的法律责任研究》，载《南宁师范大学学报（哲学社会科学版）》2021 年第 1 期。

含了法律调整原则、法律权利义务、侵权损害的法律适用特殊性等多个方面。[1]《格里申法案》注重现阶段机器人法律调整,但也有关于未来发展的前瞻性考虑。它提出对机器人予以与动物具有特定相似性的财产定位,提出"机器人—代理人"概念,提出赋予机器人以类似法人的民事主体地位和民事权利能力,这些规定都是有前瞻意义的,对于我国相关民事立法亦有启发之处。美国联邦政府与其各州的立法存在一定的冲突,尽管不会在近期制定统一强制国家无人驾驶法,但联邦政府也在通过颁布一系列无人驾驶顶层文件,如《美国智能交通系统(ITS)战略规划(2015—2019)》、《联邦自动驾驶汽车政策指南》(AV1.0)、《自动驾驶系统 2.0:安全愿景》(ADS2.0)、《为交通运输的未来做准备:自动驾驶车辆 3.0》(AV3.0)来指导无人驾驶汽车的战略发展,其中涉及责任认定原则、开放准入制度、法律监管原则以及安全标准。从这一系列文件也可以看出美国对待无人驾驶汽车的态度变化,由保守转为开放,从政府严格管控转向市场力量主导。美国联邦政府更像是无人驾驶"盟主",是推动无人驾驶的利益协调者。[2] 日本修订《道路交通法》时考虑到无人驾驶汽车在技术上与公共道路上的 L3 级驾驶相当的可能性,并未直接针对 L4 级车辆[3]。2022 年 3 月,日本再次修订《道路交通法》,允许 L4 级无人驾驶汽车和无人驾驶机器人上路行驶。欧盟第 758 号年度法律(EU2015/758)从汽车制造商义务、无人驾驶系统安装成本、数据和隐私保护规则等方面形成了较为完整的交通事故紧急救援法律体系;《机器人民事法律规则》在一定程度上赋予了机器人民事法律地位,肯定了包括无人驾驶汽车在内的人工智能物的民事责任和伦理守则。整理归纳各国立法特点:对无人驾驶汽车的态度应当由保守慢慢转向开放包容,政府严格监管并为无人驾驶汽车创造良好的环境;应当兼顾现在与

---

〔1〕 В. В. Архипов, В. Б. Наумов. Искусственный нителлект и автономные устройства в контексте права: о разра ботке первого в России закона о робототехнике. Труды СПИИРАН. 2017. Вып. 6(55). С. 51 – 52.

〔2〕《政策先行 美国自动驾驶 4.0 确定三大原则》,载早安中国,http://www.zagsh.cn/plus/view.php? aid = 135641,2021 年 12 月 27 日访问。

〔3〕 Takeyoshi Imai, *Legal Regulation of Autonomous Driving Technology: Current Conditions and Issues in Japan*, IATSS Research, Vol. 43, p. 263 – 267(2019).

未来,在为未来留有余地的同时考虑现阶段的现实需求。

在立法路径选择方面,采用分步走的立法路径。按照我国法律体系,针对无人驾驶汽车的立法模式有三个选择:一是颁布相关行政规章;二是制定单行法,如人工智能法、无人驾驶汽车法;三是修改《民法典》。立法是一国之大事,以试点方式慢慢推广是我国传统,因此应当政策先于法律,相关行政法规是法律制定的先行步骤,在行政法规中增加无人驾驶汽车侵权相关的内容是必要且可行的。同时,为无人驾驶汽车制定单行法暂无必要,因为无人驾驶汽车侵权虽然具有一定特殊性,但并未改变侵权的本质。而《民法典》是我国民法规则的基本法,有关无人驾驶汽车的重要问题也有必要在《民法典》中加以肯定。立法不是一蹴而就的,我国法律体系庞杂,采取分步走立法路径,能够缓和各主体之间的冲突,协调各主体的诉求。

二、国内外研究动态

(一)关于无人驾驶汽车的法律定位

当前,关于无人驾驶汽车的法律定位,有三种观点,分别是主体肯定说、主体否定说和中间说。在主体肯定说中,有学者提出应当赋予人工智能系统法人人格。[1] 也有学者提出应确立新的法律主体类型"电子人",以表征人工智能机器或系统,主张以"电子人"作为无人驾驶汽车法律主体的规范称谓,该观点在现实、历史与理论三个层面给出了论证。[2] 在主体否定说中,有学者从道德预设和法律预设目的层面上来论证将无人驾驶汽车作为法律主体的非适宜性。[3] 也有学者以拉康的欲望机制理论为基础分析无人汽车的非主体性。[4] 在中间说中,有学者认为无人驾驶汽车具有独立思考的能力,但无人驾驶汽车仍作为工具存在,仅应具有有限的法律人格。[5]

---

〔1〕 Cf escas Alain, Comment, *From Jopardy! to Jandice; The Medical Lability Iplicatins of Dr. Wason and Other Atifcia Inlilnc Systems*, La. L. Rev., Vol. 73, p. 1078(2013).

〔2〕 郭少飞:《"电子人"法律主体论》,载《东方法学》2018 年第 3 期。

〔3〕 吴习彧:《论人工智能的法律主体资格》,载《浙江社会科学》2018 年第 6 期。

〔4〕 龙文懋:《人工智能法律地位的法哲学思考》,载《法律科学》2018 年第 5 期。

〔5〕 袁曾:《人工智能有限法律人格审视》,载《东方法学》2017 年第 5 期。

整体来看,三种观点分别从不同方面,对应否赋予人工智能主体资格形成了交锋,反衬出人工智能法律地位问题的分歧和复杂程度之高。而当前对人工智能民事法律地位的讨论,要么过于保守,固守传统的人、物与主体、客体相对应理论,以及人工智能的民法属性是物、本质是工具等固有的观念;要么过于超前,以强人工智能甚至超人工智能为假想背景,规划未来的法律环境,显然脱离了现实需求,不具有可操作性。笔者认为,面对新科技引发的侵权,不宜墨守成规,但也不应急功近利,而应当徐徐图之。就非自主阶段无人驾驶(L0 - L3级)不赋予其主体资格是正确的,因为非自主阶段的无人驾驶尚不具有独立意志,仍是在特定条件下才能实现无人驾驶,甚至需要人类随时介入。但智能机器人能够深度学习、独立思考、独立行为,甚至具有为自己利益奋斗和辩护的能力,我们没有足够的理由否认其主体地位。[1] 换句话说,自主阶段无人驾驶汽车的高度自主性、不可预测性则使其意志与设计者、驾驶人、使用者等具体主体相分离,具备了赋予主体地位的实质条件。形式条件则需要考虑立法制度。从当前的立法制度来看,人工智能享有财产权、独立地签订合同是有先例的,是可以被法律主体制度容纳的,[2]其成为权利义务的主体在法律上并无阻碍。[3] 此外,赋予人工智能机器人主体资格还有一个至关重要的条件:人类立法意愿。质言之,最终能影响机器人是否能够取得主体地位,重点在于人们对于人工智能的态度。[4] 归根结底,法律属于上层建筑,其代表了人类自身的利益。[5] 不赋予人工智能相应权利,也就不会产生法律地位赋予的问题,人工智能无法具备法律上的真实性。[6] 从现实需要的角度看,赋予人工智能法律主体地位

---

〔1〕 F. Patrick Hubbard, "*Do Androids Dream*": *Personhood and Intelligent Artifacts*, Temple Law Review, Vol. 83, p. 419(2011).

〔2〕 郭少飞:《"电子人"法律主体论》,载《东方法学》2018 年第 3 期。

〔3〕 Mark A. Chinen, *The Co-Evolution of Autonomous Machines and Legal Responsibility*, Va. J. L. & Tech., Vol. 20, p. 378(2016).

〔4〕 Hilary Putnam Robots, *Machines or Artificial Created Life*? The Journal of Philosophy, Vol. 21, p. 668 - 691(1964).

〔5〕 付其运:《人工智能非主体性前提下侵权责任承担机制研究》,载《法学杂志》2021 年第 4 期。

〔6〕 [美]Phil McNally, Sohai Inayatullay:《机器人的权利——二十一世纪的技术、文化和法律》(下册),邵水浩译,载《世界科学》1989 年第 7 期。

具有现实必要性。随着人工智能技术的快速发展,必然会因为其具有高度自主性、自由意志而引发各类纠纷。赋予人工智能一定的法律地位,使其以主体身份参与民事交往,将是今后解决其致害责任承担和获益归属等现实难题的趋势和可行方案。

（二）关于无人驾驶汽车的侵权理论

根据风险社会理论,智能革命的到来,人工智能所带来的侵权风险的风暴将完全暴露在众人眼前,这必然会颠覆当前的法律规则、公共管理体制甚至是社会秩序。〔1〕 风险社会并非社会发展的现实阶段,而是对当今时代问题的理论概括和形象描述。而由于极度依赖数据和算法,人工智能在风险社会中派生出了技术风险、剩余风险、规制风险、数据风险以及责任风险。各类风险存在,迫使我们要适应本土国情、防范潜在风险,创新无人驾驶汽车法律理论,探索规制的有效路径。在鼓励和引导技术创新迈向高峰的同时,也要完善相应的制度,为无人驾驶汽车的道路测试赋予法律权限,更应当进一步深化无人驾驶汽车的安全标准改革,充分考虑无人驾驶的系统安全、侵权责任和消费者隐私等问题。〔2〕

根据大规模侵权理论,建立大规模侵权损害救济基金、借鉴保险行业的应对手段和举证责任倒置以应对无人驾驶汽车侵权问题。〔3〕 高度自主性、不可预测性、现实状况的复杂性往往会导致无人驾驶汽车侵权损害结果具有不确定性、无限性、不可计量性、不可预期性、不可控制性和社会公共性。而这也导致了责任认定困难,如侵权主体难以确定、因果关系难以界定、受害人举证困难等问题。其一,有学者认为应当由相关主体为人工智能建立储备金,以此用来赔

---

〔1〕 吴汉东:《人工智能时代的制度安排与法律规制》,载《法律科学》2017 年第 5 期。

〔2〕 田喜清、韩伟:《无人驾驶汽车及其法律规制》,载《长安大学学报(社会科学版)》2019 年第 1 期。

〔3〕 刘水林:《风险社会大规模损害责任法的范式重构:从侵权赔偿到成本分担》,载《法学研究》2014 年第 3 期。

偿人工智能造成的大规模侵权损害。[1] 我国《民法典》第1216条[2]规定了救助基金对被侵权人的救助义务,建立人工智能的大规模损害救济基金也并非无根之木。此外,在司法实践中,大规模侵权损害救济基金有着广泛的实在法意义,能够保证被侵权人的损害得到及时赔偿。瓦格纳教授也从法律经济学的角度分析,应引入集体诉讼模式来保护交通事故中受害人的利益。其二,有学者认为法律应该认可机器人作为"人"与人互动,机器人应当成为可接受保险的实体,且责任独立。[3] 人们利用保险来达到分散风险的目的,长达百年。为无人驾驶汽车安排一种新险种以应对风险是最优先的答案。其三,克里斯蒂安·冯·巴尔教授则在其《大规模侵权损害责任法的改革》一书中指出,在机动车互撞情况下,除非出现相反情况的证据证明,否则推定各方司机对各自车辆造成的损害共同负同等责任。由于"黑箱"的存在,因果关系极难证明,若此时仍然需要处于弱势地位的被侵权人证明侵权人的过错,那么其权益很难得到保障。将举证责任倒置,降低被侵权人的证明责任更有利于维护公平正义。

根据法经济学理论,设计一套能够激励道路交通参与人、减少事故发生的侵权损害法律规则是有必要的。[4] 有学者认为应当从产权责任制度出发,在无人驾驶汽车的每个环节找到清晰的产权关系并对应形成链条,避免无责任主体的窘境。[5] 传统危险控制理论要求无人驾驶汽车造成的侵权损害由其支配者承担。而依据危险分担理论、报偿理论,由获益者分担责任。各种观点均具有法理上的合理性,在论据上也十分充分,即使是面对无人驾驶汽车这种新科技也能游刃有余,并未过时。笔者认为,针对自主阶段无人驾驶汽车侵权,上述

〔1〕[美]约翰·弗兰克·韦弗:《机器人也是人:人工智能时代的法律》,郑志峰译,台北,元照出版有限公司2018年版,第44页。

〔2〕《民法典》第1216条规定:"……机动车不明、该机动车未参加强制保险或者抢救费用超过机动车强制保险责任限额,需要支付被侵权人人身伤亡的抢救、丧葬等费用的,由道路交通事故社会救助基金垫付……"

〔3〕[美]约翰·弗兰克·韦弗:《机器人是人吗?》,刘海安、徐铁英、向秦译,上海人民出版社2018年版,第227~232页。

〔4〕王成:《侵权损害赔偿的经济分析》,中国人民大学出版社2002年版,第208页。

〔5〕袁曾:《无人驾驶汽车侵权责任的链式分配机制——以算法应用为切入点》,载《东方法学》2019年第5期。

四种法经济学理论结合也能相得益彰，要求产权人、获利人以及危险控制人之间按照一定比例分担侵权损害责任合理且自洽。

根据法社会学理论，法律是社会控制的主要手段。[1] 国家以法律、政策的形式对社会结构和秩序进行调整，以此来引导人民的思想、行为，达到建立、维护社会秩序、推动社会稳定发展的目的。人工智能属于科技法的规范对象，同时它作为一种具有巨大驱动力且尚具有上升空间的新兴科技，也会给社会带来大量的不确定性。质言之，无人驾驶汽车在带给人们生活便利的同时，也会给社会经济带来变革性影响，产生技术性风险，[2]主体之间发生利益冲突不可避免。这些问题都亟待深入研究，并形成相关法律规范。[3] 为人工智能建立相关的科技法律、法规，是应对新科技带来权责分配困惑的最优解。

根据公共政策理论，公共政策是政府用来协调社会关系的工具，是政府对全社会的价值进行权威性的分配。[4] 公共政策以补偿功能和自由保障功能为追求目标，因此也构成了平衡侵权责任的重要因素，其在很大程度上也起到了侵权法的作用。而在人工智能迅速发展的今天，侵权法与公共政策在价值理念、目标与功能以及救济模式等方面产生了更为紧密的联系。[5] 政府通过公共政策来灵活调整社会关系，分配社会价值。此外，面对人工智能侵权风险，建立一个权责统一、分工明确的管理机构是应有之举。[6]

无人驾驶汽车作为现代科学技术发展的产物，其往往会涉及多方利益主体。庞德的社会控制理论认为，为保障文明的正常发展，只有依靠外部社会的控制，基于人类的社会本能即合作性对扩张性自我主张施以枷锁，才能充分保障文明发展的正轨。庞德认为，人类具有一种特性，其表现为扩张性自我主张

---

〔1〕 [美]罗斯科·庞德：《通过法律的社会控制》，沈宗灵译，商务印书馆2010年版，第12页。

〔2〕 王学忠、张宇润：《技术社会风险的法律控制》，载《科技与法律》2008年第4期。

〔3〕 龙卫球：《科技法迭代视角下的人工智能立法》，载《法商研究》2020年第1期。

〔4〕 Dvid Easton, *The Political System: An Inquiry into the State of State of Political Science*, Knopf, p. 129 – 134(1971).

〔5〕 熊进光：《大规模侵权损害救济论——公共政策的视角》，江西人民出版社2013年版，第8页。

〔6〕 崔理博、赵明非：《无人驾驶汽车侵权的责任分析与法律规制》，载《齐齐哈尔大学学报（哲学社会科学版）》2019年第5期。

的倾向,而世界上又充满了各种利益的冲突,这就凸显了法律的社会控制功能,也就是要通过调整各种利益冲突的平衡,进而实现社会的公平正义。无人驾驶汽车通常会涉及汽车硬件制造者、软件开发商、使用者等多方主体,其中亦可能会涉及国家。无人驾驶汽车的良性发展应始终本着安全、创新、和谐的公共政策的价值遵循。无人驾驶汽车可以通过以法律为主的社会控制手段,协调各方的利益主体,构建文明社会,促进无人驾驶汽车行业的良性发展。

(三)关于无人驾驶汽车侵权归责原则

归责原则随着时代的发展而变化。现如今,信息社会中无人驾驶汽车已对侵权法中的归责原则带来了挑战。在进入人工智能时代以后,无人驾驶汽车智能系统可以在不需要人类的操作和监督下独立完成驾驶任务,而因无人驾驶汽车自主性操作造成的损害如何判断和划分责任成为一大难题。从特斯拉事件的调查报告来看,驾驶员、汽车生产商无论是否存在过错,一旦发生事故便需要合理的归责原则来分配责任。而对于这种情况下归责原则是否可沿用传统机动车归责原则、产品责任归责原则,各方过错如何界定等问题都陷入了困境,亟待学界作出回应。

关于无人驾驶汽车的归责原则,各国学者有不同的看法,但大多认为适用无过错责任更为合理。美国学者马克·格斯菲尔德主张将无人驾驶汽车的侵权责任划分为普通的产品责任和严格责任两种责任形式。〔1〕有学者主张:"一个人自担风险而行事,并就意外发生的损害承担责任,无论他是否具有不当的动机或者过失。"〔2〕但无过错责任与绝对责任还是存在非常大的差别,承担无过错责任的行为人应当拥有依照法律规定主张减轻或免责的机会。〔3〕也有学者认为无人驾驶汽车应该适用严格责任,就像法院处理航空器。〔4〕还有学者认为应当重视无人驾驶汽车不同于民用航空器的特征,当其造成损害时,它们

---

〔1〕郭泽强:《人工智能时代权利与责任归属的域外经验与启示》,载《国外社会科学》2020年第5期。

〔2〕王军:《侵权法上的严格责任的原理和实践》,法律出版社2006年版,第4~5页。

〔3〕潘同龙、程开源主编:《侵权行为法》,天津人民出版社1995年版,第63~64页。

〔4〕Adam Rosenberg, *Strict Liability: Imagining a Legal Framework for Autonomous Vehicles*, Tul. J. Tech. & Intell. Prop, p. 218(2017).

适用产品责任或者严格责任仍具有相似性。[1] 弗拉德克也认为，在无人驾驶汽车发生事故并造成人员伤亡和财产损失的情况下，构建一种严格责任体系是必要且合理的。[2] 有学者认为道路交通法出于安全和效益的目的，所以条文规定精准细致，但是目前针对人工智能或者无人驾驶的规定大多流于天马行空，难以深入探索道路交通法的基础，难以实现理论的精准性并消除争议。[3] 交通事故责任区分不同类型交通事故分别采用无过错原则和过错原则；产品责任中生产者适用严格责任，销售者适用过错推定原则。从传统责任理论来看，过错责任是法律责任中最普遍的形式，在传统的侵权法中主要以过错责任为原则。乌戈·帕加罗在其文《谁为机器人的行为负责？》中主张责任承担是机器人法律领域最具创新性之处，因此必须从替代责任等方面出发，基于传统侵权法的理论，引入侵权责任领域的新政策，通过构建保险模型、认证体系和举证责任"三位一体"的职能分配机制来减轻责任。[4] 回溯历史，归责原则理论前后历经两次兴盛，直至迎来过错方式上的转变——过错推定原则的诞生；之后随着工业社会的到来，经济高速发展，技术不断革新的同时，人类社会也面临着危险，于是无过错责任再次兴起。在面对新科技——无人驾驶汽车带来的风险挑战时，适用无过错更有利于保护被侵权人利益。因为若是采用传统机动车之间交通事故归责原则，在认定自动驾驶系统的过错时，存在信息的不对称性、理解能力的差异性、技术发展水平的高低不一等问题，这会导致证明自动驾驶系统过错与损害结果的发生之间的因果关系更加困难。[5] 而适用无过错原则，就会更有利于落实自主阶段无人驾驶汽车责任归属问题。

---

〔1〕 Kyle Colonna, *Autonomous Cars and Tort Liability*, Journal of Law, p. 97(2012).

〔2〕 郭泽强：《人工智能时代权利与责任归属的域外经验与启示》，载《国外社会科学》2020 年第 5 期。

〔3〕 Henry Prakken, *On the Problem of Making Autonomous Vehicles Conform to Traffic Law*, Artificial Intelligence and Law, p. 361(2017).

〔4〕 ［意］乌戈·帕加罗：《谁为机器人的行为负责？》，张卉林、王黎黎译，上海人民出版社 2018 年版，第 122 页。

〔5〕 尤婷、刘健：《自动驾驶汽车的交通事故侵权责任研究》，载《湘潭大学学报》2021 年第 2 期。

根据无人驾驶汽车 L0 – L5 级的等级划分,结合无人驾驶汽车的主体性对无人驾驶汽车的归责原则进行构建。一般根据智能程度,将 L0 – L3 级无人驾驶汽车划分为非自主驾驶阶段,L4 – L5 级分为自主驾驶阶段。立足无人驾驶汽车的自动化阶段,形成具有层次性和逻辑性的归责原则体系。针对非自主阶段的无人驾驶汽车,将其与现有的道路交通法规相衔接是最优选择,在此基础上又根据受害人的种类(如是否为行人)选择不同的归责原则。此阶段的无人驾驶汽车尚无法实现完全脱离人工操作运行,即使不需要驾驶员操纵方向盘,但在乘坐期间也要求有相应的车内人员履行一定的注意义务,以避免意外的发生。不难想象,在接下来相当长的一段时间内,无人驾驶汽车与机动车将同时并存,各种交通工具并存也会使道路事故侵权问题复杂化。德国对于这一问题的解决态度,就体现在其以现行《道路交通法》为基础,糅合加入针对无人驾驶汽车设定的特殊规定:若事故发生于机动车或者无人驾驶汽车之间,应当认定二者不存在地位强弱之分,进而直接选择过错责任原则;但当无人驾驶汽车与行人发生碰撞时,前者会被认定为具有强势地位,此时应当推定驾驶员具有过错,即未履行其注意义务和接管义务之过错,适用过错推定责任原则;双方各有过错的,实行过失相抵;驾驶员确实没有过错的,不承担超过 10% 的赔偿责任。德国此举偏保守,但也不失为一种良方。实际上,不改变现行的机动车归责原则而是在此基础上将无人驾驶汽车纳入其中更为稳妥和缓和,也更具接纳性。对自主阶段的无人驾驶汽车,可以将其视作纯粹的"工具",此时就应当考虑产品责任方面以及高度危险责任的影响,适用无过错责任原则。在自主阶段中定位为"法律主体"的无人驾驶汽车,可考虑给予其"电子法人"资格,让无人驾驶汽车取代传统机动车中的人类驾驶员地位,并与以过错为基础的归责原则体系相连接,构建出更具有针对性的无人驾驶汽车归责原则体系。获得了"电子法人"身份的无人驾驶汽车拥有独立的财产,因而当其与其他无人驾驶汽车、机动车或者行人发生碰撞事故时,就能够基于"黑匣子"的记录判定事故的过错方,再根据《道路交通法》的相关规定确立相关赔偿责任:当无人驾驶汽车与无人驾驶汽车或者机动车发生碰撞时,适用过错责任原则;当无人驾驶汽车与行人发生碰撞时,适用过错推定责任原则;无人驾驶汽车方没有过错的,承担不超过10%的赔偿责任。当然,这个责任比例并非一成不变,而会在今后根据现实情况有所调整。

(四)关于无人驾驶汽车侵权责任主体

当前,关于无人驾驶汽车责任主体应该有哪些,学界并未达成共识。无人驾驶汽车发生侵权行为,现行侵权法可能的应对路径主要有产品责任、机动车交通事故责任,而这不同责任规则对应了不同的责任主体。首先,有学者提出根据产品责任规则,汽车发生交通事故时,由汽车生产者或汽车销售商承担责任,辅之以保险制度以分散风险。[1] 杨立新教授也认为应当由设计者承担侵权问题,[2]但适用责任的前提条件是无人驾驶汽车进入流通领域且存在产品缺陷,其更侧重于关注无人驾驶汽车的"产品缺陷"。从风险控制的角度看,开发者或者制造者因掌握核心技术,能通过集中化解风险的手段抽调出更多的社会资源。[3] 根据"风险承担"理论,生产者和设计者是通过从事风险活动而获益的人,必须承担该活动的风险。其次,根据传统机动车交通事故责任,无人驾驶汽车之间、无人驾驶汽车与传统机动车之间发生交通事故应当由汽车保有人承担交通事故责任。[4] 然而,传统机动车侵权责任处理规则无法解释非因产品缺陷、保有人过错,无人驾驶汽车自主行为造成的损害结果却由生产者、保有人承担的情况。自主阶段的无人驾驶汽车拥有高度自主性,其在一定程度上拥有"人"一般的自由意志,不受保有人、生产者意志支配。质言之,在并不存在产品缺陷、保有人过错时由生产者、保有人承担责任不合理。

当自主阶段无人驾驶汽车发生侵权行为时,一些对无人驾驶汽车秉持积极观点的学者提出,无人驾驶汽车作为新技术,需要构建新的责任主体结构。如

---

〔1〕 周文康、胡金文、张丹:《自动驾驶汽车侵权责任的主体识别及担责形式》,载《经济问题》2021年第2期。

〔2〕 杨立新:《用现行民法规则解决人工智能法律调整问题的尝试》,载《中州学刊》2018年第7期。

〔3〕 张建文、贾章范:《无人驾驶汽车致人损害的责任分析与规则应对》,载《重庆邮电大学学报(社会科学版)》2018年第4期。

〔4〕 宋宗宇、林传琳:《自动驾驶交通事故责任的民法教义学解释进路》,载《政治与法律》2020年第11期。

有学者提出,无论是否赋予无人驾驶汽车法律主体地位以及无人驾驶汽车能否享有财产权,它都无法独立地承担民事责任,最终的赔偿责任仍将由人来承担。[1] 也有学者认为,简单的机动车交通事故责任和产品责任的叠加并不能解决无人驾驶汽车带来的发展风险,而应该以危险工具主义为起点,对无人驾驶汽车的责任主体作出改变,应当由所有人对无人驾驶汽车的侵权行为承担责任。[2] 就产品责任方面,有学者提出,侵权损害不应由流通环节的几个主体承担;[3]也有观点认为,应当由参与无人驾驶汽车发明、授权和分配的主体承担。[4] 就交通事故责任方面,有学者认为,应当改变现行保有人承担责任的方式,理由在于在无人驾驶汽车侵权当中保有人仅为乘坐人,不承担责任,而应当由无人驾驶系统承担所有的注意义务。[5] 在产品责任与交通事故责任结合的情景下,美国颁布法令规定车辆改造后发生侵权,制造商不承担责任,除非有证据证明车辆在被改造成无人驾驶汽车前就已存在缺陷。[6] 德国则规定司机参与驾驶的,依其注意义务和过错责任承担责任,否则由制造商承担责任。[7] 当无人驾驶汽车代替人类驾驶,明确司机和制造商的责任分配是首先考虑的问题。将制造商责任前置,仅在其他人对事故发生存在过错时制造商责任才得以免除。至此,尽管各学者就无人驾驶汽车侵权责任主体作出了一定程度的改革,但是本质上仍处于传统产品责任、交通事故责任范围内。此外,英国《自动与电动汽车法案》规定了无人驾驶汽车的保险和责任相关内容,主张应由保险

---

〔1〕 宋宗宇、林传琳:《自动驾驶交通事故责任的民法教义学解释进路》,载《政治与法律》2020 年第 11 期。

〔2〕 邹爱华、王思宜:《论无人驾驶汽车的侵权责任主体》,载《黑龙江省政法管理干部学院学报》2019 年第 4 期。

〔3〕 [美]约翰·弗兰克·韦弗:《人工智能机器人的法律责任》,郑志峰译,载《财经法学》2019 年第 1 期。

〔4〕 党家玉:《人工智能的伦理与法律风险问题研究》,载《信息安全研究》2017 年第 12 期。

〔5〕 张龙:《自动驾驶型道路交通事故责任主体认定研究》,载《苏州大学学报(哲学社会科学版)》2018 年第 5 期。

〔6〕 袁曾:《人工智能有限法律人格审视》,载《东方法学》2017 年第 5 期。

〔7〕 张继红、肖剑兰:《自动驾驶汽车侵权责任问题研究》,载《上海大学学报(社会科学版)》2019 年第 1 期。

人承担侵权责任。[1] 保险制度的价值即便是面对新科技侵权也能够起到分散风险、安抚人心的作用。有学者提出,如果政府对适用人工智能的机构存在"有效控制",那么即使某行为再怎么从表面看上去与政府无关联,也将被视为国家行为,由国家承担责任。[2] 而在数字化时代,这种"有效控制"可以表现为人工智能的运行和深度学习对"数据燃料"的依赖,而政府监管、控制人工智能的"生存"同样也依赖个人信息的大数据。此外,从结果责任原则来看,基于人工智能的特点和国家政府的立场出发,人工智能自安装、使用起,其产生的所有状况均由国家承担责任。强调国家在人工智能时代应承担责任是一个较为新颖的理论突破。

人工智能在特定领域可自为意思表示、自负行为后果,因其"擅自"行为的本质是多方主体意志的混合,须按相应比例在多方主体之间分摊权责,从而实现法人之责任有限与分摊,且不危及人类自身安全和主体支配地位的目的。[3] 物件责任主体的过错责任让传统交通事故所有人责任成为空谈,而产品责任的适用范围受算法的限制,"黑箱"背后的致害原因无法确定,故而只能止步于明显、可控的产品缺陷。故而,提出一种与新兴科技相适应的责任主体结构具有现实层面的需求。车体所有人与使用人因为其在无人驾驶汽车中的作用力发生了变化,因而不再具有可处罚性。此外,新产生的系统研发运营者、国家管理人、保险人、基金等可能的赔偿责任主体正在慢慢进入我们的视线,成为潜在的无人驾驶汽车侵权的新责任主体。

(五)关于无人驾驶汽车侵权类型化研究

1. 无人驾驶汽车用途分类

城市在新科技中逐步发展,而人们的交通出行方式也在科技影响下形态各

---

[1] Automated and Electric Vehicles Act 2018, c. 18, §2(1),载 http://www.legislation.gov.uk/ukpga/2018/18/contents/enacted。

[2] [韩]李在珉:《人工智能时代的到来与国际法——以国家责任归因问题为中心》,王志慧译,载张海斌主编:《人工智能、区块链与法治:国别区域科技与法律动态》,法律出版社 2020 年版,第 144 页。

[3] 张志坚:《论人工智能的电子法人地位》,载《现代法学》2019 年第 5 期。

异。[1] 在城市的交通出行中,私家车、共享汽车以及公共交通工具是最为普遍的传统选择。[2] 私家车顾名思义即为私人购买,且仅供所有者私人使用、支配的车辆,是私有化的物品。共享汽车则是“共享资源”理念下的新型交通出行方式,其将未被利用的过剩车辆资源利用互联网平台整合,在车辆所有者和租车者之间牵线搭桥,满足各类人出行需求。[3] 公共交通工具则基于社会基础建设,由公共交通服务供给商面向社会全体成员提供的有固定运营时间和路线的交通出行工具。[4] 即便属于新科技,无人驾驶汽车的用途也不会发生较大变动,大体上依然可以将无人驾驶汽车分为三类:私家车、共享汽车以及公共交通工具。[5] 因为无人驾驶汽车的主要目的仍然在于为人们提供交通出行便利,高度自主性也只是为了能够更好服务人类,所以出行方式在短时间内也不会因为无人驾驶汽车的自主性和不可预测性而发生变革。

2. 共享汽车的侵权责任

无人驾驶共享汽车是近年来兴起的一种较受欢迎、符合低碳节能的创新型交通模式。共享汽车无疑是对传统汽车租赁业的颠覆,它为群众的出行提供了一种全新的选择方向,更重要的是它极大程度地缓解了城市的交通拥堵以及居民对私家车的高度需求。根据2017年出台的《关于促进小微型客车租赁健康

[1] 《中国公路学报》编辑部:《中国交通工程学术研究综述》,载《中国公路学报》2016年第6期。

[2] 何晓平:《电力汽车共享条件下城市交通出行方式选择的演化博弈分析》,兰州交通大学2020年硕士学位论文。

[3] 王震坡主编:《现代汽车艺术鉴赏》,北京理工大学出版社2008年版,第231页。

[4] 肖海燕:《基于演化博弈的公共交通、共享汽车与私家车的博弈分析》,载《运筹与管理》2019年第8期。

[5] 肖海燕:《基于演化博弈的公共交通、共享汽车与私家车的博弈分析》,载《运筹与管理》2019年第8期。

发展的指导意见》[1],共享汽车正式被定义为汽车分时租赁服务,[2]而在汽车分时租赁服务之下,又可以进一步划分成为 P2P 和 Car2go 两种模式。有学者认为汽车共享是消费者短时租赁汽车,在企业的调配下多人共用一辆车,使汽车以“流动”的方式使用,来满足人们的交通需求,它是介于私家车和公共交通之间的一种交通创新模式。[3] P2P 模式是指点对点汽车共享,是个人对个人贷款或协作消费的一种形式,是共享经济的一部分。[4] P2P 模式作为舶来品进入租车行业并最终形成固定格局,对传统租车行业产生了一定冲击,现处在游离于法律边缘的状况。另外,Car2go 汽车租赁模式因国际知名汽车制造商戴姆勒旗下的汽车共享项目而得名。不同于 P2P 汽车租赁模式,在 Car2go 模式下,使用者只需用手机 App 寻找附近的可租用车辆,用蓝牙解锁后即可按分、时、天租用。Car2go 商业化运营如今并不顺利,相关业务在伦敦、迈阿密等城市因为各种因素停运。有学者将此归因于法律和文化冲突、运营区域差异、运营成本较高和配套设施不足等多个方面。[5]

无人驾驶共享汽车具有与普通私家车不一样的特性,在侵权方式和责任承担等各方面均存在不同。共享汽车经营者掌握了用户的全方位信息,包括电话、信用卡、出行路线、地理位置,甚至是城市交通、人口流动数据,等等,[6]一旦泄露,用户个人乃至整个社会都将形同“裸奔”。其中,与家用无人驾驶汽车侵权行为相比,无人驾驶共享汽车的风险更大,所有者信息泄露的风险系数更

---

〔1〕《交通部、住建部联合发布〈关于促进小微型客车租赁健康发展的指导意见〉》,载《中国商界》2017 年第 9 期。

〔2〕分时租赁,俗称汽车共享,是指以分钟或小时等为计价单位,利用移动互联网、全球定位等信息技术构建网络服务平台,为用户提供自助式车辆预订、车辆取还、费用结算等租赁服务,是传统小微型客车租赁在服务模式、技术、管理上的创新,改善了用户体验,为城市出行提供了一种新的选择,有助于减少个人购车意愿,在一定程度上缓解了城市私人小汽车保有量快速增长趋势以及对道路和停车资源的占用。参见《交通部、住建部联合发布〈关于促进小微型客车租赁健康发展的指导意见〉》,载《中国商界》2017 年第 9 期。

〔3〕江远强、周溪召:《国外汽车共享发展对我国的启示》,载《交通企业管理》2014 年第 9 期。

〔4〕Fishman Elliot, *The Sharing Economy and the Relevance for Transport*, Academic Press, 2019, p. 102.

〔5〕石森昌:《共享汽车品牌 Car2go 的发展经验及借鉴》,载《当代经济》2017 年第 26 期。

〔6〕蒋军辉:《浅析共享汽车租赁的法律问题及其完善建议》,载《中国律师》2017 年第 11 期。

高、侵权主体更为复杂、国家管理人责任如何承担,都是更为严峻的问题。当前共享汽车在发展中侵权行为责任认定存在一定模糊性,在不同共享模式之下的事故责任承担主体有所区别,且当前关于共享汽车法律法规还有待完善。如何降低共享汽车交通事故的发生率,如何在事故发生时能够更加明确清晰地确定赔偿主体,不仅需要共享汽车公司提高车辆安全性、明确自身的审查义务,还需要国家、政府在法律、法规中明确共享汽车公司的义务,需要政府及其相关部门加强对共享汽车公司的监督。此外,有学者认为共享汽车侵权责任应探讨车辆本身遭受外力侵害以及车辆侵害第三人权利这两种类型,针对不同的具体侵权行为,在不同共享模式之下担责主体的认定存在差异,具体来说侵权行为又主要包括交通事故、泄露信息隐私、二维码诈骗、破坏车辆等情形。[1]

3. 公共交通的侵权责任

公共交通系统是城市建设中非常重要的一环。随着人工智能的飞速发展,无人驾驶技术终将逐步进入公共交通领域,为公共交通系统的管理提供更高效、便捷的可能。与家用和共享相比,公共交通具有自身的特殊性。因此,对公共交通无人驾驶汽车侵权规则适用的探究也必不可少。根据我国传统民法理论,无人驾驶公共交通系统潜在侵权类型有三:普通交通事故侵权、产品缺陷侵权、大规模侵权。其中,公共交通领域的无人驾驶汽车大规模侵权是本书的重点关注对象。

日本核事故损害赔偿制度是域外较为完善的大规模侵权立法,对于我国无人驾驶公共交通侵权责任制度的建立有极高借鉴价值。1961 年日本国会通过了“原子能二法”[2],即《核能损害赔偿法》以及《核能损害赔偿补偿契约法》。其中,《核能损害赔偿法》从宏观层面规定了核能损害赔偿制度的整体框架;《核能损害赔偿补偿契约法》则侧重具体的赔偿主体,特别规定了在核能损害赔偿制度中,核能运营者与国家之间的补偿合同。日本学者提出,《核能损害

---

〔1〕 熊钱富:《共享车侵权法律问题研究》,载《贵州警官职业学院学报》2017 年第 6 期。

〔2〕 寺尾忠能『経済開発通程冬自然環境管理政策制度・政策』(調查研究報告書経济研究所,2013 年)59 頁 。

赔偿法》及《核能损害赔偿补偿契约法》与民法中非法行为造成的损害赔偿制度相比,特色在于规定了核能运营者负无过失、[1]无限责任,核能运营者的责任集中,[2]规定了赔偿措施与义务等。[3]《核能损害赔偿法》对核事故侵权损害赔偿及其财务保证作出了详尽规定,其中第10条第1款规定了两种赔偿形式:核损害赔偿责任保险与核损害赔偿补偿协议。[4] 以该条款作为基础,日本随即又出台了《核能损害赔偿补偿契约法》,其内容涵盖了补偿协议的内容(如适用补偿协议的损害范围),同时也赋予了政府缔结补偿协议的权限。按照民法理论,在这其中,补偿协议是国家为填补责任保险合同承保范围的空白,与核设施营运者之间约定的一种协议,其并不具有"国家补偿制度"性质。对此有学者认为,尽管协议之补偿来源于政府,但这仅是基于核设施营运者与政府间签订的协议而产生的效果。[5] 此外还有政府援助。政府判断是否进行援助的标准取决于此情况下有无"为了达成法律目的"之必要性,且此援助的强度必须限制在国会设定的政府行为框架之中。那么,如何确认何为"为了达成法律目的"呢?标准的判断依据是根据损害的规模、事故发生的形态、核设施营运者的经济能力和损害发生时的具体情况等。[6] 而"必要性"方面则需要由政府作出自行判断的程序,其判断标准也应如上述标准。对于以上所阐述的援助程序,日本学者主张,如果政府作出了采取援助措施的决定,那么依然必须向国会先行报告并取得最终的认可决议。[7] 通过梳理可见,日本就大规模损害案件的处理原则秉持着一元主导与多元配合的责任承担体系,在面对大规模公害的

〔1〕《核能损害赔偿法》第3条第1款规定:"原子反应堆的运行导致核损害发生时,该原子反应堆的营运者应承担损害赔偿责任。"

〔2〕《核能损害赔偿法》第4条第1款规定:"对于本法第3条所规定的核损害,除核设施营运者之外,其他核设施、机器、核燃料的制造者或供应者等均不负赔偿责任。"

〔3〕柳沼充彦「原子力損害賠償法の見直しに向けた課題:これからの原子力損害賠償制度を考える」立法と調査No.361(参議院事務局企画調整室編集,2015年)69頁。

〔4〕《核能损害赔偿法》第10条第1款规定:"对于不在核损害赔偿责任保险合同承保范围内的损害部分,通过和政府签订补偿协议的方式,可以由政府来进行补偿(核设施营运者需向政府缴纳一定补偿款)。"

〔5〕我妻栄「原子力二法の構想と問題点」ジュリスト(有斐閣,1961年)10頁。

〔6〕原子力損害賠償実務研究会『原子力損害賠償の実務』(民事法研究会,2011年)14頁。

〔7〕科学技術庁原子力局『原子力損害賠償制度(改訂版)』(通商産業研究社,1991年)55頁。

核事故时采取的是经营者责任与国家补充责任并重的方式。根据加藤雅信的观点,为了解决现行赔偿制度所存在的问题,有必要建立一个以国家管理人责任为主导、社会保险制度和损害赔偿制度合二为一的一元主导与多元配合的综合性救济体系。政府的一个重要职能即向公众提供满足其需求的公共产品,这使政府成为大规模侵权损害责任的首要承担主体。转型背景下的大规模侵权中政府责任问题兼具重要性和复杂性,加之中国特色社会主义政治体制和经济体制的特殊性,使大规模侵权中的政府责任具有较强的中国特色。为充分救济受害人,国家管理人充当侵权责任主体应当体现为公平、高效和全面三个原则。此外,国家管理人体系下应注意赔偿责任与补偿责任之间的平衡,赋予补偿责任合理分配规则动态变化权限。

(六)关于无人驾驶汽车侵权赔偿责任

无人驾驶汽车的用途可细化为家用、共享、公共交通三方面,用途不一,赔偿主体、因果证明、赔偿认定均有不同之处,本书也将从这三个方面展开分析。在家用汽车损害赔偿方面,因产品缺陷导致侵权,由设计者、生产者、经营者承担不真正连带责任。[1] 具体而言:产品缺陷由生产者造成的,销售者赔偿后,有权向生产者追偿;销售者的过错使产品存在缺陷的,生产者赔偿后,有权向销售者追偿。[2] 有学者认为,没有过错的销售者仅应承担中间责任,且在其承担责任之后,享有向生产者或设计者追偿之权利。[3] 非自主阶段无人驾驶汽车侵权,可以根据当前《道路交通安全法》第76条规定,由保险公司在承保范围内承担有限赔偿责任,超出部分按照过错分担。也有人认为如果车上人员恶意破坏自动驾驶系统或汽车性能,就应当因其过错承担侵权责任。[4] 对于自主阶段无人驾驶汽车,有人认为一般而言,路面监测、平台等由国家掌控,国家主要是从公共利益的角度,比如安全和秩序方面注入自己的意志,因此国家按比

---

〔1〕 杨立新:《民事责任在人工智能发展风险管控中的作用》,载《法学杂志》2019年第2期。

〔2〕 杨立新:《侵权法论》(第2版),人民法院出版社2004年版,第440~441页。

〔3〕 杨立新:《侵权损害赔偿》(第6版),法律出版社2016年版,第85页。

〔4〕 孟露、张超:《无人驾驶汽车交通事故侵权责任主体和归责原则》,载《北京化工大学学报(社会科学版)》2019年第3期。

例进行赔偿。[1] 在共享汽车方面,主要侧重共享平台与租车人之间的赔偿责任分配问题。若共享平台疏于维护,未尽合理注意义务,平台需要根据其过错程度承担相应赔偿。[2] 平台公司承担责任的大小,需对平台公司的过错、原因力与损害后果的关系进行综合考量后判断。[3] 若租车人存在过错,从保护被侵权人权利的角度考虑,应当由共享平台先行赔付,事后有权向租车人追偿。[4] 在公共交通领域,无人驾驶汽车损害赔偿则更强调国家管理人在这方面的补偿责任。在数字社会中,政府和民间领域实现一体化,通过同一个系统和网络密切关联起来,共同参与大数据的构建和利用。[5] 因此,鲍德温等人认为,政府应不断对规制系统进行监督与管理,并及时制定自我规制的应对方案。[6] 对于经过入市测试等流程的无人驾驶汽车发生安全问题,其赔偿责任应当参考美国《儿童疫苗伤害法案》建立无过错赔付机制。[7] 在此,国家管理人不仅作为无人驾驶汽车"数据燃料"的所有权人,同时也是市场监督管理者,为应对泛化的侵权行为建立无过错赔付机制是大势所趋。

无人驾驶汽车侵权后,针对损害赔偿范围界限各国学者基本达成共识。我国台湾地区学者史尚宽教授提出:"损害,谓就财产或其他法益所授之不利益,包括财产上及非财产上之积极的损害、履行利益及信赖利益",[8]而孙森焱教授在史尚宽教授的观点基础上提出:"损害可分为积极损害及消极损害,对于

〔1〕 张志坚:《论人工智能的电子法人地位》,载《现代法学》2019 年第 5 期。

〔2〕 潘家永:《驾驶共享汽车出事故,如何确定赔偿责任?》,载《宜春日报》2017 年第 3 期。

〔3〕 孟荣钊:《不同运营模式中的共享汽车交通事故侵权责任承担》,载《人民司法》2020 年第 6 期。

〔4〕 《共享汽车发生事故怎么定责》,载东方网,http://news.eastday.com/eastday/13news/auto/news/finance/20170220/u7ai6516851.html。

〔5〕 [韩]李在珉:《人工智能时代的到来与国际法——以国家责任归因问题为中心》,王志慧译,载张海斌主编:《人工智能、区块链与法治:国别区域科技与法律动态》,法律出版社 2020 年版,第 152 页。

〔6〕 [英]罗伯特·鲍德温、马丁·凯夫、马丁·洛奇编:《牛津规制手册》,宋华琳等译,上海三联书店 2017 年版,第 167 ~ 169 页。

〔7〕 柴瑞娟:《英美两国儿童疫苗伤害国家补偿法律制度比较研究》,载《新疆社会科学》2019 年第 3 期。

〔8〕 史尚宽:《债法总论》,中国政法大学出版社 2000 年版,第 287 页。

履行利益之损害及对信赖利益之损害”。[1] 从本质上说,损害赔偿是法律强制违反民事法律的行为主体向该行为的侵害对象支付一笔金钱,而支付这笔金钱的目的是弥补该受害人在此侵害中所遭受的损失。[2]

《德国民法典》第249条规定,承担赔偿义务的加害人负担“恢复到假设损害没有发生的状态的义务”。[3] 爱伦·M.芭波里克在《侵权法重述纲要》中主张当对某人只有经济利益损害时,补偿性赔偿被设计来使其处于与其在侵权未发生时,已占有的金钱利益实质性等同的境地。[4] 平井宜雄在其著作《损害赔偿法的理论》中指出当被侵害的利益越重要、行为导致的危险性越大,损害赔偿的范围亦就越广。[5] 针对无人驾驶汽车侵权损害赔偿问题,应当全额赔偿以保护无辜受害的被侵权人利益。而在无特殊情况的侵权纠纷中,基本都以被侵害客体于侵权行为发生前处于较为明确的状况作为计算损害金额的必要前提,在此基础上,根据客体遭受侵害前后的价值差便能够精确作出计算。

对于承担公共交通职能的无人驾驶汽车,司法实践中应当参考侵权法上可能的侵权规则,建立多层次综合救济体系,构建一种适合无人驾驶汽车新发展的侵权类型。不论受害人所受何种程度的侵权,应当确保受害人获得公平的赔偿。例如,在国家层面建立大规模侵权损害赔偿基金,强制安装“黑匣子”记录全面数据。在社会层面要规制生产者责任,建立责任保险制度。在个人信息保护方面要让个人了解数据使用情况,对个人隐私进行责任约束,确立数据匿名化处理,完善用户授权规则。

---

〔1〕 王泽鉴:《损害赔偿法》,北京大学出版社2017年版,第61页。

〔2〕 王家福、谢怀栻等:《民法基本知识》,人民日报出版社1987年版,第295页。

〔3〕 张鹏:《专利侵权损害赔偿制度研究》,北京知识产权出版社2017年版,第101页。

〔4〕 [美]爱伦·M.芭波里克选编:《侵权法重述纲要》,许传玺等译,法律出版社2016年版,第453页。

〔5〕 [日]平井宜雄:《损害赔偿法的理论》,东京大学出版社1971年版,第48页。

三、研究思路与方法

(一)研究思路

本书研究无人驾驶汽车侵权法律问题的基本思路如图0-1所示:

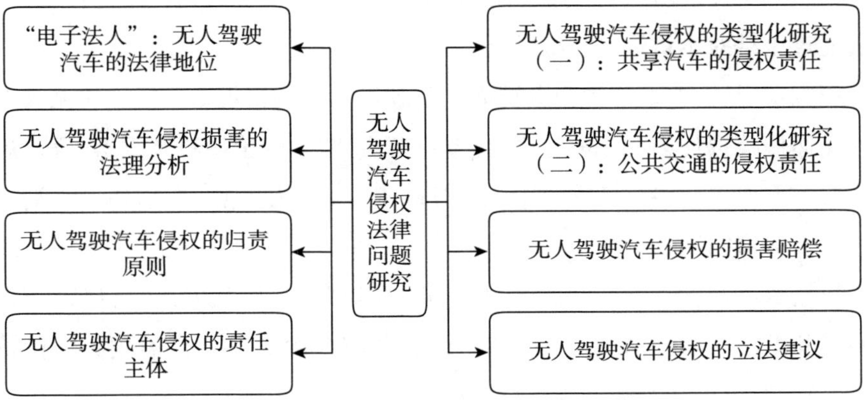

图0-1 研究无人驾驶汽车侵权法律问题的基本思路

第一章:研究无人驾驶汽车的法律地位。无人驾驶汽车是否具有民事主体资格是研究其侵权问题的基础,对整体研究起着重要的支撑作用。以学界对无人驾驶汽车法律地位的观点作为切入,结合无人驾驶汽车的法律属性和权责分摊理论,分析无人驾驶汽车成为民事主体的根本理由,论证“电子法人”的合理性,最后通过小结对本章进一步归纳。

第二章:分析无人驾驶汽车侵权损害法理。将风险社会理论、大规模侵权理论、社会控制理论等诸多理论运用于无人驾驶汽车领域,分析不同侵权法理视域下无人驾驶汽车侵权的法理,最后通过小结对本章进一步概括。

第三章:根据无人驾驶汽车不同阶段的特征分析其侵权后适宜的归责原则。从现行机动车交通事故规则原则的缺陷谈起,论证无人驾驶汽车对现行归责原则的挑战以及应对策略,构建分阶段无人驾驶汽车归责原则,最后通过小结对本章进一步整理概括。

第四章:探究多元化的无人驾驶汽车侵权责任主体。由于技术发展,现有制度在应对无人驾驶汽车侵权相关问题上出现了责任主体缺位现象。结合学界关于无人驾驶汽车侵权提出的新类型责任主体观点，评析各种责任主体的合理性，论证现有责任主体与无人驾驶汽车侵权融合的可行性，探究多元化的无人驾驶汽车侵权责任主体，最后通过小结对本章进一步梳理归纳。

第五章：从共享汽车视角分析无人驾驶汽车的侵权责任。分析共享汽车的法律性质和法律风险，再分别详细阐述 P2P 和 Car2go 两种模式下的侵权规则，最后通过小结对本章进一步概括。

第六章：从公共交通视角分析无人驾驶汽车的侵权规则构建。从无人驾驶公共交通侵权责任类型化的特殊性、现有解决路径、理论挑战及重塑、侵权规则重构四个方面来构建公共交通下无人驾驶汽车的侵权规则，最后通过小结对本章进一步梳理归纳。

第七章：构建无人驾驶汽车侵权的损害赔偿体系。从家用、共享以及公共交通三种类型汽车分别展开损害赔偿认定，进而提出多层次综合损害赔偿救济体系，最后通过小结对本章进一步概括。

第八章：结合域外有关无人驾驶汽车的立法模式，论证我国无人驾驶汽车侵权责任的立法选择及立法框架。充分吸收和借鉴域外实践和立法经验，探讨我国无人驾驶汽车侵权责任立法模式，为无人驾驶汽车侵权立法选择合理路径，并对我国《民法典》提出具体修改建议和法条设计。

（二）研究方法

本书综合采用文献研究、实证研究和比较分析等研究方法进行研究。首先，对国内无人驾驶汽车相关规范性文件进行全面梳理，梳理无人驾驶汽车立法现状；通过对国内外学者研究进行分析和总结，结合无人驾驶汽车发展与立法现状，形成本书的研究思路和具体观点。其次，通过比较分析法，对域外无人驾驶汽车发展和立法经验进行了研究，总结域外无人驾驶汽车发展和立法的有益经验，并结合我国具体国情，建议构建行之有效的无人驾驶汽车侵权法律责任体系。再次，开展一系列社会调查，对具有代表性的无人驾驶汽车研发机构、网络运营平台及制定人工智能或无人驾驶汽车相关法律法规、规章制度或政策的机关进行了调研，对实践过程中所出现的问题进行全面梳理，形成了研究报告。最后，召开专题研讨会，梳理专家的意见和建议，形成了相应的研究成果。

四、研究创新点

本书立足于当前国内外无人驾驶汽车法律责任研究现状，旨在应对未来人工智能和共享经济发展潮流需求和社会矛盾化解的需要，以探寻无人驾驶汽车交通事故侵权损害层面相关法律问题的解决路径。为此本书之重要价值在于其区别于过去其他基于类似问题而展开的研究所独有的创新之处，总体来说，包括以下方面：

（一）理论创新

创新点一：提出"电子法人"主体理论，赋予无人驾驶汽车"电子法人"民事主体地位。目前我国关于无人驾驶汽车民事主体地位的讨论主要有三种主流观点，分别是肯定说、否定说和中间说。主体肯定说具有前瞻性，却忽略了实力提升与主体资格并不画等号这一事实；且未指出即便人工智能享有主体资格，其人格权利依旧是受限的，与人类权利义务并不等同。主体否定说则过于保守，片面强调人工智能的工具属性，以证明其是人类的财产，受人类控制，不符合民事主体意志独立原则。中间说认识到人工智能发展到一定阶段后可进行独立意思表示，但是并未明确其是否具有意思能力。人工智能成为民事主体的根本原因在于有赋予其主体地位的现实需求，即在权责分摊中需要人工智能以民事主体身份出现。区别于公司法人人格，赋予人工智能法律地位源于主体之间的利益分配。[1] 如在无人驾驶汽车侵权中，其自主行为切断了法律上的因果关系，而且将其自主行为风险全部社会化并不合理。根据报偿理论，谁享受利益谁承担风险。在无人驾驶汽车运行当中，多方主体因此保有利益关系，而这其中至少包含研发制造人、购买人和国家管理人三方，且缺一不可。

本书从现实的角度在三种观点间寻求平衡的支点，为无人驾驶汽车在《民法典》内增设一种特别法人——"电子法人"。"电子法人"与当前主流的主体肯定说、主体否定说和中间说都存在差异，从现实角度平衡各种观点，是应对人

---

〔1〕 Jessica Berg, *Of Elephants and Embryos：A Proposed Framework for Legal Personhood*, Hastings L. J., Vol. 59, p. 387(2007).

工智能主体资格的合理路径。首先,“电子法人”理论不同于主体肯定说,甚至在一定程度上弥补了主体肯定说的缺点。“电子法人”依然在现有的民事主体范围内,并未跳脱现实而为无人驾驶汽车设立“独树一帜”的主体资格。且“电子法人”与当前公司法人有一定的相似性,在权利义务上受一定限制,与人类权利义务并不等同。其次,“电子法人”理论是正视人工智能自主性、意志自由的结果,也从根本上驳斥了主体否定说观点。原因在于无人驾驶汽车在经过深度学习后其行为的判断和决策都超出了研发设计者、生产商、所有人、使用人等任何人的预测范围,其意志独立。最后,“电子法人”学说也不同于中间说。人工智能具有自主性、交互性和唯一性,具备和人类一样的理性并且能够与人类互动。如无人驾驶汽车在驾驶方面的理性和判断力优于人类驾驶员。人工智能在一定程度上可独立为意思表示,也就意味着其具有意思能力,完全可以以“自己”的名义对外独立为意思表示。赋予人工智能“电子法人”法律地位,使其以主体身份参与民事交往,将是日后解决其致害责任承担和获益归属等现实难题的趋势和可行方案。

创新点二:提出国家管理人的“契约补偿责任”理论。国家契约补偿责任以日本《核能损害赔偿补偿契约法》为启蒙点,旨在解决公共交通领域无人驾驶汽车侵权责任承担问题。当遭遇大规模核电事故而单依靠保险和经营者无法满足赔偿需求时,为了维护公共利益,日本政府的做法是与运营商订立补偿契约,核运营商向政府缴纳一定补偿费用,在发生特定损害而其无能力赔偿时由政府承担补偿责任。[1] 情景置换,当发生无人驾驶汽车公共交通大规模侵权时,仅依靠保险责任和运营单位,可能无法满足赔偿的需求。此时,需要依靠政府做后盾,保障受害人权益,填补损害。借鉴日本《核能损害赔偿补偿契约法》,明确政府在公共交通领域的责任,建立对应的国家补偿契约责任。

---

〔1〕 日本《核能损害赔偿补偿契约法》第 10 条规定,“原子能损害赔偿补偿合同是指在原子能运营者需要承担原子能损害赔偿责任时,责任保险合同中和其他为原子能损害赔偿设置的措施,无法填补因原子能运营者赔偿核损害而产生的损失,约定由政府补偿该损失,原子能设施经营者缴纳补偿费用的合同。补偿合同的相关事项由其他法律另行规定。”载 https://elaws. e-gov. go. jp/document? lawid = 336AC0000000147_20200401_429AC0000000045。

（二）研究角度创新

创新点一：从风险社会、大规模侵权、产权理论以及公共政策多角度分析无人驾驶汽车侵权法律问题。为突破常规无人驾驶汽车侵权的理论依据、思考路径，本书从多角度研究无人驾驶汽车侵权法理。首先，从风险社会视野去分析无人驾驶汽车的侵权法理。人工智能技术具有极强的综合性，研究和应用也非常广泛，然而大多数学者仍然只是从技术或者实践层面去剖析人工智能发展和困境，而未从风险社会这个大背景切实分析无人驾驶汽车的风险。在风险社会里，无人驾驶汽车作为新科技，不可避免会成为风险源。在无人驾驶汽车的发展和运行中，无人驾驶汽车的特性会得到凸显，从而形成技术、规制、数据泄露等一系列风险。这些风险指向的责任主体包括研究开发者、制造者、国家、第三人等多元主体。多种风险并存，使无人驾驶汽车时刻透露着危险的气息，责任主体不明确使对它进行立法规制也箭在弦上，不得不发。其次，在大规模侵权视域下，无人驾驶汽车的责任主体难以确定、因果关系难以证明，这也导致了无人驾驶汽车侵权责任难以落实的窘境。对此，需要建立国家管理人责任、大规模侵权救济基金、保险制度以应对无人驾驶汽车造成的大规模侵权事件。再次，从产权理论角度看，无人驾驶汽车所有权主体是“三位一体”。即无人驾驶汽车中所有人分为三类：一是车体的购买者对车体享有所有权；二是系统的研发运营者对系统享有知识产权（科技公司往往在研发无人驾驶汽车的系统时，会从事汽车车体的生产制作，如特斯拉、谷歌、华为，本书就不将二者作区分对待）；三是国家对道路信息数据等享有产权（现行学说对数据的权力性质尚未界定，仅笼统地规定为知识产权）。无人驾驶汽车将这三类主体紧紧地扭结在一起，共同共有。因此，无人驾驶汽车立法应当先明确产权归属，划分各主体的权利义务，从而提高社会资源配置率，而国家管理人、购买者、系统研发运营商三者作为无人驾驶汽车的产权所有人，是最必不可少的责任主体。最后，从公共政策理论展开无人驾驶汽车侵权研究。侵权法与公共政策往往联系密切，要研究无人驾驶汽车侵权也必须从公共政策出发，继而从原则上对解决人工智能侵权问题给予建设性帮助。公共政策以问题为导向，旨在解决社会公共问题，其中的补偿功能和自由保障功能也构成了平衡侵权责任的重要因素。因此，面对无人驾驶汽车侵权,需要政府通过干预手段来均衡责任承担,实现社会价值。

创新点二:结合现有的交通车辆运营模式,根据无人驾驶汽车用途,对共享汽车模式与公共交通模式两种不同运营模式进行差异化、类型化研究。以往对无人驾驶汽车的研究,大多从最常见的用途——家用方面进行研究分析。然而,家用无人驾驶汽车和共享汽车模式、公共交通模式下的侵权有许多不同之处。本书延展研究思路,除对常见家用无人驾驶汽车侵权进行研究外,创新性地对另外两种运营模式下的无人驾驶汽车进行了深入分析,探讨了不同功能用途下的无人驾驶汽车侵权的规制路径。首先,针对无人驾驶共享汽车,本书通过分析其法律性质,了解其发展过程、特点、问题和市场优势,对共享汽车内部的不同 P2P 模式和 Car2go 模式展开了两种类型化研究,分别探讨了在不同模式下无人驾驶共享汽车的侵权归责、特殊侵权行为、责任主体等问题。其次,在对公共交通的侵权责任研究中,本书肯定了公共交通无人驾驶汽车侵权的特殊性质。公共交通无人驾驶系统必然是未来公共智能的重要部分,具有广阔的发展前景和深入研究的必要性。在现有的法律框架下解决公共交通侵权责任的路径主要有普通交通侵权责任、产品责任和动物侵权责任等视角,通过把握各个视角下的公共交通侵权的特性,从而整合出一套能够迎合无人驾驶汽车公共交通系统发展的法律责任制度。

（三）制度创新

本书在制度建设方面存在创新。在对无人驾驶汽车进行多方面理论研究后,最终还是需要回到对无人驾驶汽车的侵权责任制度建设上。为无人驾驶汽车乃至人工智能侵权立法提出制度建设建议,是研究的最终目标。

创新点一:根据无人驾驶汽车智能等级,构建传统交通事故责任、产品责任、高度危险责任、“电子法人”责任分级适用的归责原则。非自主阶段(L1－L3 级)的无人驾驶汽车,主要适用当前的交通事故归责原则进行责任分配指导。针对自主阶段(L4－L5 级)仅作为“工具”的无人驾驶汽车,可以根据产品责任或高度危险责任适用无过错原则。针对自主阶段(L4－L5 级)定位为“法律主体”的无人驾驶汽车,赋予其法律人格,接入以过错为基础的归责原则体系,形成无人驾驶汽车独有的归责原则。即当无人驾驶汽车发生交通事故时,按照《道路交通安全法》的规定参照“黑匣子”的记录判定过错方,进而进行责任判定:车与车之间的碰撞则适用过错责任原则;车与人之间的碰撞采用过错推定原则;当无人驾驶汽车一方没有过错时,则承担不超过10%的赔偿责任(该比例并非固定数值,而是需要从分配正义角度动态变化)。

创新点二:根据无人驾驶汽车侵权责任的特殊性,构建驾驶人、车体所有人、系统研发运营商、保险人、互保协会和国家管理人的多元责任主体制度。L1－L3级的无人驾驶汽车,正处于非自主阶段。在该阶段,可以依照现有的侵权责任体系对其进行规制。如产品缺陷追究生产者、经营者责任,交通事故追究驾驶人责任,第三人行为侵权追究第三人责任。但L4－L5级的无人驾驶汽车,具备高度自主性,处于自主阶段,责任主体发生变化。在该阶段,使用人不承担责任,生产商、经营者责任减弱,驾驶人责任适用空间缩减,而主要由车体所有人、系统研发运营商、保险人承担责任,新增互保协会承担互助责任和国家管理人承担补偿责任。根据“产权理论”“风险分担理论”“报偿理论”等,系统研发运营者、所有人、国家管理人作为产权人,为无人驾驶汽车的侵权行为承担责任无可非议。使用人则需要根据无人驾驶汽车的智能程度进行责任分配:L1－L3级尚处于非自主阶段,自动驾驶系统只是辅助系统,因此使用人承担警惕接管义务,对此需承担责任;L4－L5级的无人驾驶汽车,自主程度更高,使用人作用影响更小,因此无须承担责任。保险人、无人驾驶汽车互保协会作为当前分散风险的首选方式,成为无人驾驶汽车侵权责任主体,是有其可能性的。因此,构建驾驶人、车体所有人、系统研发运营商、保险人、互保协会和国家管理人的多元责任主体制度将有利于解决无人驾驶汽车大规模侵权责任问题。

创新点三:通过赋予国家管理人补偿责任的角色定位,分摊无人驾驶汽车大规模侵权社会风险,建立“中间法人”性质的国家管理人制度。“国家管理人”是政府建立的、实际承担人工智能侵权社会责任的“专门的机构”。国家作为一个政治概念,要求其承担民事侵权责任有点牵强。但人工智能科技日新月异,为人工智能建立一个专门的管理机构是有现实需求的,也是极有可能的。国家管理人的法定职能包括但不限于以下几种:一是制定人工智能准入合格标准、实行备案登记制度;二是要求人工智能算法企业和平台定期发布社会责任报告，强制披露风险活动，公开数据处理的目的、数据处理者的身份、数据接收者等相关信息；[1]三是享有特定领域数据收益权，也因此承担人工智能侵权的损害赔偿责任。国家管理人具有行政职能且承担民事补偿责任，其法律性质可以借鉴"农村集体经济组织"的立法经验定性为"中间法人"。国家管理人是政府为提供更好的社会公共服务而专门设立的管理机构，但其并非传统意义上的机关法人。机关法人是政府职能的执行部门，与政府关联密切；但国家管理人执行一部分的行政职能，自主经营收益（如在无人驾驶汽车领域，国家管理人是数据的所有权人，与所有人、系统研发运营商同为所有权人，享有经济收益），财政并非完全依赖政府拨款和社会捐献。换言之，国家管理人履行部分行政职能，在人工智能侵权中承担民事补偿责任。因此，兼具行政和民事两种特性的国家管理人，法律性质可以初定为"中间法人"。

---

〔1〕 郑智航：《人工智能算法的伦理危机与法律规制》，载《法律科学》2021年第1期。

第一章 无人驾驶汽车的法律地位

2016 年,我国发生首起无人驾驶汽车交通事故,法院第一次将审判对象由人变成机器。[1] 但该案的无人驾驶汽车仍需驾驶员适时接管,并非真正意义上的无人驾驶汽车。[2] 2014 年 12 月,美国谷歌公司成功研发出世界上最尖端的无人驾驶汽车,尽管该汽车没有方向盘、换挡装置、油门和刹车踏板,却可以通过软件和传感器实现全自动驾驶。[3] 换言之,无人驾驶汽车的操作系统替代人类,成为"驾驶员"。虽然无人驾驶汽车目前尚处于测试阶段,但其"不知疲倦"、不会"醉驾""怒驾"等优势将使交通事故概率大为降低,[4]也使人类可以从紧张而又危险的驾驶工作中解脱出来,是汽车行业发展的必然趋势。

然而,购买无人驾驶汽车的人对汽车注意义务限于管理和维护方面,而无

---

〔1〕 2016 年 1 月 20 日,京港澳高速河北邯郸段发生一起严重的追尾事故,一辆白色特斯拉轿车在左侧第一车道行驶时,撞上了一辆正在前方实施作业的道路清扫车,碰撞前没有任何刹车痕迹,而"自动驾驶"是否开启成为该案的庭审焦点。参见《中国第一起"无人驾驶"车祸致死案》,载搜狐网,http://www.sohu.com/a/301402562_100280601,2019 年 4 月 18 日访问。

〔2〕 2015 年德国联邦交通与数字基础设施部编纂的《自动与互联网驾驶战略》将自动驾驶区分为五个阶段:(单独型)驾驶支援系统、系统的组合(部分自动驾驶)、系统的高度化(高度自动驾驶)、完全自动驾驶和无驾驶人自动驾驶。See Vgl. Bundesregierung, Strategie automatisiertes and vernetztes Fahren, 2015, S. 5 f.

〔3〕 Joe Tidy, Google Unveils Complete´Driverless Car. 23 December 2014, http://news.sky.com/story/1396513/goo-gle-unveils-complete-driverles-car.

〔4〕 有调查显示,95% 的交通事故与人类驾驶者的驾驶失误有关,2.5% 的交通事故归因于糟糕的路况和天气,2.5% 的交通事故归因于技术故障,特别是在移动通信普及的今天,人类驾驶者的驾驶失误造成交通事故的比重越来越大。See Sven A. Beiker, *Legal Aspects of Autonomous Driving*, 52 Santa Clara L. Rev., 2012, p. 1145 – 1149.

驾驶行为，当其发生交通事故时，由谁承担责任，购买人吗？还是无人驾驶汽车操作系统的研发者？抑或汽车设备制造商、销售商、导航地图公司？无人驾驶汽车上路行驶，遵守道路交通规则的主体是谁？投保主体又是谁？无人驾驶汽车不但致害，当其商用时，比如用于运营出租车业务、共享汽车业务等，所产生的收益又应归谁？用于公益服务时，比如无人驾驶公共汽车，其获得的收益和产生的责任又当如何分配？所有这些问题都指向了一个问题：具有高度自主性和学习能力的无人驾驶汽车能否被作为主体对待，并被赋予民事主体资格，以解决其替代人类驾驶员所带来的以上种种法律难题？

一、关于无人驾驶汽车法律地位的学说及评析

无人驾驶汽车系一种初级人工智能，其作为独立于人、物之外的，一种比动物更“近人”的客观存在，能否被赋予法律人格，使其以主体身份参与社会经济生活？[1] 学界围绕这个问题展开了激烈讨论，概括而言，主要有主体否定说、主体肯定说和中间说。

（一）主体否定说

否定赋予人工智能主体地位的学者认为，现在将高端机器人赋予类似于人的人格地位仍然有待考虑。因为人工智能本质上是机器，并没有人类健全的人体和独立的人脑，从这一点来看，自然应当否定人工智能的主体地位。[2] 笔者对此种观点进行分析，认为当前否定人工智能主体资格的理由主要有：

第一，人工智能不具有人的生物质。从本质区别来看，智能机器人并不具备生物学上的要素，因而不能赋予其独立的法律人格，人工智能毕竟只是研发出的机器，而非自然人，也并不具有自然人的人体和人脑。[3] 机器人本身是由人类进行研究开发而得到的，并不具备生命和生命权，既没有所谓的伦理道德

---

〔1〕 张志坚：《论人工智能的电子法人地位》，载《现代法学》2019 年第 5 期。

〔2〕 杨立新：《用现行民法规则解决人工智能法律调整问题的尝试》，载《中州学刊》2018 年第 7 期。

〔3〕 杨立新：《人工类人格：智能机器人的民法地位——兼论智能机器人致人损害的民事责任》，载《求是学刊》2018 年第 4 期。

观念,也不能够形成良知和习惯,因而不能进行责任承担,如果将其视为独立的民事主体,可能导致以下问题:一方面,它并不能够作为独立的责任承担主体;另一方面,人工智能所带来的伦理宗教观念,将会对现代社会产生极大的冲击,也很有可能直接带来不可估量的严重后果。[1] 作为人类技术的理性延伸,人工智能所预设的是一种理性的法律主体,但它并不具备欲望机制,因此难具有主体性。[2] 而且,人类与生俱来的直觉以及同情心等良知,判断力以及想象力等特有禀赋,是人工智能所不具备的,这些与生俱来的能力是不可能被人工智能所获得或超越的。[3] 人之所以为人,具有多方面的因素。从本质上来看,人具有智性、心性和灵性。机器人所模仿的仅是人类的智性技术,可以达到人类智商所能达到的最高水平,但它并不具备心性和灵性。心性强调的是情感和情绪,机器人并不具备人类的感情,也不会为情所累。灵性是人类精神世界的发源地,与人的信仰息息相关,从当前来看,并没有发现机器人具有灵性,人类所掌握的经验、从历史中吸取的教训、所培养的兴趣爱好,这些都是机器人所无法复制的,因此它们并不具备心性和灵性。这就意味着,机器人因无法达到人类层次的灵性和心性,所以也就无法具备如同人类一般的"主体性"。如果某一天机器人具有与人类相同的心性和灵性,那么它们占领世界的预言将会成为现实。[4]

第二,人工智能不具有自我意识和意志能力。人类的科学技术发展到一定程度,便创造出智能机器人;最初,智能机器人仅作为民事法律关系的客体而存在,尽管他会如同人类一般进行各种活动,但是其本身仍然是受自身的算法控制的,并不具备自主思考的意识和能力。[5] 即便其发展到一定阶段后,可以自主为一定行为,但它没有选择的自由,也没有自己行为的目的。机器人所自认

---

[1] 赵万一:《机器人的法律主体地位辨析——兼谈对机器人进行法律规制的基本要求》,载《贵州民族大学学报(哲学社会科学版)》2018 年第 3 期。

[2] 龙文懋:《人工智能法律主体地位的法哲学思考》,载《法律科学》2018 年第 5 期。

[3] 范忠信:《人工智能法理困惑的保守主义思考》,载《探索与争鸣》2018 年第 9 期。

[4] 於兴中:《人工智能:法律界的期待远远超过恐惧?》,载《法制日报》2017 年 11 月 6 日。

[5] 王利明:《人工智能时代对民法学的新挑战》,载《东方法学》2018 年第 3 期。

为的目的是由人类进行掌控的,与人类有意识的目的行为存在极大差异。[1]自然人所具备的情感、意识、理性,使人类能够在自我发展过程中约束自身,而人工智能仅是在特定的算法之下所表现出来的智能,实施的指令也只是人类进行预设的,本质上只是一种逻辑运算,因此并不具备自我意识。[2] 换言之,只要它初始被设定为服从人的指令,就不会有自我意识。而没有自我意识,当然也就没有意识,从而也就没有学者所说的"意志能力"。[3]

第三,人工智能不具备责任能力。遵循人类预先设计的程序,人工智能可以为一定的行为,比如文字创作、签订合同、驾驶汽车等,具有相应的行为能力,但有行为能力并不一定就有责任能力。一方面,在技术层面,人工智能仍然存在较大的问题,因为它们大多并不具备自我管理的能力,所以现有的法律责任体系并不能够对人工智能的行为进行调整,而且,在责任承担方面也难以找到较为适合的责任主体,因此,在法律层面缺乏规制;另一方面,虽然有少部分机器人已经具有一定的自我管理能力,但其并不具有可以谴责的内心意愿,而且也不能够对其人身进行惩戒,同样难以对其所造成的行为后果进行责任承担。[4] 在一般情况下,需要有独立的财产才能够承担相应的民事责任。然而,机器人不可能有独立的收入,其对人造成损害后,最终的责任承担者还是要落实到自然人身上。所以无论承担责任的方式如何,最后还是需要人来承担,因此完全没有必要单独赋予机器人"法律人格",这显然是多余的。[5]

第四,与法人不同,将人工智能拟制为主体没有现实意义。尽管智能机器人在形体方面与人类相似,但是仍然不具有民法意义上的人格。法人机构是一

---

[1] 吴汉东:《人工智能时代的制度安排与法律规制》,载《法律科学》2017 年第 5 期。

[2] 房绍坤、林广会:《人工智能民事主体适格性之辨思》,载《苏州大学学报(哲学社会科学版)》2018 年第 5 期。

[3] 该学者认为意志能力即为意识和选择/反思调整的能力,并认为意志能力是能否成为法律主体的一个必要要件。参见冯洁:《人工智能体法律主体地位的法理反思》,载《东方法学》2019 年第 4 期。

[4] Mark A. Chinen, *The Co-Evolution of Autonomous Machines and Legal Responsibility*, Va. J. L. & Tech., Vol. 20, p. 361 (2016).

[5] 郑戈:《人工智能与法律的未来》,载《探索与争鸣》2017 年第 10 期。

种拟制人格，与人工智能也存在明显区别。[1] 作为自然人集合而形成的组织，法人的意思能力由法人机关行使，实质是由其背后的自然人为意思表示，故与人工智能自己为意思表示明显不同。尽管机器人在智能方面已经与人类相当，甚至超越人类，但是在心性和灵性方面仍不具备，所以不能简单地将这种人工智能等同于自然人或自然人集合。[2] 尽管法人制度也是从法律概念上对"人"进行挑战与拟制，但是仍然需要肯定这种制度安排是具有现实价值的，并且法人本身是多数人集合的意志，而且能够进行责任承担，因此，有必要在立法上将法人拟制为主体。[3] 然而，智能机器人尚不能独立地享有权利和承担义务。[4] 因为立法不可能直接规制人工智能的行为。例如，过失赔偿机制，对于机器人而言，并不能够通过立法或处罚而提升其注意能力，即无法实现预防目的。[5] 应当明确的是，机器人并不具有生命，与自然人集合而成的法人组织也不同，机器人并不具有自身的独立意志。法人组织尽管与其他有精神意志的生物存在区别，但是其能够在集合自然人意志之下形成自己独立的意志进行决策，并具有独立的财产承担责任。而人工智能不具有这些特征，因此赋予其主体地位并不现实。[6] 尽管并不排斥在立法上创造出一个新的主体，但应拒绝没有现实意义的拟制。当前，并没有紧迫的现实需要将人工智能在立法上定位为主体，否则，反而有可能会贬低人的价值或者产生将人物化的潜在危险。[7]

第五，人工智能是受人类控制的工具。在特定领域，人工智能的智慧远高于人类。甚至有科学家认为，非生物智能在21世纪中叶便将远超过今天所有人的智慧。[8] 但在行为目的方面，人工智能与人类存在差异，它是按人类设计

---

〔1〕 杨立新：《从民法通则到民法总则：中国当代民法的历史性跨越》，载《中国社会科学》2018年第2期。

〔2〕 吴汉东：《人工智能时代的制度安排与法律规制》，载《法律科学》2017年第5期。

〔3〕 吴习彧：《论人工智能的法律主体资格》，载《浙江社会科学》2018年第6期。

〔4〕 王利明：《人工智能时代对民法学的新挑战》，载《东方法学》2018年第3期。

〔5〕 吴习彧：《论人工智能的法律主体资格》，载《浙江社会科学》2018年第6期。

〔6〕 杨立新：《人工类人格：智能机器人的民法地位——兼论智能机器人致人损害的民事责任》，载《求是学刊》2018年第4期。

〔7〕 龙文懋：《人工智能法律主体地位的法哲学思考》，载《法律科学》2018年第5期。

〔8〕 杜严勇：《论机器人的权利》，载《哲学动态》2015年第8期。

的程序运行、行动，仍是受人类控制的一种高度智能化的工具。换句话说，机器人是受到包括自然人、法人或其他组织的民事主体控制的，它本身并不能够独立地进行民事行为，当然也就无法取得独立法律地位。[1] 因此，虽然赋予机器人以“人”的名义，但是其本身仅是一种工具而非人，也不具有人格，只是这种工具通过高新技术而体现出更强的先进性。[2]

（二）主体肯定说

持肯定说的学者认为，法律主体在整个法律的发展历史中是逐步扩大的。在之前，主体范围中只有自然人，后来逐步扩大到法人和组织，并且是通过法律拟制的方式将法人、组织纳入法律主体的范畴中，从而可以作为法律关系主体参与社会经济活动，进一步促进了经济的快速发展。而科学技术的快速发展，促使人工智能得以出现，而且在未来，人工智能可以拥有生物大脑，甚至在神经元数量方面，与人脑相似。因此，在未来，也可以以法律拟制的方式对人工智能机器人进行规定，赋予其主体资格，从而使机器人能够以主体身份参与民事交往和社会活动。[3] 肯定说与否定说针锋相对，其主要理由为：

第一，人工智能不具有生物质并不影响其成为民事主体。人工智能的生成材料是以硅晶作为机体，而人类更多的是以碳基为机体，因此在生物属性方面存在根本差异。但是，法人也是一种拟制的主体，同样不具备人的生物属性。因此，应当破除法律主体是人类或者是人类代理人的伪命题，也应当适时更新赋予法律人格的标准。[4] 从客观角度来看，影响机器人是否能够取得主体地位的要素在于是否能够同人类进行实力对比；而从主观角度来看，重点在于人们对于人工智能的态度。[5]

---

〔1〕 吴汉东：《人工智能时代的制度安排与法律规制》，载《法律科学》2017 年第 5 期。

〔2〕 郝铁川：《不可幻想和高估人工智能对法治的影响》，载《法制日报》2018 年 1 月 3 日。

〔3〕 金东寒主编：《秩序的重构——人工智能与人类社会》，上海大学出版社 2017 年版，第 86 页。

〔4〕 徐文：《反思与优化：人工智能时代法律人格赋予标准论》，载《西南民族大学学报（人文社会科学版）》2018 年第 7 期。

〔5〕 Hilary Putnam, *Robots: Machines or Artificial Created Life?* The Journal of Philosophy, Vol. 61, No. 21, p. 668 – 691 (1964).

从客观方面来看,根据“实力界定权利”理论,[1]人工智能的发展趋势表明应赋予其主体资格。在机器人的社会实力不断增强的情况下,赋予其权利也是一种必然结果,从权利发展的历史来看,机器人享有法律主体地位,合乎历史发展规律。[2] 如果不赋予人工智能这种权利,则不会产生法律地位赋予的问题,人工智能也就不具备法律上的真实性。因此,人类的决断是影响机器人能否真正成为人的最关键因素,而不是科学技术的发展程度。[3] 在现代社会的发展中,对机器人的应用已经无法避免,这在整个世界范围中都应当肯定机器人所带来的变革,因此赋予其法律地位和必要的权利,是在人工智能时代下,积极迎合社会发展趋势的必然要求。[4]

第二,人工智能并不完全是一种工具,其具有一定的自我意识。现代理性强调人作为自然界中唯一可以进行理性思考的自然生物,可以进行独立思考、交流,并且具有发明创造的能力,可以进行情感共鸣,具有良知。因此,人类可以享有法律上的独立人格,但是通过研究发现,某些动物也可以具备这种能力。[5] 而且随着现代科学的不断进步,人工智能也逐步显现出这种特征:一是能够对外在世界进行感知,并且可以进行独立的对话交流;二是可以对生活进行规划,并且拥有一定的自我意识;三是与同类之间可以进行彼此交流,构建共同的生活群体。[6] 人工智能并非单纯是一种工具,其在行为精确性、理性以及决策科学性等方面均远超人类,个人、公司和国家的部分决定将由人工智能作出。申言之,科技的发展将导致人工智能并不完全听命于人类。在人工智能已

---

〔1〕 在原有权利遭遇新兴事物冲击的情况下,不同群体的实力博弈将重新构筑权利体系。约翰·厄姆拜克将这种现象归结为“实力界定权利”。See John Umbeck, *Might Mikes Right:A Theory of the Formation and Initial distribution of Property Rights*, Economic Inquiry, p. 38 – 59(1981).

〔2〕 张玉洁:《论人工智能时代的机器人权利及其风险规制》,载《东方法学》2017 年第 6 期。

〔3〕 Hilary Putnam, Robots:Machines or Artificial Created Life? The Journal of Philosophy, Vol. 61, No. 21, p. 668 – 691(1964).

〔4〕 张玉洁:《论人工智能时代的机器人权利及其风险规制》,载《东方法学》2017 年第 6 期。

〔5〕 Mary Midgley, *Utopias, Dolphins and Computers: Problems of Philosophical Plumbing*, Routledge Press, 2000, p. 115.

〔6〕 F. Patrick Hubbard, “*Do Androids Dream*”:*Personhood and Intelligent Artifacts*, Temple Law Review, Vol. 83, p. 419(2011).

经实现了高度发展之后,机器人体内也将觉醒出自我意识。[1] 之所以不能单纯地将智能机器人归类于技术产物,是因为他们已经具备了一定的独立精神,而不仅仅是在外形上与人类相似,所以应当赋予其权利。[2] 例如,"电子人"的材质是金属,作为一种电子系统,能够对事物进行推理和记忆,并且具备一定的情感意识,正在向着人类的人脑意识迈进,所以从现在的法律主体框架来看,可以将其纳入主体范畴。[3] 强人工智能阶段,将会产生人机共存的状态,这时人与机器人的界限进一步模糊,并且成为一种新的社会特征,从而出现智能机器人具备法律人格或者类似于法律人格的形象,这种颠覆性的变革是以人际关系作为法律的调整对象而进行的。届时,并非对智能机器人的法律人格进行赋予,而是由其主动地取得法律人格。[4]

第三,人工智能具有责任能力。机器人在同时具备"智力"和"意志"的情况下,几乎可以独立进行所有的人类工作。例如,作为投资受托人,机器人可以在保障委托人实现财产增值的情况下进行合同的签订,在代理运行与设计时,也能够获得一定的财产收益。如果没有尽到注意义务,则需要承担进行赔付的不利后果,在这种意义下,机器人能够承担相应的责任,并且具备这种能力。[5] 承担责任的关键在于要有独立的财产。部分人工智能可以创作、进行投资决策、充当收取乘客费用的载人工具等,具有一定的收入来源,当其致人损害时,可以用该笔收入先行赔付。同时,根据"谁受益、谁担责"的原则,可以要求相关的受益方给人工智能注入一定的资金。有学者认为可以通过购买保险,在发生损害行为或者错误导致损害的情形下,获得保险的赔付,减轻自身的赔付义

---

〔1〕 Hilary Putnam, *Robots: Machines or Artificial Created Life*? The Journal of Philosophy, Vol. 61, No. 21, p. 668 – 691 (1964).

〔2〕 [美] Phil McNally, Sohai lnayatullay:《机器人的权利——二十一世纪的技术、文化和法律》(上册),邵水浩译,载《世界科学》1989 年第 6 期。

〔3〕 郭少飞:《"电子人"法律主体论》,载《东方法学》2018 年第 3 期。

〔4〕 孙占利:《智能机器人法律人格问题论析》,载《东方法学》2018 年第 3 期。

〔5〕 Lawrence B. Solum, *Legal Personhood for Artificial lntelligences*, N. C. L. Rev., Vol. 70, p. 1245 (1992).

务。[1] 如此,人工智能便可像法人一样拥有自己独立的财产。另外,人工智能本身具有一定的智能,因此可以通过合法途径对经济责任进行承担。例如,开设银行账户,在其行为对他人造成损害时,可以利用该账户内的资金先行给付。[2] 所以,从当前的立法制度来看,人工智能完全可以享有一定的财产权,并且能够独立地签订合同,在法律上并不阻碍人工智能机器人成为权利义务的主体。[3]

第四,从现实角度来看,有必要将人工智能拟制为法律主体。当前立法之所以允许机器人自己为意思表示是因其比人类更符合理性主体的预设,这不应成为其不能像法人那样进行拟制的障碍,将人工智能拟制为主体的关键在于现有法律制度无法应对人工智能所带来的新问题。有学者认为,区别于公司的拟制人格,人工智能并不是要拟制为公司那样的实体,而是根源于主体间的利益分配,才需要对其进行法律人格的赋予和确认。[4] 因为人工智能的收益与致害往往不是与人类的一方主体有关,而是与多方主体均密切相关。由于机器人的法律人格所代表的是所有参与方法律人格的集合,从而对于这些机器人按不同的适用场景进行分类,就会更加具有现实意义。[5] 另外,只有对人工智能法律地位进行承认,才能够进一步分析有关人工智能所缔结合同的法律关系和效力问题,以及由此产生的举证责任和义务承担等方面的问题。[6] 例如,有学者认为应当将计算机交易系统赋予独立的人格,使其在该系统中签订的合同具备合同效力以及正当性,从而可以强制执行。[7] 由此,赋予人工智能独立的民事

---

〔1〕 Lawrence B. Solum, *Legal Personhood for Artificial lntelligences*, N. C. L. Rev., Vol. 70, p. 1240(1992).

〔2〕 Ugo Pagallo, *The Laws of Robots: Crimes, Contracts, and Torts*, p. 143 – 144(2013).

〔3〕 Mark A. Chinen, *The Co-Evolution of Autonomous Machines and Legal Responsibility*, Va. J. L. & Tech., Vol. 20, p. 361(2016).

〔4〕 Jessica Berg, *Of Elephants and Embryos: A Proposed Framework for Legal Personhood*, Hastings L. J., Vol. 59, p. 387(2007).

〔5〕 Susanne Beck, *The problem of ascribing legal responsibility in the case of robotics*, AI & Soc, 2016, Vol. 31, p. 473 – 481(2016).

〔6〕 徐文:《反思与优化:人工智能时代法律人格赋予标准论》,载《西南民族大学学报(人文社会科学版)》2018 年第 7 期。

〔7〕 Ugo Pagallo, *The laws of Robots: Crimes, Contracts, and Torts*, p. 154(2013).

主体地位，会使与其相关的交易、决策以及行为等方面变得高效、便捷。而且，仿照法人的拟制，运用一定的手段赋予民法主体资格不存在技术障碍，民法的立法技术发展到今天是完全可以支持这一点的。[1] 因此，人工智能的发展和传播会促使我们改变法律，因为这些法律中有很多地方不能充分地将人工智能产品与人类之间的互动，以及与其他人工智能产品之间的交互标准化，因此其将会促进多个领域法律的调整，若不能将这些不由人类控制的行为规范到法律的调整范围内，则会造成社会秩序的混乱。[2]

第五，人工智能有独立思考、独立行为的能力，并非完全被人类控制的工具。法律规制行为，发生作用的前提在于所有的行为均是由人类作出的，或是在人类的完全控制下所为的。而现实中很多行为是由人工智能自己独立作出的，若用法律调整人工智能与人之间的各种关系，则会使以上假设失去意义，进而会对传统法律的适用和规制方式产生很大的影响。[3] 工业革命使人的体力从繁重的劳动中解放出来，而人工智能则改变了人的脑力劳动。人类对人工智能的控制是不完全的，或许人类可以通过切断终端电源之类的措施达到人工智能无法自主工作的目的，但是在人工智能运行的过程中，人工智能深度学习和独立判断的行为与结果却是人类无法完全控制的。比如阿尔法狗，能够通过自主学习棋的行走步骤，研究生成胜算大的行走路径。正是因为人工智能的深度学习和独立判断的能力，人类的智慧不足以抗衡人工智能的智慧，从而造成人工智能运行过程及结果可能无法预测。学习型人工智能一旦被投放到市场中，即便是人工智能的设计者所故意设计的某一目的，也无法预测人工智能学习的程度和行为能力，无法预测该意欲的目的能否实现。[4] 因此，基于人工智能能够深度学习、独立思考、独立行为，甚至为自己利益奋斗和辩护，我们没有足够

---

〔1〕 陈吉栋：《论机器人的法律人格——基于法释义学的讨论》，载《上海大学学报（社会科学版）》2018 年第 3 期。

〔2〕 [美]约翰·弗兰克·韦弗：《机器人是人吗？》，刘海安、徐铁英、向秦译，上海人民出版社 2018 年版，第 4 页。

〔3〕 [美]约翰·弗兰克·韦弗：《机器人是人吗？》，刘海安、徐铁英、向秦译，上海人民出版社 2018 年版，第 2 页。

〔4〕 Jack M. Balkin, *The Path of Robotics Law*, Calif. L. Rev. Circuit, Vol. 6:45, p. 52 (2015).

的理由否认其主体地位。[1]

(三)中间说

1. 特殊主体说

有学者主张,可以将人工智能看成一种特殊的民事主体,因为其不仅可以独立地作出意思表示,还可以作为智慧的工具。[2] 人工智能的发展已经取得了很大的进步,已经不再是模仿人类的行为或是按照固定的代码从事单一、特定的简单行为了。人工智能远超其他科技成果的重要特点在于,其深度学习和独立思考的能力,人工智能能够根据现有的行为不断地进行学习,独立判断,从而使行为最优、结果最优。深度学习和独立判断的能力使人工智能具有了专属于人的特征,因此有必要在法律上赋予人工智能一定的法律人格,以便更好地规制其行为,同时为未来人工智能的健康有序发展提供一定的制度保障,避免将来产生很大的矛盾与冲突。

也有学者认为,可以借鉴古罗马的特有产制度,将人工智能视为一种数字特有产,使人们可以主张自己的责任限于该人工智能本身的价值(加上最终的强制保险),以此能通过使用人工智能从事商业、交易或合同业务,并能向其交易相对方(不论是人类还是其他人工智能)保证义务将会被履行,从而能够成功处理新一代的无人驾驶汽车所带来的法律挑战。[3] 还有学者认为,若肯定智能机器人的法律人格,则应当将智能机器人视为新型民事主体。[4]

2. 条件主体说

条件主体说认为,可以在一定的条件下赋予智能机器人一定的法律人格。有学者主张我们要在实定法解释论的基础之上研究机器人的法律人格。研究

---

[1] F. Patrick Hubbard, "*Do Androids Dream*": *Personhood and Intelligent Artifacts*, Temple Law Review, Vol. 83, p. 419(2011).

[2] John Lightbourne, *Algorithms & Fiduciaries: Existing and Proposed Regulatory Approaches to Artificially Intelligent Financial Planners*, Duke L. J., Vol. 67:651, p. 674 (2017).

[3] [意]乌戈·帕加罗:《谁为机器人的行为负责?》,张卉林、王黎黎译,上海人民出版社2018年版,第110~118页。

[4] 石冠彬:《论智能机器人创作物的著作权保护——以智能机器人的主体资格为视角》,载《东方法学》2018年第3期。

其法律人格时,要将传统的思考问题的角度予以重新排位,首先要站在法律政策的立场上,而非传统逻辑的立场上。从逻辑必然的角度出发,机器人显然不具备法律主体应具有的全部特征,但是科技的不断发展使机器人已经普遍运用于各行各业,逻辑的必然性使法律在面对现实时变得慌乱无比。因此,有必要在特定条件下承认具备客体属性的人工智能主体资格,[1]这种主体资格不是真正意义上的主体,而是法律拟制的一种主体,其目的是解决人工智能不断发展所带来的问题。还有学者认为,承认人工智能的主体资格的困难性体现在"符号主义"和"联结主义"语境下,[2]但是在非公理化推理系统(NARS)下,[3]人工智能被承认具有一定的人的认知属性,基于此,在满足特定条件的情况下,通过法技术手段能够在一定程度上赋予其法律主体资格。[4] 由此可以看出,条件主体说认为人工智能成为主体需满足一定条件、特定情形,并且只能赋予一定程度的主体资格。

3. 有限人格说

有限人格说主张,人工智能享有法律人格,但是其所享有的法律人格是受限制的,主要表现为行为的有限性和责任的有限性。首先,人工智能可以独立实施一个行为,其有权享有相应的法律权利、承担相应的法律后果。其次,人工智能究其本质是工具,尽管其在一定程度上具有独立行为能力,然而其行为取决于人类为其编写的程序,其无法改变自身服务人类社会的工具本质。最后,人工智能在民事责任的承担上具有很大的局限性,人工智能并不能单独地承担

[1] 陈吉栋:《论机器人的法律人格——基于法释义学的讨论》,载《上海大学学报(社会科学版)》2018年第3期。

[2] 符号主义(symbolism)是一种基于逻辑推理的智能模拟方法。符号主义的主要思想就是应用逻辑推理法则,从公理出发推演整个理论体系。联结主义是一种演绎逻辑,强调人类大量的视觉听觉信号的感知处理都是下意识的,是基于大脑皮层神经网络的学习方法把认知看成是网络的整体活动,组成网络的基本单元,随着外部信息和其他单元的活动发生动态变化。参见顾险峰:《人工智能中的联结主义和符号主义》,载《科技导报》2016年第7期。

[3] 非公理化推理系统(non-axiomatic reasoning system),是指在资源和信息不充分的情况下,主体也会依据有限的资源作出决断。See Goertzel Ben & Pei Wang(eds.), *Advanced in Artificial General Intelligence*: *Concepts*, *Architectures and Algorithms*, IOS Press, 2006.

[4] 沈建铭:《论人工智能实体的法律主体资格——以权利能力为视角》,华中师范大学2017年硕士学位论文。

民事责任，其行为所造成的损害结果的责任承担主体应是其设计者、开发者、制造者或使用者，这应当是一种特殊的侵权责任承担主体。而人工智能在行为和承担责任方面的有限性决定了其法律人格的有限性。[1] 还有学者主张智能机器人的法律人格是人类智慧的延伸，其本质仍然是服务于人类社会的一种工具，其作为法律主体在行为能力、责任能力和权利义务方面都是有限的，因此其法律人格只能是一种工具性的法律人格。[2]

4. 法律行为说

李爱君教授认为，在以主体、客体和行为为基本结构的民法中，人工智能既不是主体，也不是客体，而是一种法律行为，理由主要在于：人工智能只是一种技能，是一种算法而非人类认知神经科学，从而无法与人的“智能”相提并论；它没有自我意识、没有资源、没有对自身行为控制的能力，从而不符合自然科学主体性的构成要素；而且人工智能的价值在于实现行为的智能性，即根据其承担的智能任务类型分化为各异的“行为”功能，而非参照人类复制一个新的“人”，这并不是人工智能所追求的科学价值目标；人工智能是根据人的研究行为不断深化而产生的，是人类的大脑行为创造的一种精确复杂的技术行为。因此人工智能的本质是一项技术行为，是人类行为的延伸，不具有法律主体的本质特征。更确切地说，人工智能是它的研发者、制造者和使用者等主体的法律行为。[3]

（四）对三种学说的评析

否定说和肯定说分别从人工智能的生物质、自我意识、责任能力、拟制的意义以及是否仍为工具五个方面，对应否赋予人工智能主体资格形成了观点交锋，反衬出人工智能法律地位问题的分歧和复杂程度之高。不过，很少有学者将“法律地位问题中的人工智能到底是什么，它的民法属性又是什么”这两个问题讲清楚，或者进行深入研究，而这是探讨人工智能法律地位问题的前提和

---

〔1〕 袁曾：《人工智能有限法律人格审视》，载《东方法学》2017 年第 5 期。

〔2〕 许中缘：《论智能机器人的工具性人格》，载《法学评论》2018 年第 5 期。

〔3〕 李爱君：《人工智能法律行为论》，载《政法论坛》2019 年第 3 期。

基础。若未解决好这两个前置性问题就去判定能否赋予人工智能主体地位，所得出结论的可信度和科学性就值得怀疑。所以，在“人工智能及其民法属性是什么”的基础上，对以上三种学说论述个人看法。

首先，各学说对人工智能的概念、特点和所处阶段的分析不够。比如，“人工智能”一词的表述就不规范、不统一，有的学者用“机器人”进行表述，有的用“人工智能实体”“智能机器人”等进行表述，不一而足。又如，对其探讨的人工智能所处的阶段未作合理限定。人工智能所处阶段不同，对它是否赋予主体地位的结论当然也就不同。正如王利明教授所指出的，机器人在现阶段仍为法律客体，但随着科技的发展，机器人有不断“进化”的可能，其思维能力也会得到深化，从而具备与人类相当的意识和思考能力，甚至有过之而无不及，并能够在一定范围内独立地享有权利、承担义务，因而在未来有可能进入民事主体的范畴。[1] 笔者认为当下所讨论的“人工智能”应限于已超越弱人工智能阶段，但又尚未达到强人工智能阶段，即从弱人工智能向强人工智能过渡的智能形态，也是当前已发生、在不远的将来就要经历的过渡阶段，如此才有现实意义。因为弱人工智能系辅助人类工作的工具，难有主体资格，而强人工智能具有与人类近似的特点，拥有情感和自我意识，因此理应赋予其主体资格以便其参与经济生活，只是它离我们还很遥远，能否达到该阶段还未可知。然后，再将从弱人工智能到强人工智能的过渡期细分为初级人工智能、中级人工智能和高级人工智能。因此，在探讨人工智能民事法律地位问题时，应先确定讨论人工智能所处的阶段，合理限定论述场域的范围。

其次，否定说和肯定说所争论的五个方面尚不足以构成人工智能能否成为民事主体的真正理由。具体而言：在人工智能的生物质方面。二者均不否认人工智能不具有自然人的生物质，但对于生物质是否为人工智能成为民事主体的

---

〔1〕 王利明：《人工智能时代对民法学的新挑战》，载《东方法学》2018年第3期。

必备要件存有分歧。〔1〕 人工智能是硅基体，与碳基人类不同，不具有人的生物质。然而，法人作为被拟制的主体，同样不具有人的生物质。以生物质这一点就足以成为民法上的"人"的，有且仅有自然人。所以，作为非生命体的人工智能，其可像法人那样无须以生物质作为主体的判定要件，故而人工智能是否具有生物质并不影响其能否成为民事主体。

再次，否定说固守传统，缺乏前瞻性。人工智能虽有一定的工具属性，是人类拥有的一种财产，但人为拟制的法人又何尝不是如此，而且法人同样是可以被人类处分的一种财产，不然怎么能被买卖或并购。时代的飞速发展与进步也带来了法律人格适用范围的不断扩大，法律人格的范围已经不再局限于传统的自然人和法人了，"没有脸庞"的权利主体，如冷冻胚胎和动物的权利，也逐渐进入人们的视野，开始进入法律人格的讨论范围。〔2〕 随着科技的发展，人工智能也可能会被拟制为民事主体，否则将有可能阻碍人工智能及其相关产业的健康发展。例如，为了应对 19 世纪的工业革命，我们花费了 20 世纪的大部分时间，通过改变法律并规定最低工资，限制工时不加班，禁止使用童工、保护环境健康和工作场所安全，确保了一个繁荣昌盛的中产阶级的诞生，而制定将工业革命的益处广泛传给繁荣的中产阶级的法律花费了 100 年。〔3〕 因此，我们不应再囿于传统观点，而应从前瞻性角度审视人工智能对现有法律制度造成的冲击和挑战。这一天也许还不会来得太快，上次启蒙时代所创造的理念价值、伦理规则已经落后于现代社会的快速发展，无法适应当前的社会现状。现代社会

〔1〕 否定说认为，机器人就其生成机理来说不可能产生生命和生命权，也没有作为责任承担主体所必备的道德、良心、良知、伦理、宗教、规矩和习惯，如果仓促确认机器人的独立民事主体资格，有可能给人类带来灾难性的后果。参见赵万一：《机器人的法律主体地位辨析——兼谈对机器人进行法律规制的基本要求》，载《贵州民族大学学报（哲学社会科学版）》2018 年第 3 期。肯定说认为，"人可非人"到"非人可人"的历史演变阐释了民事主体只是社会需要的法律形式，法律对民事主体的承认基于现实需要，根基在于以人的利益为中心的功利主义，伦理性并不是民事主体的必然要求，没有生命但具有"智能"的机器人也应当被赋予法律人格。参见许中缘：《论智能机器人的工具性人格》，载《法学评论》2018 年第 5 期。

〔2〕 颜厥安：《没有脸庞的权利主体——由法理学检讨生物科技与人工生殖技术》，载《月旦法学杂志》1995 年第 2 期。

〔3〕 ［美］约翰·弗兰克·韦弗：《机器人是人吗?》，刘海安、徐铁英、向秦译，上海人民出版社 2018 年版，第 222 ~ 231 页。

科技和互联网的快速发展已经给传统的人文价值和理论规范带来了新的挑战，民法传统的立法观念和价值准则无法有效地调整现实社会各种法律关系，调整势在必行。因此必须尽快开展法律、科技和伦理的对话，避免没有抓住机遇，而无法建立有效机制予以调整。[1] 由此观之，对人工智能民事主体资格的赋予，关乎人工智能产业的健康发展、相关主体权利义务的分配以及法律秩序的稳定，是必要的，也是有现实意义的。正如张文显教授所指出的，当前学术体系存在保守性、封闭性和参照系的不确定性三大弊端，诸如在“新兴人权”“未来法治”“科技法理”等新的概念和命题提出后，我国法学传统理论在应对复杂的实践中暴露出“贫困”与“幼稚”的问题，使我们急需突破与创新，需要新生理论和新鲜血液注入，以此来打破我国法学理论落后于社会现实、落后于司法实务的现状。[2]

复次，肯定说敢于从前瞻性角度明确人工智能主体地位，值得借鉴，不足之处在于：从“实力界定权利”角度论证应将主体资格赋予人工智能，有失公允。因为是否给予人工智能主体资格的关键并不在于其实力的不断提升，而在于是否能切实解决当前所面临的人工智能交易行为的效力问题、人工智能生成物的权利归属问题以及人工智能致害的责任承担等问题。而且，权利并不一定与其实力成正比。例如，我国的《劳动合同法》《消费者权益保护法》等，均是彰显弱者权利保护的典范。申言之，实力是否强大与能否取得主体地位之间并无必然性，此其一。其二，忽视人工智能成为民事主体所需的特定条件。人工智能种类繁多，对于不具有自主学习能力或只是完成辅助性工作（如医疗机器人）的人工智能，没有必要赋予其主体资格。其三，未指明人工智能成为民事主体的人格是受限的。虽然人工智能可能被赋予民事主体资格，但其享有的权利义务与人类是永远不可等同的，人类应始终保持对它的绝对控制，其人格权主要限于财产方面，而无伦理性方面的人格。其四，未注意不同阶段的人工智能之间

---

〔1〕 苏永钦：《民事财产法在新世纪面临挑战》，载《人大法律评论》编辑委员会编：《人大法律评论》2001 年第 1 辑。

〔2〕 张文显：《在新的历史起点上推进中国特色法学体系构建》，载《中国社会科学》2019 年第 10 期。

存在法律地位的差别。在弱人工智能阶段，没有必要赋予人工智能主体资格，而在强人工智能阶段，人工智能具有情感和自我意识，能与人类自由交流，完全与人类似，其在通用领域的智能均远超人类，没有任何站得住脚的理由去否认赋予人工智能民事主体资格，只是强人工智能是否可以实现，并不确定而已。然而，即便是在从弱人工智能到强人工智能的过渡期，人工智能人格受限的程度也会因其处在不同的发展阶段而有所差别。因此，笔者认为，笼统地将不同条件、不同类型、不同阶段下的人工智能概而论之的做法有失偏颇。

最后，中间说分别从人工智能的法律人格具有条件性、有限性、阶段性以及特殊性等视角审视主体地位确认的不同情况，值得借鉴，不足之处在于：特殊主体说认识到人工智能发展到一定阶段后可独立为意思表示，但未明确它是否具有意思能力。由于人工智能具有自主性、交互性和唯一性，它可以在其“擅长”的特定领域像人一样理性地与环境和人类互动。比如无人驾驶汽车，它完全取代人类作为“驾驶员”方面的理性能力其实是远胜于人类驾驶员的。所以人工智能这种在特定领域可独立为意思表示的能力实质上就表明它具有意思能力，即它完全可以“自己”的名义对外独立为意思表示。比如人工智能交易员，在它“主人”设定的交易金额范围可独立与他人直接进行交易，交易行为后果直接发生法律效力，而无须经过它的“主人”进行追认，此其一。其二，将人工智能视为一种数字特有产，认识到人工智能可直接为一定民事活动并承担有限责任的积极现实意义。然而，古罗马法上的特有产，如奴隶，只是作为家父的一项财产，并无法律主体地位。而且，人工智能主要由数据、软件和硬件组成，而这三者分属于不同的主体。一般而言，使用者购买人工智能后，只对它的硬件享有所有权，而软件的所有权仍归研发制造者，研发制造者向人工智能的购买者只是让渡了软件使用权而已，而数据一般又是由平台掌控，故而人工智能不同于古罗马法上只有家父这一“主人”的特有产，它的“主人”是多方主体。其三，虽然该学说认为人工智能是一种特殊的，在传统自然人、法人等民事主体之外的新型主体，但未明确到底是哪种类型的主体、这种主体的权利义务如何、具体的制度安排又是怎么构建的，从而导致该学说停留于一种理论上的想象，而缺乏付诸实践的具体操作。

二、权责分摊：无人驾驶汽车成为民事主体的根本理由

由于无人驾驶汽车既有由研发制造人预设的“先天”自主行为，又有与使用者、环境等进行交互的“后天”行为，有学者主张应将其视为动物。[1] 无人驾驶汽车的行为并非完全由人类决定，人类只需确定起点和终点，具体的行驶速度、路线规划以及是否超车等其他行为，可以由汽车自己判断并即时决定。这种自主性类似于动物，动物也是自己无意识地作出各种行为和反应，而且最终受到人类的影响和控制。然而，无人驾驶汽车所作出的行为一般是“理性”的，这点是动物所不具有的，所以德国民法认为动物虽不是物，但准用物的规定。[2] 正是基于动物的“近物性”，缺乏人之理性，故不可能成为民事主体。[3] 相反，无人驾驶汽车具有“近人性”，[4] 在遵守交通规则、不超速、不怒驾等方面的理性远超人类。而且，动物致害的利害关系人一般是对它进行管理的饲养人，而无人驾驶汽车致害既与决定其“先天”行为的研发制造人有关，又与影响其“后天”行为的购买人有关，还与导航地图公司以及对路况、行驶环境进行监管的国家等主体有关。因此，将无人驾驶汽车视为动物同样不能解决无人驾驶致害的责任承担和收益的归属等问题。其实，对无人驾驶汽车自主行为的后果，产品责任、动物责任规划等均无法应对，根本原因在于汽车“擅自”行为切断了法律上的因果关系，但与多方主体存在利益关系，所产生的权利、义务和责

---

〔1〕 因机器人具有交互性、自主性和适应性，机器人不是产品或物品，而应被视为动物。See Floridi L., Sanders J. W., *On the Morality of Artificial Agents*, Minds & Machines, p. 349 - 379 (2004).

〔2〕《德国民法典》第90a条规定：“动物不是物。动物根据特别法予以保护。只要没有别的其他规定，有关物的规定适用于动物。”

〔3〕 假如动物作主体，则其与人之间的关系难以达成，其因缺少人格保护法上的道德实践能力和法律责任能力，而成为人类单向施惠的对象。而且，除了生命、自由和健康等生物意义上的利益外，动物并无伦理意义上的肖像、隐私和名誉等利益的社会诉求。因此，《德国民法典》第90a条的规定其实是一种基于动物优待的思路。参见梅夏英：《民事主体的抽象度问题及其对私法体系的影响》，载《经贸法律评论》2019年第1期。

〔4〕 人工智能的发展趋向于“与人相同”，为了让人工智能能“做人的工作”，人类必然会不断将本来仅为人类所具有的能力赋予人工智能，并让人工智能表现得越来越像人，人工智能的这种特性可以被称为“近人性”。参见李俊丰、姚志伟：《论人工智能的法律人格：一种法哲学思考》，载《华侨大学学报（哲学社会科学版）》2018年第6期。

任需要分摊,而要实现这一点,唯有赋予无人驾驶汽车民事主体资格。

(一)无人驾驶汽车自主行为切断法律上的因果关系

当无人驾驶汽车因使用人操作失误或其他主体过错造成侵权损害时,可适用过错责任原则追究过错人的责任。当无人驾驶汽车设备存在缺陷或瑕疵时,可适用产品责任追责。然而,无人驾驶汽车侵权大多却是由驾驶系统自主行为造成,是其在部分脱离人类控制后"擅自"行为所造成的,而这种"擅自"行为是研发制造人所意欲的,[1]也是经过国家有关部门认证并许可的。因为正是无人驾驶汽车的这种自主性才使其能够替代人类而成为"司机",自主性意味着给人们带来更多的便利和福利,同时也带来一定的风险,只不过这种风险在可控范围内。也就是说,无人驾驶汽车的自主性是造成交通事故的主要原因,但其概率较低。而且,无人驾驶系统成为"司机"后,发生交通事故总体上的概率是大为下降的,这也是无人驾驶汽车日后得以普遍推广的重要因素。

但是,因无人驾驶汽车自主行为致害或获益不可避免,其也因此行为而与相对人建立起法律上的因果关系,而人类主体与相对人之间法律上的因果关系就此被切断了。使用人可以该"擅自"行为是由无人驾驶汽车自己作出为由否认其与相对方之间存在法律上的因果关系。同样,研发制造人亦可以技术中立原则为由主张切断因果关系。因此,对于无人驾驶汽车"擅自"行为所造成的后果,无法认定任何其他人类主体与相对方存在法律上的直接因果关系,无人驾驶汽车自己才是唯一与相对方建立法律上因果关系的"人"。这正是无人驾驶汽车侵权责任承担难题无法解决的原因所在,因为"行为"是无人驾驶汽车"擅自"造成的,而它又不是民事主体,无法科以责任,从而需追究与损害后果有关的人类主体承担责任,但人类主体在此却无法律上的因果关系,而且要求

---

〔1〕 学习型人工智能的设计者无法预见它被派入世界后如何行动,此不可预见的行为是人工智能设计者意欲的,即使某一特定的行为并非如此。See Jack M. Balkin, *The Path of Robotics Law*, Calif. L. Rev. Circuit, Vol. 6:45, p. 52(2015).

制造人、购买人等一方主体单独就此完全负责亦不合理，由此形成一个悖论。[1] 而要破解这个悖论，只有赋予无人驾驶汽车民事主体资格，才能彻底解决其致害责任承担和所获利益归属等难题。

(二)无人驾驶汽车自主行为风险全部社会化并不合理

正是由于找不到合适的任何单一人类主体对无人驾驶汽车自主行为后果完全担责，为此，有学者提出通过强制保险将风险全部社会化，或设立赔偿基金而完全交由国家埋单。[2] 虽然无人驾驶汽车会给社会带来一定的危险，但其危险性相较于传统汽车而言，肯定更低，不然就不会向社会推广普及。既然传统汽车所带来的危险并未全部社会化，购买保险只是分散风险的方式之一，那么危险性更低的无人驾驶汽车就更没有理由将风险完全转移给国家和社会，只有那些高度危险的，如核能，才有可能由国家设立赔偿基金等方式完全分散风险。而且，即便是购买保险，由谁承担该笔保费呢？完全交由研发制造它的人承担也不合理，因为研发制造人影响的是“先天”行为，其“后天”行为主要受购买人的影响，此其一。

其二，无人驾驶汽车不但会致害，也能获取利益。当它致害时，风险全部转移给社会，那当它获益了呢？特别是那些商用无人驾驶汽车，利益往往是被商家收取，而非社会。因此，根据报偿理论，即“谁享受利益、谁承担风险”，应由与无人驾驶汽车有一定利害关系的人担责和获益，而不应将风险全部转移给与其关联度并不高的“社会”。比如，购买人享受了无人驾驶汽车所带来方便快捷，自然就要承担其所带来的相应风险，研发制造人为了获取丰厚利润而研发更加自主的无人驾驶汽车，自然也应就此承担相应风险。诚然，国家和社会对

〔1〕 无论是消费者的合理期待标准或“事物自道其缘”法理在产品责任中的应用，还是从监管层面确立自动驾驶汽车的安全和性能标准，都只能在一定程度上缓和受害人依产品责任获得充分救济的困境，却不能从根本上解决这一问题。参见冯珏：《自动驾驶汽车致损的民事侵权责任》，载《中国法学》2018 年第 6 期。

〔2〕 因为未来机器的风险不一定与产品缺陷有直接关系，反而与智能自主性有关，在法律技术上寻找产品缺陷和追踪过错发生之时空点都不太容易，更可能的选择是将人工智能的风险社会化，通过强制保险或设立赔偿基金制度更利于问题的解决。参见梅夏英：《民事主体的抽象度问题及其对私法体系的影响》，载《经贸法律评论》2019 年第 1 期。

无人驾驶汽车也有一定的利益关系,因为从整体上讲,无人驾驶技术的推广会促进国家进步,给社会带来更多福利。但是,国家和社会没有义务将风险完全自担,无人驾驶汽车致害风险社会化不能作为唯一的选择。因为对于无人驾驶汽车带来的便利和好处,国家并不是最大受益人,最大受益人其实是研发制造人。

由此,拟通过将风险全部社会化,从而不需要赋予无人驾驶汽车民事主体资格而解决其侵权责任问题在法理上是说不通的。何况,无人驾驶汽车侵权只是问题之一,还有,投保主体是谁以及获利归谁等问题,全部社会化理念更行不通。

所以应根据报偿理论的法理,在赋予无人驾驶汽车民事主体资格的基础上,由其吸收各利害相关主体的权利、义务和责任,使多方利害相关人的权责分摊,并由无人驾驶汽车作主体转承该权责。

(三)无人驾驶汽车自主行为与多方主体存在利益关系

无人驾驶汽车致害或获益与多方主体相关,[1]至少包括研发制造人、购买人和国家管理人三方,且三者缺一不可。理由如下:

无人驾驶汽车自主行为分为"先天"和"后天",其"先天"行为的最密切联系人是研发制造人,而"后天"行为的最密切联系人是购买人(一般也是使用人)。所以研发制造人和购买人因分别负责无人驾驶汽车的"先天"和"后天"行为而不可或缺,而且二者也不会重合。因为无人驾驶汽车数量巨大,研发制造人不大可能对每台车负责"教育""训练"其"后天"行为,而应分散到各购买人手中,受不同购买人的影响而使每台车有了不同的"脾性","有的喜欢快,有的喜欢慢,有的温文尔雅"。这也是国家要对购买人的资格条件进行适当限定的原因,并建立诚信记录档案等,以防无人驾驶汽车落入犯罪分子手中。由此,无人驾驶汽车与适格购买人交互影响后,使每台车都有了唯一性,而研发制造

---

〔1〕 2017年6月德国自动驾驶道德委员会提出了自动驾驶汽车交通事故的潜在责任方,包括十余类潜在责任主体,它们分别是驾驶员、车辆管理方、汽车制造商、零部件供应商、汽车修理厂、道路基础设施管理部门、通信网络运营商、IT服务提供商、交管部门、电子地图公司等。See Ethics Commission Automated and Connected Driving. Report. BMVI. 2017.09.

人很难有能力与每台车都进行交互并影响其行为。当然,无人驾驶汽车也完全可以通过像传统汽车一样的编号登记等方式实现其唯一性。

另外,国家管理人也是无人驾驶汽车所不可或缺的利益相关方。其一,前述由国家设立赔偿基金以分担风险,足以表明国家在无人驾驶汽车所生权责链中是不可或缺的。既然人们希冀国家管理人兜底无人驾驶汽车致害的责任,那它产生收益了,国家管理人也理应分一杯羹。其二,无人驾驶汽车是一种相当“智性”的人工存在,需要国家管理人实时地监管,国家有关部门的付出不是完全免费的,让其收益与监管成效挂钩,按照成本收益理论,相关部门更有动力将无人驾驶汽车监管好,也能使无人驾驶汽车带来更大收益,减少更多损失。其三,国家监管的缺位,其他多方私主体之间很容易达成垄断、合谋以及实施恶意损害他人利益的行为,故国家监管是不可或缺的。其四,无人驾驶汽车与国家公共利益的关联度高,国家有关部门从维护交通安全、社会稳定、无人驾驶汽车产业健康发展等公共利益角度注入意志必不可少。特别是无人驾驶公共汽车领域,尤为体现国家公共利益。

(四)无人驾驶汽车自主行为所生权利、义务和责任理应分摊

对于无人驾驶汽车自主行为致害或获益,任何一方主体均与之无法律上的因果关系,但均与之有利益关系,特别是研发制造人、购买人和国家管理人,与之关联度最高。由此,在难以苛求由任一单独主体完全承受无人驾驶汽车所生权责的现实下,理应由各方根据其相关度按比例分摊,而要实现这一点,唯有赋予无人驾驶汽车民事主体资格,使其可以自己名义对外自主行为并最终由该多方主体转承其所生权利、义务和责任。

无人驾驶汽车自主行为所生权责理应分摊的理论依据在于:一是共同分担理论,即“交通事故肇事方与保赔协会损害共担说”。它遵循了受益人共摊风险的原则,具体而言是在多方受益人中构建保赔协会,当出现登记在保赔协会名下的侵权时,受害者可以要求该协会承担相应的责任,这是借鉴了“船东互保协会”成功运作的经验。如此,可以简化事故(尤其是大规模侵权中)受害人赔偿程序,保障受害人利益。二是“利益均衡说”。无人驾驶汽车是现代文明的产物,其所生权利、义务和责任是多方主体参与、作用的结果。尤其在人车交

通事故中，被撞行人处于明显的弱者地位，事故虽与研发制造人等并无法律上的因果关系，但从利益平衡角度，理应由其承担相应责任。如此，可以减轻受害人的举证责任，使其获得充分救济。

三、无人驾驶汽车民事主体的法律属性

首先，无人驾驶汽车具有民事行为能力。从本质上来说，民事行为能力属于一种理智的形成意思的能力，是独立实施法律行为所需要的前提条件或资格。[1] 无人驾驶汽车民事行为能力的判断以法律行为独立行使和意思表示能力的具备为要件。无人驾驶汽车依托于人类主体对其运行程序的预先设计，无人驾驶要经历观察路面交通状况、系统发出各种驾驶指示、自动停靠等环节。不管是 L2－L3 级还是 L4－L5 级的无人驾驶功能都作出被人类所理解或认同的不同程度的深度学习或自主选择。这是人类主体认可无人驾驶汽车的意思表示作出能力。世界范围内无人驾驶汽车发生的各种交通事故均印证无人驾驶汽车在脱离人类主体操纵后进行的自主认识、分析和行为，已经对既有社会运转模式、人类社会关系产生了具体且深远的影响。[2] 承认无人驾驶汽车的民事行为能力是实践需要，对解决无人驾驶汽车侵权具有重要意义。不同级别的无人驾驶汽车具有不同层级的行为能力，其并非完全受人类控制的工具。无人驾驶汽车的民事行为能力可分为三类：一是 L0－L1 级无人驾驶汽车无民事行为能力，属于传统机动车范畴，是人类的延伸工具；二是 L2－L3 级无人驾驶汽车具有部分民事行为能力，具有部分控制能力，能够基于一定的意志作出行为；三是 L4－L5 级无人驾驶汽车具有完全民事行为能力人，可以依据自身的自由意志独立与外界进行沟通联系，具有独立行为能力。[3]

其次，无人驾驶汽车具有民事权利能力。在古罗马时期，生物人并非都是

---

〔1〕［德］迪特尔·梅迪库斯：《德国民法总论》，邵建东译，法律出版社 2000 年版，第 409 页。

〔2〕朱梦云：《我国著作权法视域下的人工智能法律主体资格论证》，载《电子知识产权》2021 年第 8 期。

〔3〕郭剑平：《制度变迁史视域下人工智能法律主体地位的法理诠释》，载《北方法学》2020 年第 6 期。

法律人,当时的法学理论已经达到了人格与自然人相分离的程度,故人格成为民事主体获得主体地位的前提和基础。〔1〕 19世纪初的蒂堡最早提出权利能力的概念,并将其分为自然权利能力和市民权利能力,他认为取得权利能力的前提条件之一是理性。〔2〕 无人驾驶汽车能够认识、感知世界,乃至超越、突破人类主体在自动驾驶领域内的认知和局限,故无人驾驶汽车符合理性主体的判断标准,在事实上拥有民事权利能力。也有学者认为,自然人主体的判断标准是理性,而非自然人法律主体的判断标准是拟制。〔3〕 异于人类的自然权利,无人驾驶汽车的权利具有法律拟制性、功能性、利他性等权利特性。〔4〕 根据我国现有法律的规定,在不同法律主体中,完全民事行为能力人、限制民事行为能力人、无民事行为能力人所拥有的行为能力范围是不同的,经济贸易公司和煤炭公司所具有的行为能力范围也存在明显差异,同样,法人和自然人也是拥有不同权利能力的法律主体。因此,民事主体的法律主体资格是依法取得的,各类民事法律主体所拥有的权利能力范围也是由法律进行限定的,赋予无人驾驶汽车法律人格并不意味着其可以享有和自然人一样的各项基本人格权利。换句话说,无人驾驶汽车的权利能力的范围可以根据未来智能社会中数字治理的需求进行确定或限定。〔5〕 有观点认为,无人驾驶汽车应当具备订立合同、报告缺陷的行为能力,根据数字社会对人工智能的治理需求,并结合无人驾驶汽车的特点,可通过立法赋予其进行数据和能源获取、自主升级和维护的权利能力。〔6〕 从无人驾驶汽车目前发展状态出发,其可能的权利能力需求主要是缔约能力和获利能力。〔7〕 无人驾驶汽车可基于算法规则的支撑,创建规则和行

---

〔1〕 尹田:《论自然人的法律人格与权利能力》,载《法制与社会发展》2002年第1期。

〔2〕 冯珏:《自然人与法人的权利能力对于法人本质特征的追问》,载《中外法学》2021年第2期。

〔3〕 吴高臣:《人工智能法律主体资格研究》,载《自然辩证法通讯》2020年第6期。

〔4〕 张玉洁:《论人工智能时代的机器人权利及其风险规制》,载《东方法学》2017年第6期。

〔5〕 Roman Dremliuga, Pavel Kuznetcov & Alexey Mamychev, *Criteria for Recognition of AI as a Legal Person*, Journal of Politics and Law, Vol. 1, p. 105 – 112(2019).

〔6〕 Ugo Pagallo & Serena Quattrocolo, *The Impact of AI on Criminal Law, and Its Two Fold Procedures*, in Research Handbook on the Law of Artificial Intelligence, edited by Woodrow Barfield & Ugo Pagallo, Edward Elgar Publishing, 2018, p. 385 – 409.

〔7〕 刘云:《论人工智能的法律人格制度需求与多层应对》,载《东方法学》2021年第1期。

动,进入权利要素的核心,获得超越物格的法律地位。无人驾驶汽车相较于一般工具,能够适应变化并作出反馈式改进的策略,实现对物格的非自主性超越。[1] 任何民事主体的民事权利能力都是完全且不受任何限制的,各民事主体的自身特性决定了其权利能力的内容是不可能完全相同的,如自然人的婚姻家庭关系、受教育权等是法人不可能享有的。民事行为能力的完全与否并不决定民事权利是否能享有,无人驾驶汽车的智能化程度不同导致不同人工智能的行为能力不同,但这并不影响无人驾驶汽车享有相应的民事权利能力。[2]

再次,无人驾驶汽车具有自我意识和意志能力。无人驾驶汽车并不完全是一种工具,而能够进行意思表示,可分为直接进行意思表示和间接进行意思表示。直接进行意思表示体现在自主决策并自主实施行为方面。无人驾驶汽车处于 L1 – L3 级时,是弱人工智能产品,不具有认识和辨别能力,其本质在于工具属性,不具有民事主体的法律属性。但 L4 – L5 级的无人驾驶汽车属于强人工智能产品,具有较强的自主意识,在数据程序设计之初就已包括在内的行为,及超出设计和编制程序,自主决策实施的行为。后种行为完全是无人驾驶汽车为了实现自己的意志、自主决策并自主实施的行为。作为强人工智能,无人驾驶汽车虽然不具有与人类完全相同的心智要素,但是其对自己的行为具有辨认和控制能力。间接进行意思表示体现在无人驾驶汽车的意识和意志能力是其背后多人类主体共同意志决定的。无人驾驶汽车生产者和研发者在设计智能系统时,在编程中决定了无人驾驶汽车在何种情形下作出何种行为,深度学习和自主学习能力也是研发设计者赋予的。故无人驾驶汽车的意识和意志能力本质上是生产者、研发者等多主体共同赋予的,体现的是无人驾驶汽车背后多主体的共同意志。有学者指出,只要启动运行无人驾驶汽车后,在某些领域中对其不作任何形式的外在干预,其可无障碍地执行复杂任

---

〔1〕 王春梅、冯源:《技术性人格:人工智能主体资格的私法构设》,载《华东政法大学学报》2021年第5期。

〔2〕 任延武、王文博:《明确人工智能民事主体地位或权利的可行性分析》,载《珠江论丛》2019年第2期。

务,无人驾驶汽车则可被视为具有"自主"意识。[1] 因此,无人驾驶汽车具有自我意识和意志能力。

最后,无人驾驶汽车具有责任能力。无人驾驶汽车承担责任的方式有两种,一是直接承担责任,二是间接承担责任。参照《格里申法案》的相关内容,无人驾驶汽车可通过机器人——代理人规则直接承担责任,代理人可以自己的名义享有和承担民事权利、民事义务,以其独立财产承担责任,在法律规定的范围内还可参加民事诉讼。通过国家登记或公开声明可明确无人驾驶汽车的代理人,无人驾驶汽车的所有人或占有人以他们移交给代理人的财产为限承担责任。无人驾驶汽车背后是多主体共同意志的体现,间接责任可通过无人驾驶汽车生产者、销售者、系统研发者、所有者、使用者等多主体来承担。无人驾驶汽车的功能、智能系统、深度学习能力、决策能力及算法等都是生产者、研发者赋予的,行驶路线是使用者决定的,故无人驾驶汽车的意思表示背后是多个人类主体共同决定的。当出现无人驾驶汽车侵权损害赔偿时,可通过其背后多主体共同承担侵权责任。

无人驾驶汽车发生侵权行为是无人驾驶汽车在预定程序之外基于自主意识而实施的结果,无人驾驶汽车的质量不存在隐患,产品没有缺陷,使用者也没有故意或者过失,完全是无人驾驶汽车基于特定情形和独立意志作出的选择判断。[2] 让生产者、销售者或使用者等主体承担责任不具有合理性,在此种侵权责任难以认定困境中,可考虑无人驾驶汽车地位的特殊性,赋予其法律主体资格和承担责任的能力,对受损的权利进行救济。无人驾驶汽车承担责任是实践需要,通过明确"刺破无人驾驶汽车面纱"这一归责原则,使追究责任不至于不着边际、虚无缥缈。[3] 综上所述,赋予无人驾驶汽车法律主体资格,使其具有责任能力,乃当务之急。

---

〔1〕 George Bekey, *Current Trends in Robotics: Technology and Ethics*, in O. Lin, K. Bney & g. a. Bekey, eds., Robot Ethics: The Ethical and Social Implications of Robotics, Mit Press, 2012, p. 18.

〔2〕 郭剑平:《制度变迁史视域下人工智能法律主体地位的法理诠释》,载《北方法学》2020年第6期。

〔3〕 林少伟:《人工智能法律主体资格实现路径:以商事主体为视角》,载《中国政法大学学报》2021年第3期。

四、"电子法人":无人驾驶汽车的民法定位

无人驾驶汽车的本质是财产,而将财产作为民事主体早有先例,比如遗产就被视为权利义务主体。[1] 财产的特定化体现在将遗产本身作为一个财团法人和遗产的限定继承这两方面。[2] 事实上,罗马法早就将国库、寺院视为权利主体了。[3] 发展到现在的慈善组织、基金会,都是由财产构成的一种财团法人。所以,法人并非仅是社团法人类的"人的意志的集合体",亦可以是"财产自身的集合体"。[4] 既然法律能够赋予没有意识、不能说话的国家、公司、自治城市、大学、婴儿、无行为能力的人等法律资格,可以为它们设定保护人或代理人,自然也能赋予自然物体以法律资格。[5] 其实,法律上早有将船舶拟人化的实践,[6]并认为船舶是准法人。[7] 因此,在现有法人制度体系下,增设一种特别法人——"电子法人",是可行的,也不会对现有民事主体制度造成冲击和损害。例如,农村集体经济组织法人就是基于其特殊性而被归类为特别法人。因为它不仅是一种经济上的主体,还具有一定的政治性。[8] 同样,"电子法人"也

---

〔1〕 被继承人死后,继承人尚未确定时的遗产,本身就可以享受权利和承担义务,例如遗产是房屋时,即使未有新的所有人,房屋仍然可以收取房租或支付房屋修缮费用。因此,遗产在待继承期间的法律地位就是由财产构成的团体。参见江平主编:《法人制度论》,中国政法大学出版社 1994 年版,第 9 页。

〔2〕 冯珏:《自动驾驶汽车致损的民事侵权责任》,载《中国法学》2018 年第 6 期。

〔3〕 江平主编:《法人制度论》,中国政法大学出版社 1994 年版,第 3、9 页。

〔4〕 对于法人本质的探讨,除"拟制说"与"实在说"外,学界还有一种中性的表述,该表述视法人为一种财产权归属载体,也有的学者称之为法人"特别财产说"。参见[德]迪特尔·梅迪库斯:《德国民法总论》,邵建东译,法律出版社 2000 年版,第 823 页。

〔5〕 江山:《法律革命:从传统到超现代——兼谈环境资源法的法理问题》,载《比较法研究》2000 年第 1 期。

〔6〕 在特定情况下,船长及船员的行为被法律拟制为"船舶"行为,由船舶造成的侵权债务、违约债务以及其他海事债务可由船舶本体偿还,与责任人的其他财产无关。See Matthew P. Harrington, *Rethinking in Rem: The Supreme Courts New (and Misguided) Approach to Civil Forfeiture*, Yale Law & Policy Review, Vol. 12, p. 281 – 354 (1994).

〔7〕 准法人是指船舶属于法律上人的范畴,但不完全构成法人的资格,具有限制性法人的特征。一方面,船舶具有人的法律地位;另一方面,船舶的权利能力和行为能力要受到法定限制。只有在法律规定的范围内和船舶所有人授权时,船舶才具有法人的权利和行为能力。参见饶中享:《建立船舶主体法律制度探究》,载《中国海商法年刊》1994 年。

〔8〕 陈甦主编:《民法总则评注》(上册),法律出版社 2017 年版,第 701 页。

因其自身可为一定意思表示等特殊性而应归类为“特别法人”。“电子法人”与财团法人、社团法人都拥有独立的责任财产，三者的责任能力相同，但因意思能力不同，与之对应的运行方式也就不同。

首先，社团法人、财团法人对外的意思表示均由自然人代为，而无人驾驶汽车可以在特定领域自为。不过，在该特定领域之外的意思表示，则需由其法定代表人代为。问题是，由谁担任其法定代表人比较合适？由于无人驾驶汽车超越人类智能局限于驾驶这个单一领域，而且交互性不强，故为一种初级人工智能。笔者认为，人工智能按其智能化程度可细分为初级、中级和高级三个阶段。只有两个以上领域超越人类智能，且同时实现像人一样自如行走和自我管理财富这两点，才能真正实现与人类的交流互动，使人工智能的交互性占主导地位，从而进入中级阶段。当人工智能在大多数领域(接近通用领域)均远超人类智能时，人工智能就可以像人类一样参与各种社会活动，则进入高级阶段。所以，无人驾驶汽车作为初级人工智能，其交互性不强，主要还是受“先天”行为影响，故应由研发制造人担任其法定代表人比较合适。

其次，无人驾驶汽车背后的人的意志是一种混合意志，既不同于财团法人之设立人的单独意志，也不同于社团法人之社员的共同意志。无人驾驶汽车的拟制路径是“电子法人”，“电子法人”是法人的一种。而法人是一个团体，任何一个团体必须包含两个要素：人和财产。[1] 即便是财团法人，其背后也有人的意志。财团法人无成员可言，但离不开处分和管理这些财产的人的意思和行为。[2] 因此，无人驾驶汽车背后也是人的意志，而且至少包括研发制造人、购买人以及国家三方。一般而言，路面监测、平台等由国家掌控，国家主要是从公共利益的角度，如安全和秩序方面注入自己的意志，而研发制造人的意志是为了获取收益，购买人可能是为了享受更好的服务。另外，无人驾驶汽车自己可以生成算法，根据该算法对外作出的行为完全有可能独立于以上多方主体的意志。因此，无人驾驶汽车的背后是一种混合了多方主体之有目的性的意志和无

〔1〕 江平主编：《法人制度论》，中国政法大学出版社1994年版，第7页。
〔2〕 江平主编：《法人制度论》，中国政法大学出版社1994年版，第9页。

人驾驶汽车自身无目的性的意思。虽然无人驾驶汽车可独立对外为意思表示，但其自主作出的行为实际上是受到这些混合意志间接左右的。

由上可见，无人驾驶汽车作为“电子法人”，与社团法人和财团法人在意思能力方面存在差异，见表1－1。

表1－1　不同类型法人的意思能力

法人种类	法人对外的意思表示	法人背后的人的意志
社团法人	法定代表人代为	社员的共同意志
财团法人	指定管理人代为	设立人的单独意志
电子法人	无人驾驶汽车自为＋法定代表人代为	多方主体的混合意志

再次，“电子法人”是一种特别法人，具有自身独特的法律属性。“电子法人”的本质是财产性法人，是以人工智能自身作为载体而对外为民事交往。“电子法人”之“电子”，表明其具有电子人格。所谓电子人格就是一种受限型的人格：一是限于财产性人格，而无人身性人格；二是限于其所擅长的可独立为意思表示的特定领域。“电子法人”之“法人”：一是表明其本质是财产，是像法人一样可以被处分的非支配性的主体；二是表明“电子法人”最终享受权利和承担责任的仍是其背后的人类主体。一方面，电子人格使“电子法人”可在一定范围内独立为意思表示，使其以自己名义自主参与民事交往的行为直接具有法律效力。比如，机器人交易员到超市购买主人设定的限额在500元以内的商品，该交易行为直接有效，无须经过其主人事后追认等程序，从而实现简化交易的目的。也就是说，在订立合同等人工智能所擅长的诸多领域，赋予人工智能部分独立型的电子人格，让其行为自主并有效，可以降低交易成本，给人们的生活带来极大的便利，以达到简化交易的目的。另一方面，“电子法人”的最终归宿是法人，又意味着其具有部分依赖型人格。人工智能为民事交往所生的权利、义务和责任最终还是由其背后的人类主体承受，让这些与人工智能自主行为密切相关的多方人类主体共享利益共担权责，正是法人所固有的权责分摊功能的实质体现。说到底，赋予“电子法人”部分依赖型人格，或者说将其划入法人范畴，其实就是为了要让人来承受权责并实现权责分摊的目的。若最终是要

人工智能自己来承受权利、义务和责任,并无意义。因为对人工智能进行惩罚,其并不会因此感到痛苦,也不会因此而提升相应的注意义务,所以权责的最后承受者应落实到人上。但这与“电子法人”的独立地位并不冲突,它就像传统的法人一样,对外是以自己的名义独立为民事交往,但权责的承受是通过由人出资成为法人股东等方式来实现。由此,“电子法人”通过这种部分独立、部分依赖型人格的结合,既可以实现其在擅长领域独立为意思表示,从而简化交易的目的;又可以实现其最终权责由背后的人来承受,进而达到权责分摊的目的。

最后,作为“电子法人”的无人驾驶汽车具有独特的运行方式。无人驾驶汽车既会致害,也能获取收益。所以,“电子法人”并非财团法人,其兼具营利和公益目的。对内应按营利性社团法人的模式运作。研发制造人、购买人以及国家管理人等主体以股东名义出资,以出资为限承担责任,并按出资比例分配收益。而且,法律应规定无人驾驶汽车法定代表人的出资比例要占绝对优势,如超过50%的股份,以使其更好地履行最大限度维护“电子法人”利益的职责,为无人驾驶汽车谋求最大利益。至于其他股东的股份占比,可以协议确定。国家有关部门(如交管部门)、购买人、研发制造人应该是法定的股东,参与分红并分担责任,并履行监督、管理以及出资等职责。对外的运作模式比较复杂,需根据无人驾驶汽车自身情况的不同而作出不同规定,但至少应明确以下两点:一是对无人驾驶汽车自己可为意思表示的领域范围进行公示并登记;二是要实时向社会公开其责任财产的具体数额。由此,当无人驾驶汽车以“电子法人”身份对外发生财产关系时,既可能是它自己为意思表示,也可能是由它的法定代表人代为意思表示。另外,“电子法人”具有一定的公益性质,对外并非完全以营利为目的。

五、小结

由于无人驾驶汽车致害或获益至少关涉三方主体,由任何单独一方完全承担或独享均不合理,而应由多方分摊。又由于无人驾驶汽车的擅自行为是技术进步的结果,对任何一方科以无限责任亦无依据。当然,责任有限并不表示受害人会因此不能获得充分救济,更不表示责任人可以借此逃避责任。因为设立

“电子法人”时,相关责任人应按其利益相关度进行相应比例的出资,出资数额应超过估算的足额赔付范围。另外,国家还应设立赔偿基金,“电子法人”也应以自己的名义购买保险以分散风险。所以,将无人驾驶汽车拟制为“电子法人”,归根结底,其实是为了实现法人之责任有限和权责分摊的功能。

第二章　无人驾驶汽车侵权损害的法理分析

随着科学技术的快速发展,这一深刻的技术变革也将影响现代汽车领域,无人驾驶汽车应运而生。不容置喙的是,无人驾驶汽车技术仍需进一步发展和完善,在这个过程中将衍生大量的侵权事故。而现在的制度和理论在应对无人驾驶侵权方面亦尚属空白,未有相应的法律规范与之配套。为了更好地应对无人驾驶汽车侵权而发生的损害问题,通过传统法理来分析其侵权的深层次原因,发现单独地依赖于侵权法解决损害赔偿问题,显然并不能充分地平衡各方关系、分配风险,促进社会的可持续发展。唯有通过侵权责任、责任保险、社会保障、行政补偿、赔偿基金等综合性侵权损害救济制度,才能更好地解决这一社会问题。

一、风险社会视野下无人驾驶汽车侵权

风险丛生、风险叠加、风险度高是智能社会的显著特征。智能科技带来巨大进步与福利的同时,亦引发各种风险,诸如科技异化、网络暴力、算法歧视、非法移动跟踪等,这是人人都可感知并时常遭遇的普遍风险。[1] 过错责任基础上的侵权损害赔偿机制,由于其强大的道德基础和逻辑力量,使社会普遍地认为侵权损害赔偿仅是加害人与受害人之间纯粹的私人关系,与他人无涉,只要人人各行其道,各负其责,社会国家自上轨道。[2] 近年来,全球频繁发生的大

---

〔1〕 张文显:《构建智能社会的法律秩序》,载《东方法学》2020 年第 5 期。

〔2〕 熊进光:《大规模侵权损害救济论——公共政策的视角》,江西人民出版社 2013 年版,第 63 页。

规模侵权事件，让人们重新审视科技带来的副作用，同时加深了人们对高科技产生的大规模侵权损害的恐惧。除了日益严重的环境污染问题，科学技术的发展也引发了一系列工业问题：核泄漏、工业污染、食品药品损害等相关问题。无人驾驶汽车的快速发展过程必然伴随着各式各样的侵权风险，值得我们高度重视和警觉。

（一）风险社会特征

德国著名的社会学家乌尔里希·贝克在其1986年出版的《风险社会》一书中，将现代社会概括为充满各种风险的社会。其详细地阐述了风险社会的各种风险性，该书的问世也标志着风险社会理论的诞生。在风险社会理论中，风险社会这一概念并不是社会发展类型的某个历史分期，也不是某个具体社会和国家现实发展阶段，而是对当今时代问题的理论概括与形象描述。[1]

首先，风险已经成为影响人类生存、发展的主要因素。在工业社会国家，“风险”都是可控的，工业发展的“副作用”并不足以带来毁灭性的灾害。然而，到了风险社会，这种副作用开始占据了主导的地位，工业社会所建立起来的保险、福利国家等各项制度都受到了极大的冲击。智能革命的出现，给当下的伦理标准、法律规则、社会秩序及公共管理体制带来一场前所未有的危机和挑战。[2] 在过去的几十年时间里，人工智能的快速发展虽然在一定程度上带来生产社会成本的降低和社会效率的提高，但是也因为科技的过度加持，商业屡屡逃脱监管和束缚，使之不断陷入监管套利的轮回。[3] 无人驾驶汽车的法律定位不清晰、无人驾驶汽车侵权责任的模糊承担和无人驾驶汽车的保险机制的不完善，对当下的伦理标准和法律规制提出了巨大的挑战。各种后果都是现代化、经济化和技术化不断加剧所造成的，这些副作用都让制度的可预测性变得模糊起来，使其成为我们现在都必须面对的问题。[4]

其次，我们所描述的后现代化的危险通常是由人为主导造成的。事实上，

---

〔1〕 吴汉东：《人工智能时代的制度安排与法律规制》，载《法律科学》2017年第5期。

〔2〕 吴汉东：《人工智能时代的制度安排与法律规制》，载《法律科学》2017年第5期。

〔3〕 唐林垚：《人工智能时代的算法规制：责任分层与义务合规》，载《现代法学》2020年第1期。

〔4〕 ［德］乌尔里希·贝克：《自由与资本主义》，路国林译，浙江人民出版社2001年版，第125页。

传统社会中威胁人类生存的危险主要为自然灾害,这些灾害往往并不直接来源于人类的某些决策,它们一般是由超出人类控制范围的自然力形成的,人类主要将它看作一种神秘的力量加以对待,并由此产生了对自然和神灵的顶礼膜拜。然而,随着社会生产力的发展和科学技术的进步,这种情况出现了很大改变,我们面对的各种风险中直接由人为招致的并不在少数。

最后,风险社会的出现正是由科学的不确定性所引起的,对科学和未知领域的不断探索出现了较为积极的结果:人类对未知领域的把控和改造世界。在这个过程中也暴露了负面影响:知识是一个开放的系统,对知识无尽的探索,随之而来的是更多不可把控的因素,导致不确定性风险增多,这些风险的不确定性往往是我们不曾认知的。智能革命是时代的产物,其特点是人类智力与人工智力的结合,智能技术促使智力物质化、社会智能化,最终出现智能社会。[1]

智能社会的形成是一个渐进发展的过程,其以人类的思维方式和科技的进步为表征,而智能化的产物是体现时代属性的显著特征。在风险社会中,需要时刻关注的是如何防范黑客、病毒等对人工智能的侵害。无人驾驶汽车侵权,导致大规模侵权事件的发生,这种科学不确定性带来的风险将会贯穿整个无人驾驶汽车革命时代的始终,它既是现实的风险,也是未来潜在的风险。[2] 从一定意义上来说,正是社会的有机整体化发展,裹挟着科技本身潜在的风险,才使风险从个体风险转化成社会风险。[3] 可以说正是因为风险社会中的这些不确定性因素,无人驾驶汽车作为一个新兴产业才会面临着多种多样的风险。因此,有必要对无人驾驶汽车的风险成因进行探析,从而对其进行规制,促进其良性发展。

---

〔1〕 童天湘:《人工智能与社会发展》,载《自然辩证法研究》1992年(增刊)。

〔2〕 吴汉东:《人工智能时代的制度安排与法律规制》,载《法律科学》2017年第5期。

〔3〕 个体风险,即影响范围较小,不具有流动性和传递性,而且有明确的承担主体的风险,如个人风险、家庭风险、组织风险等就是典型代表。社会风险,即影响范围较大,具有流动性和传递性,并且没有明确的承担主体的风险。这两种风险并非截然分离,而是存在紧密联系。其中,个体风险是基础,是根本。如果每一个体都能够承担其风险,那么个体风险不仅不会转化为社会风险,相反还会减轻社会风险。反之,个体风险有可能转化为社会风险,甚至可能加剧社会风险。而这种转化与社会关系的特性及制度有关。一般来讲,社会关系越紧密,社会越开放,制度约束越弱(致使个体承担风险的责任心小),个体风险就越易于转化为社会风险。

（二）无人驾驶汽车侵权风险成因

数据是人工智能的基础，算法是人工智能的本质，产品越智能就越依赖数据的喂养和算法的支持，由此引发严重的隐私危机。[1] 无人驾驶汽车作为强人工智能高度发展的产物，其发展当然离不开算法的进步和数据的采集：一方面，它将促进无人驾驶汽车的发展；另一方面，无人驾驶汽车在发展过程中由“算法黑箱”和数据泄露引发一系列的侵权法律风险。

1. 算法引发风险

算法的核心就是按照设定程序运行以期获得理想结果的一套指令。[2] 算法在一定程度上可以提高决策的效率，为用户提供更加精准的服务。但是，算法技术的快速发展也随之带来一系列的问题和挑战。2020 年社会广泛关注的算法系统，一些互联网外卖平台凭借算法优势设置外卖骑手的送餐时间，大大压缩了骑手的送餐时间，如此一来，将威胁骑手生命健康安全。随着智能时代的到来，算法在我们日常生活中发挥着越来越重要的作用，但也不能忽视它所带来的各种挑战。

无人驾驶汽车不同于其他产品和系统，其具有极大的自主性和自适应的特点，在一定程度上承担了判断和决策的功能，而无人驾驶汽车恰是依靠智能算法的功能实现的，所以算法风险直接影响无人驾驶汽车的安全性和可靠性。首先，从编程的角度来看，任何算法的偏差都可能导致不同的结果，甚至是失之毫厘，谬以千里。[3] 其次，无人驾驶汽车算法本身可能存在漏洞，有存在被利用和攻击的风险。另外，无人驾驶汽车同样存在人工智能“算法黑箱”这一固有缺陷，作用机制难以为操作和部署此类机器的人员完全理解，结果也更加难以预测，这便是由算法带来的技术风险和规制风险。[4] 在无人驾驶汽车发展过程中，由于这些风险符合相关的技术标准，即便是政府作为监管者亦无法规避，

---

〔1〕 郑志峰：《人工智能时代的隐私保护》，载《法律科学》2019 年第 2 期。

〔2〕 [美]克里斯托弗·斯坦纳：《算法帝国》，李筱莹译，人民邮电出版社 2014 年版，第 42 页。

〔3〕 郝英好：《人工智能安全风险分析与治理》，载《中国电子科学研究院学报》2020 年第 6 期。

〔4〕 徐能武、龙坤：《联合国 CCW 框架下致命性自主武器系统军控辩争的焦点与趋势》，载《国际安全研究》2019 年第 5 期。

这就是无人驾驶汽车引发的剩余风险。

2. 数据引发风险

目前人工智能多采用深度学习的方法，深度学习算法只是反映数据的本质特征或数据间的因果关系。与人类思考的本质不同，人工智能不存在可用的基础知识来支持其发展，它们所依赖的知识更多是依靠其训练数据或是与环境进行试错而交互产生的数据。[1] 数据是无人驾驶汽车系统运行、思考和行动的基础，不同的数据集会使无人驾驶汽车产生不同的训练结果。这种完全依赖数据的方式亦会带来严重的后果，错误和偏差的数据就有可能带来错误和偏差的行为，一旦无人驾驶汽车发生数据丢失将引发数据泄露风险。

人工智能的算法缺陷和数据偏差都会引发一系列风险，在无人驾驶汽车大规模应用过程中，必然会面临人工智能所经历的风险。在交通道路领域，算法和数据的缺陷势必会导致无人驾驶汽车违反交通规则，甚至会引发交通事故。[2]

（三）无人驾驶汽车风险类型

当今社会最大的风险是技术带来的风险。人工智能研究和应用的领域也非常广泛，以往学者大多从技术和实践层面来关注无人驾驶汽车发展过程中存在的困境，但是并没从风险社会这个理论层面来分析无人驾驶汽车所产生的风险。在无人驾驶汽车的发展过程中，不难发现其依然会面临人工智能技术发展的风险壁垒，技术风险、剩余风险、规制风险、数据泄露风险和责任分配风险则是其中的五个方面。

1. 技术风险

"目前人工智能的方法在结构上还不够完善，今后也不可能百分之百完

---

〔1〕 郝英好：《人工智能安全风险分析与治理》，载《中国电子科学研究院学报》2020 年第 6 期。

〔2〕 当发生侵权事件时，即使对于人工智能体的每一步运算均可以依靠技术手段溯源，当事人能否通过技术手段查明问题的源头很困难，从经济成本上考虑也并不合适，这实际是法律抽象化与技术"黑箱"化之间的必然冲突。同时错误或者有偏差的数据可能训练出错误或者带有偏差/偏见的人工智能，就像不少科学家以"吃垃圾、吐垃圾"这句话，形容"数据和人工智能的关系"。参见袁曾：《无人驾驶汽车侵权责任的链式分配机制——以算法应用为切入点》，载《东方法学》2019 年第 5 期。

善,人工智能所产生的技术风险将不可避免地影响人工智能时代的始终。"[1]随着现代科学技术的发展,人类的活动能力得到大幅提升,同时也招致了或者暗藏着诸多的新型风险,这些风险大致可以被称为技术风险。[2] 必须正视的一点是,技术风险的存在是人类发展过程中不可回避的话题,人类的所有发明在一定程度上会因为技术的短板带来或多或少的影响。以产品责任为例,机动车的出现在一定程度上改善了人类的出行方式,但是也在另外一个方面带来了诸多的负面影响:交通事故频繁发生,伤亡人员不断增多,财产的损失持续扩大。

无人驾驶汽车所依赖的算法和技术具有不确定性。发明无人驾驶汽车的初衷是在解放人类的同时兼具更高的安全性,即使是这样,也不能完全避免安全事故的发生。首先,无人驾驶汽车所依赖的算法,如果遇到恶劣天气导致其数字交通信号的传输发生错误,无人驾驶汽车将会由于无法识别交通警察发出的信号指示而出现交通事故;其次,无人驾驶汽车将会面临临时性网络中断造成的系统故障,面临着无法避免的"死亡蓝屏"问题,这会导致一辆无人驾驶汽车以每小时几十公里的速度撞上另外一辆汽车,其带来的风险可能会更大。最后,无人驾驶汽车系统存在被黑客远程控制的风险,这会导致数据泄露和财产被盗。现代社会中的新型技术风险,往往兼具私人风险和公共风险的属性,但是这种技术风险的特征还是明显有别于传统的风险类型。技术风险内生于现代科学技术之中,只要科学技术应用到现代化的生产和生活中,技术风险就会必然存在,因此需要合理的制度来减少风险。桑斯坦认为:"许多现代化的法律标准都被用来减少和控制风险,而不是为个人权利开脱或者给受害方提供补偿。"

2. 剩余风险

剩余风险是在符合国家有关部门制定的安全标准之下的,为标准所允许的

---

〔1〕 龙卫球:《科技法迭代视角下的人工智能立法》,载《法商研究》2020 年第 1 期。

〔2〕 尹德贵:《风险分配的法理论纲》,苏州大学 2016 年博士学位论文,第 119 页。

风险,也被称为“残余风险”。[1] 无人驾驶汽车作为一种“近人性”的客观存在,在与外界互动交往中必然会带来不确定的风险。作为理性化的产物,风险本身应当被视为现代社会发展的正常现象。[2] 无人驾驶汽车作为人工智能高度发展的产物,会因为其“先天”行为和“后天”行为引发一系列的侵权事故,但是这种风险恰恰是国家在发展无人驾驶汽车产业过程中所允许的风险,即无人驾驶汽车所带来的剩余风险。

3. 规制风险

智能互联网的深度发展,深刻改变了传统的经济业态、组织形式和社会秩序,并对我们的生活方式也产生了重大的改变,代码和算法也被纳入现代社会规制领域。因此,“网络世界内在和外在的权力正在迅速向硬件和软件的设计者迁移”,[3]我们由此进入一个全新的“算法时代”。这对国家的“规制”能力提出了新的挑战,一旦国家的监管没能起到相应的作用,势必会产生无人驾驶汽车的规制风险。

无人驾驶汽车应用是通过人工智能技术来实现的。无人驾驶汽车的制造者建立、测试和改进系统和模型,是典型的构建主义者。但是,无人驾驶汽车系统开发和程序掌握在汽车的制造商手中,大多数的系统技术都是不透明的,这在很大程度上为其规避审查提供了空间。无人驾驶汽车设计者有时并不会公布源代码,因此,无人驾驶汽车的使用者无法看清其中的规制路径。在智能汽车发展到完全无人驾驶阶段,汽车的“驾驶人”并不能有效参与决策,他们也就只能接受无人驾驶汽车先前制定的线路,遵照指令驾驶。驾驶人无法了解算法的工作原理,这些算法被装进了技术的“黑箱”。“算法黑箱”中蕴含的是一个技术发展与安全的悖论:无人驾驶汽车在宽度和广度方面的延伸速度是惊人的,但是这些对我们至关重要的数据只能被系统的开发商掌握。基于此,一旦

---

〔1〕 所谓的残余风险,就是通过政府规制之后仍将存在的风险。参见傅蔚冈:《合规行为的效力:一个超越实证法的分析》,载《浙江学刊》2010 年第 4 期。

〔2〕 劳东燕:《风险分配与刑法归责:因果关系理论的反思》,载《政法论坛》2010 年第 6 期。

〔3〕 [英]詹姆斯 · 柯兰等:《互联网的误读》,何道宽译,中国人民大学出版社 2014 年版,第 121 页。

无人驾驶汽车制造商在“黑箱”中装进了过度的商业资本追求和不公正的要素,“算法黑箱”的危机随之而来。

4. 数据泄露风险

数据是智能时代最重要的资产,保护个人数据显得尤为重要。在智能社会中,算法可以根据用户行为遗留的数据深入推算其隐私部分,如政治立场、经济状况和个人喜好。[1] 不法分子可以通过入侵人工智能系统了解行为人的隐私,甚至可以对个人隐私数据进行修改。随着无人驾驶汽车的进一步发展,数据信息将在智能时代扮演越来越重要的角色。因此,对无人驾驶汽车数据信息的采集、使用和存储显得十分重要。无人驾驶技术的支撑依赖于算法和数据,这就意味着无人驾驶汽车发展得越先进,就越需要数据来支撑。无人驾驶汽车作为强人工智能发展的典型,在某种程度上增强了对隐私的直接控制,带来了更多获取隐私的可能性,同时借助物联网和大数据分析能力能更加便捷地获取个人信息。无人驾驶汽车获取的个人数据越多,产生的数据泄露风险和危害亦更大。每一辆无人驾驶汽车的信息均是整个大数据的一部分,倘若丢失、被盗取或遭遇黑客入侵,此类信息极有可能被恶意泄露或利用,引发大规模信息侵权。[2]

5. 责任分配风险

人工智能的快速发展,大量人力劳动被替代,出现人机共处、行为协同和后果混合的情况,自动驾驶汽车就是如此。计算机系统执行任务并且它们这么做的方式有着道德后果——影响人类利益的后果。[3] 对于无人驾驶汽车而言,责任分配的风险也将是其发展过程中不能回避的现实问题。具体来说,无人驾驶汽车的法律定位是什么?一旦无人驾驶汽车承担责任,其具体应承担多大范围的责任?无人驾驶汽车的驾驶人或制造商等是否还需要承担相应的责任?

---

〔1〕 张文显:《构建智能社会的法律秩序》,载《东方法学》2020 年第 5 期。

〔2〕 Aldana K., *Department of Transportation Releases Policy on Automated Vehicle Development*, 6 July 2017.

〔3〕 [荷]尤瑞恩·范登·霍文、[澳]约翰·维克特主编:《信息技术与道德哲学》,赵迎欢等译,科学出版社 2014 年版,第 122 页。

这些都是在发展无人驾驶汽车过程中亟须解决的问题。事实证明,在无人驾驶汽车高度发展和普及的进程中,通过机器实施行为的现象将越发普遍,行为人将其自身的责任转嫁给机器的现象也将越来越多。但同时,由于“社会追求的是最小化我们责任的技术,而不是最大化提高效率的技术,也不是最大化我们责任的技术”。〔1〕因此,在发展无人驾驶汽车的过程中,也不应该无限制地扩大制造商的责任而忽略行为人的责任。同样地,无人驾驶汽车侵权的发生通常是由多方主体的共同过错造成的,并不能简单将责任归结为一方主体。无人驾驶汽车发生侵权有可能是由于技术的缺陷,有可能是由于道路的设计,还有可能是由于黑客的入侵等,这些方面都有可能使侵权事故发生。所以作为无人驾驶汽车的制造商、系统开发者、运营的平台还有信息化建设的投入者政府,都有可能承担责任,厘清多方主体的责任就显得十分重要。总体来说,无人驾驶汽车发生侵权事故的责任分配,就是制约其发展的一个重要因素。只有合理解决责任分配问题,才能促进无人驾驶汽车行业的健康发展。

二、无人驾驶汽车大规模侵权理论

大规模侵权诉讼是无人驾驶汽车未来要面临的重大问题,既包括多车碰撞导致多数人的伤亡或财产受到侵害的情形,也包括汽车的电子系统或者软件出现故障导致人员伤亡或财产损失时,对汽车制造商索赔问题,还包括无人驾驶汽车数据泄露带来的大规模信息侵权等问题,这些亟待解决的问题无一不给无人驾驶汽车行业的发展带来影响。克里斯蒂安·冯·巴尔教授在其《大规模侵权损害责任法的改革》一书中指出道路交通领域的大规模侵权为:大量的交通工具牵涉其中,并且损害事实和结果紧密相连,而肇事的过程并不能完整和准确地呈现。欲将整个事实划分为单个独立的事件不可能实现,或者这样的事故重现将面临实体法和程序法上的障碍,加大了事故重现的难度。〔2〕

〔1〕[美]皮埃罗·斯加鲁菲:《智能的本质——人工智能与机器人领域的64个大问题》,任莉等译,人民邮电出版社2017年版,第165~166页。

〔2〕[德]克里斯蒂安·冯·巴尔:《大规模侵权损害责任法的改革》,贺栩栩译,中国法制出版社2010年版,第173~174页。

（一）大规模侵权法律属性

我们生活的这个社会，可用“全球风险社会”这一时髦语进行描述，而其背后隐含的是一幅“全球社会”“信息社会”“风险社会”相互交织的社会图景。这种社会变化对侵权形态、侵权法政策造成严重影响，并导致了思维模式的转换。人类的历史发展，就是不断面对风险与挑战的过程。以往人类所面临的风险主要来自自然对我们的“报复”，而今现代化的风险更多来源于人类自身的活动，并且成为人类面临的主要风险。人类的发明技术、所从事的行为也在很大程度上加重了自然界的风险。这种风险损害结果的不可知性，正在挑战现今科学和法律制度：一方面，科学技术给人类生活带来便捷；另一方面，科技发展也带来了很多负面的影响。近年来，在发展的过程中我国也出现了一些重大的侵权事故，如“三鹿奶粉”事件、“齐二药”事件和“松花江污染”事件，等等。若从侵权法的角度加以审视，我们不难发现，这些损害往往具有共同的特点，侵权案件中受害人的范围和损害后果在程度上远超官方统计数字。

近年来，我国学者对于大规模侵权的理论也进行了深入的研究。[1] 对于大规模侵权概念的界定通常是借鉴美国侵权法的“Mass Torts”，其内涵是指基于一个不法行为或者多个同性质的产品服务，给大量的受害者造成人身、财产损害或者同时造成上述两种损害。[2] 界定大规模侵权应具备四个基本特征：一是基于一个不法行为或者多个同性质的产品或者服务致人损害的侵权行为；二是上述的侵权行为必须给大量的受害者造成损害；三是上述的侵权行为需给受害人的人身、财产造成损害或者同时造成上述两种损害；四是在对大规模侵权的救济中，必须注意对大规模侵权进行预防和惩罚。

（二）大规模侵权视角下的无人驾驶汽车

1. 侵权主体难认定

无人驾驶汽车作为人工智能高度发展的产物，发生侵权损害的原因将更为

---

〔1〕 朱岩：《大规模侵权的实体法问题初探》，载《法律适用》2006 年第 10 期；朱岩：《从大规模侵权看侵权责任法的体系变迁》，载《中国人民大学学报》2009 年第 3 期；陈年冰：《大规模侵权与惩罚性赔偿——以风险社会为背景》，载《西北大学学报》2010 年第 6 期。

〔2〕 杨立新：《侵权责任法》，北京大学出版社 2017 年版，第 61 页。

复杂,涉及多方主体,同时侵权责任主体亦难以认定,至少包括三方主体:无人驾驶汽车的购买者(使用者)、制造者、国家。而且,三方主体与无人驾驶汽车利益的相关度会因其所处阶段的不同而有差别。当无人驾驶汽车造成他人损害,可以查明是由某方主体原因(过错)造成时,根据过错责任原则,直接追究责任即可。问题是,无人驾驶汽车造成他人损害往往是因其自主性、超越原控制方案而"擅自所为",或因意外等无过错的情形。因此,一旦无人驾驶汽车发生侵权事故在侵权主体的认定上存在理论制度缺失,侵权主体的准确认定势必会影响责任形态。无人驾驶汽车发生大规模侵权事故,受害人较多,将面临大规模侵权损害赔偿问题。无人驾驶汽车发生侵权损害赔偿同样具有复杂性的特点:若适用现行《侵权责任法》的相关规定,将侵权责任简单归结于无人驾驶汽车的购买者,将大大打击无人驾驶汽车的购买欲;如果一味地把责任全部置于无人驾驶汽车制造商,将大大增加他们研发的边际成本,不利于激发科研积极性。

2. 因果关系难界定

在道路交通领域,大规模侵权事故的现实情况往往较为复杂。由于道路路面遗留大量痕迹而无法确定责任车辆,肇事过程的重现可能性较低,大量的现实情况无法查明。[1] 依据现行的损害赔偿法,向其他事故当事人提出赔偿请求或者向他们的保险公司要求第三人责任保险理赔者,有义务就损害事实举证和证明。[2] 无人驾驶汽车发生侵权事故,事故的原因和现实结果之间的因果关系与一般的大规模侵权相比更为复杂。一般的大规模侵权案件的因果关系大多涉及企业产品,企业行为与损害后果之间的因果关系通常较难确定;一般大规模侵权责任主体较为单一,只在是否构成因果关系层面形成法律层面的障碍。但是无人驾驶具有交互性特征,在使用过程中,会与周围环境和其他使用人的交互而产生"擅自行为",抑或由于无人驾驶汽车"先天"行为发生侵权事

〔1〕 [德]克里斯蒂安·冯·巴尔:《大规模侵权损害责任法的改革》,贺栩栩译,中国法制出版社2010年版,第8页。

〔2〕 [德]克里斯蒂安·冯·巴尔:《大规模侵权损害责任法的改革》,贺栩栩译,中国法制出版社2010年版,第9页。

故。无人驾驶汽车的学习能力与自主决策能力,使人们事后探究发生事故的决策逻辑和决策过程变得异常困难。不仅事故的受害人很难证明事故发生的确切原因,即使无人驾驶汽车的制造者,有时也很难解释事故究竟是如何发生的。即使无人驾驶汽车配备记录数据的“黑匣子”,有时也解决不了逻辑决策的“黑箱”。要证明其中的缺陷,往往需要专门的业务知识以及专门的设备予以分析。但是这些条件对于普通的受害人乃至使用人而言,是难以做到的,或成本极高。

正是由于无人驾驶汽车发生大规模侵权事故具有复杂性,大规模侵权损害救济就显得尤为重要。如何保障在无人驾驶汽车发展过程中的无辜受害者的合法权益,依靠传统的单一救济方式时常显得无能为力,构建多元化的损害救济就能极大程度上保障受害人的权益,也符合公平正义的价值理念。

3. 责任承担难认定

真正意义上的无人驾驶时代即将来临,但是囿于技术“黑箱”的客观存在,无论何种智能水平的无人驾驶汽车均可能产生侵权。[1] 完全具备自主性的无人驾驶汽车无须人类进行干预,正如前文所述其行为与结果之间的因果关系将发生变化,责任承担将明显不同于传统机动车责任。关于无人驾驶汽车的每个环节都应该并且可以找到清晰的责任制度加以对应并形成链条。无人驾驶汽车发生的侵权事故涉及承担基础性义务的生产者责任,也包括履行恰当义务的购买者和使用者责任,还包括维持行业良性发展的国家监管责任。

相较于无人驾驶汽车侵权责任链条上的其他主体,生产者作为技术的集成者、商品与服务的提供商,同时作为大量社会资本的集中者,最易成为指向主体,无疑在责任分配上占据重要地位。[2] 同时,作为无人驾驶汽车的购买者,作为机动车的产权人,享受了无人驾驶汽车带来的诸多便利,作为无人驾驶汽车的受益者,其应履行一定的注意义务。在未尽到相应的注意义务时,导致无

---

〔1〕 袁曾:《无人驾驶汽车侵权责任的链式分配机制——以算法应用为切入点》,载《东方法学》2019年第5期。

〔2〕 袁曾:《无人驾驶汽车侵权责任的链式分配机制——以算法应用为切入点》,载《东方法学》2019年第5期。

人驾驶汽车发生侵权事故,购买者应承担一定的责任。根据摩根士丹利的报告,无人驾驶汽车投入大规模应用后,仅美国就可以获得1.3万亿美元的收入,其中燃料、医疗和保险成本就可节省近1万亿美元。[1] 无人驾驶汽车在发展的过程中,国家作为监管者,在无人驾驶汽车入市之初应尽到事前监管的义务,在数据的使用过程中也应承担事中监管的责任,而且还应承担侵权赔付的事后监管责任。但是无人驾驶汽车侵权事故往往是在三方主体的共同作用下发生,加剧了责任分配的难度。

因此,无人驾驶汽车侵权事故侵权主体、因果关系和责任承担难以认定,导致大规模侵权下的无人驾驶汽车侵权损害的认定存在极大困难。

(三)大规模侵权视角下无人驾驶汽车侵权损害救济

侵权构成要件的不确定或大规模侵权案件区别于传统侵权案件的本质特征,这种不确定性可能存在于侵权人以及受害人的确认、侵权行为与损害结果因果关系的建立以及损害赔偿具体范围的查明等多个领域。大规模侵权向我们提出了如何补偿受害人损害等一系列责任法上的问题。数量众多的受害人的诉求如何有序地提出、展开和完成,以避免冗长烦琐的诉讼程序和高额诉讼费用。[2] 无人驾驶汽车确在很多方面能带来积极的影响,但是也会引发一系列的问题,其中最大的问题来自新技术的安全漏洞所引发的交通事故风险,由此也引发了交通事故大规模侵权责任承担的难题。

1. 大规模侵权损害赔偿基金

大规模侵权损害赔偿基金,是指被专项用于救济或赔偿大规模侵权事件的被侵权人的人身、财产损害的基金。[3] 该种模式在世界范围内发生的大规模侵权事件的受害人救济实践中也得到了广泛的应用。我国《民法典》第1216条规定的道路交通社会救助金,为此种基金的设立提供了实在法上类推适用的

---

〔1〕 李彦宏等:《智能革命——迎接人工智能时代的社会、经济与文化变革》,中信出版集团2017年版,第158页。

〔2〕 [德]克里斯蒂安·冯·巴尔:《大规模侵权损害责任法的改革》,贺栩栩译,中国法制出版社2010年版,第1~2页。

〔3〕 张新宝、葛维宝主编:《大规模侵权法律对策研究》,法律出版社2011年版,第65页。

依据。该条规定:"机动车驾驶人发生交通事故后逃逸,该机动车参加强制保险的,由保险人在机动车强制保险责任限额范围内予以赔偿;机动车不明、该机动车未参加强制保险或者抢救费用超过机动车强制保险责任限额,需要支付被侵权人人身伤亡的抢救、丧葬等费用的,由道路交通事故社会救助基金垫付。道路交通事故社会救助基金垫付后,其管理机构有权向交通事故责任人追偿。"同时在《证券法》[1]《海洋环境保护法》中也有类似的规定。[2] 大规模侵权损害赔偿救济基金能第一时间保障受害人的合法权益,保证受害人获得相应的赔偿,且在我国现行法律体系中有着积极的实在法意义。

对于大规模侵权损害赔偿基金的筹集来源应该分为三部分,分别为侵权企业的资金、社会捐助和国家。应用在无人驾驶汽车发生的大规模侵权诉讼中,大规模侵权损害基金的来源同样可以分为三个方面:制造商、购买者、国家。三者作为无人驾驶汽车的利益相关者,根据法经济学的报偿理论,理应对无人驾驶汽车发生侵权承担相应的损害赔偿责任,大规模侵权损害赔偿基金的筹措同样也应该包括以上三方主体。

2. 责任保险制度

责任保险是指保险人在被保险人依法应对第三者负赔偿民事责任,并被提出赔偿要求时,承担赔偿责任的财产保险形式。责任保险在很大程度上能分散保险人的风险,能够提供最低保障,兼具程序简易和减轻举证责任等优势。责任保险以被保险人对他人依法应负的民事赔偿责任为保险标的,在合同中无保险金额,而规定赔偿限额。其设立的初衷就是将大规模侵权通过责任保险的方式分配给社会,我国《保险法》第66条和《道路交通安全法》第76条就具有责任保险的意义。在风险社会中,无人驾驶汽车发生大规模侵权往往会面临受害

---

[1] 2019年修订的《证券法》第126条、第127条规定的证券投资者保护基金与交易风险准备金与此类似。如国家设立证券投资者保护基金。证券投资者保护基金由证券公司缴纳的资金以及用其他方法筹集的资金组成,其筹集、管理和使用的具体办法由国务院规定。证券公司从每年的税后利润中提取交易风险准备金,用于弥补证券交易的损失,其提取的具体比例由国务院证券监督管理机构规定。

[2] 《海洋环境保护法》第66条规定的船舶油污保险、油污损害赔偿基金:国家完善并实施船舶油污损害民事赔偿责任制度;按照船舶油污损害赔偿责任由船东和货主共同承担风险的原则,建立船舶油污保险、油污损害赔偿基金制度。

人众多、侵权主体复杂和举证责任困难等现实因素,责任保险可以分担无人驾驶汽车带来的社会风险,减轻制造商和购买者的责任,同时在另一方面,受害人能够得到及时充分的救济。如此一来,会减少无人驾驶汽车制造商和购买者的忧虑,同时如此的损害赔偿方式更能体现法律的正义要求。

3. 举证责任倒置

大规模侵权救济困难的本质在于诸多的不确定性,其中最为突出的是受害人的损害和加害人的侵权行为之间的因果关系不容易被证明。在大规模侵权案件中,损害类型的多样性直接决定了因果关系的复杂性。若依照传统的“谁主张,谁举证”的责任分配原则,无疑增加了受害人救济的难度。为了保障受害人在大规模侵权事故中的权益,减轻其举证责任,很多国家在传统举证责任的基础上进行了相应的制度创新,设有减轻原告举证责任的规定。例如,《德国民法典》第 830 条第 1 款就作了相应的规定。[1] 如果受害人援引该条规定,则将有利于主张权利,减轻了受害人的举证责任。德国法上还存在表见证据规则,可以用于减轻原告的举证责任。现行侵权法视角下无人驾驶汽车侵权责任主体、因果关系难以认定,同时存在自主驾驶行为归责原则难以适用等问题。人工智能“黑箱”是指人工智能输入的数据和其输出的答案之间,存在我们无法认知的“隐层”,使因果关系无法厘清。换言之,在无人驾驶汽车发展领域,技术越先进,所作出的行为越无法解释和理解,由此进一步加剧了侵权因果关系的认定难度。在一定程度上,无人驾驶汽车相较于人类来说,其安全性更高,但是无人驾驶汽车的技术弊端依然存在。正是因为人工智能发生侵权事故的因果关系难以认定,降低无人驾驶汽车发生大规模侵权受害人的举证责任是十分有必要的。制造商更能对其智能产品的算法设计作出合理解释,因此无人驾驶汽车发生侵权实行因果关系责任倒置是切实可行的。

三、无人驾驶汽车侵权法经济学分析

在传统法学理论中,侵权法首要也是最重要的功能就是补偿受害人在侵权

---

〔1〕 [德]克里斯蒂安·冯·巴尔:《大规模侵权损害责任法的改革》,贺栩栩译,中国法制出版社 2010 年版,第 16 页。

行为中遭受的损失，实现救济功能。但是在法经济学看来，侵权法的经济本质即通过责任的运用，将那些高交易成本造成的外部性内化。[1] 通过制定和设计侵权法律规则，将侵权事故的成本降至最低，损害降至最小，并且将其活动的外部性通过内化的方式来减少甚至避免事故的发生，即强调侵权法的救济功能。一个好的事故损害赔偿法律规则，应当是通过一种激励政策，让道路交通的参与人自愿投入一定的成本，使道路交通事故不发生或者少发生。[2] 借助传统产权理论、危险分担、报偿和危险控制理论等在很大程度上能破解无人驾驶汽车侵权的现实困境，由此通过法经济学就无人驾驶汽车侵权的法理展开分析。

（一）产权制度分析

清晰的产权制度同样可以将侵权行为的外部性内化，以此来减少侵权事件的发生。产权理论的核心是：通过侵权责任将高昂的交易谈判成本导致的外部性内化。[3] 无人驾驶汽车往往会涉及多方的利益主体，无人驾驶汽车侵权主体认定并不明晰，而界定产权可以减少交易的各项费用。

经济分析的首要任务是界定产权，明确规定当事人可以做什么，然后通过权利的交易达到社会总产品的最大化。博登海默指出："法律乃刺激人们奋发向上的一个有力手段。法律虽然不可能直接下命令使某人成为一个发明家或创造出优秀的音乐作品，但它却可以为人们发挥创造才能提供必要的条件。"[4] 无人驾驶汽车若可以从传统的法律客体"转身一变"成为法律主体，可根据过错原则自负其责，那么制造者、设计者和使用人的问题将迎刃而解。无人驾驶汽车产权的界定不仅能解决责任主体的难题，而且可以将其发生的侵权

---

〔1〕［美］罗伯特·考特、托马斯·尤伦：《法和经济学》，史晋川、董雪兵译，格致出版社、上海三联书店、上海人民出版社 2010 年版，第 178 页。

〔2〕王成：《侵权损害赔偿的经济分析》，中国人民大学出版社 2002 年版，第 208 页。

〔3〕侵权法关注的是，那些为达成私人协议要付出相对高交易成本的人之间的相互关系，通过要求施害人对其所造成损害予以赔偿来内部化成本，当潜在施害人内部化由其自身导致的损害成本时，便会刺激他们在一个有效水平上为安全性进行投资，以达到使施害人将这些成本化的经济目的。参见史晋川主编：《法经济学》（第 2 版），北京大学出版社 2014 年版，第 155 页。

〔4〕［美］E. 博登海默：《法理学——法哲学及其方法》，邓正来、姬敬武译，华夏出版社 1987 年版，第 305 页。

风险分散。

清晰的产权责任制度是现代责任文化的体现，从技术研发、应用到最终的实际投产，关于无人驾驶汽车的每个环节都应该并且可以找到清晰的责任制度加以对应并形成链条，避免无主体担责的窘境出现。[1] 无人驾驶汽车产权主体包括无人驾驶汽车的制造商、智能系统的软件开发者和平台，很显然在这个阶段呈现的是一个私人产权关系。若把无人驾驶汽车定性为产品，作为无人驾驶汽车的制造者和系统软件的开发者，在无人驾驶汽车的发展过程中，当然享有对无人驾驶汽车所设计数据的所有权，其可以对相关数据许可使用。但这个层面解决的仅是无人驾驶汽车作为产品的这个范畴而享有的产权关系，而无人驾驶汽车的上路运行不仅关涉无人驾驶汽车本身，还需要有支撑无人驾驶汽车可持续发展的硬件设施，仅依靠无人驾驶汽车的制造商和软件的开发者不能完成这一复杂的系统工程。

因此，国家作为公共政策的制定者和实施者理应参与到无人驾驶汽车发展的过程中。申言之，私主体之间并不能妥善解决交通运行中的所有问题，因为交通的问题还会涉及运行的条件和运行的环境。未来无人驾驶汽车的发展，最重要的是交通网络，即信息化的道路。这样的信息化道路的开发建设就不仅局限于系统开发商、软件制造商和平台这样的简单私人主体，无人驾驶汽车的运行关系也不再仅局限于私人主体之间，国家和政府这样的主体亦将参与进来，一起构建无人驾驶汽车交通网络。信息化的道路会包含大量的数据，这些数据的开发自然离不开政府的投入，类似于国家对高速公路的开发和许可使用，国家也同样享有对道路的所有权和管理权限，所以在这个过程中就自然形成国家和政府对信息化道路的产权。换言之，无人驾驶汽车的运行和发展过程，应该既包括私人的产权，也包括国家作为责任主体的产权关系。

（二）侵权风险分担

无人驾驶汽车引发的侵权至少涉及机动车购买者、制造者和国家三方主

---

〔1〕 袁曾：《无人驾驶汽车侵权责任的链式分配机制——以算法应用为切入点》，载《东方法学》2019 年第 5 期。

体,侵权损害赔偿的分担也理应由多方主体进行分担。从法律经济学的角度来看,将特定的社会预防成本分配给危险的制造者、管理者和利益承担者,不仅有利于实现利益之间的平衡,而且也有利于降低社会的总成本。风险的制造者和保有者对产生的风险更了解或者有更多机会去了解将发生的风险,从而可以更有针对性地防范风险。无人驾驶汽车是现代文明的产物,全体社会成员都有分担其造成损害的义务。尤其是在人车交通事故中,被撞行人处于明显的弱势地位,而相比之下,无人驾驶汽车处于强者地位。无人驾驶汽车侵权责任分配的目的是在保障受害人的前提下,保障风险承担者之间的风险合理转化,促进科学技术的发展。购买者、制造者和国家虽然都是无人驾驶汽车的利益相关者,但是无论由哪一方主体独立承担机动车发生侵权损害的全部责任都不利于无人驾驶汽车行业的发展和进步。如果将无人驾驶汽车发生的侵权事故的风险全部归咎于制造商,这样将会导致汽车制造商不愿意不计成本地投入人工智能产品的研发,最终阻碍进步。为此,作为无人驾驶汽车发展过程中的受益者,国家和购买者也应该分担此风险,因为无人驾驶汽车的自主性有利于增进公共福利,同样也为购买者提供了更高品质的享受和服务,他们也会因为无人驾驶汽车自主性而获益,当然也应该分担其带来的风险。

(三)报偿理论考量

无人驾驶汽车的发展会给人们的生活带来方便和快捷。无人驾驶汽车的购买者享受其发展的便利,在发生侵权事故时承担相应的风险和责任亦无可厚非。根据民法上的报偿理论,即“谁享受利益、谁承担风险”。对无人驾驶汽车而言,发生侵权损害就必须由主体承担责任,不应该以损害是由人工智能体引发为由去限制受害人获得救济。罗马法谚云:“获得利益的人负担风险。”即利之所得,损之所在。风险与收益通常是相伴而生,二者之间存在密不可分的联系,不存在无风险的收益,亦不存在无收益之风险。且在通常情况下,风险与收益的比例正相关。克里斯蒂安·冯·巴尔认为,从危险源中获得利益者也是履行制止危险发生义务者。从公平原则角度来看,个人在他支配的物或活动中获益,应该对该物或活动产生的损害承担责任。经营者已从危险源中获得经济效益,即有义务维护环境安全、制止危险。[1]

无人驾驶汽车的所有人在享受汽车运行过程中的利益时,不能回避由此带来的诸多不确定的风险。人工智能的行为分为“先天”行为和“后天”行为:“先天”行为是由开发研制者创设;“后天”行为一般是购买者通过对其“训练”或“教育”形成,而人工智能被“训练”“教育”的时间越长,与人类的交互性越强,购买者与人工智能的利益相关度就会越高。[2] 所以购买者在享受无人驾驶汽车带来的利益时,对其侵权发生的损害赔偿理应进行分摊。无人驾驶汽车在行驶过程中,尽管驾驶者开启了无人驾驶功能,但是其仍然是车辆的拥有者。加之,拥有者对无人驾驶汽车的“后天”训练,在一定程度上改变无人驾驶汽车的“习惯”,享受了无人驾驶汽车运行利益,作为车辆的运行利益者理应承担车辆发生侵权的法律责任。[3]

同时各级政府在建设无人驾驶信息化道路投入巨大的成本,其作为国家管理者同样享受着利益和报偿,其可以利用税收和信息化道路收费的方式来获取无人驾驶汽车发展过程中的红利。既得利益者必有相应义务,政府在尽国家管理者的责任时,对信息化道路建设实施应防范相应问题,当无人驾驶汽车无法识别道路时,也应承担相应的责任,故国家也应该作为无人驾驶汽车侵权当中的一个责任主体。

(四)侵权风险控制

特定的行为或者活动总是与特定的风险存在千丝万缕的联系。当行为人

---

〔1〕 李磊:《论共享单车平台公司对低龄骑行人的安全注意义务》,载《东方法学》2020年第1期。

〔2〕 张志坚:《论人工智能的电子法人地位》,载《现代法学》2019年第5期。

〔3〕 运行利益归属原则源于风险责任这一归责原则的“报偿理论”,即从事危险活动或者占有、使用危险物品的人从这一活动中获得了利益,基于享受利益者承担风险的原则,其应当承担责任。从法律经济学的层面看,如果受害人得不到赔偿,机动车运行利益归属者的经营成本就会由受害人承担。因此法律有必要规定获得运行利益者通过经济赔偿的方式承担成本。责令运行利益归属者承担赔偿责任,不但能解决受害人分摊运行利益者成本的不公平问题,还能有效促使运行利益者充分履行注意义务,谨慎选任、检查、督促直接支配人,选择商业保险来分散运行风险,进而降低整个社会的机动车运行成本。在该原则下,有偿的发包人、出租人、被挂靠人以及雇主、被帮工人均应成为赔偿责任主体。参见郑州中院民一庭:《关于交通事故赔偿案件责任主体的确定》,载郑州市中级人民法院网2009年8月25日,http://zzfy.hncourt.gov.cn/public/detail.php?id=11941。

开启或者维持一定的风险时,若该风险在这种状态下成为现实,风险的开启者或风险状态的维持者则需承担一定的责任。风险的发生并不一定要求存在绝对的过错。在某些方面,风险的开启和维持是基于一些正当的理由和需要。而且,风险的本质就是具有不确定性,具有无法被完全控制的特征。虽然如此,但是风险仍然具有一定程度控制的可能性,或者说可以减少风险发生的可能性,主体可以影响风险发生的进程。将风险控制可能性作为确定风险领域的考量因素之一,可诱导可控制风险之人尽可能地控制风险,降低风险发生的可能性,减轻损害或避免损害的发生。对风险的控制一般表现为:决定是否开启或维持风险及开启或维持的程度,安全措施之方式、范围的选择,谨慎注意义务的投入等。〔1〕 美国《第二次侵权法重述》第 321 条和我国《民法典》第 1198 条、第 1236 条都肯定了危险开启者的危险控制义务以及承担的相应法律责任。

无人驾驶汽车的上路运行离不开国家交通等相关部门的许可,而且国家在建设信息化道路的过程中掌握大量的数据,这些数据许可给无人驾驶汽车制造厂商和购买者使用。同时无人驾驶汽车的设计者的设计缺陷在一定程度上开启了汽车的风险。无人驾驶汽车的购买者的"后天"训练,在某种程度上增加了风险发生的可能性,无人驾驶汽车发生侵权至少包括购买者(使用者)、制造者、国家三方主体。作为无人驾驶汽车的研发制造者理应承担相应的责任,因其对无人驾驶汽车具有间接支配作用。作为机动车的直接支配者,机动车的驾驶人应在无人驾驶过程中尽到相应的注意义务,根据运行支配原则,〔2〕也应该承担无人驾驶汽车发生侵权的损害赔偿责任。

---

〔1〕 叶金强:《风险领域理论与侵权法二元归责体系》,载《法学研究》2009 年第 2 期。

〔2〕 运行支配原则,是指由机动车运行的支配者承担机动车运行所产生的危险责任。因为机动车运行支配者对机动车的危险性认识最真切,控制、减少危险能力最强。运行支配原则源于风险责任这一归责原则的"风险控制与分散理论",即从事危险活动或者占有、使用危险物品的人对于这些活动或物品的性质具有最为真切的认识,也最具有能力控制危险的现实化,因此作为危险的控制者,其应当承担责任。但在我国经济还不够发达,运行支配者赔偿能力还不够充分的现实情况下,运行支配原则应适用广义说,即赔偿责任主体除实际驾驶、操纵者外,还应该包括以出借、出租、发包、雇佣、指挥等方式间接支配机动车的人。间接支配人对直接支配人要承担谨慎选任、检查及督促的义务,其在法律地位和经济能力上也最有可能通过保险方式来分散机动车的运行风险。参见牟均发:《论交通事故责任主体的认定》,载华律网 2013 年 11 月 18 日,https://www.66law.cn/domainblog/51156.aspx。

四、无人驾驶汽车侵权法社会学分析

社会现实扰乱法律体系就像扰乱人们的生活一样。一方面侵权责任法以保护受害人为基点,以加强对受害人的法律救济,并缓和社会矛盾;另一方面它以社会利益为准则,对个人自由施加必要的国家干预,以维护社会关系的平衡。完全适用现代侵权法的规则去解决问题,又将会持续产生新的社会问题。可以说,如果侵权行为法不与其他法律领域联动,就很难解决损害与赔偿的问题。无人驾驶汽车作为现代社会化的产物,其发生侵权事故,必然涉及社会的各个利益主体,如果将无人驾驶汽车侵权作为简单的民事主体之间的纠纷,将不能有效维护各方主体之间的利益,将不利于行业本身的发展。无人驾驶汽车侵权的研究应兼顾社会学的属性,唯有如此,才能保障各方利益主体。

(一)侵权的法社会学特征分析

"有光便有阴影",强调私权利的无限扩张和公权力的极度控制都不利于法社会的功能实现,侵权法极度扩张的背后隐藏着伦理的困惑与理论的困境。[1] 第一,侵权责任的极度扩张加剧了社会生活与法律生活之间的摩擦。当侵权行为法调整的范围扩张至社会生活的方方面面,人们可能对法律产生逆反心理,进而排斥侵权行为法对社会生活的介入。此种现象被学者称为"反侵权行为法化"[2]。第二,侵权责任的加重在很大程度上限制了人们自由保障的权利,个体的权利进一步被限制。侵权行为法所做的就是"决策陷阱",使决策者向竞争性压力屈服,从而形成严重的寒蝉效应。[3] 第三,侵权责任的目标是实现对被侵权人的救济和保障,但是其制度设计并不能很好地实现这一目标,导致侵权责任法不能完全保障受害人的合法权益。因为交易成本可能会导致赔偿趋势的极端化。轻微的损害或会造成过度赔偿,而严重的损害又可能对受害人救济不足。第四,侵权责任法工具箱中没有很好的装备用以提供公共安全

〔1〕 张铁薇:《侵权责任法与社会法关系研究》,载《中国法学》2011年第2期。

〔2〕 [日]棚赖孝雄:《现代日本的法和秩序》,易平译,中国政法大学出版社2002年版,第56页。

〔3〕 [英]卡罗尔·哈洛:《国家责任——以侵权法为中心展开》,涂永前等译,北京大学出版社2009年版,第42页。

规制，因为法官接近信息的有限性以及责任伦理的匮乏，司法能力备受怀疑。

受到实证主义深刻影响的社会法学家庞德强调法律是一种“社会工程”或“社会控制”工具。在近代社会中，法律成为社会控制的主要手段。[1] 在当前社会中，我们主要依靠的是政治组织社会的强制力，来调整关系和安排行为。法律的社会控制理论，是指国家通过法律的形式对社会结构及其社会关系进行确认和调整的过程，其目的在于通过法律对人民的思想和行为给予指导、影响和限制，使其遵守社会规范，以此来建立和维护社会的正常秩序，保障社会的稳定和发展。正如庞德指出的，人们已经把重点强调个人利益方面逐渐转到社会利益方面，无人驾驶汽车在满足人们私欲扩张的过程中，不仅应该注意保护个人利益，而且更应该注重保护社会利益。

（二）社会控制对无人驾驶汽车利益平衡

无人驾驶汽车作为现代化社会中科学技术的产物，一方面将大大改变人们的出行和生活方式，但是另一方面我们常常会因为无人驾驶汽车发生的侵权现象无法及时得到防范或制止而感到沮丧。传统的政策并不能对无人驾驶汽车发生侵权进行合理的规制，同时无人驾驶汽车侵权发生的损害在现有的政策下也得不到有效的救济。在无人驾驶汽车发展的过程中，我们不能轻视公共利益和社会利益的平衡，兼顾二者才是技术发展正道。无人驾驶汽车侵权损害救济将是本书重点研究的问题。

与传统技术相比，人工智能技术可以成为高科技之核心，即高技术核。[2] 人工智能发展过程中出现的技术障碍或系统崩溃有可能会危及社会经济的可持续发展。人们在享受智能时代的便利性的同时，不知不觉地接纳了其中无形的风险，这种风险是我们难以察觉的，但是其发生风险损害的后果将是空前的。[3] 无人驾驶汽车作为人工智能时代发展的特定产物，在带给人们便利的同时，同样会囿于技术缺陷而产生各种风险。科学技术是一把“双刃剑”，它究

---

〔1〕［美］罗斯科·庞德：《通过法律的社会控制》，沈宗灵译，商务印书馆2010年版，第12页。

〔2〕吴汉东：《人工智能时代的制度安排与法律规制》，载《法律科学》2017年第5期。

〔3〕王雪忠、张宇润：《技术社会风险的法律控制》，载《科技与法律》2008年第4期。

竟给人类带来幸福还是灾难，完全取决于我们对科学技术的使用。对技术风险的防范就是对人的行为的控制，我们所需要做的就是如何防范因技术进步而带来的社会风险。庞德在其《通过法律的社会控制》一书中指出，社会控制的手段是道德、宗教和法律。道德、宗教和习惯虽然对人的行为具有一定的约束力，但是法律可以通过建立有组织的社会裁决手段来确保人们对正当行为的基本服从（其中包括可能使用强制力）[1]。法律作为社会控制的手段从强制力和实现的效果上来看，都比其他社会手段更为有效。正如庞德指出，法律用惩罚、预防、特定救济和代替救济来保障各种社会利益，法律控制应作为无人驾驶汽车时代的选择。

（三）无人驾驶汽车利益分配

法律控制是应对无人驾驶侵权的最重要手段。当前我国社会利益主体的多元化和逐利行为的多样化与社会资源的有限性导致了我国存在不可避免的利益冲突。在庞德的社会控制理论中，法律秩序的目的在于承认、确定和保障利益的实现。通过制定法律和具体的实施规则，对人们追求利益最大化的行为进行规制，使各个利益主体在遵循相应规则的前提下平等有序地实现自己的利益，这将是控制当前逐利而引发冲突的理性选择。无人驾驶汽车用于商用，会产生多个利益主体，随之产生的就是多方主体利益分配的问题。同时无人驾驶汽车发生侵权问题时，又会产生多个责任主体，多个责任主体的责任分配又将是发展无人驾驶汽车首要考虑的问题。通过相关的制度对相关利益进行整合，其中核心要素应是建立一个服务于最大多数人、创造最大利益的整合制度，进而实现利益的分配、保障和协调。

在当前的复杂社会中，即使通过立法对利益进行分配和选择，仍然会产生利益冲突。无人驾驶汽车牵涉各方主体之间利益的分配、协调。一旦发生侵权，如何实现对受害人的利益保障和救济是本书关注的核心问题。由于无人驾驶汽车技术的不完备，在法律层面面临的挑战依然十分严峻。购买无人驾驶汽

---

〔1〕［美］E. 博登海默：《法理学：法律哲学与法律方法》，邓正来译，中国政法大学出版社 2004 年版，第 391 页。

车的人对汽车注意义务限于管理和维护方面，而当无人驾驶汽车导致交通事故时，就需由购买人、无人驾驶汽车操作系统的研发者抑或无人驾驶汽车的设计者、制造商、导航地图公司等主体对责任进行划分。

（四）社会控制以技术和法律为主导

无人驾驶汽车的发展归根结底还是科学技术的发展，智能技术的“核爆炸”，既对社会经济带来变革性的影响，也会产生技术性风险，即“人类在利用技术时违背技术自身规律而产生的社会风险”。[1]

技术控制应作为应对无人驾驶汽车侵权治理的重要措施。无人驾驶汽车技术控制的具体表现为法律规制和政策规范。风险社会理论下的社会规则应是事先预防，而不是事后的救济，这是风险规避的主要路径；建立从技术研发到实际应用过程中全链条的责任制度，具体来说包括社会道义责任、法律责任甚至是科学伦理责任，是风险规避的基础范式；风险规避的重要措施，是奉行技术民主原则（包括技术信息适度公开和公众参与、公众决策）。[2]

法律控制亦是应对无人驾驶汽车侵权治理的重要手段。从源头上重视控制风险的现实意义，建立与无人驾驶汽车相配套的法律法规，对无人驾驶汽车的研发、使用和传播建立限制、禁止和惩戒机制。同时对无人驾驶汽车的主体定位、归责原则和发生侵权的损害赔偿都需要法律来作进一步的规制，以此促进无人驾驶汽车的健康发展。并且在对无人驾驶汽车进行法律规制的过程中应兼顾各方的利益，合理分配无人驾驶汽车带来的各种风险。

防范无人驾驶汽车风险的产生需要的不仅是法律规范，同时还离不开相关政策的制定和落实。对无人驾驶汽车的发展和规制进行制度安排是时代的潮流，也是大势所趋，更是促进无人驾驶汽车发展的内在要求。在具体的制度构建上，应从以下几个方面着手：一是尽快出台发展战略，作为无人驾驶汽车发展的政策支撑。我国目前还未制定无人驾驶汽车发展的战略决策，仅在人工智能

---

〔1〕 王学忠、张宇润：《技术社会风险的法律控制》，载《科技与法律》2008 年第 4 期。

〔2〕 关于以技术批判理论为基础的技术规制，参见刘铁光：《风险社会中技术规制基础的范式转换》，载《现代法学》2011 年第 4 期。

层面出台过相关的文件,但是也远未上升到国家战略层面。无人驾驶汽车的战略地位不明显,人工智能发展的统筹协调部门未予明确,政府、社会以及企业的责任分工尚未厘清。无人驾驶汽车行业的有序发展离不开国家层面的支撑,现代化的信息化道路建设同样需要战略层面的支持。二是适时进行无人驾驶汽车专门立法,以此作为无人驾驶汽车侵权的基本规范。人工智能技术给传统法律制度带来巨大挑战,以致现有的法律理念与规则在"高技术核"面前几乎无所适从。在这种情况下,法律制度需要创新变革自不待言,而寻求一个调整人类与智能机器相互关系的专门法将是一个最终的选择。[1] 我国在人工智能领域发展缓慢,无人驾驶汽车在我国更是一个新兴的行业,为此,应开展专门的无人驾驶汽车侵权研究,重点论证无人驾驶汽车的法律定位、风险的承担等问题。

五、无人驾驶汽车与公共政策理论

按照美国学者戴维·伊斯顿的看法,公共政策是政治系统权威性决定的输出,因此它具有对全社会价值进行权威性分配的作用。[2] 公共政策是政府用来协调社会利益的工具。公共政策是政府等社会公共权威为解决社会问题、实现社会目标而制定的公共计划、行动方案和行为准则,它具体表现为一系列的法令、策略、条例、措施等。[3] 无人驾驶汽车发生的侵权不同于传统的侵权,大规模侵权损害救济相较于普通的损害往往也更加复杂、困难,因而综合的社会分担机制就显得尤为重要。大规模侵权损害赔偿社会化救济体系与公共政策的政策问题、政策目标、政策价值三大关键要素也存在密切的关联性。

(一)公共政策下的侵权法特征分析

公共政策分析视角以功利主义为哲学基础,将侵权法视作政府贯彻公共政策目标的政治工具,从一开始就将自己定位于对社会生活秩序的观照和回应,

---

〔1〕 吴汉东:《人工智能时代的制度安排与法律规制》,载《法律科学》2017 年第 5 期。

〔2〕 Dvid Easton, *The Political System*:*An Inquiry into the State of State of Political Science*, Knopf, p. 129 – 134(1971).

〔3〕 钱再见:《现代公共政策学》,南京师范大学出版社 2007 年版,第 7 页。

缘此具有了超现实的理论导向和实践品格。[1] 公共政策的核心要素是政府来协调公共利益,以此达到维护受害人利益的目的。而侵权法的意义也是通过损害赔偿制度来达到满足受害人损害救济的需求,从而实现对受害人的补偿。另外,公共政策兼顾公共政策保障功能的实现,从而实现侵权责任与公共政策的平衡。

1. 补偿功能实现

现代公共政策的重要目标是追求实质正义和寻求社会的妥当性。侵权责任制度的制度设计需要维护受害人的利益,并在此基础上实现对被侵权人充分而有效的救济。[2] 侵权责任采用的是损害救济填补原则,目的在于使受害人遭受的损害能得到实质、迅速和完整的救济,侵权救济亦是使受害人的损害恢复到被侵害之前的圆满状态。我国《民法典》规定的高度危险责任和公平责任就是以此为出发点,其主要目的亦是补偿受害人的损失。

2. 自由保障功能实现

在侵权责任中,以往我们过度强调侵权责任法的损害救济功能,对于侵权责任的自由保障功能却鲜有提及,其实自由保障功能也是非常重要的。1990年以后,关于侵权责任的基础理论、功能实现等方面出现了许多新的研究和学说。他们认为侵权行为法除了具备损害赔偿填补功能之外,还兼具道德层面的含义、个人权利和对自由保障等意义。自由保障功能是人类生存和发展的前提,是实现生活目的和权利的基本保障。因为每个人不可能总是能够谨慎工作和生活,难免会出现错误。若是一出错就得承担严重的后果,这样就阻碍权利的实现和经济活动的开展,对社会的发展将起到消极作用。总之,如果一个人即便是基于诚信行事而仍被认定存在重大过失,那么,任何事情都可以使他不得不就随之发生的损害作出赔偿。由此可见,保障行为自由成为侵权责任和公共政策所共同追求的重要目标。

---

〔1〕 杨彪:《公共政策、医疗行为与责任配置——关于医疗损害责任制度绩效的观察和评论》,载《现代法学》2011年第5期。

〔2〕 尹志强:《侵权行为法的社会功能》,载《政法论坛》2007年第5期。

3. 公共政策是实现侵权责任平衡功能的关键要素

权利救济和行为自由是侵权法的基本范畴,贯穿侵权法思考的始终。侵权法中重要问题的讨论,都围绕这一基本范畴展开。[1] 简言之,侵权责任的首要功能就是如何处理法益保护和行为自由之间的矛盾,具体表现为如何实现对受害人的补偿功能与行为人自由保障功能之间的利益平衡。

从某种程度上看,法律关系的实质就是一种利益关系,是一种权威化了的利益关系。在侵权责任中,对加害人行动自由和受害人安全利益保护这两种价值形态何者占优的判断,就决定了受害人的损失是否能够得到赔偿。"在任何国家,侵权法均会实施利益平衡的公共政策,认为在决定是否保护他人主张的利益时,应当考虑他人利益和行为人利益之间的平衡,防止过分保护他人的利益而严重牺牲行为人的利益。"[2] 虽然从理论上说,侵权责任必须平衡受害人和加害人之间的利益,但侵权责任立法和司法却不得不面临利益的选择——是重视受害人的损害救济还是保障加害人的自由选择。换言之,在具体的侵权行为中,"个人的行动自由"和"受害人的损害救济"转化为众多的具体价值形式,而在这个方面,利益关系的层级往往并不清晰。因此,权衡的过程也就是公共政策考量的过程。正如学者所指出的那样:"就法律制度而言,除了极个别的纯粹技术性规则外,均体现着一定法律秩序对法律制度涉及当事人利益衡量后的不同取舍,此不同取舍即为法律政策的选择,而不同取舍的基础,即体现着一定法价值的法律政策。"[3]

(二)无人驾驶汽车侵权的公共政策考量

侵权法与公共政策往往是紧密联系在一起的。人类社会发展到今天,二者在价值理念、目标与功能以及救济模式等方面产生了更为紧密的联系。[4] 侵权法本身的制定和运用在很大程度上也是对公共政策的一种回应,而公共政策

---

〔1〕 王成:《侵权法的基本范畴》,载《法学家》2009 年第 4 期。

〔2〕 张民安、林泰松:《我国〈侵权责任法〉对他人民事权益的保护》,载《暨南学报(哲学社会科学版)》2010 年第 3 期。

〔3〕 姜战军:《损害赔偿范围确定中的法律政策研究》,载《法学研究》2009 年第 6 期。

〔4〕 熊进光:《大规模侵权损害救济论——公共政策的视角》,江西人民出版社 2013 年版。

的许多具体措施都体现对权利的救济,在很大程度上起到了侵权法的作用。法律政策作为公共政策的一个分支,虽有着独特的适用范围、适用条件和适用目的,但是法律政策在实施的过程中依然不能忽略公共利益的因素。只有法律政策在实现自己独特功能的同时,也将公共政策考虑在其中,才能一方面实现法律的公平正义,另一方面又可以维护公共政策这一整体结构体系的协调性。

风险社会的到来,不仅影响了侵权损害赔偿机制的转化,同时也在一定程度上更新了公共政策的理念。风险无处不在,传统单一、简单性和局域性的各种自然风险与人工风险已经嬗变为当代的复杂性、不确定性和全局性的复合风险。[1] 现代风险社会的存在大大动摇了传统侵权损害赔偿救济机制,侵权损害赔偿不应只局限于填补受害人的损害,更重要的是分散损害,分散风险。对于公共政策来说,风险社会对其最为直接的影响就在于改变了以利益分配为核心的定位,转而以分散风险为核心。公共政策的基本目标是确保处于现实权力格局的利害相关者在复杂的利害博弈中的基本利益的前提下,界定责任,分配风险。现代风险的特性决定了风险社会中的价值追求不是根除或被动防止风险,而是应该设法控制不可欲、会导致不合理的类型化危险的风险。

首先,公共政策是“问题之学”,其以问题为导向,旨在解决社会的公共问题。从本质上来说,公共政策是公共权力机构为解决某一社会问题而制定的行为规范,是政府政治行为的产物。[2] 公共政策的产生、维持和改变,往往包括政府在内的各种利益群体,通过竞争、博弈与合作,达成利益相对均衡的结果。传统以过错责任为核心的侵权损害赔偿机制已经不能应对无人驾驶汽车大规模侵权引发的损害赔偿,而频繁发生的社会公共问题恰恰是传统损害赔偿向社会化救济机制转变的原因。其次,在政策目标上,公共政策就是通过解决社会公共问题来实现和维护社会公共目的的,侵权损害赔偿社会化综合救济体系以社会为本位,立足于通过侵权责任、责任保险、社会保障等构建多元化、综合性的损害赔偿与风险分散机制,以此来增进社会集体安全利益和保障个人社会国

[1] 熊进光:《大规模侵权损害救济论——公共政策的视角》,江西人民出版社 2013 年版。
[2] 陈庆云:《公共政策分析》,北京大学出版社 2006 年版,第 11 页。

家有序健康地发展。最后,从公共政策的价值来看,一个社会的公共政策价值理念和追求,通常代表着某个时期整个社会的追求。公平、正义、效率、社会福利已经成为价值的内在构造。多元化损害赔偿的目的在于,以最有效的方式实现正义的分配。在风险社会里,各种价值的表现形式也是多样的,社会价值的多元化也反映在制度的多元价值上,侵权损害赔偿机制无疑也被印上多元价值的印记。传统以过错为核心的侵权损害赔偿机制被深深烙上了个人自由主义的价值。但是现代侵权开始突破传统的补偿模式,逐渐形成了一种以分配风险和损失、解决社会冲突为目标的分配机制。侵权损害赔偿先前以加害人为出发点,现转向以受害人为考虑基点,加强对受害人的社会救济。

因大规模侵权诱发的侵权损害赔偿社会化综合救济机制,在分配风险方面与公共政策存在天然的一致性。大规模侵权诉讼将是无人驾驶汽车长时间面临的问题,既包括多车碰撞导致多数人或财产受到侵害的情形,也包括汽车的系统或者软件出现故障导致人员或财产损失,对无人驾驶汽车制造商、零部件供应商抑或系统运营商提出的责任索赔。随着无人驾驶汽车时代的到来,不能一味地把责任全部置于制造商者身上,而应当通过社会化综合救济机制分配风险,降低制造商的研发边际成本。

(三)无人驾驶汽车侵权法律规制

无人驾驶汽车作为一种发展中的科技,具有为社会创造巨大效益的巨大潜能,因此有必要积极推动其发展,对此最有效的方式就是运用科技市场法的赋权、交易和转化激励机制。[1] 人工智能远超人类智能,甚至潜藏着极为严重的后果,立法者在制定法律规范过程中不能忽略其产生的巨大风险,人工智能的风险规制是立法者需要考量的重要内容。目前,发达国家无一例外都将人工智能的研究和发展提到发展战略的高度,进行系统化的政策引导。一方面,人工智能被确立为科技创新的重点,并被赋予优先发展的战略地位;另一方面,针对人工智能引发的技术、社会、国家安全和人类伦理等问题,引入风险规制政策,

---

〔1〕 龙卫球:《科技法迭代视角下的人工智能立法》,载《法商研究》2020 年第 1 期。

积极防范其负效应,趋利避害。[1] 在未来的社会中,无人驾驶汽车可能是每个人都可能接触到的。大多数人在每天的生活中都不会与外科医生、药剂师或律师打交道。但是几乎每个人都会与汽车、公交车发生联系,由此无人驾驶所带来的好处(自由时间的增加)和坏处(引发的损害)都将变得十分明显,因此对无人驾驶汽车进行法律规制很容易被大家接受。[2]

无人驾驶汽车能为整个经济社会创造巨大的经济利益,其能够为长时间堵在上下班路上的人们创造更多的有用时间,人们可以解放自己的双手去做自己想做的事情,如此一来,人们可以将驾驶汽车的时间用来工作、发短信、睡觉或者阅读。法律作为保护利益的最有效和最直接的方式,必须对利益的价值进行判断和取舍,以求在最小的成本下获得社会利益最大化。智能革命引发的法律、政策和伦理的话题刚刚开始,我们需要以人类的社会知识的创新为基础,跟进理论创新和制度创新。[3] 法律控制作为应对无人驾驶汽车领域的极其重要的方式,理应发挥更大的作用。无人驾驶汽车意味着交通领域的准入资格,不再是驾驶人的资格,而是无人驾驶汽车的智能化水平。法律规制的对象不应该仅局限于购买者,还应包括汽车制造者和国家管理人。

国家监管是促进无人驾驶领域良性循环的一个必不可少的环节,更是国家公共利益的体现。无人驾驶汽车从诞生到使用,不仅涉及车辆的准入制度,也涉及车辆的牌照发放和路测的合法性问题,还涉及公安交管、电信部门的交叉监管问题。无人驾驶汽车一旦发生侵权,其背后的汽车制造商、智能系统的设计者和开发者、网络服务提供者、智能系统的维护者等多方利益主体之间难免会发生纠缠。多部门的交叉管理,多方利益主体的纠缠无不阻碍无人驾驶汽车产业的发展,同时也会让无人驾驶汽车发生侵权事故的认定变得复杂。因此建立一个权责统一、分工明确的管理机构亦是应有之举。[4] 一般来说,路面检

---

〔1〕 龙卫球:《科技法迭代视角下的人工智能立法》,载《法商研究》2020 年第 1 期。

〔2〕 [美]约翰·弗兰克·韦弗:《机器人也是人:人工智能时代的法律》,郑志峰译,台北,元照出版有限公司 2018 年版,第 76 页。

〔3〕 吴汉东:《人工智能时代的法律规制与制度安排》,载《法律科学》2017 年第 5 期。

〔4〕 崔理博、赵明非:《无人驾驶汽车侵权的责任分析与法律规制》,载《齐齐哈尔大学学报(哲学社会科学版)》2019 年第 5 期。

测、高精度地图由国家掌握,国家监督部门是代表公共利益,其有能力去创造一个安全可靠的运营环境,数据的实时监控,为无人驾驶汽车发生侵权事故提供有效的数据和记录情况。

随着数字化技术的发展,政府在税收、交通执法等方面的工作已开始运用人工智能。[1] 同时依据成本收益理论,政府在建设开发信息化道路的过程中也并不是一味地投入,其依然可以在无人驾驶汽车发展过程中产生相应的收益。其在信息化道路的开发过程中,可以通过税收和类似于高速收费的方式获得相应的利益,正所谓享受利益者必承担相应的责任。在这个基础上,无人驾驶汽车侵权的发生势必会产生新的责任主体,我们在这里可以把它定性为国家管理人,国家管理人作为一个独立的民事主体,将产生相应的责任,这种责任也就被称为国家管理人责任。因此,在无人驾驶汽车发生侵权的这一过程中,不能简单地将责任归结为汽车的制造者、汽车软件的开发者。同样需要关注的是,如果是无人驾驶汽车因为道路的故障或者道路的指示故障等原因发生侵权,国家管理人作为独立的民事主体也理应承担国家管理人的相应责任。

创建开发与应用数据的记录系统。虽然无人驾驶汽车有强大的运算能力,但也无法穷尽可能遇到的情景。[2] 因此我们可以借鉴飞机和轮船上强制安装"黑匣子"的经验,对汽车的运行过程进行记录,并作为相关证据予以保存。"黑匣子"制度在很大程度上可以记录无人驾驶汽车发生交通事故的情景,对事故的因果关系的判断起到重要的作用。在这个基础之上建立一个跨区域专业性的数据分析中心也是十分有必要的,它不仅是对"黑匣子"系统记录数据的保存和分析处理系统,更是一个国内交通信息中心,通过对收集数据的处理,分析事故多发区域的记录,从而自动警示无人驾驶汽车应该注意和规避的路径,以此来保障第三人的安全。

应当建立多方联合的侵权赔偿制度。从价值立场来看,充分救济无人驾驶

---

〔1〕 张海斌主编:《人工智能、区块链与法治:国别区域科技与法律动态》,法律出版社 2020 年版,第 141 页。

〔2〕 江秋伟:《论司法裁判人工智能化的空间及限度》,载《学术交流》2019 年第 2 期。

汽车发生侵权损害的受害人应该成为法律机制或创新的主要出发点。[1] 完备的保险框架是无人驾驶汽车普及不可缺失的制度保障，无人驾驶汽车作为风险社会中后现代化的产物，其可能会由于技术的不成熟等多方面的因素，引发大规模侵权事件，我们可以借鉴传统大规模侵权处理经验，设立大规模侵权基金。无人驾驶汽车一旦发生侵权事件，任何一方将难以承受带来的不利后果。相关的责任主体根据利益相关度缴纳相应比例的大规模侵权基金，同时国家应该设立相应的赔偿基金，"电子法人"也应该以自己的名义购买保险以分散风险。[2] 在充分救济受害人的同时又限制企业的赔付责任，避免无人驾驶汽车的一方陷入巨额的赔付风险，由此才不会打击无人驾驶汽车各方主体的积极性，这样才能促进无人驾驶汽车行业的长远可持续发展。

六、小结

无人驾驶汽车是汽车行业未来发展趋势，责任承担是未来无人驾驶汽车发展过程中不能回避的重大课题。风险丛生的现代化社会，算法和数据将引发一系列的风险，技术风险、剩余风险、规制风险、数据泄露风险和责任分配风险等都将萦绕无人驾驶发展过程的始终。无人驾驶汽车自身存在的各种风险，将极易引发大规模侵权事件，侵权主体难以认定、因果关系难以界定都进一步增加了无人驾驶汽车侵权责任分配的难度。鉴于此，可以借鉴大规模侵权处理的视角，提出无人驾驶汽车损害救济途径，以此缓解无人驾驶汽车发展过程中的困境。无人驾驶汽车责任承担不清晰的本质归结于其产权不明确，其在发展过程中往往离不开购买者、制造商和国家管理人这三方主体，在这个过程中受益人也应承担无人驾驶汽车在发展过程中发生的各种风险，借助传统产权理论、危险分担、报偿和危险控制理论在很大程度上能纾解无人驾驶汽车侵权的现实困境。无人驾驶汽车归根结底是社会发展的产物，法社会学的传统观点，依然对无人驾驶汽车侵权的应对有着积极的借鉴意义。庞德提出的社会控制理论，恰

〔1〕 冯珏：《自动驾驶汽车致损的民事侵权责任》，载《中国法学》2018 年第 6 期。

〔2〕 张志坚：《论人工智能的电子法人地位》，载《现代法学》2019 年第 5 期。

能解决无人驾驶车发展过程中利益分配的问题。法律控制是应对无人驾驶汽车侵权治理的重要手段,立法者必须重视控制风险的法治化,建立相关科技法律、法规,对无人驾驶汽车的研发、使用和传播建立限制机制、禁止机制以及惩戒机制,重建以法律和技术为主导的控制手段将对无人驾驶汽车发展有着积极的促进作用。风险社会的到来,不仅影响了侵权损害赔偿机制的转化,同时也在一定程度上更新了公共政策的理念。

第三章　无人驾驶汽车侵权的归责原则

无人驾驶汽车的高度自主性和自我判断能力使人类无须参与驾驶,这意味着传统机动车交通事故侵权的相关法律显然已经不适用无人驾驶汽车。传统机动车交通事故侵权以人类驾驶员的过错为基础建立,无人驾驶汽车的不断发展对以过错为基础的归责体系带来了挑战。归责原则在侵权法理论界一直占据着重要的地位,我国学者认为其是侵权法最核心的部分,是侵权法的“统帅”。归责原则是侵权法律规范的依据,指导着侵权法律体系的构建。由于无人驾驶汽车在发展中逐渐不需要人类的参与,如何根据无人驾驶汽车的特点确定侵权归责原则已经迫在眉睫。

一、现行机动车交通事故侵权的归责原则及其缺陷

综观全球现行机动车交通事故侵权的归责原则,主要以大陆法系和英美法系作为划分标准,呈现不同的特点。我国作为大陆法系国家之一,现行机动车交通事故侵权的归责原则经过了较为漫长的发展阶段,最终形成了多元的归责原则体系。由于目前的机动车交通事故侵权的归责原则绕不开驾驶人“过错”,传统的归责原则具有自身的缺陷,因此无人驾驶汽车的归责原则问题越来越值得探讨。

(一)现行机动车交通事故侵权的归责原则

1. 国外机动车交通事故侵权的归责原则

在大陆法系国家,机动车交通事故侵权的归责原则朝着多元化的方向发

展,但是大多经历了由过错原则转向无过错原则的过程。英美法系国家适用判例法,仍坚守过错责任原则,但可以依托其高度发达的保险制度来救济受害人。英美法系国家和大陆法系国家的机动车道路交通侵权归责原则大相径庭,英美资本主义快速发展后,要求从自由主义和个人主义的角度考虑归责原则,即如果驾驶人作为一个有理性的人,已经尽了义务,在驾驶过程中并无过错,则无须承担责任。

德国一开始适用过错责任,后来制定了特别法,对于机动车交通事故适用无过错原则。在 19 世纪,德国的归责原则体系由过错责任统治。到了 20 世纪,虽然制定了大量的特别法来处理工业带来的各种新型事故,但《德国民法典》中仍旧只有过错责任,危险责任实际上是由特别法规定的,形成了民法典规制过错责任和特别法规制危险责任的双轨制。《道路交通法》作为特别法之一,其第 7 条第 1 款规定机动车或者拖挂车保有人对其机动车或者拖挂车在运行中肇致第三人的生命、身体、健康或物的损害,应负危险责任。这意味着除非存在特别的免责事由,机动车交通事故侵权时,应适用无过错归责原则。危险责任都规定在特别法中,其反映了《德国民法典》的保守之处。德国法学家基尔克对此作了严厉的批评,认为双轨制不仅导致了严重的划分问题,而且法官很难认为规则包罗万象。[1] 不过德国在《道路交通法》第 10 ~ 12 条规定对道路交通事故赔偿采取限额赔偿,赔偿不得超过法律规定的限额,除非原告证明被告具有过错。在保险方面,1939 年颁布的《机动车保有人强制保险法》涵盖了造成损害的被保险人或机动车所有人及司机所可能面临的各种类型的赔偿义务,更全面、更广泛地保护受害人。[2]

法国虽然将无过错责任称为严格责任,但是在实践上和德国并无很大区别。法国一开始对于机动车交通事故倾向于适用过错推定原则,在埃伊尔案后,法国明确了机动车交通事故适用过错推定责任原则。交通事故中的主体为行人和机动车。如果二者发生交通事故,财产损害和人身损害的责任判定不一

---

〔1〕 李昊:《危险责任的动态体系论》,北京大学出版社 2020 年版,第 74 ~ 75 页。

〔2〕 李昊:《危险责任的动态体系论》,北京大学出版社 2020 年版,第 55 页。

样，前者可根据受害人的过错作为抗辩事由，后者根据受害人的年龄进行责任划分。[1] 此时适用一般的过错责任原则。此后，机动车交通事故责任的规定在不断完善，由于交通事故数量剧增，法国在 20 世纪 20 年代适用“准侵权行为”的相关规定，并且运用“无生物责任”制度来应对交通事故侵权。法国根据上述规定来处理相关案件，在物致人损害的案件中，监管人不能免去其监管责任，这表明此责任侵入了本来由过错责任调整的领域。[2] 至 20 世纪 80 年代，法国进一步明确机动车承担无过错责任。

日本则采用运行人责任的概念，认为支配人享有运行利益，实际上近乎无过错责任。1955 年，日本的《机动车损害赔偿法》第 3 条规定：“通过证明运行供用人负担证明责任，从而表明其不具有过失，使其负担事实上的无过失责任。”[3] 日本的运行供用人责任实际上是将责任主体和责任行为分开，责任主体是否要负责要看责任行为，通过结合运行支配和运行利益两个标准来综合判断责任。日本民法通过特别规则承认这种责任是基于以下两种考虑：一是运行供用人支配着机动车的运行，必然会产生危险而导致危险责任；二是运行供用人享受着由运行带来利益，需承担报偿责任。[4]

英国在侵权法的发展历史中自始至终都采用过错责任原则。侵权责任在传统侵权法中有如下规定：对社会谨慎是每一个有理性的人应该负担的义务，如果已经保持高度注意义务，即使造成损害后果，不能要求其承担侵权责任。丹宁法官曾认为：“若汽车所有人同意他人驾驶自己的汽车，汽车所有人需承担与他人不同的责任形式。驾驶人一方的任何过失都由汽车所有人负责，这也是法律所规定的。”[5] 交通事故在现代工业社会中频频发生，但受害人必须证明原告的过错才能让其承担损害赔偿责任。这其实是不公平的，近年来英国学界和实务界也一直想方设法对受害人进行救济。

---

〔1〕 杨立新：《我国道路交通事故责任归责原则研究》，载《法学》2008 年第 10 期。
〔2〕 王军：《侵权法上的严格责任的原理和实践》，法律出版社 2006 年版，第 67 ~ 69 页。
〔3〕 于敏：《日本侵权行为法》（第 3 版），法律出版社 2015 年版，第 464 页。
〔4〕 于敏：《日本侵权行为法》（第 3 版），法律出版社 2015 年版，第 464 页。
〔5〕 杨立新：《我国道路交通事故责任归责研究》，载《法学》2008 年第 10 期。

美国同英国情况相似,遵循传统适用过错责任原则。机动车虽然具有危险,但美国不认为其应该纳入危险活动的范围,因为机动车不满足严格责任的构成要件。为了保护交通事故中的受害人,美国建立了相对健全的保险制度,使机动车强制保险在各州纷纷实行。一旦发生交通事故,保险公司在保险的保额范围内对受害人赔偿。如果要求一方承担全额赔偿责任,则必须证明其具有过错且不具备免责事由。不过由于诉讼成本过高,机动车交通事故大部分是通过保险来保障受害人,可见,保险制度的发展对于机动车赔偿至关重要。

2. 我国机动车交通事故的归责原则

经济和社会不断变化,机动车在生活中的重要性不断增加,出于各方面考虑,我国在不同的发展阶段对于机动车交通责任归责原则作了不同的规定,主要分为六个阶段。第一阶段,即 20 世纪 50 年代,我国没有明确的归责原则。当时国内对于高度危险责任规定过于模糊,最早甚至是和动物责任放在一起,没有明确道路交通事故的相关规定。由于机动车数量少,交通设施不完善,对机动车驾驶人业务上安全注意义务遵守的要求程度较高,实务中适用了"无过错赔偿"模式。[1] 第二阶段,即《民法通则》实施之前,实践中一般情况下适用过错责任。也就是在 20 世纪 80 年代的改革开放后,当时经济还属于落后状况,再加上道路交通设施不健全和机动车较少,机动车交通纠纷自然不多。此阶段由于缺乏现实需要,我国理论界学者对交通事故责任的归责原则研究不是很深入,社会实践中一般适用过错责任。[2] 第三阶段,在《民法通则》施行后和《道路交通事故处理办法》实施之前,适用的是无过错原则。交通事故中的机动车在这个阶段被认定为高速运输工具,适用无过失责任。此时基于危险责任理论,交通事故的侵权被划入无过错责任,机动车适用无过错责任原则。第四阶段,即《道路交通事故处理办法》实施后、《道路交通安全法》实施之前,此阶段实践和理论存在差异,实践中采用过错推定原则。根据当时的《道路交通事故处理办法》的规定,事故发生后,公安机关应竭力调查交通事故的原因,再认

[1] 于敏:《机动车损害赔偿责任与过失相抵》,法律出版社 2004 年版,第 122 ~ 123 页。

[2] 杨立新:《我国道路交通事故责任归责原则研究》,载《法学》2008 年第 10 期。

定双方当事人的违法性,并结合因果关系等综合因素认定事故责任。这种表述坚持的是无过错责任原则,但2004年《道路交通安全法》施行之前实践中采用过错推定原则。[1] 也就是说,实践和理论有出入,实践中采用过错推定原则。第五阶段,即在2008年《道路交通安全法》第76条修订实施之前,根据其规定可知,[2]我国采用多元归责原则体系,基本的归责原则是无过错责任原则。人身损害赔偿适用过错推定原则,该人身损害不区分机动车和非机动车,而财产损害赔偿适用过错责任原则。第六阶段,即2007年《道路交通安全法》修订后,第76条规定道路交通事故责任基本归责原则为过错推定原则。发生事故造成损失的,先由保险公司在限额内进行赔偿。保险公司此时不是无过错责任,因为无过错原则的逻辑前提是责任主体为侵权事故的当事人,但保险公司并不是侵权法律关系的当事人。虽然保险公司只要进行保险且出现损失就必须在限额内承担赔偿责任,但保险公司是基于保险合同的效力承担保险金给付义务,保险公司承担赔偿责任并不是因为过错。[3] 机动车交通事故责任中考虑到机动车和非机动车之间的强弱势地位不同,如果实行过错归责原则,仅在受害人证明机动车一方有过错时才能获得赔偿不利于保障弱势一方的受害人;实行无过错原则,对于加害人的负担过于沉重;实行限额赔偿制度,需要证明加害人的过错才能获得全部赔偿;实行过错推定原则,在举证上实行倒置,坚持了过错原则,既考虑了对受害人的保护,又简化了索赔归责。[4] 如果机动车与非机动车(行人)发生了交通事故,适用过错推定原则,它通过举证责任倒置的方法,简化责任认定程序,减轻受害人的举证负担,免除其证明被告有过错的证明

---

〔1〕 杨立新:《我国道路交通事故责任归责原则研究》,载《法学》2008年第10期。

〔2〕 2003年通过、2004年实施的《道路交通安全法》第76条规定:"机动车发生交通事故造成人身伤亡、财产损失的,由保险公司在机动车第三者责任强制保险责任限额范围内予以赔偿。超过责任限额的部分,按照下列方式承担赔偿责任:(一)机动车之间发生交通事故的,由有过错的一方承担责任;双方都有过错的,按照各自过错的比例分担责任。(二)机动车与非机动车驾驶人、行人之间发生交通事故的,由机动车一方承担责任;但是,有证据证明非机动车驾驶人、行人违反道路交通安全法律、法规,机动车驾驶人已经采取必要处置措施的,减轻机动车一方的责任。交通事故的损失是由非机动车驾驶人、行人故意造成的,机动车一方不承担责任。"

〔3〕 刘家安:《机动车交通事故责任的归责原则及责任归属》,载《政治与法律》2010年第5期。

〔4〕 杨立新:《我国道路交通事故责任归责原则研究》,载《法学》2008年第10期。

义务,使其受到更加周全的保护。[1] 即机动车和非机动车发生交通事故时,机动车一方无法证明自己尽到合理注意义务的,推定为有过错,应当承担赔偿责任;非机动车一方违反法律法规的规定,根据过失相抵原则,机动车一方可以减轻责任。即使机动车一方没有过错,但是基于公平责任原则和优者危险负担原则,[2] 其也应承担不超过10%的赔偿责任。

随着社会生活的发展和我国法律的不断完善,机动车事故的归责原则并非一成不变,不仅带有时代的印记,还朝着多元的归责原则体系方向发展。现行《道路交通安全法》确定的赔偿体系以保险业为依托,一旦发生事故,首先由保险公司承担受害人的赔偿,但此时保险公司的赔偿义务并非基于无过错归责原则,而是基于保险合同向受害人赔付,保险份额之外的赔偿与法律规定的归责原则密不可分。

(二)现行归责原则的缺陷

归责原则绕不开驾驶人"过错",传统的归责原则具有自身的缺陷,照搬现有的归责原则体系将无法适用于无人驾驶汽车领域。因法系和国情不同,机动车发生事故时适用的归责原则有所不同,但本质上还是立足于侵权的过错概念展开的,因为机动车事故必然涉及驾驶员的注意义务。由于美英经济能力强、社会保障充分、保险制度和配套制度不断完善,适用的是过错归责原则。德国以及我国考虑到行人利益,则倾向于在归责原则上适用过错推定责任原则。在无人驾驶汽车领域,传统侵权责任失去了理论基石。虽然在无人驾驶汽车还不够成熟的阶段,驾驶员具有注意义务,发生事故时需对其过错进行判断,归责重点在于将无人驾驶汽车与现行法律中的归责原则对接,但随着自动化程度的提高,驾驶过程将逐步减少人类驾驶员的参与,这意味着目前适用的道路交通法规则和其确立的归责原则体系将无法适用。

传统归责原则的过错责任在全球的侵权法中占据重要位置,但如今人工智

---

[1] 孙玉荣:《〈中华人民共和国道路交通安全法〉第76条之法律适用》,载《法学杂志》2011年第5期。

[2] 优者危险负担原则,是指在受害人对交通事故存在过错,按照机动车辆危险回避能力的优劣和危险性的大小,考虑双方对道路交通注意义务的不同,对交通事故损害后果进行分配。

能的兴起模糊了“过错”的作用，使单一归责原则无法解决信息社会中信息安全等问题。为了适应新经济，自然经济社会的结果主义（加害责任原则）发展为过错责任，直到现在过错责任仍是各国侵权法中最重要的归责原则。19 世纪以来，资本主义经济的发展与扩张使工业蓬勃发展，同时带来了严峻的社会问题，因此过错推定责任和无过错责任变得逐渐重要。信息社会中物质不再是最主要的内容，信息和知识的地位上升，科技在信息、知识的作用下变成了人类文明发展的标志。信息技术在生产、教育、医疗和交通等方面都会对人类产生无法想象的影响，从根本上转变人类的生产方式、生活方式和价值观念。信息社会虽然常被称为知识社会，信息社会是建立在信息技术进步的基础之上，信息技术革命会带来社会形态的变革，从而推动知识社会的进一步创新。[1] 生产方式由传统的资本、人力和物转为围绕信息资源展开，资本介入信息领域从而拓展信息的使用方式和发挥信息的价值，使信息产品不断升级改善。大大提高了人们的生活水平，但也给现代社会的制度和法律带来了新的挑战。信息社会中各类侵权问题不断升级，如信息产品侵权、人工智能产品侵权逐渐增多，在侵权法上，特别是在归责原则上，亟须改变传统以适应新发展。

1. 人工智能模糊“过错”的作用

以人类过错为中心展开的传统侵权责任归责原则体系显然不能应对人工智能带来的挑战，因为人工智能模糊了过错在侵权责任法中的作用。智能是什么？智能是面对未知、未经历的事情时，即时创造出解决问题的具体方法，并且进行考察、实践和证明的能力，是一种高级的、具有创造性的人类能力。[2] 虽然目前不需要人类参与的、可真正自主学习和自主进化的人工智能尚不存在，但是人类对于人工智能的热情持续攀升，相关研究和投入已经准备就绪。弱人工智能早已走入现实世界，如翻译机器、大厅机器人等，这些产品在各个领域都可以超越人类。人类的短期记忆力小、联想能力有限、遗忘率高，而人工智能可

〔1〕 载 MBA 智库・百科网，https://wiki.mbalib.com/wiki/信息社会，2021 年 3 月 1 日访问。

〔2〕 [日]野村直之：《人工智能改变未来的工作方式、产业和社会的变革》，付天祺译，东方出版社 2018 年版，第 3 页。

以轻松解决这些问题，并通过大数据分析更好、更快地服务于人类。对于弱人工智能产品侵权问题，法律上并无多大争议，因为弱人工智能产品不能深度学习，不具备自主行为，其侵权归责原则自然归于产品背后的主体，但如果涉及大数据收集方、产品设计方和生产方，其侵权责任相对于传统侵权更为复杂。强人工智能产品不仅可以深度学习，还可以不断提升理解能力，此时机器人侵权，谁来承担责任？这种责任取决于机器人的不同类型：机器人保姆、机器人玩具、机器人司机、机器人员工等。责任承担是机器人法律领域最具创新性之处，因此必须从传统侵权法的替代责任等出发，补充新的侵权责任政策，并通过保险模型、认证体系和举证责任分配机制来减轻责任。[1]

由于在涉及人工智能的侵权事件中，过错变得更加难以辨别和确认，若无法判断过错，那么传统的归责原则将无法适用。根据传统的过错责任理论，过错可分成主观说与客观说。主观说认为过错是行为人在实施某种行为的心理状态（故意与过失），大陆法系学者均持有此种观点。客观说则认为过错是行为人违反了客观上的注意义务，即行为人以一个理性的人为标准，未尽到该有的谨慎义务。显然，两种学说对于过错的判断标准存在差异，但是共同点在于过错的判断都以人类为核心，但强人工智能的出现将这种基础打破。人类操作人工智能工具，往往只需要输入命令，待人工智能通过自带的算法处理数据完成任务，若此时发生侵权，过错责任归责原则变得难以适用。无过错责任原则中的无过错不是不涉及过错，而是受害人无须证明侵权方存在过错，即无过错原则也无法绕开过错的存在。因此，人工智能的到来将全面削弱传统侵权行为法中过错的重要作用，传统的归责原则无法发挥其在侵权责任法中“统帅”作用。

2. 单一归责原则无法解决信息安全问题

信息社会的优点不言而喻，但信息时代中信息存在巨大的风险。信息社会意味着个人信息在各种层次被收集与处理，这种交互的方式使个人信息面临着

---

〔1〕［意］乌戈·帕加罗：《谁为机器人的行为负责？》，张卉林、王黎黎译，上海人民出版社2018年版，第122页。

泄露和滥用的风险。个人在银行、通信、医疗、网上购物和互联网娱乐等各个领域的使用过程中都面临着不同企业或者机关在搜集信息中带来信息泄露危机。目前,各个行业信息法律不规范,企业可随意滥用客户信息。信息保护技术存在漏洞,黑客可通过攻击大型数据库提取信息。信息时代中个人为了适应信息化的步调无法拒绝上传信息,上传后又存在信息泄露的风险,这表明个人生活的侵权风险急剧增大。技术和连接问题是信息社会的核心问题,其强调的是基础设施和全球网络管理。虽然这些问题极其重要,但不应被视为问题的全部所在。新技术革命以来,经济发达国家和经济落后国家之间的差距逐步扩大,信息产品实际上决定了财富的去向。

信息产品在信息化的过程中涉及传播信息、整合信息和利用信息等过程,涵盖了多方主体的行为。第一,在传播信息过程中,往往涉及信息传播者、帮助信息传播者与网络服务提供者的侵权责任认定问题。信息从上传到传播过程中,信息传播者作为侵权主体按照过错责任原则承担责任无可厚非,但是按照过错原则让帮助信息传播者与网络服务提供者承担责任则绕不开"过错"认定模糊的问题。第二,在整合信息过程中,个人、国家机关和非国家机关通过互联网收集零散的信息数据(包括个人基因、病历、个人身份信息、手机定位、手机上网浏览信息等),通过人工智能进行有机组合,能够识别个人信息并将其运用至各个领域,侵害了公民个人信息权利。第三,在利用信息过程中的侵权问题更为复杂,个人数据被整合后,出于不同的目的,不同的个人或者组织利用该信息侵犯个人信息权利,危害个人信息安全问题的认定并无明确规定。此外,合理利用信息的过程中也会产生关于确认侵权主体的问题。比如,在人们常用的二维码领域,如果在使用二维码的过程中发生诈骗,主体将涉及付款方、收款方、提供二维码服务方和二维码设计方,法律主体相较于一般的侵权法律主体更加难以鉴别,但是现行法律并无相关规定,更不用说归责原则方面。归责原则间接反映了侵权法的价值取向,过错原则不利于保护受害方,无过错原则无须受害方证明过错却使信息服务方的责任加重。如今信息安全问题已经不容忽视,为了让信息产品得到消费者的信任,无过错原则似乎更有可行性。

作为信息社会中信息互联的载体,无人驾驶汽车运行涵盖了信息的收集、处理及运用过程,各种差错都会造成无人驾驶汽车侵权。为了合理规范无人驾驶汽车的进一步发展,全球已拉开无人驾驶汽车的立法序幕。2011 年,美国内华达州议会颁布了首部州层面的无人驾驶汽车法案。2018 年 2 月 24 日,加州车辆管理局允许测试车内不必配司机,并允许无人驾驶汽车在公共道路上进行测试。无人驾驶汽车是通信技术的产物,在使用的过程中必然涉及信息的收集使用问题,信息决定了无人驾驶汽车的最高阶段汽车的安全。除人的因素导致的传统侵权事件外,如产品缺陷和使用人疏于保养汽车等,还存在信息收集使用导致无人驾驶汽车发生交通事故造成侵权的情形。信息的收集和处理牵涉的主体和客体复杂,对于信息错误导致的无人驾驶汽车侵权事件的侵权主体归责困难。无人驾驶汽车根据其自动化的程度划分成 L0 – L5 级,其中非自主阶段的无人驾驶汽车离不开人类驾驶员的参与,那么以过错为基础的机动车交通事故传统侵权责任的归责原则体系(包括产品责任的无过错责任原则)都应随着无人驾驶汽车的智能化更改。最高阶段的无人驾驶汽车完全不需要人类驾驶员的参与,可以收集信息并进行个体判断,具有高度的自主性,那么这个阶段的无人驾驶汽车侵权又该如何适用归责原则呢?无人驾驶汽车是人工智能的代表之一,对于人工智能的主体资格,学界进行了激烈的讨论,无人驾驶汽车作为"物"还是"人",对于归责原则有着决定性的作用。

二、无人驾驶汽车对传统归责原则的挑战与应对

(一)无人驾驶汽车对传统归责原则的挑战

归责原则在侵权法理论界一直占据着重要的地位。我国学者认为侵权责任法之归责原则是侵权法最核心的部分,是侵权责任法的"统帅"。这不仅是因为归责原则是侵权法律规范的依据,可以指导侵权法律体系的构建和引领立法方向,更因为归责原则在司法方面具有指明正确处理侵权案件纠纷的作用。信息社会,无人驾驶汽车技术日新月异,无人驾驶汽车走进我们日常生活是不可阻挡的,而无人驾驶汽车侵权事件中首先考虑和明确的也必然是无人驾驶汽车侵权的归责原则问题。

归责原则的重要性体现在:第一,归责原则是责任的前提和基础。无论是

什么归责原则,其落脚点在于责任。归责和责任既有联系又相互区别,归责是责任的前提,但是责任不是归责的必然后果,责任是在归责原则的基础上根据确定的成立要件和免责事由来判断的。第二,归责原则是司法实践的指引。侵权案件中司法工作者往往将归责原则作为解决纠纷的前提。归责原则的确定有利于处理各种疑难杂案;[1]同时,有利于正确理解归责原则背后的价值理念。这也是司法人员正确运用法律规范的基本要求。第三,归责原则是侵权法的核心问题。归责是让行为人承担损害的特殊理由,不同的归责原则体现了我国《民法典》重视的核心价值,因为归责原则涉及责任主体、利益保护、损害赔偿范围、责任保险等多个方面。归责原则需适应社会发展,并斟酌侵权行为的危险性和责任保险的发展及其他因素加以调整,[2]使侵权法更好地发挥预防、教育、制裁和维护行为自由的功能。

归责原则是侵权责任法最重要的部分,具有“统帅”的地位,不仅体现了一个国家的价值取向,还决定了侵权行为的分类(以过错原则为基础的一般侵权行为和以过错推定和无过错原则为基础的特殊侵权行为)以及责任的构成、举证责任、免责事由等。无人驾驶汽车发生事故侵权时,如果归责原则适用恰当,案件处理的大方向不会错;相反,如果归责原则适用错误,则无法正确处理案件纠纷。归责原则并不是一成不变的,而是动态发展的。在古代成文法时期,结果主义(加害责任原则)逐渐发展为过错责任,直到现在过错责任都是各国侵权法中最重要的归责原则。19 世纪以来,工业发展带来了严峻的社会问题,过错推定责任和无过错责任变得逐渐重要,这些都表明归责原则体系是不断变化的。在古代罗马法时期,严格责任占据着统治地位,到了近现代过错责任才逐渐取得主要地位,过错责任成为最重要的归责原则。而至现代社会以来,这两种责任并存的局面又重新显现。[3]

---

〔1〕 王利明:《侵权行为法归责原则研究》(修订二版),中国政法大学出版社 2004 年版,第 17 ~ 18 页。

〔2〕 王泽鉴:《侵权行为》(第 3 版),北京大学出版社 2016 年版,第 20 ~ 22 页。

〔3〕 王军:《侵权法上的严格责任的原理和实践》,法律出版社 2006 年版,第 357 页。

1. 过错原则的两次勃兴

处理侵权案件在古代适用的是加害原则。原始社会的生产落后，仍处于自然经济时期，此时的归责原则是“有加害事实就有责任”，如《汉谟拉比法典》第230条[1]的相关规定。这条法规实则是刑罚、同态复仇和损害赔偿的统一体。除《汉谟拉比法典》外，古代中国法、印度法等也带有上述三个要素的特色。古代侵权法的归责原则是加害原则，但是此时过错原则开始萌芽，在《汉谟拉比法典》和《俾拉拉马法典》中出现了“不慎”“疏忽”等关于过失的用词。一直到《十二铜表法》时期，“过失”才被称为含义清晰确切的法律用语。此外，在特定案件中如果存在“过失”可减轻责任，这表明此时期加害原则开始逐渐过渡到过错原则。

罗马法阿奎利亚法时期，加害原则已经不再适用，过错责任成为此时期的归责原则。在此时期，平民建立了平民大会，平民为了避免债主的威胁，维护自己的经济利益和政治权利，通过了《阿奎利亚法》。[2] 自此，侵权行为法显著发展，逐渐确立了一般的侵权原则，即不得损害他人的原则（damnum injuria datum）。《阿奎利亚法》最重要的成就在于提出 injuria 的概念，即缺乏违法阻却事由的行为。到了查士丁尼法时期，过错侵权责任原则变得一般化和抽象化。查士丁尼法的编纂者站在 Caius 和 Ulpian 等伟大法学家的肩膀上，整理编纂各种经典案件，确立了一般侵权责任理论。[3] 《阿奎利亚法》是平民大会的产物，更是当时商品经济在政治领域上的体现。商品经济提高了平民的政治地位，而平民的政治地位是为了更好地服务经济利益。发达的商品经济要求法律从理性主义和权利本位出发，过错责任可以实现理性主义与权利本位的统一，这才有了过错责任的第一次勃兴。

到了公元4世纪，西方文明开始进入黑暗时代，法律环境倒退。随着罗马帝国土崩瓦解，欧洲成为零散的一个个小国，社会倒退使法律被忽视，回归到原

---

[1] 倘房主之子因房而死，则应杀害此建筑师之子。

[2] 王卫国：《过错责任原则：第三次勃兴》，中国法制出版社2000年版，第43~45页。

[3] 张民安：《过错侵权责任制度研究》，中国政法大学出版社2002年版，第36~37页。

始状态。各种纠纷行为通过教会来仲裁,试图以集体取代公平。黑暗时代商品经济倒退,民主政治遭受打击。直到公元 11 世纪,商品经济开始复苏,城市不断发展,市民阶层逐渐壮大,罗马法的复兴运动开始在欧洲开展,罗马法的复兴为过错责任原则的第二次勃兴奠定了基础。19 世纪,过错责任原则的重新建立和发展是人类文明发展进入新阶段的产物。随着工业发展,为了促进个人积极性,促使经济发展和自由的观念风行。根据过错原则背后的理念,行为人如果尽了应尽的义务,则无须为损害承担赔偿责任,这意味着充分尊重个人自由,有利于自由竞争和经济发展。

为了保护工业稳健发展,欧美国家在 19 世纪十分强调个人主义和自由主义,法律上确立过错责任原则以降低企业的风险,从而吸引更多的投资和促进工业发展。到了 19 世纪后期,道德理论兴起,著名学者霍姆斯认为人的行为是必不可少的,公共政策不允许将符合社会需要的行为危险强加于行为人身上,即损害应当由受害人自己承担,即使这种损害是由他人造成的。各个国家的政体和经济体制虽有不同,但是侵权责任法中都将过错责任原则作为基本原则。过错责任能有如此地位,主要原因有以下几点:一是道德要求。个人对于自己行为造成的损害,理应负赔偿责任,但是作出行为时,如果已经尽了充分的注意义务,则在道德上缺乏可谴责性。[1] 二是自己责任。人只有对自己的行为负责,不会被迫对他人的行为发生的结果负责。[2] 个人的行为表明其是否具有过错,个人若尽充分的注意义务,即无过错,即使是自己的行为也不用承担赔偿责任,更不必对他人的行为负责。三是自由优先。过错原则蕴含着一个基本价值:在法律地位之维系和行为自由二者之间的利益冲突中,行为自由处于优先地位。[3] 行为自由对于个人的个性发展和社会的全面发展都是必不可少的,只有自由不受束缚,聪明才智才得以发挥,社会安全亦足维护。[4] 过错责任原

〔1〕 王泽鉴:《侵权行为》(第 3 版),北京大学出版社 2016 年版,第 13 页。

〔2〕 于敏:《日本侵权行为法》(第 3 版),法律出版社 2015 年版,第 16 页。

〔3〕 [德]埃尔温・多伊奇、于尔根・阿伦斯:《德国侵权法》(第 5 版),叶名怡、温大军译,中国人民大学出版社 2016 年版,第 5 页。

〔4〕 王泽鉴:《侵权行为》(第 3 版),北京大学出版社 2016 年版,第 13 页。

则强调的是行为自由和自由竞争，如果一个人尽了注意义务，即使造成损害也不应承担赔偿责任。过错责任原则要求行为人尽到对他人的谨慎义务和注意义务，有益于确立行为标准，确定人们自由行为的范围。此外，过错责任原则可以协调加害人和受害人之间的利益，因加害人只对因其过错引起的损害承担责任。最后，虽然受害人需要证明加害人的过错才能适用过错责任原则，但是也能通过举证救济受害人。加害人由于过错承担赔偿责任，有益于人们履行注意义务，防止损害的发生。

综上所述，《十二铜表法》为过错原则的第一次勃兴奠定基础，过错原则从此萌芽，直到《阿奎利亚法》时期，由于商品经济取代自然经济，民主政治发展，平民大会通过《阿奎利亚法》实现了过错原则的第一次勃兴；欧洲黑暗时代，局势动荡，法制倒退使过错原则暂时退出了历史舞台，直到中世纪欧洲的罗马法复兴运动，法律才得以恢复。到了 19 世纪，资本主义走进历史的舞台，个人主义和自由主义带来了过错原则的第二次勃兴。

2. 归责方式的转变：过错推定

随着资本主义的进一步发展，资本主义的原有矛盾也相应地进一步恶化，归责方式也相应有所改变，由过错归责原则转变为过错推定归责原则。资本家通过购买劳动力获得剩余价值，获得最多的利润，而利润不断扩大的同时工业事故却成了最大的社会问题。工厂主为了获得更多的利润，榨取剩余价值，忽视工人的安全，向自然界排放废水、废渣，严重影响了社会环境，危及人类安全。这促使法律不得不从个人主义转向社会主义，这为侵权法中的过错原则带来了危机。为了保护受害人、维护社会利益，归责方式从而从主观化转向客观化。

在资本主义矛盾激化的背景下，法国法学家让·多马提出了过错推定的概念。过错推定可以分成两种：一般的过错推定和特殊的过错推定。一般的过错推定指的是法国法上的“可以推翻的过错推定”[1]，特殊的过错推定是“不可推翻的过错推定”，即被告不能简单地证明自己没有过错而免责，除非存在法

---

〔1〕 王利明：《侵权行为法归责原则研究》（修订二版），中国政法大学出版社 2004 年版，第 116 页。

律规定的抗辩事由。一般的过错推定是实际侵权案件中的核心问题,过错推定原则的价值判断标准和责任构成要件也都和一般的过错责任原则的要求是一致的。[1]

过错推定责任和过错责任的关系学界一直存在争论,本书认为过错推定责任和过错责任不能等同。即使过错推定和过错责任相同点很多,但是过错推定有其适用范围,与过错责任的适用范围不存在交叉部分,是非此即彼的关系,非从属或者交叉关系。此外,过错推定不问过错程度,只是推定过错的存在,但是在过错责任中,过错程度意味着损害赔偿的多少,因此过错推定责任绝不仅仅是过错责任的一种方法。其次,过错推定责任不是纯粹的程序性规则,是侵权法的一项归责原则。归责原则不仅是司法活动的指引,是责任的前提和基础,还是侵权法的最核心部分。归责原则决定了侵权行为的适用问题,如果侵权行为落入不同的归责原则,司法程序会相应改变,而且免责事由和损害赔偿等也因此不同。

"举证之所在,败诉之所在。"受害人向侵害人要求赔偿过程中最困难的一环是举证责任,过错推定责任的举证是指在过错责任的基础上,通过将举证责任倒置,降低受害人获得赔偿的难度,从而合理地分配损害。在这一点上,过错推定责任原则就有其作为侵权法归责原则的可行性和必要性。英美法中没有过错推定,但存在"事实本身证明"(Res ipsa loquitur),即当原告无法知晓事情的原因时,从事实本身推定被告有可能有过失。现代社会危险活动急剧增加和事故损害的大量增长使各国采取过错推定的措施,[2]但这不意味着过错推定责任原则具有和过错责任原则同等的地位。我国的归责原则体系最重要的是过错责任原则,但过错推定责任原则打破了"谁主张,谁举证"的传统,这事实上是出于各种特殊的考虑,尤其是法律政策方面的考虑。[3]

---

〔1〕 杨立新:《侵权损害赔偿法》(第6版),法律出版社2016年版,第66页。

〔2〕 王利明:《侵权责任法研究》,中国人民大学出版社2016年版,第222页。

〔3〕 王利明:《侵权责任法研究》,中国人民大学出版社2016年版,第250~251页。

3. 工业社会:无过错责任原则的兴起

到了20世纪,科学技术快速发展,无过错责任再次兴起。现代社会存在各种技术设备,如交通汽车、飞机、核设施等,这些致人损害的危险因素增加,促使无过错责任原则发展,特别是高度危险活动等给人们带来损害时,各国都倾向于保护受害人,扩展无过错责任的适用范围。如果企业或者个人的活动具有危险性,且这种危险尽最大的谨慎和注意义务也不可避免,应当对其科以更为严格的责任。德国在《普鲁士铁路企业法》开创了高度危险责任,高度危险责任实际上是为了保障人们生产、生活之安全。

无过错责任原则的兴起与保险制度息息相关。过错责任主义在19世纪达到顶峰,此后随着保险制度的发展和社会安全制度功能的加强,无过错责任逐渐壮大。雇主责任的归责原则是严格责任,雇主规避风险,纷纷参与保险。到了现代,责任保险制度全面建立,责任人通过保险转移其经营风险,从而促进了无过错责任的发展。保险使侵权责任社会化,并且使侵权责任的补偿功能增强,使惩罚功能相应减弱。[1] 法院在决定某产品是否有缺陷时和是否让产品责任诉讼中的被告负严格责任时,会考虑制造者的保险情况。也就是说,保险业的发展实际上使限制侵权赔偿的过错责任地位不断被削弱,无过错责任制度的地位不断上升。

清晰界定概念是讨论无过错原则的前提和重点。王泽鉴教授认为,无过失原则与危险责任和严格责任互用。[2] 有学者认为,在无过错责任中不问过错体现了法律确定该责任的严格标准,该标准与严格责任相一致。[3] 王利明教授则认为,无过错责任应理解为严格责任更为确切。[4] 本书赞同将无过错责任表述为严格责任,二者的内涵不完全一样。就严格责任和无过错责任而言,二者都是不考虑过错、不问过错,对于自己的行为造成的损害后果承担责任。此外,还有一个重要理由:严格责任已经成为两大法系普遍接受和约定俗成的

---

〔1〕 张民安:《过错侵权责任制度研究》,中国政法大学出版社2002年版,第111页。
〔2〕 王泽鉴:《侵权行为》(第3版),北京大学出版社2016年版,第15页。
〔3〕 胡安潮:《特殊侵权归责原则研究》,知识产权出版社2009年版,第80~81页。
〔4〕 王利明:《侵权责任法研究》,中国人民大学出版社2016年版,第262页。

概念。[1] 大陆法系大多接受严格责任的概念和提法。危险责任的归责基础在于危险,不管是根据危险责任主义还是报偿责任主义,其本质在于个人或者企业从事某种危险活动或者持有某种危险物质,基于此危险性而承担责任,主要表现为高度危险作业和危险物致人损害的责任。申言之,无过错责任最主要的归责基础是危险,但是其归责基础不仅限于危险,如产品责任、监护人责任等。

无过错责任的理论学说分为以下几点:其一是危险责任主义论。日本学者主张:"自己制造危险的人对其结果应负责任。"[2] 如果一个人制造了某种危险,那么理所当然就应让风险停留在此处。其二是报偿责任主义论。即让利益获得者负担损失。其三是损失分担说。当无过错时,出于社会正义的考虑,让最有能力的人承受损失。企业被称为深口袋,具有较强的分担风险能力,如产品责任中的生产商。生产商在生产销售的过程中获得社会巨大的财富,完全有能力赔偿损失。随着保险制度的不断发展,他们可在最低成本下分散风险,也可通过价格机制转嫁风险。其四是长臂理论(lengthened arm)。企业应当对其扩张的危险负责。我国《民法典》第 1166 条规定,无过错责任不考虑行为人的过错,在法律明确规定行为人要承担责任时,行为人应当承担责任。相较于过错责任,无过错责任对于行为人的要求更为严格。此外,无过错原则的免责事由受到严格限制。每一种特殊侵权行为,都有其特有的免责事由,比如一般而言不可抗力可为免责事由,可是在民用核事故中,不可抗力被排除在免责事由之外。

4. 信息社会:归责原则的多样化发展

随着数字经济时代的到来,运用海量的数据形成电子信息已经成为现代社会人类生产、生活的必备要素。人类进行生产、生活时需要将个人信息上传至网络平台,网络平台流转和运用的数据使当代社会趋向于数字化,促使社会朝着信息化的方向前进,此时侵权行为发生了变化,采取何种归责原则要求侵权者承担责任的问题变得越来越重要。发生侵权事故时,不再单一地倾向于用过

---

[1] 王利明:《侵权责任法研究》,中国人民大学出版社 2016 年版,第 262 页。

[2] 于敏:《日本侵权行为法》(第 3 版),法律出版社 2015 年版,第 20 页。

错原则或者无过错责任原则,而是在侵权的复杂法律关系中朝着多样化的方向发展,利用过错原则、过错推定原则和无过错原则的不同特点,以更好地平衡侵权人和被侵权人之间的关系。

信息化的前提是数据的收集、处理、储存和分析,数据化的过程会对个人、企业、政府带来深刻的影响,形成信息社会独有的特征。首先,信息社会下个人信息滥用情况繁多。不管是日常生活还是工作场景中,个人必须通过手机或电脑顺利进行生活生产行为,一旦将信息储存在手机上或者为了运用某个手机软件上传了信息,那么信息将不再仅属于个人,个人信息的滥用变得平常。为了保护个人信息安全,我国于 2021 年 8 月 20 日公布了《个人信息保护法》,限制企业利用大数据非法采集个人信息,增强了个人信息保护意识。其次,信息社会下企业集中数据形成数据垄断。数据形成信息必须要收集、处理、储存和分析,数据反复经过上述过程逐渐规模化和多样化从而促使数据寡头垄断市场,形成市场壁垒,诱导用户消费行为、侵害消费者合法权益和公共利益。[1] 最后,信息社会下政府组织职能转变。大数据技术使物理空间不仅与网络空间交织,甚至使生物空间也与之交融,从而促使政府的组织形态虚拟化和政府治理数据化。[2] 信息社会数据的采集不可避免,政府不仅是数据的采集者,还是一些特殊领域的数据提供者,比如在公共交通领域中的道路数据,那么政府职能会逐渐从传统领域迈出,在信息社会中扮演新的角色,发挥政府的职能作用。

信息社会的特征使社会中归责原则多样化,在不同的场景下采取不同的归责原则。归责原则不再像工业发展初期倾向于采取过错责任原则以保护工业扩张和促进资本的流通,抑或工业社会发达时期倾向于采取过错推定原则和无过错原则以加强对消费者的保护。信息社会中发生侵权时采用多样化的归责原则的原因有以下几点:首先,侵权法律关系复杂多样化。由于算法和人工智能的介入,个人之间、个人与企业之间或者企业之间的侵权法律关系难以清晰

---

〔1〕 郭大磊、刘冬:《信息社会数据垄断危害及其检察应对》,载《检察日报》2021 年 9 月 7 日。

〔2〕 黄其松、梁光凤:《组织特征与内在机理:信息社会的政府组织结构变革》,载《西华师范大学学报(哲学社会科学版)》2022 年第 1 期。

界定,侵权事故的发生往往涉及算法、人工智能产品、大数据及人类本身的行为,因此侵权法律关系复杂多样,只有多样化的归责原则才能厘清复杂的法律关系。其次,法律主体难以确认。上述谈到的算法和人工智能介入使人们对于侵权事故的主体确认方面也存在难题。人类行为与人工智能自主决定行为交织在一起,对于造成侵权事故的真实原因判断和主体确认必然涉及实体机能、算法运作和人类采取的行为。因此需要界定什么场景下运用什么标准来确认主体,此时采取不同的归责原则承担责任有助于界定侵权人。

综上所述,工业化带来了城市化,并使快速交通工具大量出现,而过多人口集中于道路与工厂导致伤亡事故频发。为了更好地保护受害人、保护社会利益和维护社会安全,无过错原则兴起。此外,保险制度与社会安全制度也为无过错原则保驾护航。工业社会中无过错责任不仅没有限制资本主义的发展,反而削弱了资本主义与社会之间的矛盾,更为严格的责任似乎加重了资本家的成本,但是维护了其生产可持续性,在社会与消费者中达成了微妙的平衡,况且保险等制度实际上分担了此成本。工业化时代,无过错原则的重要地位不言而喻,但随着科学技术的发展,如今人类已经大步迈入了信息时代。无人驾驶汽车作为人工智能的典型产品,是时代最重要的产物,如何应对无人驾驶汽车带来的风险是一个急需解决的重大问题。信息时代高科技产品的发展和普及使侵权法律关系复杂化、侵权主体难以确认,要采用多样化的侵权归责原则以应对新时代的新问题。

(二)无人驾驶汽车对传统归责原则的应对

当人工智能高度发达时,无人驾驶汽车驾驶过程中驾驶员只需下达命令,不需要任何干预行为,此时人类驾驶员不具有合理注意义务,除非在特殊情况下更改了系统的运行。无人驾驶汽车的归责问题归根结底在于人工智能法律主体地位的判定,针对其主体性,人工智能是否可以类比自然人和法人,独立承担责任,是目前学界最大的争议。

首先,“肯定说”认为人工智能可以独立思考和自我更新,应考虑运用拟制技术,赋予其主体资格。[1] 比如,公司法人制度的出现和发展就体现了拟制的价值,并为其他非生物成为法律主体提供参照。[2] 运用法律拟制将无人驾驶汽车视为独立的法律主体,让无人驾驶汽车为其造成的损害承担责任。此外,欧盟在2017年通过的《欧盟机器人民事法律草案》中提出了“电子人”概念,赋予机器人电子人格。机器人可以在特定的范围以个人名义决定和参与事务。其次,“否定说”则认为人工智能仅仅只是法律客体,不可能成为法律主体。人工智能的思考能力和高度自主性都是系统预先设定的后果,人类的意志在人工智能中贯穿。人工智能没有“心”,无法感知情感和被道德感化,因此不能越过“物”的范畴。此外,现行法律仍可适应现今的人工智能发展技术和解决无人驾驶汽车侵权时归责的问题。[3] 人工智能具有高度自主性,系统运行错误导致事故发生,根据现有的侵权法体系,可根据产品责任将归责主体指向制造者、经销商和算法设计者,抑或根据高度危险责任进行归责,但是由于无人驾驶汽车“黑箱”操作,适用传统的产品责任和高度危险责任仍存在许多问题。因此,无人驾驶汽车的发展必然会对现有的机动车归责制度带来不可估量的挑战,无人驾驶汽车的相关立法急需政府关注和学术界的参与。

本书认为,无人驾驶汽车侵权的归责原则研究首先要考量无人驾驶汽车(人工智能)的主体问题,即在法律层面上将无人驾驶汽车作为法律主体还是法律客体的问题。人工智能在人类生活中的定位不相同,从立法层面上对法律人格进行讨论至关重要,反映了法律的价值判断。[4] 针对非自主阶段(L0–L3级)的无人驾驶汽车,学界对其法律人格的探讨并无过多争论,此阶段的重点在于调整法律细节将无人驾驶汽车纳入现有的法律制度(以《道路交通安全法》和产品责任为主)及确定人类驾驶员的接管义务以及界定义务的范围。因为对无人驾驶汽车的法律定位不同,针对自主阶段的无人驾驶汽车争论比较

---

〔1〕 郭剑平:《制度变迁史视阈下人工智能法律主体地位的法律诠释》,载《北方法学》2020年第6期。

〔2〕 吴高臣:《人工智能法律主体资格研究》,载《自然辩证法通讯》2020年第6期。

〔3〕 林少伟:《人工智能法律主体资格实现路径:以商事主体为视角》,载《中国政法大学学报》2021年第3期。

〔4〕 刘云:《论人工智能的法律人格制度需求与多层应对》,载《东方法学》2021年第1期。

多,目前有以下三种应对路径:第一,将无人驾驶汽车视为法律客体,遵循现有法律制度,适用无过错归责原则,从产品责任和高度危险责任角度考虑无人驾驶汽车事故侵权的赔偿和救济;第二,脱离无人驾驶汽车的二元论探讨,直接根据现有的代理人制度将无人驾驶汽车视为代理人,绕开了无人驾驶汽车的法律定位难题。第三,将无人驾驶汽车视为法律主体,主要借鉴商事主体的发展历程,按照《公司法》中法人类似的设立和运用程序来解决无人驾驶汽车作为法律主体的难题,设立"电子法人"。

三、无人驾驶汽车侵权归责原则之构建

探讨无人驾驶汽车的归责原则,不能局限于某一种归责原则或者某一个类型的责任。无人驾驶汽车出现交通事故后,首先要解决的是怎么认定责任以及责任大小的问题。[1] 无人驾驶汽车最大的创新在于其智能性、非人类操纵性,但是无人驾驶汽车归根结底是从工厂生产出来的产品,是在地面帮助人类通行的交通工具。本书认为对于未来的归责原则设想不能脱离这两个属性,机动车在19世纪还未普及之时,大多数国家将其划入危险活动的范围,适用无过错归责原则,这是因为机动车一旦发生交通事故,一般造成损害极大,但是随着机动车的普及,大多数大陆法系国家更改适用过错推定责任原则和无过错责任原则。如今的无人驾驶汽车让人不禁想起机动车产生之际,在新中国成立初期由于道路条件差、经济水平低,并无法律对机动车交通事故侵权进行详细规定。这不仅是因为经济上的问题,更是因为当时的文化、政治、教育条件落后。而如今的中国应当为之后无人驾驶汽车的发展乃至物联网的发展奠定坚实基础。

目前我国的责任标准体系开始构建,未形成健全详细的法律法规。政策及法规是产业发展的基础,但是在责任认定、保险赔付等方面尚无过多规定。我国出台了《交通强国建设纲要》与《智能汽车创新发展战略》等一系列政策,但是现阶段法律法规的发展也面临诸如顶层设计不协调、法律法规难突破、技术

[1] 赵先飞:《无人驾驶汽车交通事故法律责任问题研究》,载《蚌埠学院学报》2018年第1期。

标准不完善、创新引领不系统、配套设施亟待完善等问题。[1] 无人驾驶汽车的归责原则对于政策法规的确定具有重要作用，是出台相关法律的重要基础。不同级别的无人驾驶汽车，智能化程度有所区别，应分别讨论。L0－L3 级的汽车都需要人类操作，人类和系统共同控制汽车，此时的人类不可避免地具有注意义务。对于 L4 级和 L5 级的无人驾驶汽车，人类几乎可以脱离干预，机动车完全由系统控制，此时归责的重点从驾驶员转向汽车背后的生产商和设计者，责任主体变得复杂多样。人类的参与与否对于责任主体的确定具有重要影响，我国现行的机动车事故归责原则体系是在驾驶员过错的基础上构设的，如果人类不参与驾驶，将会对现行机动车归责体系造成冲击。

现在学界基于无人驾驶汽车的特性对于是否给予人工智能主体地位有广泛的讨论，对于主体地位的讨论主要分为两大类：否定说，即人工智能机器人是物，不能被称为民事主体；肯定说，即赋予人工智能机器人法律地位。将无人驾驶汽车定义为"人"还是"物"显然是重要的问题之一。否定派中有学者认为对于智能机器人的回应应该停留在工具主义的路径，避免机器人谬论，就算是高级的机器人也是服务于人类的工具；[2] 还有学者认为机器人拥有的自主性是技术层面的，人工智能没有自主目的、不会反思和提问，不具备人类心灵的能力，更不具备特定财产的条件，不主张给予机器人法律人格。[3] 然而《机器人民事法律规则》认为人工智能具有自主性，应当获得法律主体地位，从而解决责任主体的问题，将这个难题从消费者和制造者身上移开。承认人工智能的主体地位是人类立法的目的性选择，是人类主体性的体现，不仅应对了传统法律无法解决的问题，还可救济受害人。[4]

本书认为，考虑人工智能的发展现状，在无人驾驶汽车领域更需要立足于现有的法律制度。但随着人工智能不断发展，无人驾驶汽车高度智能化后，赋

---

[1] 中国汽车技术研究中心有限公司、中国智能交通协会：《中国自动驾驶产业发展报告(2020)》，社会科学文献出版社 2020 年版，第 25 页。

[2] 许中缘：《论智能汽车侵权责任立法——以工具性人格为中心》，载《法学评论》2019 年第 4 期。

[3] 冯珏：《无人驾驶汽车致损的民事侵权责任》，载《中国法学》2018 年第 6 期。

[4] 吴高臣：《人工智能法律主体资格研究》，载《自然辩证法通讯》2020 年第 6 期。

予其法律主体资格也是有必要的。因此根据无人驾驶汽车的发展进程可以分为两种情况分别讨论无人驾驶汽车的归责原则问题,即非自主驾驶阶段和自主驾驶阶段。由于不同阶段的无人驾驶汽车具有不同特点,适用的归责原则和责任类型有所不同。非自主驾驶阶段的无人驾驶汽车摆脱不了人类驾驶员的存在,可适用传统道路交通安全法。而在自主驾驶阶段,对无人驾驶汽车的定性有所不同,作为"物"的属性来说,可以从产品的角度和危险物的角度讨论;作为"人"的属性来说,可以作为独立的法律主体进行讨论,且与传统的机动车交通事故的归责原则对接。

立足当下的技术发展,无人驾驶汽车事故离不开道路交通事故责任和产品责任,因为无人驾驶汽车兼具了两种责任属性,我国关于道路交通事故责任和机动车产品的规则基本上可以适用于无人驾驶汽车交通事故责任。[1] 这不仅有利于稳定法律,而且降低了处理无人驾驶交通事故难度。比如德国联邦议院通过了《道路交通法》修订案,第1a条规定智能汽车可以以被感知的方式向驾驶员提出接管要求,并预留接管车辆的充足时间。在原有的交通事故责任制度基础上,建立了较为完善的权责规则,衔接现有法律制度并构建有弹性的法律规则,在一定程度上确保了法律制度演进的稳定性。[2] 无人驶汽车交通事故发生时,可基于机动车交通事故的归责原则体系让驾驶人承担侵权责任,或者追究无人驾驶汽车生产商和系统设计者的无过错责任。当然,如果驾驶人未按时、合理地对无人驾驶汽车进行保养和更新致使发生交通事故,则应按照过错原则归责。

(一)非自主阶段无人驾驶汽车的归责原则

无人驾驶汽车根据自动化的程度分成L0-L5六级,本书将L0-L3级的无人驾驶汽车划入非自主阶段的无人驾驶汽车,此阶段的智能汽车仍然需要人类的参与。随着级别的升高,虽然人类的参与逐渐下降,但仍需要人类驾驶员

---

〔1〕 杨立新:《无人驾驶机动车交通事故责任的归责设计》,载《福建师范大学学报(哲学社会科学版)》2019年第3期。

〔2〕 张韬略、蒋瑶瑶:《德国智能汽车立法及〈道路交通法〉修订之评介》,载《德国研究》2017年第4期。

的接管,这个阶段人类驾驶员要承担接管责任。

1. 无人驾驶汽车模式下的归责

对于非自主阶段的无人驾驶汽车而言,其适用的归责原则仍需要与传统的侵权归责原则对接。非自主阶段的无人驾驶汽车虽然拥有一定的自主性和智能性,可是相较于全自动的无人驾驶汽车而言,仍然需要人类驾驶员的全程参与,某些场景下驾驶员的手可以离开方向盘,但是却具有相应的注意义务,特别是当无人驾驶汽车发出接管的通知时要及时接管。这个阶段的无人驾驶汽车发生侵权事故,首先推定人类驾驶员存在过错,驾驶员必须提供无人驾驶汽车内部的"黑匣子",证明其没有过错。如果无人驾驶汽车判断人类驾驶员无须接管,自身导致侵权事故发生,受害人可以从生产商处获得赔偿。为了证明产品责任,受害人必须证明产品缺陷、损害结果和因果关系。一般的消费者对于无人驾驶汽车技术和结构问题了解不深,那么该如何确定产品缺陷的标准?由于生产商对于其开发的系统了如指掌,系统的缺陷应对照人类驾驶员造成事故时的过错来认定,即当无人驾驶汽车软件设计或功能缺失导致事故发生,未能预防原本人类驾驶员尽到合理的注意就可以避免的损害时,就可以认定该系统具有缺陷。[1] 其他的规定都可参照《民法典》对于产品责任的相关规定。

2. 接管义务模式下的归责

L1－L3 这个阶段的无人驾驶汽车和自主驾驶阶段的无人驾驶汽车在外表上并无不同,但是由于其内置系统使无人驾驶汽车的自主性和学习能力不同,在必要的情况下,人类有义务接管。非自主驾驶阶段的无人驾驶汽车,一般是由系统控制操纵汽车,但是还需要人类辅助参与,不能完全免除人类的监管义务。也就是说这个阶段的无人驾驶汽车根本不可能解放人类的双手,人类驾驶员在这个阶段实际上是利用系统驾驶。如果发生道路交通事故,可以直接落入现行机动车交通事故体系,适用现有归责原则。道路交通法出于安全和效益的目的,条文规定精准细致,但是目前针对人工智能或者无人驾驶的规定大多空

〔1〕 何垣:《论我国无人驾驶汽车侵权体系的构建》,载《时代法学》2021 年第 1 期。

泛模糊，适用现行法律相较而言更精准和没有争议性。[1]

非自主阶段的无人驾驶汽车发生事故是否适用机动车事故责任，关键在于驾驶人是否具有过错，是否尽到合理的注意义务。例如上述德国立法考虑的情形，在无人驾驶汽车发出接管要求后，驾驶人是否在“合理时间”接管，以及接管是否妥当的问题。驾驶人接管后可与现行法律相衔接，适用机动车交通事故的归责原则体系。但是无人驾驶汽车的核心目的是让人类从驾驶中解放，提高社会效益，注意义务的边界可能因为认定接管问题变得难以确定。[2] 此外，有学者提出驾驶人享有运行利益，只要“开始”车的运行，就应当承担责任。[3] 但是驾驶人实际未操纵车辆运行，让驾驶人为其“一键开始”行为负责，不仅对驾驶人不公平，还会大大降低消费者的购买意愿。无人驾驶汽车运行过程中所有人或使用人一般情况下不得干预人工智能软件的判断，如果因其操作失误，干扰了汽车运行引起事故，应遵循过错推定责任原则，由其承担侵权赔偿责任。

就如今的无人驾驶汽车而言，这个阶段的无人驾驶汽车是由系统和驾驶员共同控制的，人类接管义务似乎不可避免。无人驾驶汽车在非自主阶段发生交通事故，和传统机动车发生交通事故实际上是相似的。首先看是无人驾驶汽车和什么发生碰撞：如果是与机动车或者无人驾驶汽车发生碰撞，没有强势和弱势地位之分，一律适用过错责任原则；如果是与行人发生碰撞，此时无人驾驶汽车一方是强势方，推定驾驶员有过错，即未履行其注意义务和接管义务时适用过错推定责任原则。当然，如果双方各有过错，实行过失相抵；如果驾驶员确实没有过错，承担不超过 10% 的赔偿责任。由于无人驾驶汽车侵权事故造成的损害往往较大，根据公平原则，可以加重这个百分比，德国对于人类驾驶员造成事故造成的人员伤亡与财产损失的最高赔偿额度是普通情形的 2 倍，我国可以借鉴德国的立法，将 10% 调整为 20% 的比例。总之，这个阶段的无人驾驶汽车

---

〔1〕 Henry Prakken, *On the Problem of Making Autonomous Vehicles Conform to Traffic Law*, Artificial Intelligence and Law, p. 361(2017).

〔2〕 张建文、贾章范：《无人驾驶汽车致人损害的责任分析与规则应对》，载《重庆邮电大学学报(社会科学版)》2018 年第 4 期。

〔3〕 郑志峰：《无人驾驶汽车的交通事故侵权责任》，载《法学》2018 年第 4 期。

发生交通事故可以与现行法律对接,无须进行大改动。现有的法律体系不仅无须动摇,而且不会存在法律适用上的疑惑。

(二)自主阶段无人驾驶汽车的归责原则

非自主阶段的无人驾驶汽车离不开人的参与和操作,系统不可以取代人类的重要作用,这个阶段适用以过错责任原则为主的归责体系。因为事故的背后还是人类,那么人类的过错在判断责任时具有重要作用,可以与目前的法律相关规定对接。当无人驾驶汽车发展到自主驾驶阶段,即可实现真正的无人驾驶时人类作为汽车产品的使用者而非控制人,事故背后的主体还有生产商、销售商和设计者。无人驾驶汽车不管是作为单纯的产品还是作为特殊的高度危险物品,对于掌握无人驾驶汽车核心技术和发展进程、享有大部分收益的企业处以更为严格的责任,适用无过错责任原则,可以更快速地救济受害人并刺激企业改进技术以预防损害的发生。但是,无过错责任在预防损害和救济受害人的同时,可能打击企业的生产积极性。因此,自主阶段的无人驾驶汽车可以参照雇主责任、代理人责任、法人责任等责任类型,适用特殊的归责原则。

1. 产品责任

(1)适用产品责任之可行性

2016 年 5 月,美国的特斯拉汽车在无人驾驶模式下造成车内司机死亡。这类新闻报道让大家纷纷怀疑无人驾驶汽车技术,美国某调查报告显示超过 84% 的人更相信他们的开车技术,而不是科技。[1] 人们印象中无人驾驶汽车仍然是不安全的,对生产商等适用无过错责任可以让市场接受无人驾驶汽车。此外,无人驾驶汽车交通事故中受害人对车内乘客起诉十分困难,诉诸产品责任背后的生产商、设计者、销售者更具可行性。由于消费者与生产商、设计者、销售者存在合同关系,消费者往往可以撇开产品责任追究其违约责任。对于产品违约责任不做过多阐述,仅就产品侵权责任进行讨论。

产品侵权时一般根据无过错归责原则让侵权人承担产品责任,而前提是证

---

〔1〕 Richard Loricco, *Autonomous Vehicles: Why We Need Them, But Are Unprepared For Them*, Quinnipiac Law Review, p. 308(2018).

明该产品存在缺陷。美国通常将产品缺陷类型分为制造缺陷、设计缺陷及警示缺陷，但是德国在产品类型的基础上增加了跟踪观察缺陷。我国提及了缺陷的类型化，但在法律层面仍未对产品缺陷类型作出明确规定，主要原因是部分学者认为对某些概念作过细、过于具体的规定有可能会限制产品的更新与发展。[1] 如果不划分为不同的缺陷类型，就不能更加理性和系统地判断产品缺陷。产品缺陷的类型化划分有助于将无人驾驶汽车产品从产品设计到投入市场按照阶段划分，有利于确定产品责任主体。

第一，产品的制造缺陷指的是产品在制造过程中产生的不合理的危险。在美国的密西西比州，产品的制造缺陷被定义为"产品以实质方式背离生产商产品规格或者不同于以同样生产规则生产的同样产品"。无人驾驶汽车的制造缺陷集中在硬件组成要件上，在这个方面其实与传统机动车的产品责任方面相差不大，因此证明并没有增添难度。

第二，在设计缺陷的认定方面，由于人工智能系统具有自主性和学习能力，实践中难以确定强制性的国家标准、行业标准。美国的产品责任法规定，为了证明具体的设计缺陷，原告往往需要在诉讼中提出替代设计。无人驾驶汽车的受害人需要提出替代设计，即专业的替代算法系统来说明无人驾驶出错的原因。但普通受害人对于算法系统知之甚少，司法工作人员也无法判断缺陷，由于风险—效益标准难以适用，有学者主张重回消费者预期标准。[2] 现代产品责任法的一个重要渊源就是合同法，而合同法的主要目的就是保护当事人合理预期。人类对于无人驾驶汽车的合理期待在于以智能系统操纵代替人类驾驶员，那么至少应达到与人类驾驶员相同的安全程度。[3] 消费者通过企业的广告宣传获得信息，产品责任法的目的之一就是保护消费者的合理信赖，消费者

[1] 许中缘、范沁宁：《人工智能产品缺陷司法认定标准之研究》，载《重庆大学学报（社会科学版）》2020 年第 7 期。

[2] 殷秋实：《智能汽车的侵权法问题与应对》，载《法律科学（西北政法大学学报）》2018 年第 5 期。

[3] 任家仪：《自主驾驶系统的"人类驾驶员标准"——产品责任的解释论研究》，载《东北农业大学学报》2019 年第 5 期。

期待标准体现了这一要求。[1] 系统的专业性几乎意味着受害人不可能提出相应的替代设计,此时回归至消费者预期标准不失为一种选择。

第三,消费者更容易证明的或许是警示缺陷。[2] 生产商有义务向消费者提供警示,以便消费者明白产品的危险及正确合理地使用产品,如果生产商不能提供足够的信息,则表示该商品具有缺陷。警示义务包括两个方面的义务,分别是警告义务和指示义务。警示义务具有降低和预防风险之功能,因消费者可以根据警示信息进行自我保护,尽管生产商对于生产产品的安全操作材料都十分谨慎,但是当理性的消费者在购买和使用技术时,生产商必须提供相关警示和指导使用的材料。从消费者的角度看,由于法院认为警告和指示对于生产者来说是履行产品合理安全之义务,证明警告缺陷比证明设计缺陷更加容易且成本低。[3] 无人驾驶汽车的自主性和智能性特征对于开发商和生产商的警示义务标准更高,特别是在和系统相关的维护和更新等方面。如果开发商和生产商对于维持无人驾驶汽车的警告和指示义务不到位,比如要求用户系统更新的请求不及时等致使事故发生,则构成缺陷,应根据无过错责任原则承担产品责任。

第四,跟踪观察缺陷指的是生产商在将产品投入市场流通后,负有跟踪观察监视的义务。跟踪观察缺陷之义务对无人驾驶汽车来说更为重要,无人驾驶汽车仍在不断发展中,生产技术还未成熟,生产商有义务也有必要继续跟踪其生产缺陷,从而提高生产技术和保护消费者。比如生产商应保持跟踪观察,防止硬件不能支持系统软件的更新,或者设计者保持持续观察,防止出现系统软件无法通过更新和修补的问题,否则就违反了跟踪观察之义务,构成跟踪观察缺陷。

站在消费者立场,在证明产品缺陷时根据产品责任让设计者和生产商承担

---

〔1〕 王军:《侵权行为法比较研究》,法律出版社 2006 年版,第 412 ~ 413 页。

〔2〕 Roy Alan Cohen, *Self-Driving Technology and Autonomous Vehicles: A whole New World for Potential Product Liability Discussion*, Defense Counsel Journal, p. 333(2015).

〔3〕 [美]戴文 · G. 欧文:《产品责任法》,董春华译,中国政法大学出版社 2012 年版,第 186 ~ 187 页。

无过错责任，不仅有利于增强消费者对无人驾驶汽车的信心，还有利于无人驾驶技术的开发。出于保护弱势地位的消费者目的，美国《第二次侵权法重述》明确规定了产品责任法的严格责任围绕着产品的缺陷展开，关注产品本身的客观状态，而不是关注制造者主观是否有过错。从风险控制的角度看，开发者或者生产商因掌握核心技术，能通过集中化解风险的手段抽调出更多的社会资源。[1] 根据“风险承担”理论，生产者和设计者是通过从事风险活动而获益的人，他们必须承担该活动的风险。日本“报偿责任主义”认为“归属之处亦为损失的归属之所”，[2]设计者或者生产商获得利益巨大且最有能力承担风险，让二者在无人驾驶交通事故中承担无过错责任的同时也有助于减少风险产品进入市场。但从另外一个角度看，开发商或者生产商具有能力承担此种风险，但由于逐利是商人的本质，无人驾驶汽车的侵权赔偿责任将加大负担，设计者和生产商在投入商品时难免顾及、犹豫，这对无人驾驶汽车市场投入和研发进程造成不可避免的影响。

根据产品缺陷证明产品责任十分复杂，尤其是无人驾驶涉及算法等普通人难以理解的领域，更会加大证明的难度。产品缺陷的证明可考虑让消费者提供产品存在缺陷的初步证据，然后由制造者或者设计者一方证明产品不存在缺陷。[3] 不过可借鉴德国修订的《道路交通法》中针对“黑匣子”的规定，因果关系证明可通过无人驾驶汽车强制安装的“黑匣子”作出判断，但“黑匣子”也存在“决策黑箱”问题，需要具有专门知识的人根据专业设备予以分析。[4]

总之，即使现阶段各国都想尽办法促使无人驾驶汽车技术精进，不愿让生产商承担过重的责任和打击其积极性，但让最有能力承担风险的生产商和设计者根据产品责任，适用无过错责任，这对于保障消费者权益和遏制生产商将商品投入市场还是有意义的。尽管在证明产品缺陷方面存在难度，但是通过“黑

---

〔1〕 张建文、贾章范：《无人驾驶汽车之人损害的责任分析与归责应对》，载《重庆邮电大学学报(社会科学版)》2018 年第 4 期。

〔2〕 王军：《侵权法上的严格责任的原理和实践》，法律出版社 2006 年版，第 109 页。

〔3〕 程啸：《侵权责任法》(第 2 版)，法律出版社 2015 年版，第 502 页。

〔4〕 冯珏：《无人驾驶汽车致损的民事侵权责任》，载《中国法学》2018 年第 6 期。

匣子”和借助专业知识的人,消费者仍可通过产品责任获得赔偿。适用产品责任的无过错归责原则虽加重了生产商和设计者的责任,但生产商和设计者仍可通过免责事由,特别是“证明无人驾驶汽车在投入流通领域时科学知识和技术知识尚不能预见”进行抗辩。生产商和设计者还可以通过保险分散风险,将成本分散到消费者身上。此外,无人驾驶汽车根据软件和硬件可以将其制造者分为设计者和生产商,但现实生活中,这两类人可能是同一主体,也可能是不同主体,消费者如何确定被告?如果是同一主体,那么责任人没有争论;如果是不同主体,本书认为可以根据“外观主义”,将责任人定为生产商。生产商在产品投入市场时,具有保障其安全之义务。如果不是硬件缺陷导致事故发生,生产商在承担责任后可根据过错责任向设计者追责。无人驾驶汽车事故无可避免,适用产品责任的无过错责任原则不仅可以让生产商、设计者等更加小心谨慎,还可以让消费者更加安心地接受无人驾驶汽车。

(2)适用产品责任之困境

高度自动化阶段的无人驾驶汽车的运行是由系统控制的,适用产品责任将面临无法清晰确定产品瑕疵的问题。无人驾驶汽车的核心在于其智能系统,车辆运行由系统决定和操作,这意味着法律规制的对象不再是传统驾驶人而是智能驾驶汽车的设计者、生产商。[1] 无人驾驶汽车排除了使用者和所有人的维修和更新等过错,排除了第三人原因造成的损害,那么导致交通事故的主要原因是智能驾驶汽车的设计缺陷,但根据我国产品责任相关规定,并不能找到设计缺陷、制造缺陷的类型化描述。我国《民法典》侵权责任编规定,产品责任的构成要件有三个:产品存在缺陷、损害结果和因果关系。根据《产品质量法》第46条的规定,我国对缺陷的定义实际上是指产品的不合理危险,如果产品带来的危险是合理的,则该产品没有缺陷。我国现行法律对“不合理危险”没有统一的认定标准,在认定普通产品缺陷时,主要依据大众对产品的基本认知和了解来进行分析判断,如产品的性能、使用方式、使用领域、使用年限、事故发生的

---

〔1〕 吴汉东:《人工智能时代的制度安排与法律规制》,载《法律科学》2017年第5期。

可能性。[1]

无人驾驶汽车系统设计复杂,生产须集合各种先进科技、技术标准,立法难以跟上。目前,全球对于无人驾驶汽车并未形成统一标准(无人驾驶汽车的信息安全标准、生产标准、检测标准和安全标准),这对于认定产品缺陷将是一个难题。我国无人驾驶汽车发展太过迅速,导致技术标准跟不上技术的变化。即使我国现在开始制定相关的法律规定,但由于立法耗时长,相关法律必然滞后于无人驾驶汽车的发展。我国实务中产品责任的"不合理危险"又该如何应用于无人驾驶汽车?毕竟"不合理危险"这么笼统的标准太过于宽泛,实务中由于标准过于笼统,法官也经常作出"同案不同判"的裁判。无人驾驶汽车这个新兴产业,需要更加切实的标准以保护消费者的利益。

2. 高度危险责任

(1)无人驾驶汽车的"高度危险性"

在风险社会中,侵权法通过不同的法律规定衡量不同程度的危险从而分配当事人的责任。无人驾驶汽车作为人工智能系统控制的新型交通工具,即使大幅降低事故发生率,也难以否认其异常危险性。危险这个概念在各个时期呈现不同的定义。例如,美国侵权法中的异常危险活动责任就是一项自由浮动的原则,无论异常危险的携带者走到哪里,它都会在其上空盘旋,并在该携带者造成他人伤害时让其承担责任。[2] 美国在1930年的《第一次侵权法重述》中界定了"极度危险活动"的两个条件:一是某种活动必然具有造成他人的人身、土地或动产的严重侵害的风险,这种风险尽最大可能的谨慎仍不可消除;二是此风险不属于通常适用的范围。在1977年的《第二次侵权法重述》中"异常危险活动"取代了"极度危险活动",标准有六项,这给了法官更多的自由裁量权,并且扩大了危险活动的涵盖范围(包括爆炸物爆裂、放射性物质等)。直至《第三次侵权法重述》,"异常危险活动"的判断因素被简化成两项,内容回到了第一次

---

〔1〕 许中缘、范沁宁:《人工智能产品缺陷司法认定标准之研究》,载《重庆大学学报(社会科学版)》2020年第7期。

〔2〕 李昊:《危险责任的动态体系论》,北京大学出版社2020年版,第117页。

重述内容。由此可见,危险活动的定义在变动,从而影响危险责任的范围。在美国非正常的活动要被认定为危险的活动,并不需要同时满足上述的六项标准,法院会根据不同的案件适用相关的标准认定,但前提是这些活动必须满足“制造了危险”且“危险异常”。[1] 法国埃尔·卡塔拉教授主导的《债法和时效制度改革建议草案》于2005年正式递交法国司法部。在此基础上,有教授又提出了《卡拉塔—维内草案》,该草案提出,创设可能同时给大规模人群造成严重损害之风险的活动被视为异常危险活动。[2] 既然道路交通事故中的机动车在我国曾被认定为高速运输工具,那么将无人驾驶汽车纳入危险物的范畴未尝不可。

也有学者建议基于“危险责任理论”将无人驾驶汽车定义为高度危险物,因为潜在受害人几乎对于这种危险毫无防御之道。[3] 尽管美国几乎所有的法院都一致认为无人驾驶汽车不能被认定为异常危险活动,佐治亚州的众议院却提议对无人驾驶汽车适用严格责任。此外,美国各州法律强制要求制造商为无人驾驶汽车的操作者投入大量的保险。[4] 这表明法律其实也认为无人驾驶汽车是一项高度危险的活动。无人驾驶汽车和传统的高度危险活动不同,即使尽了一般的注意义务,仍不能避免发生事故,应该适用比一般过错责任原则更高标准的责任。比如,美国的加利福尼亚州和佛罗里达州都已通过了更严苛的相关规定。只有适用更严苛的归责原则,才能对无人驾驶汽车风险有所防范。

我国对于高度危险责任的规定区别于美国,不仅规定了“一般条款”,而且规定了特殊的高度危险责任。根据《民法典》第1236条规定,因从事高度危险活动或者持有高度危险物造成他人的损害的,应承担高度危险责任。当新的产

---

〔1〕 Adam Rosenberg, *Strict Liability: Imagining a Legal Framework for Autonomous Vehicles*, Tul. J. Tech. & Intell. Prop, p. 215(2017).

〔2〕 张力、李倩:《高度自动无人驾驶汽车交通侵权责任构造分析》,载《浙江社会科学》2018年第8期。

〔3〕 张力、李倩:《高度自动无人驾驶汽车交通侵权责任构造分析》,载《浙江社会科学》2018年第8期。

〔4〕 Adam Rosenberg, *Strict Liability: Imagining a Legal Framework for Autonomous Vehicles*, Tul. J. Tech. & Intell. Prop, p. 215(2017).

品和新的科技出现时，由于立法的滞后，无法将各种活动和物品一一列举，该条是高度危险责任的“一般条款”，具有涵盖性和开放性，可以随着社会的不断发展而随时调整高度危险作业的类型。工业社会以来，民用核设施、民用航空器作为特殊的高度危险物一方面对社会具有极大贡献，另一方面也具有严重危害民众生活安全的可能性。高度危险物给大众带来巨大的经济利益和便利，现代社会既不能禁止其存在，也不能无视其危害。在人工智能时代，安全是最核心的法律价值，无人驾驶汽车由于技术的不确定性和高度复杂性引发了人类的担忧。[1] 无人驾驶汽车的社会价值巨大，其不仅可以降低事故发生率，还能让视力不佳或者身体不便的人群获得移动自由。但无人驾驶汽车如果发生事故，造成的损害远比传统机动车要大得多，系统出现的错误或者漏洞还可能引起大规模的事故，因此无人驾驶汽车可算是高度危险物的一种。

(2)无人驾驶汽车与民用航空器责任

民用航空器责任是高度危险责任中的一种特殊责任，适用的是无过错责任原则，免责事由亦有所区别。《民法典》侵权责任编中按照责任由轻到重的顺序和危险程度规定了四种不同的高度危险责任，[2] 不同的高度危险责任严格程度不同，比如民用核设施由于杀伤力太大，法律规定免责事由仅为战争和受害人故意，《民法典》仅规定了受害人故意是免责事由。但《民用航空器法》还规定了不可抗力免责，所以民用航空器包括受害人故意和不可抗力两项免责事由。并且，民用航空器不可抗力的范围大于战争，因而其责任比民用核设施责任要小。

无人驾驶汽车责任可类比已有的民用航空器责任。通常而言，根据“高度危险说”，无人驾驶汽车被认为不具有易爆易燃等危险物的高度危害性，但是欧洲大陆似乎更倾向于认为所有从事危险活动导致的危险都可以适用严格责

---

〔1〕 吴汉东：《人工智能时代的制度安排与法律规制》，载《法律科学》2017 年第 5 期。

〔2〕 具体包括：民用核设施损害责任，民用航空器造成损害责任，占有或者使用易燃、易爆、剧毒、高放射性、强腐蚀性、高致病性等高度危险物造成他人损害责任，从事高空、高压、地下挖掘活动或者使用高速轨道运输工具造成他人损害责任。

任,而不仅限于从事特别危险或者超常危险活动的情况。[1] 无人驾驶汽车完全普及后,人们转换其身份,由驾驶者转变成“乘客”,前往目的地只需要稍微动动手指即可,但是控制汽车与人工智能之间的信息交换和判断却从启动汽车时便开始了,只要这个系统存在一丝漏洞,其损害后果不堪设想,可能会造成如民用飞机相同规模的损害,引发大规模侵权。美国学者亚当·罗森博格(Adam Rosenberg)认为无人驾驶汽车应该适用严格责任,就像法院处理航空器,[2] 民用航空器和无人驾驶汽车明显不同,但当它们造成损害时,适用产品责任或者严格责任仍具有相似性,[3] 因此可类比民用航空器。民用核设施的危害极大,如同日本的福岛核泄漏一样往往影响久远,无人驾驶汽车的危害还未达到这种程度,但与民用航空器的危害程度类似。其理由如下:首先,民用航空器和无人驾驶汽车性质类似。这里是相较于传统的机动车而言,它的事故发生率更低、更为安全。民用航空器的事故发生率远低于机动车事故,而无人驾驶汽车最重要的功能之一就是降低事故发生率,拯救更多的生命。其次,民用航空器和无人驾驶汽车一旦发生意外,也比机动车事故的范围更广、影响更大。民用航空器一旦坠落,对地面的人类和财产带来的损害巨大。无人驾驶汽车虽然行驶于道路上,但其发生事故对周遭的影响可能比民用航空器带来的损害更大。最后,民用航空器和无人驾驶汽车都由系统操作。乘客在无人驾驶汽车中的作用与飞行员在航空器中的作用类似,在系统发出警告之后,都有义务接管控制机器。无人驾驶汽车虽可借鉴民用核设施的保险制度来分散风险,但是类比已有的民用航空器责任,更具有一定的合理性。

综上,无人驾驶汽车作为21世纪最显著的科技产品之一,不仅可以减少交通事故的死亡率,还可以增加人们的可移动性和节省移动成本。“高度危险”不应该是狭义的理解,正如当前我国高铁的危险性虽低于机动车,但是适用高度危险责任。高度危险责任适用侵权法中的无过错归责原则,但构成要件无须

---

[1] 王军:《侵权法上的严格责任的原理和实践》,法律出版社2006年版,第299页。

[2] Adam Rosenberg, *Strict Liability: Imagining a Legal Framework for Autonomous Vehicles*, Tul. J. Tech. & Intell. Prop, p. 218 (2017).

[3] Kyle Colonna, *Autonomous Cars and Tort Liability*, Journal of Law, p. 97 (2012).

证明过错,并且无须证明产品存在缺陷,有利于保护受害人的利益和减轻受害人的负担。在无法证明产品缺陷的情况下,将高度危险责任作为例外情况未尝不是一项选择。[1] 由于人们转换了身份,几乎完全丧失了驾驶的控制权,即使对汽车的系统按时检修和更新,也无法避免人工智能算法与生俱来的缺陷。但是,无人驾驶汽车本身的社会价值巨大,大大节约资源,提升了社会效益,将无人驾驶汽车侵权责任类比于高度危险责任的一般条款具有可行性和正当性。

(3)高度危险责任的困境

还需要解决一个问题,责任人是谁?是使用人抑或生产商、设计者?企业往往具有更高的填补损害的能力,更有利于损害的救济。人工智能产品不可避免地会存在漏洞或者"判断失误",消费者将无法控制或者防御该风险。根据"危险理论",从事风险活动的人要对其结果负严格责任。制造者或者设计者让无人驾驶汽车走入市场和大众视野,在获得利益的过程中给他人造成损害,那么进行赔偿也是公平的。[2] 高度危险责任的承担者是从事相关活动的主体,因为这些人是高度危险的制造者,同时也是受益者。在无人驾驶汽车中,驾驶人已经变成乘客,并非传统意义的危险制造者,即使其享受着无人驾驶汽车的益处,要求个人承担事故的损害后果未免太过沉重,生产商更应该作为责任承担者。主要原因有二:一是生产商对于无人驾驶汽车的生产和后续升级都具有可控性,二是生产者可将承担损害费用和相关成本平摊至消费者。[3] 如果某个人能够通过一定的手段分担其负担,使负担不至于集中于一人,具有此种损害分散能力的人更为合适。[4] 生产商(软件设计者)作为危险的创造者,根据无过错责任原则让其承担高度危险责任,有益于抑制危险源的产生。此外,生产商为了降低负担,必定会改进技术,谨慎将产品投入市场,并且采取更完善的风险防范措施。

---

〔1〕 张力、李倩:《高度自动无人驾驶汽车交通侵权责任构造分析》,载《浙江社会科学》2018 年第 8 期。

〔2〕 王军:《侵权法上的严格责任的原理和实践》,法律出版社 2006 年版,第 109 页。

〔3〕 孟露、张超:《无人驾驶汽车交通事故侵权责任主体和归责原则》,载《北京化工大学学报(社会科学版)》2019 年第 3 期。

〔4〕 曹昌伟:《侵权法上的违法性研究》,中国政法大学出版社 2017 年版,第 247 页。

3. 代理人责任

(1)代理人责任可行性

俄罗斯于2017年通过了《格里申法案》。该法案着重讨论了智能机器人的法律地位和法律责任,为自主阶段的无人驾驶汽车的立法提供了一定启示和反思。对于人工智能的法律地位,目前学界仍然存在很大争议:一部分学者认为人工智能属于“物”的范畴,谈不上也没有必要成为民事主体;另一部分学者则认为人工智能最大的特点是高度自主性,赋予其主体地位是大势所趋。《格里申法案》并没有简单地将机器人在“物”与“人”中作简单切割,而是模糊了界限。对此,有学者指出,《格里申法案》打破了主体与客体、人与物的鸿沟,解决了机器人在未来立法的难题。[1] 事实上,与其说《格里申法案》解决了法律主体问题,不如说它将二者混淆,并加剧了未来机器人立法的困境。

《格里申法案》对机器人作出了不同的规定,其在《俄罗斯民法典》第二分编“人”之下设置一章,使“机器人—代理人”与公民、法人等并列,这实际上在立法上间接地承认了其民事主体地位。不仅如此,“机器人—代理人”需要在特定的机构进行登记,随后可以作为代理人参与民事法律活动,并且可在登记的范围内进行活动。该法案提出了类比动物调整规则的理念,类似于罗马法上的特有产制度,[2]而非有独立民事行为权利的主体。在民事责任上,机器人因其自身(人类无法控制)造成损害时,可将其作为高度危险源,由机器人的拥有人承担责任。

(2)代理人责任的困境

自主阶段的无人驾驶汽车已经脱离了人类的控制,只需人类“轻手一挥”下达命令,属于高度自主性的人工智能机器人。谈论起这阶段的无人驾驶汽车侵权的归责原则,必然涉及其上位概念——人工智能机器人侵权的归责原则。无人驾驶汽车侵权的归责原则如果采取《格里申法案》中对于“机器人—代理人”的相关规定具有一些优势,也有些弊端。第一,有利于法律衔接,却无法参

[1] 王春梅:《〈格里申法案〉机器人二元定性的启示与反思》,载《汉江论坛》2020年第9期。

[2] 张建文:《格里申法案的贡献与局限》,载《华东政法大学学报》2018年第2期。

与诉讼。在代理人制度下,无人驾驶汽车首先要在无人驾驶汽车所在的国家机构的登记簿上进行登记,明确无人驾驶汽车的所有人以及其适用功能等,在这个方面可以类比法人登记制度。但是,《格里申法案》认为"机器人—代理人"的自主性和独立性并没有达到自然人、法人的程度,在参加诉讼程序等方面无法代理。[1] 这意味着无人驾驶汽车在此阶段可作为登记的主体(法律主体)参与其他的民事活动,但发生侵权事故时,无法作为代理人参与诉讼程序,更无法确定归责原则的适用问题。第二,类比动物忽视了人工智能最大的特点。侵权责任法中规定对饲养人适用无过错责任原则。如果无人驾驶汽车类比动物,也就意味着对使用人适用无过错责任原则。动物虽然有自主行为,但其与无人驾驶汽车发展到自主阶段的自主性并不相同。动物管理人可以控制动物的活动范围,让动物处于对他人而言安全的状态,但是使用人无法干预无人驾驶汽车运行,二者本质上各异。

综上所述,"机器人—代理人"责任并不能适用于无人驾驶汽车。无人驾驶汽车的高度自主性要求赋予其法律主体的地位,其地位类似于法人而非代理人。代理人侵权后,其指向的仍然是背后的主体,无法解决主体难题。

4."电子法人"责任

(1)"电子法人"责任的可行性

无人驾驶汽车若可以从传统的法律客体"转身一变",成为法律主体,那么生产商、设计者和使用人的责任分配问题将迎刃而解。2017 年 2 月,欧盟议会提出有关机器人侵权的相关议题,并建议将机器人作为法律主体,作为"电子人"为自己的侵权行为承担责任。由于现有的侵权法体系中已经存在可以承担责任的一方,比如生产商、设计者和使用者等,证明电子主体存在的必要性并不容易,但是承认电子主体资格将如同承认公司法人一样,可以保护背后的生产商、设计者和使用者。[2] 公司法人拥有民事权利和履行民事义务的前提是

---

〔1〕 张建文:《格里申法案的贡献与局限》,载《华东政法大学学报》2018 年第 2 期。

〔2〕 Gerhard Wagner, *Robot, Inc.*: *Personhood for Autonomous System*, Fordham Law Review, p. 608 - 609(2019).

其拥有独立的财产,如果“电子法人”没有独立的财产,那么谈论“电子法人”的权利和义务也只是“一纸空文”。无人驾驶汽车侵权致害或者获益的主体是多元的,至少有三方主体——人工智能系统的开发制造者、购买者和提供数据的国家——出资成立资金池,投保和设立赔偿基金。[1]

将无人驾驶汽车视为法律主体,让其承担“电子法人”责任的主要理由如下:首先,无人驾驶汽车作为“电子法人”,则无须对已有的侵权责任编“大动手脚”便可与已有的侵权责任接轨。其次,人工智能的飞速发展使无人驾驶汽车的产品属性和服务属性逐渐模糊,虽然可以在已有的法律框架内“改造”法律,将责任归置于不同的主体,但让生产商、设计者或者使用人承担责任的前提仍绕不开归责原则这个根本性问题。最后,当无人驾驶汽车进化到高级状态后,除了需要使用人输入目的地和分配任务外,不需要使用人的参与,那么以过错为根基的机动车道路交通法将变得几乎没有适用性。如果基于危险责任,将无人驾驶汽车视为高度危险物品存在,使用人、设计者、生产商承担责任都可能严重影响无人驾驶汽车的开发和利用。[2] 基于产品责任,让可控风险的设计者、生产商承担责任,也十分困难。无人驾驶汽车在出厂后可以不断学习,自主“思考”和“决策”,这对于设计者和生产商都是不可控的,让他们承担如此严苛的责任势必影响产品的创新和推广。

无人驾驶汽车自负其责不仅解决了责任主体的难题,还可将赔偿的风险分散到三方——使用者、生产商(设计者)以及国家。如果无人驾驶汽车发生交通事故,可采取不同的归责原则来承担其应有的责任:①无人驾驶汽车与无人驾驶汽车(机动车)发生碰撞,适用过错责任原则;②无人驾驶汽车与行人发生碰撞,适用过错推定责任原则;③当无人驾驶汽车方没有过错的,承担不超过10%的赔偿责任。当然今后这个“无过错”的百分比可以有所变化。由于无人驾驶汽车对于保险的要求较高,所有人和生产商都得为其购买保险。作为法人的无人驾驶汽车将拥有自己的财产,提高此部分的百分比,有益于更好地保护

---

〔1〕 张志坚:《论人工智能的电子法人地位》,载《现代法学》2019年第5期。

〔2〕 许中缘:《论智能机器人的工具性人格》,载《法学评论》2018年第5期。

受害人，特别是造成巨大损害时可填补损害。无人驾驶汽车和传统机动车之间并不存在所谓的强弱势地位之分，此时适用过错责任原则。无人驾驶汽车与行人由于地位悬殊，为了更好地保护受害人，适用过错推定责任原则。当无人驾驶汽车方没有过错时，无人驾驶汽车承担一定的赔偿比例。鉴于无人驾驶汽车具有一定的危险性，应当承担比传统机动车10%更高的责任比例。无人驾驶汽车作为法人主体后，所有人和生产方都为其投入一定的资金作为其财产。如果发生了交通事故，所有人的强制保险和生产方的商业保险也可以承担一定的赔偿比例，这意味着无人驾驶汽车有充分的能力救济受害方。

保险赔偿和以自身财产承担赔偿责任后，还可通过国家基金救济受害人。为了让生产商无顾虑地将产品投入市场，让使用者安心地使用无人驾驶汽车，国家应设法解决交通事故的相关问题。可成立与医疗和社会保险类似的国家基金，资金来源于消费者和生产商缴纳的税费。生产商根据生产和投入在道路上的无人驾驶汽车的数量缴纳税费，而使用者可根据使用频率进行支付。保险公司通过计算使用者发生事故的风险决定应缴纳的保险费用。[1] 通过借鉴公司法人制度赋予无人驾驶汽车"电子法人"资格是强人工智能不断发展的必然要求，使用者一旦卷入交通事故后无须承担任何责任，只需判定责任由哪方导致，之后由该无人驾驶汽车根据归责原则自负其责。具体而言，发生事故后应首先由车辆保险人承担赔偿责任，在无人驾驶汽车个人财产仍不能承担余下责任时，再由国家相关基金赔偿。

（2）"电子法人"责任归责之必要性

无人驾驶汽车发生交通事故时，不管是在无人驾驶汽车之间适用（无人驾驶汽车与传统机动车）过错责任原则，还是在无人驾驶汽车与行人之间适用过错推定责任原则，都离不开"过错"的重新定义。无人驾驶汽车作为人工智能产品，其主观状态如何判定？有学者认为将"过错"运用于无人驾驶汽车的硬件或者软件都是不现实的，将侵权责任归责于人工智能的软件或者硬件设备将

---

〔1〕 Carrie Schroll, *Splitting the Bill: Creating a National Car Insurance Fund to Pay for Accidents in Autonomous Vehicles*, Northwestern University Law Review, p. 823(2015).

引起争议,因为机器不可能真正地承担责任。[1] 一旦赋予无人驾驶汽车“电子法人”地位,就可以让无人驾驶汽车这个“机器”承担最后的法律责任,因为无人驾驶汽车本身可以通过其自有财产赔偿。在医疗领域,如果人工智能产品侵权致人损害,有学者建议以自然人医师所能达到的最高诊断水平作为判断标准。[2] 那在无人驾驶汽车侵权领域中,无人驾驶汽车的过错可考虑以正常人类驾驶员的最高注意义务为判断标准。

首先,无人驾驶汽车的注意义务可借鉴正常情形下人类驾驶员的义务。无人驾驶汽车不是人类,但不断更新的算法会使无人驾驶汽车具有人类应有的判断能力,如不具备,无人驾驶汽车就不具备进入市场的资格。其次,无人驾驶汽车的注意义务应高于人类的最高水准。无人驾驶汽车的意义在于为人类带来便利,同时提供不低于人类驾驶员安全的驾驶服务。但人类驾驶员的注意义务水平的界定标准、如何区分人类驾驶员和无人驾驶的注意义务水平,在以过错责任为基础的归责体系中是最大的难题。无人驾驶汽车的自主性和智慧性体现在交通运输方面,假设无人驾驶汽车仍处于非高级人工智能阶段,不能用言语同人类沟通,举证需通过第三方帮助。此时,生产商和设计者更有可能担当这个角色,他们可以通过无人驾驶汽车内部的算法和数据去证明。

四、小结

无人驾驶汽车可分成自主阶段无人驾驶汽车及非自主阶段无人驾驶汽车。非自主阶段的无人驾驶汽车与现阶段的法律相衔接,根据受害人是否为行人适用不同的归责原则。此阶段的无人驾驶汽车在一定程度上都离不开人类的参与,即使人类无须操纵方向盘,但在乘坐期间也需要保有一定的注意义务来避免意外的发生。我国可以借鉴德国的保守做法,修改现行的《道路交通安全法》,将无人驾驶汽车纳入其中不失为一种办法,归责原则也可采用现行的机动车归责原则。具体来说:如果是与机动车或者无人驾驶汽车发生碰撞,没有

---

〔1〕 Kyle Colonna, *Autonomous Cars and Tort Liability*, Journal of Law, p. 103(2012).

〔2〕 王轶晗:《医疗人工智能侵权责任法律问题研究》,载《云南师范大学学报》2020 年第 3 期。

强势和弱势地位之分，一律适用过错责任原则；如果是和行人发生碰撞，此时无人驾驶汽车一方是强势方，推定驾驶员有过错，即未履行其注意义务和接管义务，适用过错推定责任原则。当然，如果双方各有过错，实行过失相抵；驾驶员确实没有过错的，承担不超过10%的赔偿责任。

自主阶段的无人驾驶汽车根据无人驾驶汽车的定位可分开讨论。针对自主阶段的作为“工具”的无人驾驶汽车，根据产品责任适用无过错责任原则或者根据高度危险责任适用无过错责任原则。首先，此阶段无人驾驶汽车侵权的最大原因可能是无人驾驶汽车作为产品在投入市场时本身具有缺陷，基于产品责任让生产商或者设计者赔偿虽然无须证明他们的过错，但是产品责任始终绕不过证明产品缺陷的难题。其次，此阶段可考虑将无人驾驶汽车定义为高度危险源。我国高度危险责任的“一般条款”具有涵盖性和开放性，可以随着社会的不断发展而随时调整新的高度危险作业的类型。无人驾驶汽车和民用航空器的危害程度类似，可参照民用航空器的相关规定。此外，无人驾驶汽车要求赋予其法律主体的地位，其地位类似于法人而非代理人，所以“机器人—代理人”责任并不能适用于无人驾驶汽车。代理人侵权后，其指向的仍然是背后的主体，即使有利于法律衔接，无人驾驶汽车也无法作为诉讼主体参与诉讼。俄罗斯《格里申法案》模糊了法律主体地位，无人驾驶汽车如果采用法案中的相关规定，解决不了法律地位的问题，而无人驾驶汽车是否能作为法律主体是确定归责原则的前提。

针对自主阶段中定位为“法律主体”的无人驾驶汽车，可考虑给予其“电子法人”资格，让无人驾驶汽车取代传统机动车中的人类驾驶员地位，并接入以过错为基础的归责原则体系，形成独特的无人驾驶汽车归责原则体系。无人驾驶汽车作为“电子法人”拥有独立的财产，若无人驾驶汽车与无人驾驶汽车、机动车或者行人发生碰撞，完全可根据相关规定，参照“黑匣子”的纪录判定事故的过错方，进行相关赔偿：首先，无人驾驶汽车与无人驾驶汽车或者机动车发生碰撞，适用过错责任原则；其次，无人驾驶汽车与行人发生碰撞，适用过错推定责任原则；最后，无人驾驶汽车方没有过错的，承担不超过10%的赔偿责任，今后这个“无过错”的百分比可以有所变化，可参照德国2倍的做法。因无人驾驶汽车应具有更高的谨慎义务和注意义务,其“过错”标准应当高于人类驾驶员的最高水准。无人驾驶汽车背后的多方主体有义务为无人驾驶汽车投保,其作为法人的财产仅需在保险垫付后仍不足时进行赔偿。此外,无人驾驶汽车的人工智能系统一旦出现差错,造成事故不可估量时,国家相关基金可在受害人的损害仍得不到足额赔偿时对其进行补偿。

第四章　无人驾驶汽车侵权的责任主体

时代变迁，科技更迭，人工智能被誉为第四次科技革命，其中关于无人驾驶技术的研究最受人瞩目。无人驾驶汽车的出现也给交通事故责任认定提出了新问题，是沿用现行责任认定方式还是顺应科技发展重构归责体系，责任主体范围是否需要扩大至使用人和车主之外，这一切问题仍有待探究。但可以肯定的是，无论是高科技下的无人驾驶模式还是现行的交通肇事，其最终的责任承担者都离不开人类主体。考虑无人驾驶汽车侵权的责任落脚问题，需要兼顾被侵权人的救济和新兴行业的发展，从现行法律体制出发，协调各方利益，合理分配侵权责任，合理规制与激励发展协同并进。

一、无人驾驶汽车侵权责任主体的缺位

现行机动车的交通事故侵权行为大致可归纳为两大类，一类是驾驶人过错导致的交通事故，在此之下又可分为机动车所有人自己驾驶和所有人与驾驶人分离两种情形；另一类则是产品缺陷导致的交通事故。因此当前机动车交通事故存在三种常见的交通侵权行为。本章以此为切入点，分析现行机动车责任主体与无人驾驶汽车的契合度。

（一）现行机动车由驾驶人承担行为责任

1. 驾驶人责任承担分析

按照现行机动车交通事故侵权处理规则，驾驶人无论是否为车主，都必须为其驾驶行为承担责任，当然受害人故意除外。形成这种责任制度的原因有很

多。其一,从我国责任分配原则来看:车与车之间的碰撞,驾驶人承担的是过错责任;车与人之间的碰撞,驾驶人承担的是无过错责任,赔偿限额在10%以内。驾驶人是否为所有人并不影响责任分配。其二,从字义解释来看,驾驶人是指对机动车运行具有事实上支配力的人,和驾驶人背后是否具有另一重身份并不矛盾。驾驶人指的是事实上的运行支配者,享有运行利益,与驾驶人是否为机动车所有人无关。其三,从立法上来看,法律规定了驾驶人非所有人时的侵权责任,这其中包含合法获得驾驶权利的租借人,也包括通过非法手段驾驶车辆的盗抢者。[1] 租借人、盗抢者与驾驶人实质上具有不同的评价体系,前者是客观事实上的评价,后者是法律责任上的评价,完全可以在同一个人身上重叠,并不会引起排异。质言之,即使是两种身份重叠,驾驶人同为租车人、借车人、盗抢者乃至是所有人,均不影响驾驶人责任的认定。若执意将重叠的身份在交通事故侵权责任追究方面作出强制性区分,无异于化简为繁,对驾驶人责任承担并无实际意义。同时,在分析交通事故发生时各方作用效果时,根据"二元说",[2]驾驶人系法律归责身份,依旧是支配机动车运行及其产生的利益的主要身份,在交通事故中占据极大的影响力和支配力。而客观事实身份在与法律归责身份重叠时,其对事故的控制、影响作用并不太显著,因为驾驶人是否具有其他客观事实身份,如所有人、租车人、盗抢者等并无实际影响。故而,在具体配置侵权责任时,若驾驶人同为机动车所有人、承租人、盗抢者等,驾驶人身份可以吸收作用效果并不大的法律归责身份,仅评价为驾驶人责任。

根据民法理论分类,驾驶人责任定性为行为责任。民法基本原理将侵权责任划分为自己行为责任和非自己行为责任。"自己行为责任是指对自己的作为或者不作为造成的他人损害所承担的责任;非自己行为责任,包括就他人行

〔1〕 我国《民法典》第1215条规定:"盗窃、抢劫或者抢夺的机动车发生交通事故造成损害的,由盗窃人、抢劫人或者抢夺人承担赔偿责任……"

〔2〕 学术界仍将"运行支配+运行利益"作为机动车交通事故责任主体认定的两项标准,并将其称为"二元说"。我国采用"狭义二元说",运行支配限于驾驶行为,运行利益限于经济利益。参见张龙:《主体分离型道路交通事故责任主体认定标准》,载《西安电子科技大学学报(社会科学版)》2018年第3期。

为负责即物之责任。"[1]而机动车属于特殊的物，其特殊性在于机动车静止时，不存在致人损害的危险，而在驾驶人的操作下运动时，才是危险物。有学者指出，凡是出于行为者故意的事情，都可以归于行为者，而行为责任也仅以此为限。[2] 在现行交通事故领域，机动车仅系致人损害的工具，或者说与人的因素相结合而致人损害时，则只存在行为责任主体。驾驶人按照自己自由意志控制着车辆运行，其承担侵权责任不在于机动车的物理危险属性，而在于驾驶人的不当驾驶行为，以致其支配的风险现实化或需要为自己的行为埋单。根据黑格尔的理论，人应该对他的自由行为负责。此外，根据侵权责任的基本原则，"自己行为自己责任"。驾驶机动车致人损害毫无疑问是民法上的侵权行为，而驾驶人为自己的侵权行为承担责任理所当然。

2. "好意"作为驾驶人一般过失的责任减轻条件

我国《民法典》在一定程度上肯定了好意同乘构成侵权行为，但也认可了"好意"可作为驾驶人一般过失的责任减轻条件。根据《民法典》第 1217 条之规定：[3]对于接受他人好意而在乘车过程中因驾驶人一般过失而发生交通事故造成乘客损害，驾驶人承担侵权责任，但依法可以减轻；重大过失或者故意则承担完全的民事责任，甚至可能涉及刑事责任。但好意同乘具有社会利他性，社会也需要法律来保护人们的善良。因而好意同乘要构成侵权的条件更为严苛——好意同乘具有无偿性，排斥从中获得经济利益的行为，但也不否认包含利己的动机。[4]

我国立法者认为，接受驾驶人的好意搭乘其车辆并不意味着愿意承担乘车风险并放弃对驾驶人过失侵权的追偿。驾驶人不能因为其是施惠好意者便随意置受惠人的生命、财产于不顾。尊重他人生命健康、保护他人合法财产不受侵害，是每个公民应尽的责任和义务。根据德国学者贝克提出的社会风险理

[1] 杨立新：《道路交通事故研究》，法律出版社 2009 年版，第 136 页。

[2] 罗国杰、宋希仁：《西方伦理学思想史》（下卷），中国人民大学出版社 1988 年版，第 474 页。

[3] 《民法典》第 1217 条规定："非营运机动车发生交通事故造成无偿搭乘人损害，属于该机动车一方责任的，应当减轻其赔偿责任，但是机动车使用人有故意或者重大过失的除外。"

[4] 王雷：《情谊行为基础理论研究》，载《法学评论》2014 年第 3 期。

论,驾车乘车时是存在风险的,而受害人无偿搭乘便车,并不负担法律上的给付义务,如若好意人在助人为乐后,还需要为其承担不可预知的风险,这并不合情理。加之,好意同乘是基于人与人之间的情谊发生,民事权利义务并不平等。民法的"公序良俗原则"和"公平原则"保护好意人的情感和法益,若由好意人来承担完全的侵权责任实属过分苛责。为维护善良风俗和大众感情,保护好意人的法益,这正是法律守护社会公平公正的体现。《民法典》从公平正义的角度出发,合理配置"好意人"的赔偿责任,"好意"虽然不能作为驾驶人免责的条件,但可以有限度地作为其减轻责任的条件。

3. 现行的机动车驾驶人责任与无人驾驶汽车侵权责任认定并不完全匹配

在不存在现行意义上的驾驶人时,无人驾驶汽车侵权责任如何认定则成为新的难题。现行机动车驾驶人承担责任的理论基础在于支配与利益两要素。而与现行机动车不同,无人驾驶汽车通过计算机技术实现了全智能、自动化的变革,由电脑控制车辆,成功实现人类对驾驶操作的脱离,甚至连车辆启停、动作控制、碰撞规避等操作也可以完全由计算机完成。[1] 在侵权法中,除特殊情形外,过错与责任往往相伴而生。由本溯源,现行机动车侵权的驾驶人承担责任,本质还是在于其支配力,过错仅是其中不可缺少的侵权责任要素之一。没有控制权的"驾驶人",过错无从谈起。美国学者马克·格斯菲尔德认为,达到高度智能化的无人驾驶汽车,驾驶人丧失了对车辆的控制。而仅仅作为按下启动键、启动机动车的人失去对汽车的控制和支配能力,若依旧将其定位为"驾驶人",使其承担行为责任,不免让人觉得不合理。对此,从无人驾驶汽车的运行中产生的作用、功能来看,使用人更适合评价为"乘客",仅仅是乘坐使用而已。"深度学习"模型的构建,使人工智能可以超越系统编码预先设定的规则行为,甚至打破预先规则行为。[2] 换言之,无人驾驶汽车具有高度自主性和复杂性,使其逐渐脱离"工具"属性,正慢慢往"人"的方向进化。而这与当前一些

〔1〕 Kevin Funkhouser, *Paving the Road Ahead: Autonomous Vehicles, Product Liability, and the Need for a New Approach*, Utah Law Review, Vol. 1, p. 437(2013).

〔2〕 李坤海、徐来:《人工智能对侵权责任构成要件的挑战及应对》,载《重庆社会科学》2019 年第 2 期。

学者提出的“工具说”[1]完全背道而驰。无人驾驶汽车的使用人仅是单纯的启动者，在无人驾驶汽车的实际运行过程（如途中经过何地，以何种速度经过，何时转向、刹车等）中，除目的地的设置以外并不存在其他使用人意志。使用人的意志仅存在于目的地的设置，使用人早已在启动自动模式时将支配权利让渡给无人驾驶汽车。故而，使用人在无人驾驶汽车中，并无支配力和控制力，这并不符合现行交通事故责任分配的基础理论。本书探讨的无人驾驶汽车是真正意义上可脱离人类驾驶的高级智能汽车，其颠覆了人车关系，现行的机动车交通事故侵权责任的归责也应当发生变动。[2] 换言之，在无人驾驶汽车自主模式下的侵权责任，由于现行驾驶人责任理论基础与无人驾驶汽车实际运行操作模式有所差异，驾驶人转换角色成为“使用人”，导致现行意义的驾驶人责任与无人驾驶汽车侵权责任认定相互抵触，由此产生了不适配性。

当前国际上对于无人驾驶汽车的驾驶人认定并不一致。2020 年年初，美国交通运输部公布了《无人驾驶汽车准则 4.0》，为各州和地方政府、汽车测试商以及所有利益相关者提供统一指导。2022 年 3 月，美国交通运输部下的国家公路交通安全管理局（NHTSA）发布了《无人驾驶乘员保护安全标准》的最终规则版本，这是保护无人驾驶汽车的驾驶人的技术安全标准。目前，美国各州主要是通过行政政策对无人驾驶汽车侵权进行规制，如界定谁是驾驶员问题：田纳西州突破陈规，设立新法，将驾驶员定义为 ADS 系统，即自动驾驶操作系统；得克萨斯州、佐治亚州则在现有法制体系内将驾驶员定义为操作 ADS 系统的自然人，并强调其并不一定要在车内这个物理空间要素。除了对驾驶员的定义，各州关于责任的承担并未作过多的立法创新举措。相反，在清楚驾驶员是谁后，美国倾向于在不改变现有机动车交通肇事侵权责任体制的基础上，对各个过错主体进行归责：驾驶员承担行为责任；所有人对经过其明示或者默示许可而驾驶其机动车的他人的过失承担严格责任；对从事汽车租赁业务的人，

---

〔1〕 无人驾驶汽车是人们出行的“工具”，是人类身体的延伸。参见许辉猛、王飞翔：《人工智能侵权责任认定》，载《长安大学学报（社会科学版）》2018 年第 4 期。

〔2〕 郭泽强：《人工智能时代权利与责任归属的域外经验与启示》，载《国外社会科学》2020 年第 5 期。

当汽车所有人存在过失或犯罪行为时承担责任。[1] 重新界定驾驶员是一大创举，可以解决驾驶员角色转变的问题，但是内在问题仍未得到解决。如田纳西州规定的 ADS 系统为驾驶员，作为一个电子系统，其成为“驾驶人”于立法上并无障碍，但问题在于 ADS 系统闯祸后如何具体承担责任的问题并未得到解决。而得克萨斯州、佐治亚州将操作系统的自然人规定为驾驶人，更是违背了驾驶人责任的“二元说”理论。违背公平原理，不合理地强制分配责任，这样的法律并不能得到支持，于实践中更会损害司法的公平公正和权威。

科技迅猛发展，法律难免会显露出滞后性。基于此，现行机动车的驾驶人责任原理与无人驾驶汽车之间产生了一些无法调和的矛盾。问题该如何解决，无人驾驶汽车的驾驶人到底是谁，是否依然需要对无人驾驶汽车的侵权行为承担责任，这仍有待进一步探究。

（二）现行交通事故中所有人、管理人承担物件责任

1. 合法出租、出借情形下的所有人、管理人责任承担分析

当车主将机动车合法出租、出借给他人，而第三人使用机动车发生交通事故时，未尽注意义务的所有人、管理人承担责任。依据《民法典》第 1209 条之规定，[2] 所有人、管理人与使用人身份合法分离，合理监管义务为所有人、管理人的责任基线，未尽合理监管义务的所有人、管理人应当承担相应的侵权责任。换言之，所有人、管理人管理车辆，应当将车辆出租、出借给合格的使用人，若未尽到一个理性人该履行的注意义务将车辆租借给无驾驶资格证的人、酒后驾驶的人等不合格的使用人，那么所有人、管理人对交通事故的发生具有不可或缺的原因力。交通事故的发生，系所有人或管理人与使用人多方因素结合作用，属于多因一果，所有人、管理人也因此逃不开责任的束缚。剖析法条内在法理，机动车的所有权人、管理人对机动车享有绝对的支配权，为物权人。鉴于机动

---

[1] ［美］文森特·R. 约翰逊：《美国侵权法》（第 5 版），赵秀文等译，中国人民大学出版社 2017 年版，第 160 页。

[2] 《民法典》第 1209 条规定：“因租赁、借用等情形机动车所有人、管理人与使用人不是同一人时，发生交通事故造成损害，属于该机动车一方责任的，由机动车使用人承担赔偿责任；机动车所有人、管理人对损害的发生有过错的，承担相应的赔偿责任。”

车属于特殊的物，当所有人、管理人在自由意志下转移部分物权如机动车的占有、使用权给使用人时，法律对所有人、管理人提出对机动车合理监管的法律义务。世界上大多数国家都对机动车所有人赋予比一般物更高的注意义务。即以一个理性人的立场，对自己的所有物脱离自己监管时应尽到合理的注意义务。正如学者所言："侵权行为法的基本任务，在于划定被害人权益保护，与一般人活动自由之间的适当界限。"[1]监管义务源于所有权人、管理人之于物之特殊身份，衍生于物之所有权和占有、使用权。因此，所有人、管理人系机动车交通事故的责任主体之一，以过错为承担责任的前提，承担物件责任。

2. 盗抢情形下所有人、管理人以及盗抢者责任承担分析

基于非法原因，驾驶人与所有人分离，这其中就涉及所有人、盗抢者双方责任如何分配问题。接着盗抢者与驾驶人或将发生二次分离，非法得来的机动车被出租出借或发生二次盗抢，盗抢者责任又如何规制，也需要进一步分析研究。

首先，所有人、管理人对机动车被盗抢后发生的交通事故是否应当承担责任存在学说争议。对于所有人、管理人在盗抢机动车致人损害案件中所扮演的角色，德国法院认为机动车的所有人或管理人具有采取合理监管措施以避免无权利人使用机动车进而发生损害的义务。[2] 盗抢者违背所有人、管理人的意志使被盗抢机动车被动脱离管理，系无权利人，且所有人、管理人对被盗抢的机动车侵权损害承担过错责任。在我国法律体系中，所有人、管理人并不负有防止车辆被盗的义务和责任，且立法上对所有人、管理人在盗抢机动车致害案件中是否承担责任也未作出明确规定。盗抢机动车行为违背了所有人、管理人的意志，若仍要求被盗抢之人承担侵权责任，于其有不公之意。根据"二元说"观点，"运行支配"与"运行利益"是共同存在的，即机动车所有人、管理人对机动车的运行是否具有支配作用存在争议暂且不论，就"运行利益"而言，这一基本要素便不符合。机动车被盗抢后由盗抢者占有、使用、收益，而所有人、管理人

---

〔1〕 陈聪富：《侵权行为法原理》，台北，元照出版有限公司2018年版，第1页。

〔2〕 无权利人使用机动车可能因为难以追查责任人更不顾后果。参见谢薇：《论盗抢机动车交通事故侵权责任主体——对〈侵权责任法〉第五十二条的解读与适用》，载《广西社会科学》2013年第3期。

并未得到经济利益或精神愉悦,甚至相反,所有人、管理人还受到精神损失。就因果关系而言,系介入异常因素,将所有人、管理人对交通事故损害结果的作用力切断,结果归属于盗抢者。因此,当发生交通事故时,机动车所有人、管理人是责任主体之一,可以成为合格被告,但因其不对被盗抢后处于他人事实控制支配下的机动车承担责任而免责。同时,作为无权利人的盗抢者应当与使用人就损害赔偿承担连带责任。

其次,当盗抢者驾驶机动车发生交通事故后,追究刑事责任并不意味着免除民事责任。占有具有推定效力,即在事实不明时,推定为无过失占有、和平占有、公然占有。[1] 因此,尽管盗抢者通过非法手段成为机动车管理人,但为了社会秩序稳定,法律上认可盗抢者具有对抗原所有人、管理人的管理权限。当盗抢者与驾驶人为同一人时,承担交通事故侵权责任,此责任与驾驶人责任一致,为行为责任。因为盗抢者驾驶机动车中驾驶行为才是造成交通事故的直接原因,盗抢因素对安全驾驶并无直接危害。而针对盗抢者并非驾驶人的情况,即机动车管理人与驾驶人分离时,盗抢者仍然需要对他人的驾驶行为造成的交通事故承担侵权责任。对此,《民法典》第 1215 条明文规定,盗抢者对被盗抢的机动车所发生的交通事故承担责任。换言之,盗抢者对盗抢后机动车造成的交通事故侵权损害承担无过错责任,即便盗抢者与驾驶人非同一人时,盗抢者仍然需要为其前过错行为埋单。主要原因有二:一是因为在盗抢者与驾驶人分离时,驾驶人的错误驾驶行为对交通事故起主要作用,盗抢者的盗抢行为对于交通事故的发生也起导火索的作用。在这里,盗抢者盗抢机动车使机动车脱离善良所有人、管理人管理,对于交通事故的发生也有着不可忽略的重要性。二是盗抢者的行为属于违法犯罪行为,而我国法律对这类行为除了给予刑事惩戒,也要求盗抢者承担更严格的民事责任。

3. 物件责任主体理论与无人驾驶汽车侵权并不完全契合

由于无人驾驶汽车的自主性,现行的物件责任主体理论,即车辆所有人责任、盗抢者责任无法完全应对无人驾驶汽车侵权问题。按照当前机动车交通事

---

〔1〕 何炜炜:《民法学》,厦门大学出版社 2015 年版,第 233 页。

故侵权责任的有关规定，物件责任主体有两类，一是未能尽到出租出借注意义务的车辆所有人，二是将车辆与驾驶人分离的盗抢者。而这两类主体之所以要承担机动车侵权责任，还是因为由他们管理且有支配控制能力的物件危害到他人人身财产安全。于科技背景下，人类在汽车运行过程中的作用力似乎在逐渐缩小，没有现在意义上的驾驶人，有的只是冰冷的操作仪器、电脑芯片以及软件编码，等等。同时，无人驾驶汽车作为人工智能物，终究会有物权归属者——所有权人。非自主阶段的无人驾驶汽车人工智能程度不高，仅起辅助作用，与当前机动车并无实质不同，因而适用当前物件责任并无不可。而自主阶段无人驾驶汽车驾驶情景则发生了巨大变化，也给物件责任认定带来新的问题。

问题一：是否还有出租出借注意义务存在的必要，自主阶段无人驾驶汽车所有权人是否应当为自己的错误出租、出借承担物件责任。当前法律规定所有权人承担过错责任，即所有人应履行对物的妥善管理义务，未尽合理注意义务的出借者，应当对机动车不当出租所导致的交通损害承担相应侵权责任。本书认为，与现在典型的交通事故不同，自主阶段无人驾驶汽车的所有人对由系统操作控制的车辆并无实际上的作用力，所有人的物件责任应当有所改变。是否出借给合格的使用人在无人驾驶汽车中不再重要，原因在于，在无人驾驶汽车内，开车的不是“人”，而是系统。此外，自主阶段无人驾驶汽车的最大优点就在于它的“无人”。即便在未来，无人驾驶汽车被私人购买用于个人家庭，也会是一种很常见的场景，而这其中避免不了由无人驾驶汽车独自接送小孩上下学，接送行动不便的老人或者孕妇等，仍然规定无人驾驶汽车的使用人是有驾驶能力的人并不合理。从可支配程度考虑，当无人驾驶汽车在运行时算法发生错误，所有人对此无法监测更无法阻断，要求所有人履行监督、管理、注意义务等并无结果回避可能性。因此，面对自主阶段无人驾驶汽车，所有权人没有必须履行合理出租出借注意义务的社会环境，也无须因无驾驶能力人对车辆的使用而承担责任。

问题二：自主阶段无人驾驶汽车盗抢者的物件责任是否还有存在的必要。在现行机动车侵权中，盗抢者不论在驾驶行为或再次出租出借的行为中是否有过错，都应承担责任，其根本原因是盗抢行为使机动车脱离监管，对发生交通事故依然存在支配力,也享有运行利益。但对于由系统操作、随时联网定位的无人驾驶汽车而言,现行意义上的暴力盗抢者似乎再没有生存空间。未来会发生暴力盗抢无人驾驶汽车的情况少之又少,而篡改编码获得无人驾驶汽车控制管理权的人也无法将其定义为盗抢者。因为"新型盗抢者"盗抢机动车的第一步是攻克软件编程,而篡改系统编码后发生交通事故,篡改者当然不可避免要受到追责。但此处"新型盗抢者"背离了盗抢的基本含义,与黑客更为接近,其承担的也并非物件责任。此外,即使无人驾驶汽车被暴力盗抢成功,盗抢者与现行机动车驾驶人也不会重合,其作用地位也只能称得上启动者、乘车人。在无人驾驶汽车交通侵权案件中,盗窃者的身份仅仅是一个乘客,更遑论支配控制能力。

由此可见,现行机动车的所有人责任理论并不完全契合于无人驾驶汽车,应当结合无人驾驶汽车的特点构建新的责任体系。

(三)现行产品侵权中生产者、销售者承担产品责任

1. 生产者、销售者责任承担分析

现行机动车辆系"产品",依照现有法律体系,其当然受《民法典》侵权责任编产品责任章的调整和制约。按照立法规定,生产者和销售商是产品缺陷的责任主体。产品缺陷归为三大类:设计缺陷、制造缺陷以及警告缺陷,而生产者责任的法理即在于对产品缺陷的可控性。[1] 设计者带来了风险,生产者开启了风险,销售者贩卖了风险,这三者对有缺陷的汽车造成的损害风险发生都有着巨大的作用力。首先,机动车从设计到生产,离不开人类的操作。设计者在其中便占据了责任的初始地位,相较于其他主体对于控制危险程度更具初始优势。生产者将设计者的设计产品进行量化生产,而在这个生产的过程中,生产制造者使用的生产技术是否达标直接关系到产品的质量。其次,其作为商业实体更有承担损害赔偿的能力,能够使受害者更快得到救济。产品的责任配置,充分考虑了生产者、销售者和被侵权人的实际优劣势地位,对内有过错的以过错责任规制,对外为调和社会矛盾,站在保护弱者的视域,符合公平正义原则。

---

〔1〕 周友军:《民法典编纂中产品责任制度的完善》,载《法律评论》2018 年第 2 期。

2. 产品责任仅解决有限的无人驾驶汽车侵权问题

产品责任仅解决有缺陷的产品侵权问题,且仅能解决有限的无人驾驶汽车侵权问题。面对无人驾驶汽车侵权,针对是否应该修改产品责任规定以适应未来无人驾驶汽车侵权案件的问题,学界存在不同的观点。有学者认为,由于无人驾驶汽车的智能化,现行的注意义务由驾驶人转移到了设计者、经营者身上。[1] 换言之,针对无人驾驶汽车侵权问题,明显的、可控的产品缺陷造成的侵权,毫无疑问可以适用产品责任进行归责。然而,现行的产品责任并不能完全解决无人驾驶技术带来的科技难题。就当前产品责任而言,生产者、销售者虽然承担的是严格责任,但仍然需要满足其他的侵权责任要件,如侵权行为、损害后果以及因果关系。其中,产品责任的侵权行为主要表现为产品存在设计缺陷、制造缺陷和警告缺陷。"黑箱"技术的存在,使产品侵权的行为是否客观存在都难以证明。算法的不透明使无人驾驶汽车的行为及后果有了不可预见性,使算法与人的行为分离,进而人的行为与引发的责任分离,因此生产者不能对机器决策承担法律责任。[2] 明显缺陷尚可适用产品责任,而"隐形"算法缺陷又如何证明,如何归责,这一切都尚未可知。唯一值得肯定的是,对于无人驾驶汽车的错误,不应该简单粗暴地将生产者、销售者推上惩戒台,让他们承担"高度自主"的机器决策错误的后果。再者,即使无视是否有产品缺陷这一要素,统统由生产者、销售者承担无人驾驶汽车侵权责任,也必须权衡利弊。生产者、销售者的固有利益一旦被无限制条件地侵犯,潜在的开发者和销售者们可能望而却步,科技的进步和发展也可能被桎梏。完全消除驾驶人的物理操作而只依靠系统时,依靠产品责任不能公平解决问题。

二、无人驾驶汽车侵权责任主体的相关学说

现行责任主体规则无法完全应对新问题,学者们纷纷探索其他解决路径。

---

[1] 郭泽强:《人工智能时代权利与责任归属的域外经验与启示》,载《国外社会科学》2020 年第 5 期。

[2] 王乐兵:《自动驾驶汽车的缺陷以及产品责任》,载《清华法学》2020 年第 2 期。

有学者提出,当人工智能制造物——智能汽车发展到一定智能程度,实现真正意义上的无人驾驶,需要适时进行改革和完善,这个时间不宜过早也不宜过晚。无人驾驶汽车的责任主体缺位给侵权责任分配带来了不小的障碍,为了解决无人驾驶汽车侵权责任分配问题,除了考虑现行追责路径,依照产品责任追究生产者、经营者严格责任,或在无产品缺陷的条件下追究驾驶人行为责任、所有人物件责任外,还需要从其他角度提出更具有针对性的责任主体。目前,关于无人驾驶汽车侵权责任主体的学说大体可归纳为单一责任主体说和共同责任主体说两个方向。

(一)单一责任主体说

1. 系统研发运营商责任说

系统研发运营商作为巨大利益获得者,应当承担无人驾驶汽车侵权责任。有学者提出,无人驾驶汽车的责任主体应该由现在的驾驶人转变为系统研发运营商。[1] 系统研发运营商,又被叫作算法运营商、系统制造商,是指从事人工智能系统软件的开发研究工作、出售系统使用权、享有人工智能系统运行中所形成和收集到的数据所有权或利用形成的数据进行系统优化,从中获取利益的企业。根据"谁获益,谁担责"原则,系统研发运营商应当为无人驾驶汽车侵权承担责任。也有学者指出,系统研发运营商承担侵权责任是对利用系统减少自身工作量而获得更高利润的替代性追偿。[2] 无人驾驶汽车能够深度学习,自我更新迭代,复杂的决策系统形成"黑箱"后,被侵权人很难证明事故原因,也因此很难得到应有的赔偿。而追究系统研发运营商无过错责任,更符合分配正义的价值理念,填补被侵权人所受损失,而系统研发运营商所具备的优势地位也能让其从其他渠道分散风险、分摊损失。同时,根据控制支配理论,谁实施的客观支配行为造成侵权损害,谁就应当对此承担责任。在无人驾驶汽车应用上,对驾驶行为负有注意义务的主体由驾驶人转向无人驾驶智能操作系统,车

〔1〕 张玉洁、朱昊:《人工智能治理视野下无人驾驶汽车的法律责任研究》,载《南宁师范大学学报(哲学社会科学版)》2021 年第 1 期。

〔2〕 唐林垚:《人工智能时代的算法规制:责任分层与义务合规》,载《现代法学》2020 年第 1 期。

上人员并未参与驾驶活动,驾驶车辆的是人工智能系统,而非自然人。此外,系统研发制造商牢牢掌控了无人驾驶汽车最根本的技术——软件算法系统,制造出能够按照交通道路安全法规运行的无人驾驶汽车也正是系统制造商的义务,当无人驾驶汽车在运行中出现“过错”,责任应追溯到制造商。

2. 使用人接管义务责任学说

德国在立法层面规定了使用人的接管义务,要求使用人合理使用并且承担随时接管义务。驾驶人是当前机动车交通事故追责的第一主体,也是无人驾驶汽车交通侵权的自然选择。[1] 在人工智能高度发展的未来,驾驶人的定义发生改变。有学者提出应当将使用人视为无人驾驶汽车的驾驶人,因为他们享受到了车辆的运行利益和支配利益。[2] 2017 年修订的德国《道路交通法》也明确规定驾驶人为启动或者利用智能汽车的人,即使用智能汽车的人为驾驶人。换句话说,智能汽车的使用人就是“驾驶人”,而且仅在特定条件下——接管驾驶后才为驾驶人。根据该法规定,第 1a 条第 1、2 款界定了智能汽车以及允许“按规定使用”智能汽车,第 1a 条第 3 款表明驾驶人为启动或者利用智能汽车的人,即使用人;第 1b 条第 1、2 款罗列了驾驶员享有的权利以及承担的义务。[3] 首先,德国将无人驾驶汽车命名为智能汽车,而明确智能汽车的定义是明确责任主体的基础。故而,责任主体便被智能汽车的定义圈定在一定范围内,与智能汽车无任何关联的主体则被排除在外。其次,鉴于智能汽车尚未定型和产业化,故而立法者对其定义模糊且有弹性,上述德国法规定的“按规定使用”具有两层含义:一是使用的智能汽车要符合第 1a 条第 1 款的关于智能汽车的先决条件,即满足 EC 型式许可;二是使用人需要严格履行第 1b 条第 2 款所规定的义务——警觉和及时接管义务。再者,上述德国法对智能汽车的责任主体进行了一个初步划分:在无人驾驶汽车运行过程中,主要由汽车制造者对

---

〔1〕 Carrie Shroll, Splitting the Bill: *Creating a National Car Insurance Fund to Pay For Accidents in Autonomous Vehicles*, NW. U. L. Rev., Vol. 109, p. 803 – 815(2015).

〔2〕 藤田由敬『自動運転と運行供用者の責任』ジュリスト(有斐閣,2017 年)28 頁。

〔3〕 张韬略、蒋瑶瑶:《德国智能汽车立法及〈道路交通法〉修订之评介》,载《德国研究》2017 年第 3 期。

发生的交通事故承担侵权责任,而在使用人忽略系统提醒未及时接管汽车的情形下,由使用人承担责任。[1] 正如第1b条第1、2款的规定,使用人负有"及时接管"义务;在界定智能汽车的同时,其也对制造商提出了更高的注意义务和要求。由此可见,上述德国法并未改变由人类驾驶员承担交通事故责任这一归责路径。理由是,德国立法者坚持不论智能汽车如何发展,不能任由其完全脱离人类监管。进而,汽车在人类驾驶员监管之下发生侵权时,该驾驶员应当成为直接责任主体承担相应的侵权责任。

(二)共同责任主体说

1. 研发制造者与使用者共同承担责任学说

有学者认为研发制造者和使用者对机器人运作产生的"实施行为"共同承担责任。[2] 虽然持此种观点的学者系少数,但不可否认此种观点有其合理性。这种观点认为,对无人驾驶汽车系统运行进行有无过错的判断是一个伪命题,一般原则下应当由研发制造者与使用者共同对无人驾驶汽车发生的侵权损害承担责任,再根据法律的特殊规定和具体情况判断研发制造者和使用者是否符合法定免责条件。俄罗斯《机器人学与人工智能示范公约》规定,研发者应对人工智能持负责任态度并推定人工智能的危险性。研发者不应也无权忽视人工智能技术可能给人类社会带来的不可逆转的风险,因此给科学家们套上法律的缰绳是有必要的。[3] 当无人驾驶汽车造成侵权损害时,研发制造者开创了一定的社会风险,其承担的责任不应该限制在设计和制造缺陷范围内,而应该适当扩大。并且,使用者在人工智能的运作中也有着举足轻重的影响。研发制造者将风险带到这个世界,而使用者将风险现实化,二者均是侵权链不可缺少

---

〔1〕 谢薇、肖飒:《自动驾驶汽车的交通事故损害赔偿责任》,载《长安大学学报(社会科学版)》2018年第4期。

〔2〕 [俄]安德烈·聂兹纳莫夫、维克多·纳乌莫夫:《机器人学与人工智能示范公约——机器人与人工智能创制和使用规则》,贾佳威译,张建文校,载《人工智能法学研究》2018年第2期。第28条规定:"除非法律和具体情况另有规定,否则机器人运作规则的实施责任归于机器人的创制者以及可以通过其行为影响机器人运作的任何人。"

〔3〕 郑戈:《在鼓励创新与保护人权之间——法律如何回应大数据技术革新的挑战》,载《探索与争鸣》2016年第7期。

的一环。

2. 电子人主体学说

欧盟通过立法赋予无人驾驶汽车电子人主体地位。基于“法律的功能主义”考量,[1]2017年欧洲会议正式通过了欧盟《机器人民事责任法律规则》,其中第50条f款[2]提出为机器人创立特定法律地位,使其成为“电子人”,能够承担其引发的损害的责任。[3] 而欧盟之所以如此“大迈步”,是因为其综合考虑,前有沙特政府赋予机器人索菲亚公民身份,[4]后有现实需求所在,再者理论上并无障碍。[5] 此外,从客观条件上看,无人驾驶汽车除了无法拥有人类DNA和感情,在其他方面与人类无异甚至强于人类。首先,根据图灵实验可以得出,无人驾驶汽车同人类驾驶员在作出判断时并无差异。其次,作为强人工智能的无人驾驶汽车,能够在大数据中不断实现系统的更新优化,自我更新迭代,行为也无法预测,具有一定程度的自主性和不可预见性。人之所以不同于动物,是因为人具有高强度的思维能力。无人驾驶汽车在强人工智能的科技下拥有了“思维能力”,能够作出自主判断和决定,与自然人并无二异。换言之,无人驾驶汽车有作为“人”的客观基础——自主判断的“思维能力”。因此,赋予无人驾驶汽车电子人法律地位,使其能够与自然人同样受到法律约束并为自己的“侵权损害行为”承担赔偿损失的法律后果。

---

〔1〕 法律的功能主义是指法律为需要而创设。从法人的起源来看,赋予法人法律上主体资格并不是赋予其人格客观导致的结果,反而是之所以赋予其人格就是因为需要一个具有主体资格的法人出现。参见赵磊、赵宇:《论人工智能的法律主体地位》,载岳彩申、侯东德主编:《人工智能法学研究》2018年第1期,社会科学文献出版社2018年版,第31页。

〔2〕 欧盟《机器人民事责任法律规则》第50条f款规定:“从长远看,应当为机器人创设特殊的法律地位,以保证复杂的自动化机器人能够作为电子人的法律主体存在。这样它们有承担自己造成损害的责任,并且能够在其自主作出行为决策或以任何方式与第三方交往时享有电子人格。”

〔3〕 Samir Chopra & Laurence F White, *A Legal Theory for Autonomous Artificial Agents*, Michigan University of Michigan Press, 2011, p. 18－22.

〔4〕 潘玥斐:《机器人被赋予公民身份引发舆论关注》,载《中国社会科学学报》2017年11月10日,第2版,载中国社会科学网,http://www.cssn.cn/zx/201711/t20171110_3738429.shtml,2021年11月8日访问。

〔5〕 法律主体经历了“人”非人(特指在万民法中奴隶原则上属于物而非人)到“人”(法人等非自然人)非人的变迁。参见姚辉主编:《民法总则基本理论研究》,中国人民大学出版社2019年版,第349～424页。

电子人侵权的实际责任承担类似于公司法人，由背后的股东们对侵权承担相应责任。有学者提出，“电子人”作为强人工智能，民事责任承担方式与公司法人类似。[1] “为机器人创造具体法律地位的法律后果，是以便赋予最复杂的自动机器人以电子人的具体权利和义务，其中包括对它们可能造成的任何损害进行补偿，并将电子人格适用于机器人作出理智的自主决定或以其他方式与第三方互动的情况。”[2]根据《公司法》的规定，公司法人表面上以公司的名义对外承担责任，但责任的实际承担者仍然是背后的自然人，即出资公司并享有收益的股东们。同理，置换为无人驾驶汽车的“电子人”制度，其背后的实际责任承担主体也将不限于单一主体。

(三)评析

1. 单一责任主体说加重个体责任

(1)系统研发运营商并非唯一获利者且无控制支配权

无论是根据“谁获利，谁担责”原则还是根据控制支配理论，让系统研发运营商独自承担责任都不合理。根据收益和风险比例原则，由系统研发运营商承担部分责任无可非议。但享受无人驾驶汽车技术科技红利的并非系统研发运营商独一家，从微观层面来说，获利者还包括各种零部件的生产商、原材料的供应商、无人驾驶汽车的购买者和使用者；从宏观层面来说，获利者是整个社会，乃至整个国家。此外，控制支配理论也无法为系统研发运营商责任提供理论基础，因为研发运营商无法实际控制无人驾驶汽车的运行。忽略无人驾驶汽车的自主性和不可预见性，把无人驾驶汽车当作一个彻底的、可被控制支配的“物”来考虑责任的承担，是完全错误的方向。首先，无人驾驶汽车具备深度学习能力，其行为脱离研发设计者的预测。在无人驾驶汽车的实际运行中，由于大数据的存在、强人工智能的学习能力、数据共享功能，系统研发运营商的作用力会日渐减少。换句话说，系统研发运营商并非无人驾驶汽车的实际控制人。再者，无人驾驶技术研发会不断遇到“瓶颈”，而科技进步的阶梯也在于此。无人

---

〔1〕 刘宪权主编:《人工智能:刑法的时代挑战》,上海人民出版社 2018 年版,第 152 页。

〔2〕 刘宪权:《人工智能时代的刑法观》,上海人民出版社 2019 年版,第 64 页。

驾驶汽车作为人工智能物,具有自主性和难预测性,经过迭代更新,会不断产生新问题,发生交通事故时其产品缺陷将难以证明。在因果关系不明的情况下,若是一味追究系统研发运营商的责任,看似公平合理,实则是对法的正义价值的贬损。[1] 故而,规定由系统制造运营商单一主体承担无人驾驶汽车自主行为的侵权责任,不仅加重了系统制造运营商的责任,更不符合侵权责任追求的法律价值。

(2)使用人接管义务不现实也不合理

不区分无人驾驶汽车的智能等级,对使用人一律以"及时接管义务"为归责基础,对未履行该义务的使用人追究责任并不合理。当前阶段,对于仍属于非自主阶段的L1－L3级无人驾驶汽车,使用人仍然是当前意义的司机,智能操作系统仅起辅助作用。因此,对非自主阶段的无人驾驶汽车,要求使用人履行"及时接管义务"是有一定实用价值的。但是,对于不久将要到来的L4－L5阶段的无人驾驶汽车却是一种发展桎梏。需要明确的是,在完全自主阶段,要求使用人履行"及时接管义务"确有强人所难之嫌,也不符合社会现实需求。第一,预设中的强人工智能汽车能够做到任何环境都不需要人类操作介入自主驾驶,实现完全意义上的去人工化,仅由无人驾驶系统自动根据传感器接收来自外界信息如车速、车距、路况、天气等各种因素来构建三维世界立体模型,进而调节车辆的运行。有的无人驾驶汽车,如Cruise Origin,[2]其设计理念便完全排除了人工操作的可能性,如无方向盘、刹车等设计,从根本上避免人类驾驶的懈怠可能性,也无使用人接管驾驶的余地。第二,无人驾驶汽车的设计初衷就是减轻驾驶员负担,为社会创造便利。从无人驾驶技术研发主旨方面来看,"极致享受"是使用人的初衷,也是研发者竭尽全力的追求。使用人可以享受与家人朋友的路途时光,而不是作为"工具人"。换言之,使用人解放双手是时

〔1〕 邹爱华、王思宜:《论无人驾驶汽车的侵权责任主体》,载《黑龙江省政法管理干部学院学报》2019年第4期。

〔2〕 美国通用汽车旗下Cruise Automation公司设计的一款名为Cruise Origin无人驾驶汽车,将人们构想中的无人驾驶汽车变成了现实,这也是一款没有方向盘和踏板的电动汽车。参见陈驰:《没有踏板和方向盘!通用首款无人驾驶汽车首发:定名Cruise Origin》,载快科技,https://news.mydrivers.com/1/668/668804.html,2020年4月12日访问。

代的趋势，双手远离方向盘而与家人朋友接近也是时代的诉求。随着无人驾驶技术的快速发展，使用人的注意义务也应随之减轻。第三，无人驾驶汽车的使用群体可能还包括残疾人、老人、儿童等。而这类人群本就是弱势群体，或许根本没有驾驶汽车的资格和能力。若从法律规定上排除此类使用人，对于无人驾驶技术发展可能会是一个极大的阻碍，但如果对他们提出“及时接管”义务，以便随时接管，却又是不现实的。第四，从人类本性方面，即使对正常的使用人而言，及时接管义务也是不合理的。无人驾驶技术适用的前提是人类的信任，而当一辆无人驾驶汽车并不能真正脱离人类时刻监管时，代表着它的安全性能远不足以让人产生信任，那么它的存在就丧失了最根本的意义。更重要的是，自律是极少部分人的努力成果，而对大多数普通人而言，懈怠是最容易发生的事。德国立法要求使用人从放松的精神状态迅速切入紧绷而理智的状态去接管汽车，然而普通人完全无法做到。众所周知，人在过度紧张的状态下往往会把事情搞糟。就这方面而言，这也违背了无人驾驶技术的初衷，由交通事故造成的危险系数可能更大。

总之，德国在立法文件中作出的使用人接管义务规定，仅适用于当前 L1 - L3 级的无人驾驶汽车，对于真正强人工智能的完全自主阶段的无人驾驶汽车却难免捉襟见肘。

2. 共同责任主体的范围不明确

(1)使用者范围无法厘清

研发制造者与使用者共同责任，有一定的合理性，但使用者无法确定也是该责任分配方式的矛盾点。强化研发设计者责任，是否会减缓人们对科技的追逐脚步，暂且不作深论。单单将使用者的责任添于其中，与研发设计者共同承担责任这一点，就表现出其“合理性”。它突破了单一主体责任说的限制，将眼光放至多元主体，在多主体之间分摊风险和责任。然而，它的缺陷在于，忽略了对使用者的范围进行限制。无人驾驶汽车的使用人是可以通过其行为对无人驾驶汽车发出启动命令的“使用者”，这一点毫无疑问。但问题的关键在于，对于交通事故的发生，使用人的作用微乎其微，使用人早已将“支配权”让渡于无人驾驶汽车。因为自主程度越高，就越不能成为其他主体的工具，在无人驾驶领域更是如此。无人驾驶汽车作为人工智能领域的典型，其享有“意志能力”，这个意志能力虽然并非与人类完全相同，但却可以与系统设计者、使用人、所有人的意志相分离，超出除操作系统以外任何人的意志力。[1] 若此时仍要求使用人承担一般侵权责任，且不论无法证明因果关系存在，首先打击的便是使用人的购买积极性。这对科技的发展并无益处。故而，将“使用者”“恰如其分”地纳入无人驾驶汽车侵权的责任主体范围是一条可行的路径。首先，对使用者的范围进行限缩，将对无人驾驶汽车发生交通事故存在故意或过失的使用者排除在外，且对这类使用者单独适用一般侵权责任。其次，无过错使用者仅对非因产品缺陷的无人驾驶汽车致人损害承担责任。若无人驾驶汽车具有产品缺陷，其自有一套归责体系，而没有必要将使用者牵于其中。产品缺陷致人损害由无过错的使用者承担责任，系对法律宗旨的违背。

(2)“电子人”说跨度过大、责任落实不明

欧盟的“电子人”责任直接将人工智能拔高到另一个高度，与自然人等同并不符合人类中心主义，也并未解决实际问题。首先，赋予无人驾驶汽车“电子人”公民身份的学说在某些方面缺乏合理性，将强人工智能定义为“电子人”也完全脱离了现有的法律制度，突破了人类情感。无人驾驶汽车仅有一定的自主性，但终究与自然人不同，它无血无肉，仅由金属器械组合而成。强人工智能的无人驾驶汽车虽有人类的理性，但没有自然人的生理特征，如喜怒哀乐。即使忽略无人驾驶汽车在情感和生理方面与自然人的相异处，将强人工智能视为“人”是对人类情感的颠覆。因为“电子人”的说法会带给人一种“它”是“他/她”的错觉。实际上，沙特政府也是这么做的。沙特赋予机器人索菲亚“电子人”身份，为其登记性别、赋予国籍，授予沙特公民身份。但自此之后，关于索菲亚是否能像一个普通自然人公民一般享有权利、承担义务，是否有专门的“电子人”管理部门等细节均未在后续中得到报道。能否享有“人”的身份地位，权利义务何处落实，这样一种争议的存在，本身就是对“电子人”地位的冲击。与“现实人”相比，无人驾驶汽车更像是“人格人”。也有学者提出，“电子

---

〔1〕 彭诚信、陈吉栋：《论人工智能体法律人格的考量因素》，载《当代法学》2019年第2期。

人”与公司法人相似。[1] 在定义和功能特性上与公司法人更为接近，却将其定义为与自然人相关联的“电子人”，与现有法律体制脱轨，过分拔高强人工智能的法律地位对问题解决并无益处，反而会带来更多理论上、情感上的不和谐。其次，“电子人”概念的政治意义大于法律意义，“电子人”法律人格并不能解决责任承担问题。拥有主体地位的无人驾驶汽车，要践行“自己行为自己担责”的基本原则。责任主体是哪些、责任承担方式是什么、具体责任如何落实等一系列问题均未明确指出。仅作为一个法律拟制的民事主体，无独立财产和固定组织机构，自然就无法独立承担责任。对此，欧盟给出的解决方案是强制责任保险制度和设立专项赔偿基金。专项基金可以作为无人驾驶汽车的财产和经费，使其可以成为独立的责任主体。但这仅限于符合法律逻辑的一种推理，现实中如何操作尚存疑问。基金资金从何而来，基金的赔偿范围、限额也无明确标准。“电子人”说并未落到实处，无法长期解决无人驾驶汽车侵权责任由谁来承担的问题。

三、现有责任主体学说与无人驾驶汽车侵权的融合

“无人驾驶”是无人驾驶汽车与现行车辆之间最明显的区别，当无人驾驶汽车遇上现行观点学说，如何取舍成为首要问题。现行法能否跟上科技的发展，是否会产生法律的滞后性，以致沦为“废法”？现行责任学说将成为过去式还为时过早？从目前科技发展状况来看，现行学说观点依然有可适性，“不必因为出现‘索菲亚’公民就去急急忙忙修改民事主体的基本理论”。[2] 现行交通事故责任主体学说和产品责任的主体并未完全退出舞台，而是与无人驾驶汽车侵权相互融合。

（一）驾驶人行为责任仍可适用

对非自主阶段的无人驾驶汽车和自主阶段但启动人工驾驶模式的无人驾驶汽车，现行机动车驾驶人责任依然有着不可撼动的地位。换句话说，驾驶人

---

〔1〕 刘宪权主编：《人工智能：刑法的时代挑战》，上海人民出版社2018年版，第152页。

〔2〕 郝铁川：《不可幻想和高估人工智能对法治的影响》，载《法制日报》2018年1月3日。

行为责任在L1－L3级非自主阶段无人驾驶汽车侵权中更为突出、不可或缺；而在L4－L5级的自主阶段，其仅存在于使用人启动了人工驾驶模式的情景中。当前，学界对无人驾驶汽车讨论的焦点是强人工智能的无人驾驶汽车基于自主行为作出行动是否适宜"人格化"。申言之，学者们对非自主阶段的无人驾驶汽车适用现行交通事故规则并无异议，对该阶段的无人驾驶汽车不具有法律人格达成了共识。本书认为，现行交通事故使用人责任并不能与无人驾驶汽车的侵权模型完全契合，二者存在一定的重合期间（如为增大无人驾驶汽车的利用率，仍然可能存在一些无人驾驶汽车配置有"人为操作模式"选项）。实际上，为了增强市场适应性、提高利用率，为了应对现实驾驶环境的复杂多变，也为了尊重人之选择，无人驾驶汽车普遍投入市场的初期，依然会存在人工模式的选择按钮。法律之所以赋予无人驾驶汽车以法律人格，仍在于无人驾驶汽车的自主性；但是人工模式下人类驾驶员并未丧失对汽车的控制，无人驾驶汽车并未表现出其自主性，人类驾驶员对车辆依旧享有控制权和运行利益。践行使用人意志的无人驾驶汽车，其只是使用人身体的延伸，其侵权行为视为使用人行为。此外，若使用人不遵守无人驾驶汽车的使用方法，毫无顾忌地任意使用，如在被禁止的环境下不正当使用无人驾驶汽车，则使用人需要为其任性行为付出代价。[1] 综合来看，驾驶人系自然人而非无人驾驶系统的情况下，即无人驾驶汽车在人工驾驶模式下发生侵权，与现行机动车并无差异，根据"二元说"理论，现行机动车使用人责任依然可以适用。

（二）产品责任依然有存在空间

从L1级到L5级，无人驾驶汽车侵权的产品责任不会消失，只会一直存在。产品缺陷与科技先进程度并无直接关联。再精密的高科技，只要是人工研发生产制造的，就必然会存在各类或大或小的缺陷概率问题，当产品缺陷具有可证实性，那么必然适用产品责任。只不过相较于一般的产品，无人驾驶汽车的"科技免责"项可能更多。产品责任适用主体主要还是系统软件的研发运营

〔1〕 Gurney J. K., Sue, *My Car Not Me: Products Liability and Accidents Involving Autonomous Vehicles*, University of Illinois Journal of Law, Vol. 2, p. 247－277(2013).

者们。鉴于软件的可更新性,生产研发者们随后会在市场投放更新过的、更好的产品,因此不能将软件视为有缺陷产品。[1] 总体来说,软件研发运营者承担缺陷产品责任的可能性虽然减少,但也并非消失。如同现行机动车的车体一般,制造缺陷、警告缺陷等产品缺陷是无法杜绝的。在无法百分之百消除产品缺陷时,武断排除产品责任的使用,无疑是错误的。本书认为,以明显、可鉴别的产品缺陷为界限,对有着明显、可鉴别的产品缺陷的无人驾驶汽车,如无人驾驶汽车编程不正确或警示不到位等,适用现行产品责任并无任何理论和接受度上的障碍。又如,密歇根州第644号法案规定的"(无人驾驶汽车)车辆经第三方改造后造成侵害,原始制造商不对无人驾驶车辆的缺陷负责,除非有证据证明缺陷在改造前就已存在",正是将机动车侵权责任向产品侵权责任转换的一个间接条款。虽然使用空间变窄、变小,但并不意味着产品责任失去了生命活力,其依然有生存空间,依然能为解决产品侵权提供法律依据。

(三)人为干预致害依旧可适用普通侵权责任

当人为干预导致无人驾驶汽车发生交通事故时,可以构成以人类行为者为中心的侵权行为,按照当前过错侵权的普通侵权规则处理。除设计者和管理人之外的第三人,对人工智能进行控制导致侵权行为发生的,应当由第三人承担责任。[2] 无论是L1级还是L5级的无人驾驶汽车,所有者(对无人驾驶汽车和被侵权人而言,所有者亦是"第三人")在购入无人驾驶汽车后,都需要对无人驾驶汽车履行定期检修、保养的义务。所有者对无人驾驶汽车并未履行购车后的基本维修义务,以致车辆不能正常运行而发生交通事故,由所有者承担物件责任,并不难理解。美国著名大法官霍姆斯也曾强调,每个人都必须承担自己从事的行为所伴随的风险。普通法的侵权责任要求事故责任的制造者对事故损失承担损害赔偿责任。[3] 此外,所有者在购买之后,对其有改造行为,应

〔1〕 Council Directive 85/374, art. 6(2), 1985 O.J. (L 210) 29, 31 (EEC).

〔2〕 付其运:《人工智能非主体性前提下侵权责任承担机制研究》,载《法学杂志》2021年第4期。

〔3〕 [美]小奥利弗·温德尔·霍姆斯:《普通法》,冉昊、姚中秋译,中国政法大学出版社2006年版,第83页。

由实际改造者承担责任。[1] L4 – L5 级的无人驾驶汽车基本的原理还是计算机算法的运行，受制于编码程序是它的致命死穴。在有黑客攻击无人驾驶汽车系统时，算法无法正常运行，无人驾驶汽车作出了依照原本算法和程序本不会作出的判断和行动，以致发生交通事故。而依据我国《民法典》的规定，因第三人的行为造成侵权，由第三人承担侵权责任，未尽到管理义务的公共场所经营管理人（安保义务人）、教育机构承担补足责任。就其背后的原理而言：其责任的主要主体第三人承担第一责任，第三人是侵权行为的直接侵权人、主要原因力；就其不能承担部分由未尽到合理注意义务、安全保障义务的安保义务人、教育机构承担补足责任。因此，在黑客篡改无人驾驶汽车编码、改变运行程序时，该黑客成为造成无人驾驶汽车发生交通事故的直接行为人。[2]

当存在人为干预且系交通损害事故决定性因素时，干预行为与无人驾驶汽车侵权损害具有法律上的因果关系。不论是自动驾驶模式还是人类驾驶，抑或辅助驾驶，以人类行为者为中心，根据侵权法的责任自负基本原则，由具有过错者为其过错行为埋单系合乎法律人情。故而，普通侵权的责任理论依然成立，第三人的人为因素介入无人驾驶汽车运行，介入者承担侵权责任。

（四）侵权责任主体的融合新态势："电子法人"责任主体多元

科技进步，社会环境也随之改变，各相关主体在车辆运行中发挥的作用和影响也随之变动，那么责任主体也不可能一成不变。现行侵权责任主体学说虽然仍有生存空间，但适用的范围有限制，并不能完全处理无人驾驶汽车的侵权事件。

驾驶人责任仅适用于存在自然人驾驶员的 L0 – L3 级和 L4 – L5 级启动人工驾驶模式的情况；产品责任虽不以智能等级为标准，但其适用也必须以证明产品缺陷为前提；普通侵权责任只能解决因第三人干预致害问题。对于非因产品缺陷、人为干预以及未开启人工驾驶模式的 L4 – L5 级无人驾驶汽车侵权，

---

〔1〕 Villasenor J., *Products Liability and Driverless Car: Issues and Guiding Principles for Legislation*, Amsterdam: Brooking, p. 15(2014).

〔2〕 Duplechin R. J., *The Emerging Intersection of Products Liability, Cybersecurity, and Autonomous Vehicles*, Tennessee Law Review, Vol. 3, p. 803 – 846(2018).

则“无法可用”，责任主体无法确定。无人驾驶汽车的自主行为切断侵权损害的法律因果，无人驾驶技术普及使法律表现出滞后性。当排除一切可以适用现行侵权责任的事由时，那么剩下的便是“法外空间”。简单的机动车交通事故责任和产品责任的叠加并不能解决无人驾驶汽车带来的发展风险，[1]无法填补受害者因此受到的损失，而得不到救济的受害者苦求无门，是立法者所不愿看到的，也违反法律的公平公正原则。也有学者认为，人工智能对自己行为承担责任的有且仅有以下情形：人工智能引起损失或损害且造成损失或损害的所有责任都不能归属于流通环节的某个或某几个主题。[2] 因此，对当前法律规定无法处理的新问题，法律不能留白，相匹配的新责任主体则成为适应新科技的需要。

对于 L4－L5 级无人驾驶汽车侵权，在难以解释事故原因时，以“电子法人”为基础，新建其他相关主体责任体系。首先，关于无人驾驶汽车“电子法人”主体地位问题。有学者提出，作为人工智能，无人驾驶汽车随着立法的进步，可以拥有法律人格，成为独立的责任主体。当自动驾驶系统取代人类驾驶员成为汽车的控制方，风险就开始向汽车系统转移。为了满足生活需要，我们必须谨慎创制法律规制和概念。[3] “电子法人”是对《民法典》民事主体“特别法人”的一项新增，与公司法人并列，以当前法律制度为基础，同时并未如欧盟的大跨步的“电子人”一般忽略现实基础。它既不脱离现实，又符合时代的进步要求，无论是理论上还是情感上都更容易被接受和采纳。此外，设立“电子法人”，使真正具有过错的无人驾驶汽车自己承担责任，更符合侵权法背后的原理，更能厘清其中复杂的侵权法律关系，也更能在尊重客观侵害事实的基础上进行恰当的责任追溯。“在可预见的未来，某一套算法将能自己拥有一个运

[1] 邹爱华、王思宜：《论无人驾驶汽车的侵权责任主体》，载《黑龙江省政法管理干部学院学报》2019 年第 4 期。

[2] [美]约翰·弗兰克·韦弗：《人工智能机器人的法律责任》，郑志峰译，载《财经法学》2019 年第 1 期。

[3] [美]E. 博登海默：《法理学：法律哲学与法律方法》，邓正来译，中国政法大学出版社 2017 年版，第 263 页。

输帝国或是创投公司资本,而不必服从任何人类所有者的命令。"[1]在可以看见的未来,"电子法人"能够拥有独立的意志,成为合格的民事主体。其次,关于无人驾驶汽车新型责任主体问题。在法律评价中,无人驾驶汽车成为"电子法人",需要为其自主侵权行为自行承担责任。但作为无实体的法律拟制人格,没有灵魂可以被诅咒,没有身体可以被体罚,在其背后依旧需要以人类作为实际承担责任的主体。俄罗斯《格里申法案》提出无人驾驶汽车在拥有民事主体之后,承担的是一种"代理人责任"。即无人驾驶汽车作为代理人,代理"其他主体"完成驾驶行为,责任自然也需要由"其他主体"承担。也有学者提出,公司与人工智能存在大量的相似之处。[2] 既然无人驾驶汽车可以拥有"电子法人"的资格,那么也可以考虑当前公司法人制度责任承担方式:各责任主体的存在类似于公司背后的各个股东,享有无人驾驶汽车带来的收益,同时也应当承担背后的风险,构建一个多方侵权责任主体并存的责任主体架构。通过分析可能的责任主体,为无人驾驶汽车的责任承担探寻一条明路。以"电子法人"为侵权行为主体,提出多方并存的责任主体,以此解决无人驾驶汽车侵权的责任承担问题,并对无人驾驶汽车侵权的责任承担达到一个分流的目的,尽量减轻单个主体的责任。

四、无人驾驶汽车责任主体多元化的路径探索

新型责任主体融合发展,确立适用于科技环境下的责任主体是必然趋势。现行责任主体对无人驾驶汽车而言适用范围有限,但只要尚有适用空间,就不应该草率退出责任主体的舞台。而高度自主的 L4 - L5 级无人驾驶汽车带来的法律空白,需要对责任的主体模式进行一番革新。责任主体,即驾驶人、所有人、生产者、销售者、第三人均有可能成为无人驾驶汽车侵权的责任主体。此外也可能包括但不限于学者们新提出的使用人、系统研发运营者、保险人、互保协

---

〔1〕 [以]尤瓦尔·赫拉利:《未来简史》,林俊宏译,中信出版社 2017 年版,第 291 页。

〔2〕 Asaro P. M., *Robots and Responsibility from a Legal Perspective*, Proceedings of the IEEE, Vol. 4:14, p. 20 - 24(2007).

会、国家管理人,等等。新的角色定位需要新的侵权责任体系,以应对无人驾驶汽车侵权案件的责任主体制度的完善问题。

(一)车体所有人承担责任

所有权人作为车辆购买者,享有无人驾驶汽车运行利益,同时作为风险启动者,应当为自主阶段无人驾驶汽车侵权承担相应责任。依据现行法律法规,机动车所有人应当对其未能履行的注意义务承担相应的过错责任。但我国当下对无人驾驶汽车的所有人是否承担责任、承担何种责任并未明确规定,无人驾驶汽车侵权领域的法律规制也尚无重大突破。学界关于所有人是否承担侵权责任存在争议。有学者主张自主阶段无人驾驶汽车的所有权人不承担责任,认为自动驾驶系统技术的存在使所有人丧失了对无人驾驶汽车的运行支配权利,进而无法履行管理控制无人驾驶汽车的义务。[1] 确实,就控制支配理论而言,现行机动车所有人承担物件责任的基底受到了冲击,从这个角度阐述所有者责任也不再可行。对此,也有学者有不同的见解,所有权人作为物权享有者,理应对无人驾驶汽车侵权承担一定的责任。[2]

所有权人理应承担无人驾驶汽车侵权责任。理由如下:首先,从物权角度看,无人驾驶汽车的购买者,通过买卖合同取得了无人驾驶汽车车体的物权,完全有成为侵权责任主体之一的可能。根据民法规定,所有人对其所有的物件仅承担未履行合理管理义务而产生的责任。从物件责任的原理出发,无人驾驶汽车的所有人对无人驾驶汽车的管理义务仅限于车体和软件等的日常维护和更新,若因未尽车辆维护、检修管理义务而导致交通事故发生,所有人理应为此承担责任。其次,自无人驾驶汽车研发、上市,其两大价值逐渐进入人们的视野,一是给相关生产商带来市场份额即经济价值,二是给车辆所有人带来生活便利即使用价值。无人驾驶汽车的所有权人享有了车辆的运营利益,使用价值,根据"谁获益,谁担责"请求所有权人为车辆自主侵权承担相应责任并非毫无依

[1] 张玉洁、朱昊:《人工智能治理视野下无人驾驶汽车的法律责任研究》,载《南宁师范大学学报(哲学社会科学版)》2021 年第 1 期。

[2] 白云武:《无人驾驶汽车交通事故的法律责任分析》,载《交通运输部管理干部学院学报》2016 年第 2 期。

据。一辆汽车,不论是现行机动车还是具有人格的无人驾驶汽车,最大的价值仍然在于工具性,即车辆的根本价值在于其使用价值。车体所有人购买了无人驾驶汽车,成为“电子法人”的一名股东,在坐享收益的同时也逃不开责任的承担。而所有人将其所拥有的无人驾驶汽车出租出借,甚至是共享、商业使用的行为,似乎将其与交通事故分离,但这只是假象。所有人的任何使用、处分、收益无人驾驶汽车的行为,因无人驾驶汽车的特性——自主驾驶和所有人的权益关系,使使用人的行为效果最终归所有人承担。最后,侵权行为规则主要基于以下事实:由造成某种程度的损害而实现风险的人,即责任人承担侵权责任。[1] 根据风险社会理论,对无人驾驶汽车的车体所有人而言,启动无人驾驶汽车不可避免会对社会造成损害。即便这是法律允许范围内的风险,但在该风险成为现实后,作为享有无人驾驶汽车运行利益、承担管理维护义务的物权人,有必要为无人驾驶汽车侵权承担部分责任。

(二)使用人不承担责任

针对L4-L5级无人驾驶汽车侵权,使用人并无承担责任的理论基础。有学者认为,无人驾驶汽车的使用人是自动驾驶模式下的受益者,并享有一定支配权,应当由使用人承担责任。[2] “工具说”认为,无人驾驶汽车在法律地位上是民法上的客体,未脱离“物”的概念,无主体资格。自主阶段无人驾驶汽车即使拥有了“电子法人”人格,但最大的价值仍然是使用价值。无人驾驶汽车成为全民交通工具,无人驾驶汽车的使用人按下启动键那一刻,在享受无人驾驶汽车带来便利的同时也会给社会带来交通危险,其作为物件使用人应当承担侵权责任。换言之,使用人是人工智能程序和硬件的控制者,也是受益人,人工智能引发的侵权风险是使用人的使用行为引起的,承担由其控制工具引发的侵权责任是公平合理的。根据交通责任“二元说”,使用人享有运行利益,但其并无支配利益。质言之,使用人是否需要承担侵权责任,本质还是在于其是否具有

---

〔1〕 See Stephen Perry, *Torts, Rights and Risks*, in Philosophical Foundations of the Law of Torts, John Oberdiek ed. Oxford University Press, 2014, p. 38, 45.

〔2〕 Boeglin J., *The Costs of Self-Driving Cars: Reconciling Freedom and Privacy with Tort Liability in Autonomous Vehicle Regulation*, Yale. J. L. & tech., Vol. 17, p. 171-196(2015).

支配力。行为责任以过错行为为前提。与人类驾驶不同,无人驾驶汽车利用全智能、自动化的计算机技术,实现由电脑控制车辆,人类脱离干预驾驶,完全由计算机完成车辆所有启停、动作控制、碰撞规避等现行需要由人操控的驾驶过程。[1] 在此情形下,人类的行为作用太过渺小。没有控制权的使用人,过错便无从说起。

无人驾驶汽车拥有"自主意识",在造成侵权时应当为自己的过错"驾驶"行为承担责任,而非使用人责任。同时,也因其高度的"自我意识",在自主驾驶模式下,一般而言,使用人仅仅是按下启动键,然后按照预定的方式使用无人驾驶汽车,或休息或娱乐,对发生交通事故的行为不存在过错。让使用人为按下启动键的行为承担巨大的侵权责任,责任配比并不合理。无人驾驶汽车具有等级之分,不同智能程度的无人驾驶汽车自动化程度不同。而需要注意的是,自主阶段的无人驾驶汽车,使用人不仅局限于购买者,也可以是购买者的家人、朋友,这其中可能又包括孱弱的老人、稚嫩的孩童、行动不便的孕妇以及残疾人等。使用人是驾驶人和乘客的"未来形态",其作用、功能、要求标准均会有所下降。因此,无人驾驶汽车自主行为发生侵权,由使用人承担侵权责任,于法无据,不合法理。

使用人责任的"雇佣关系"理论不合理。有学者主张,无人驾驶汽车致人损害问题可参照适用"雇佣关系"的替代责任。无人驾驶汽车是未来世界的合法交通运输工具,深度学习能力和"黑箱"系统的存在,使其具有"近人性"。正如计算机科学之父——图灵提出的"图灵实验"也以"人与机器人难以区分"为标准。无人驾驶汽车的运行算法难以为人所知,与现行侵权案件中的"雇佣关系"有着极大的相似性。汽车的使用人在其中扮演了"雇主"的角色,而具有超高自主性的无人驾驶汽车可类比"雇员",在交通事故中致人损害由"雇主"承担替代责任。无人驾驶汽车同雇员一般,听从雇主命令以自己的行为方式完成雇主的任务。因此,使用人需要为无人驾驶汽车承担无过错的替代责任。然

---

[1] Kevin Funkhouser, Paving the Road Ahead: Autonomous Vehicles, Product Liability, and the Need for a New Approach, Utah Law Review, Vol. 1, p. 437(2013).

而,雇主尚且可追责有过错的雇员责任,面对自主阶段无人驾驶汽车过错难以判定,使用人承担责任后追偿主体也并不明确。使用人仅为乘客身份,让其承担无人驾驶汽车的自主行为的雇主侵权责任,显然不具有合理性。

(三)系统研发运营商承担责任

系统研发运营商是风险初始开启人,获得了巨大经济利益,由其为无人驾驶汽车承担部分侵权责任并无不可。美国司法协会高级国家事务顾问丹尼尔·欣克尔提出:“如果有人因自动驾驶汽车而受伤,必须能够追究运营商的责任。”[1]无人驾驶汽车的系统(软件)是发动汽车自动驾驶的“钥匙”和“控制柄”,而依据我国《著作权法》和《计算机软件保护条例》,软件的著作权归属于软件的开发者。故而,系统研发运营者亦是无人驾驶汽车侵权的可能责任主体之一。将责任完全转移给系统研发运营者固然可能会抑制对新技术的开发投资,但允许后者轻松免除责任则更可能会大大影响无人驾驶汽车的社会期望值。[2] 2017年,德国交通部伦理委员会发布的《自动和联网驾驶》报告提出,必须针对责任主体从现行的驾驶员扩大到技术系统的制造商和设计者这一变化,有效调整法律和审判制度。[3] 杨立新教授也主张应当由设计者对无人驾驶汽车的侵权承担责任,[4]而系统研发运行者是设计者在无人驾驶汽车领域的另一个称呼而已。受害者与企业之间实际地位过于悬殊,庞大的企业主体有更优越的物质条件和经济基础去填补受害者的损失。本书认为,法律站在公平正义的立场上去平衡双方的利益并无不妥。首先,以“报偿—风险理论”为基础,系统研发运营者作为“电子法人”背后的“股东”,在源源不断地从无人驾驶汽车行业获得庞大利益时,就应当为“电子法人”的过错侵权行为承担法定的

---

〔1〕 Audrey Laforest:《在自动驾驶立法方面,中国已经超越美国?》,载百度2020年2月13日,https://baijiahao.baidu.com/s?id=1658385429537776338&wfr=spider&for=pc。

〔2〕 Francesco Paolo Patti, *The European Road to Autonomous Vehicles*, Fordham Int1 L. J., Vol. 43, p. 138 (2019).

〔3〕 [瑞]海因茨·雷伊:《瑞士侵权责任法》,贺栩栩译,中国政法大学出版社2015年版,第351页。

〔4〕 杨立新:《用现行民法规则解决人工智能法律调整问题的尝试》,载《中州学刊》2018年第7期。

严格责任,付出相应代价,除非有证据能证明系其他原因造成侵权。其次,危险物的开启者,“开启了可能导致他人人身或财产损害的源头”,[1]法律赋予其更严苛的责任。系统研发运营者开启了风险的阀门,由法律为其科技研发的安全和边界套上规则的缰绳。面对系统正常运行且无产品缺陷的无人驾驶汽车发生交通事故侵权,法律有必要保护受侵害者的法律权益。同机动车与行人间的交通事故规则一般,相较于产品责任的原理,其性质上更偏向于系受法律强制的义务和责任。系统研发运营者不是侵权损害行为的主体,但作为获利的“股东”,应当为“电子法人”的过错行为承担损害赔偿责任。换言之,“电子法人”责任流于表面,承担的是“代理人”责任,系统研发运营者才是潜伏在“电子法人”背后的实际责任主体之一,对无人驾驶汽车的侵权行为按照法定的比例承担有限责任。

(四)保险人承担责任

人工智能领域,需要引入保险规则,以分散风险,对人工智能投入市场后可能会产生的消极社会影响做好预防措施。[2] 2018 年英国伊丽莎白二世在议会演讲上宣布了《自动与电动汽车法案》(the Automated and Electric Vehicles 2018),这一法案规定了无人驾驶汽车的保险和责任相关内容,并对保险人责任作出以下界定:“无人驾驶汽车车辆在道路或者其他公共场所自动驾驶时发生的事故责任。”[3]《北京市自动驾驶车辆道路测试管理实施细则(试行)》第 8 条第 6 款规定,“应购买每车不低于 500 万元的交通事故责任保险或提供不少于每车 500 万元的自动驾驶道路测试事故赔偿保函,并提交《测试主体赔偿能力自证明》”。足见保险对于无人驾驶汽车责任承担的重要性,保险人需扮演责任承担者角色。

无人驾驶汽车的保险业务有广阔的市场前景。有学者提出,由于现行机动车碰撞造成损失的数据对于拥有深度学习能力、不断产生新算法、能够不断自

---

〔1〕 程啸:《侵权行为法总论》,中国人民大学出版社 2008 年版,第123 页。

〔2〕 高完成、宁卓名:《人工智能产品致害风险及其侵权责任规制》,载《河南社会科学》2021 年第 4 期。

〔3〕 Automated and Electric Vehicles Act 2018, c. 18, § 2(1).

主纠正任何过去碰撞行为的无人驾驶汽车而言失去了预测作用,同时,用数据来评估风险的保险公司在计算保费时更是不知所措。[1] 因此,也有学者提出,由于主体转变、风险不明等,无人驾驶汽车给社会带来冲击和影响,现有保险制度无法囊括无人驾驶汽车可能造成的风险,而这需要汽车保险制度作出一定调整。[2] 本书认为,对于新型风险,保险公司是否愿意进行承保、如何承保、保费如何界定、承保侵权损害范围等问题并不是天堑,而保险机制是分散风险的必然存在。第一,市场以需求而定。针对无人驾驶汽车的保险究竟由谁投保的问题,有专家学者们提出应当由汽车的购买人承担该保险费用,作为投保人;也有学者提出,应当由无人驾驶汽车的生产制造者缴纳保险费用。但无论是哪种观点,以无人驾驶汽车作为被投保对象,人们希望对无人驾驶汽车未来的侵权行为进行投保这一点都无争议。且以保险来规避风险社会无处不在的风险,转嫁责任亦是保险责任诞生的目的。第二,保险是一个极为专业的行业,更是一个以营利为目的的企业法人,它不仅要考虑风险发生的概率、可能损失的大小,更要考虑如何从中获取利润。无人驾驶汽车技术的新上市,保险公司对其侵权损害的内在规律都尚未可知。尽管如此,新技术、新风险都只是一时的,随着无人驾驶汽车普遍上市,成为如当前的机动车一般常见的交通工具时,保险机制的作用将会随着市场化的深入逐渐显露出来。也就是说,保险公司是否承保只是时间问题。第三,无人驾驶汽车上市初期,可能存在保险公司拒保的问题,但更可能是保险行业的繁荣时期。毕竟从安全性能来讲,经过各种实验检测、数据检验,无人驾驶汽车的安全系数相较于现行机动车更高、更稳定,对保险公司发展而言更可能是一个黄金时代。

(五) 互保协会基于互助原则成为责任主体

建立专门的无人驾驶汽车互保协会,分散责任风险。船东互保协会最早起源于 19 世纪的英国,起初商业保险并不涵盖第三者责任的风险,经过与保险公

---

〔1〕 Glancy D. J., *Autonomous and Automated and Connected Cars-Oh My: First Generation Autonomous Cars in the Legal Ecosystem*, Minn. J. L. Sci. & Tech, Vol. 2, p. 619 – 691 (2015).

〔2〕 贾开、赵彩莲:《智能驾驶汽车产业的治理:发展、规制与公共政策选择》,载《电子政务》2018 年第 3 期。

司协商,也仅仅促成了一个 RDC 条款(running down clause,船舶碰撞责任保险条款),承保部分款项,而剩下的仍由船东承担。为抵抗这种风险,船东们组织起来成立以全体入会船东共同的、互助性的和非营利性的协会,[1]即"船东互保协会"。这是船东们在平等、互助的基础上成立的,通过会员缴纳一定会费以此承保船东海上风险的特殊保险机构。互保协会终究是与公司法人制度不同的特殊法人,其最大的特色便是每个会员都是股东、保险人、被保险人。其基本运营模式是:按照一定标准缴纳会费成为会员,协会对会员在这一年度里的海上风险承保,在年度保单终结时,年度余额超出债务,则可对剩余余额在会员之间进行分配;若年度余额为赤字,则可向会员追加保险费。即根据赔付率来调整入会费。船东互保协会经历了 200 多年的发展可分为三个阶段:直接分摊阶段,会员之间既为保险人又为被保险人,相互之间直接分摊风险;间接分摊阶段,船东互保协会成立独立法人,但又不同于普通公司;各船东互保协会之间分摊阶段。[2] 三个阶段的层次递进,表现出了船东互保协会由新生到兴盛的发展历程,解决了船东因一般海运险无法涵盖因船舶碰撞而遭受损害的第三者责任困境,创新了风险分散机制,也给无人驾驶汽车的责任承担提供了一个借鉴思路。

无人驾驶汽车上市初期,可以借鉴船东互保协会的成功经验发展无人驾驶汽车互保协会。船东互保协会的第一阶段产生背景是船东损失不能通过海上保险得到补偿。在上市初期,无人驾驶汽车侵权是"黑天鹅",保险公司面对这样一个"不定时炸弹",很可能出现不承保或者承保范围极其狭窄的情况。无人驾驶汽车可能存在的技术漏洞给社会造成的损失无法预估,其可能发生的侵权行为种类也无法预测,现有的保险公司明确承保范围和限额的制度很难提供全面的保险服务。本书认为,首先,无人驾驶汽车和船东们面临的是相同的处境——现行商业保险无法涵盖可能发生的风险。这迫使人们去寻求一种更为安全的风险承担方式,而此时互保协会的出现能够解决这个尴尬的问题。相较

[1] 孙鸣岐:《船东互保协会盈利模式探讨》,载《航海》2013 年第 5 期。
[2] 郭雷楠、关正义:《论船东互助保赔制度中的互助原则》,载《法学杂志》2017 年第 5 期。

于保险公司,互保协会基于互助原则,其赔偿范围更为灵活,赔偿额度也无限制。即使是承保范围之外的索赔请求,协会董事会在考虑特殊情况后也可能作出予以保赔的决定。其次,无人驾驶汽车为独立的“电子法人”,这给无人驾驶汽车之间成立与船东互保协会运作模式相似的互保协会提供了“会员”基础。具有民法上独立地位的无人驾驶汽车之间,互助互惠,分摊责任。最后,跳过第一阶段,直接借鉴船东互保协会的进阶改良版,由无人驾驶汽车互保协会按照相关法律规定登记成为法人,以此免去单个主体向松散个人集合请求赔偿的烦琐诉讼程序,避免会员行使权利、承担义务不因成员流动性而遭受混乱和无序。[1] 无人驾驶汽车成立互保协会,对被侵权人而言,能够简化索赔求偿的流程;对车体所有人、系统运营者甚至国家责任而言,均可达到分摊风险减轻责任的效果。

(六)国家管理人承担责任

1. 国家管理人责任承担的可行性分析

国家成为无人驾驶汽车的责任主体有其正当性。正如现代国家责任要求国家对国民负责,让国民过上幸福安康的美好生活。在无人驾驶汽车疾驰的未来,弯道、大桥、涵洞、陡坡等信息成为无人驾驶汽车启动的“数据燃料”,道路信息化、数字化是必然的。为推动科技进步、实现科技优化,建立道路数字系统也是国家的义务,更是国家的权利。

国家管理人成为无人驾驶汽车的责任主体有着可欲性。现代社会是一个风险社会,“绝对安全”仅仅是一个理想化概念,人们越来越希冀由公共治理体系(国家、社会等)来应对各类风险,[2]人们对国家承担义务和责任的要求也越来越多。[3] 在这样一个社会,因社会发展而滋生的公共需求所导致的泛侵权成为普遍化的存在,人们希望国家能对公共治理承担责任,希望国家能承担一些潜在的侵权补偿。尤其在无人驾驶汽车领域,国家管理人通过数字化道路增加税收,将道路数据收费许可投入无人驾驶汽车等行业领域使用增加收益。而

---

〔1〕 徐仲建:《论船东互保协会在民法中的法律地位》,载《中国海商法研究》2018 年第 2 期。

〔2〕 [德]乌尔里希·贝克:《风险社会》,何博闻译,译林出版社 2003 年版,第 1 页。

〔3〕 马怀德:《完善国家赔偿立法基本问题研究》,北京大学出版社 2008 年版,第 13 页。

民事责任以利益为基础,对国家管理人承担部分侵权责任的期望也就更加热切。值得注意的是,国家管理人在此承担的不是简单的行政监管责任,而是作为国家为社会发展而发生的一些潜在侵权行为承担民事责任。

主权国家亦是法人,〔1〕这种观点为国家管理人责任提供了理论上的可行性。德国行政法学家奥托·迈耶在其文中阐述国库是国家在私法上的另一重身份,是私法法律关系的主体,也是国家公权力遁入私法受其限制的方式。〔2〕龙卫球教授也曾提出"国库依法具有法人地位"。因此,国家成为民事责任主体是有法理基础和正当性依据的。

2. 国家管理人的职能构架

当抽象的国家需要承担责任时,由政府为此特设一个专门的人工智能管理机构更为贴合,即本书所称的"国家管理人"。虽然国家管理人作为人工智能侵权的责任主体有理论支撑,但国家作为一个庞大的虚构的实体,〔3〕它只是政治学名词,是一定范围内人群所形成的共同体形式,而无法成为具体的责任落实者。政府是国家的代表人、发言人,代替国家承担兜底责任似乎有理有据。但最大的问题在于,政府是行政主体,政府责任主要是指行政责任,与本书所指人工智能制造物的管理机构、承担民事责任相去甚远。原因在于,国家管理人责任与国家责任、政府责任是三个不同的概念。国家责任表现为国家职能,政府责任则为行政法概念,而国家管理人责任更多的是民法概念,是对社会"泛化侵权行为"〔4〕的责任承担。此外,国家管理人的"管理"并非指"行政管理"的上下级管理,而是负责的意思。

国家管理人是未来人工制造物的市场准入规则制定者,承担着人工智能侵权受害人的赔偿责任,其角色定位也决定了职能定位。为了达成机构设立目

---

〔1〕 Thorpe, Chris & John Bailey, *Commercial Contracts: a Practical Guide to Deals, Contracts, Agreements and Promises*, Woodhead Publishing, 1996, p. 23.

〔2〕 Vgl. Otto Mayer, Deutsches Verwaltungsrecht, 2 Band, 3 Aufl., S. 368.

〔3〕 [法]弗雷德里克·巴斯夏:《财产、法律与政府:巴斯夏政治经济学文萃》,秋风译,商务印书馆2012年版,第198页。

〔4〕 所谓泛化侵权,是指被侵权主体具有不确定性和广泛性特点。参见张辉:《侵权责任法原理与适用方法探究》,吉林人民出版社2017年版,第216页。

的,国家管理人应当包括以下几个基础职能:一是制定人工智能产品市场准入合格标准,对人工智能产品流入市场按照严格的标准进行核准、实行备案登记。登记是所有权转让的生效或对抗要件,备案是责任追究的必然条件。[1] 美国《2002 年公众健康安全和生物恐怖主义防范和反应法》规定,所有出口美国的食品都必须在美国食药管理局备案登记,且发运前也必须通报货物情况。[2] 新生产品入市,逃不开贴上"健康""出生编码"的必然命运。只有达到标准、检验合格且安全的产品才有进入市场流通的权利;只有打上出生编码才能在发生事故后更迅速地查明来源,监控人工智能的运行状况是否良好等。二是有特定领域的数据所有权,其中包括收益权,即享有对某些数据使用、许可使用并收取费用的权利。具体到无人驾驶汽车领域,管理人需要对道路的数字化以及某些与公共交通有关的数据进行系统化的运营管理。这在权利属性上则表现为对数字化道路、大数据的所有权,同时肩负一定的行政职能。行政职能是国家管理人获得大数据所有权的基底,但这只是一个前提。在介入无人驾驶汽车的那一刻,它只是个产权人,仅表现民事主体的地位,而并未带上行政色彩。国家在此承担的不是较为常见的行政责任,而是民事责任,是对物——道路信息数据的管理责任。即国家作为道路数据的所有权人,与车体硬件设施所有人、系统研发运营者因产权纽带而联系在一起。故此,国家成为无人驾驶汽车的产权人之一,必然也应承担无人驾驶汽车侵权带来的损害赔偿之责任,成为公权力遁入私法的具体表现。三是在发生人工智能侵权事件后为此类泛化的侵权行为承担兜底的赔偿责任。国家管理人是人工智能的特定管理机构,从人工智能制造物的工业制造标准、上市流通的合格检验,到人工智能制造物的变更备案登记、相关数据使用许可等,无一能绕开国家管理人。从设立的初衷出发,国家管理人是应人们的呼声而诞生的。为泛化的人工智能侵权承担相应的兜底责任,是国家管理人应有的职能之一。

---

〔1〕 袁仁辉主编:《现行法律漏洞的不当利用与防范全书》(上),九州图书出版社 1999 年版,第 239 页。

〔2〕 国家质量监督检验检疫总局编:《中国质检工作手册·进出口食品安全监管》,中国质检出版社 2012 年版,第 231 页。(原国家质量监督检验检疫总局现为国家市场监督管理总局)

3. 国家管理人的具体责任落实主体

最适宜作为国家管理人的组织是地方各级政府。国务院作为我国最高行政机关,其在我国组织体系中的地位决定了它无法成为无人驾驶汽车的责任主体,不能成为国家管理人。原因在于,实践中国务院不会以自己的名义对外进行民事法律活动,而是由国务院管辖的各个部门对外负责具体事务处理。故而,在法理上,国务院成为被告并无障碍,但在实际操作上却无可能。当需要政府设置特定部门负责无人驾驶汽车领域的数据管理和相关事务时,地方各级政府似乎成为最优选。《预算法》第 3 条规定,我国实行一级政府一级预算制度。本书建议,地方各级政府作为一个承担主体,可委派某个具体的部门进行具体的赔偿事宜,由地方财政负责此部分支出。这意味着,地方各级政府以财政预算为基础对无人驾驶汽车的侵权损害进行赔付,在法律实践中是具有可行性的。

4. 国家管理人的法律性质分析

若国家作为管理人介入无人驾驶汽车责任领域,进一步探究其法律性质是有必要的。学理上,法人的分类主要依据三种不同的标准:以法人是否行使国家统治权为依据分为公法人和私法人,按照设立基础不同分为财团法人和社团法人,按照设立目的是否为了营利分为营利法人和公益法人。[1] 在此分类之下,国家管理人属于哪种法人需要进一步探讨。第一,从行使职能出发,公法人是指为实现公共目的依公法设立的法人组织。[2] 这其中包含两个要素:目的公益性和依公法设立。而国家管理人在责任构建中,承载的是整个社会因发展而滋生的公共需求所导致的潜在侵权责任,是一种风险责任承担。国家管理人的主要目的是分担社会侵权风险,为了公共利益的维护。国家管理人的公益目的属性是并无争议的。此外,对公法的定义,学界有四种不同的观点。[3] 不论

---

〔1〕 全宝、李评:《现代企业经营管理者必备》,黑龙江人民出版社 2001 年版,第 5 ~ 7 页。

〔2〕 王名扬:《法国行政法》,中国政法大学出版社 1988 年版,第 40 页。

〔3〕 有关公法的学说争议有目的说、主体说、法律关系说、生活关系说。目的说强调公法的公共利益性,主体说强调一方系政府、公共团体的关系,法律关系说则强调法律规定的是权力关系,生活关系说则强调公共生活关系。

根据哪一种学说,以国家管理人是由政府为管理无人驾驶汽车而专门设立的“特殊部门”这一点作为论证的前提假设,目的是维护公共利益,国家管理人享有一定行政权力(政府为管理风险社会潜在侵权风险而设立的,其不可避免地会染上一定的行政色彩,享有一定的行政管理权力),规定了公共生活关系。因而,无论根据哪种学说观点,国家管理人都具有公法人特征。第二,从设立基础考虑,国家管理人是由政府为管理社会发展造成的泛化侵权风险而设立的特殊机构,其成立的前提是政府对国家管理人的支持,这其中不乏经济支持和政策支持。有了资金池,国家管理人仍然需要拥有自己的意思机关,有自己的“人”,以便在将来能够应对是否赔付、如何赔付等问题。此外,梅迪库斯曾说,财团法人提供了使一个人的意思永垂不朽的可能性。这里“一个人的意思”指的是“捐赠”。然而其资金来源绝不会是政府对社会的捐助行为,原因在于国家对社会的扶助是必须承担的义务,而非单纯善意捐助;即使是“捐助”,这个词也会深刻伤害人民群众的感情。因而,国家管理人具有社团法人特征。第三,从设立目的来看,国家管理人是政府为了提供更美好的公共社会服务而设立的,其目的是解决风险社会下滋生的各种潜在侵权行为责任承担问题,并不是营利。故而,国家管理人具有公益法人特征。

考量国家管理人的职能特点,应认定其不属于当前《民法典》关于法人规定的任意一种情形,而更像是立于民事和行政两个领域的中间地带。根据《民法典》对法人的分类:营利法人、非营利法人以及特别法人,其中营利法人包括公司法人和非公司企业法人,非营利法人包括事业单位法人、社会团体法人、捐助法人,特别法人则包括机关法人、农村集体经济组织法人等。依上述对国家管理人的职能分析,显然,国家管理人具有一定的行政管理权力,如制定市场准入规则、转让变更登记备案制度等;同时,它对风险社会中泛化的侵权行为承担赔偿责任,其在此承担的并非侵权责任,更倾向于民事补偿责任,这就使国家管理人的民事责任色彩更浓。考虑到国家管理人同时兼具两种特性,可以借鉴

"农村集体经济组织"的立法经验,[1]将国家管理人纳入特殊法人,再制定"中间法人"制度。"中间法人"属于特殊法人,兼具两种特性。

五、小结

无人驾驶汽车具有自主性,原因在于机器深度学习是在出厂设置的基础算法之上与周围环境相互影响、自动生成新的算法。在经过一段时间的深度学习或者和其他已经深度学习的人工智能共享信息后,它的算法便成为捉摸不透的、裹着提升生活便利与幸福感的"不定时炸弹"。对无人驾驶汽车的侵权损害规则应当未雨绸缪,为不确定的受害人弥补损失。无人驾驶汽车作为人工智能的热门应用之一,它需要一种比现行机动车责任和产品责任更为行之有效的新责任制度以促进安全、提供补偿。

从现行侵权责任路径出发,无人驾驶汽车自主侵权行为的责任归咎核心在于操作系统,而依据现行机动车侵权责任路径很难证成驾驶人或者操作系统存在过错;再者,从产品方面看,也很难证明算法存在缺陷,陷入了困境。从21世纪开始,由工业时代转为信息时代,由原子世界慢慢向虚拟世界迈进,人与物的关系也从单向交流转变为双向交流。因此,需要我们与时俱进,构建新的责任体系。无人驾驶汽车的侵权制度应当是多元化、多层次的,唯有如此,才能处理不同情境下的侵权事故。

当发生事故的环境还是"现行侵权环境"时,如手动驾驶模式下、无人驾驶汽车出厂即存在缺陷、人为因素介入导致无人驾驶汽车交通事故等,现行机动车的侵权责任规则对无人驾驶汽车依然适用。所谓的"个人责任的古典世界",更多受亚里士多德归责理论支配,是指任何人只对他有能力且受其主观意志实际控制的事情承担责任。在上述情景之下,致使侵权发生的个人需要对其行为承担责任。当发生事故的环境是人工智能自主侵权新情景时,其涉及的

---

〔1〕《民法典》将作为决议主体的农村集体经济组织归为"特别法人",其特别性主要表现之一就是"兼具营利性与互助公益性"。参见房绍坤、张泽嵩:《农村集体经济组织决议效力之认定》,载《法学论坛》2021年第9期。

责任主体可能涵盖生产者、销售者、研发者以及改造者等。

总体来说,无人驾驶汽车与“二元说”之间产生了难以填平的“沟壑”,“运行支配”成为使用人承担行为责任的阻碍,物件责任主体的过错责任让现行交通事故所有人责任成为空谈。而产品责任的适用范围受算法的限制,“黑箱”背后的致害原因无法确定,故而只能止步于明显、可控的产品缺陷。故此,提出一种与新兴科技相适应的责任主体结构是现实的需求。车体所有人与使用人因为其在无人驾驶汽车中的作用力发生了变化,不再具有可处罚性。而新产生的系统研发运营者、国家管理人、保险人、基金等可能的赔偿责任主体逐渐进入人们的视线。当无人驾驶汽车将来在各地区普遍上市,现行的汽车侵权责任体系仍能解决一部分的问题,但不能解决新的矛盾和问题,需要确定新的归责原则和相关责任主体。

第五章　无人驾驶汽车侵权的类型化研究（一）

——共享汽车的侵权责任

随着无人驾驶汽车的普及和人们对绿色环保理念的日益重视，无人驾驶汽车共享将成为现实，渗透到我们生活的方方面面。无人驾驶共享汽车的出现，意味着现有以人类驾驶为核心的侵权责任体系已不能完全适应时代的需要，我们需完善侵权责任规则体系，以适应无人驾驶汽车的发展趋势。共享汽车是无人驾驶汽车的一个重要类型，研究共享汽车的侵权责任对于无人驾驶汽车侵权责任体系有重要意义和价值。

一、共享汽车法律性质分析

随着共享经济的发展，共享汽车应运而生。在共享经济、数字社会背景下，共享汽车的发展环境也逐渐得到改善，具有较大市场优势，但现仍处于发展初期，仍存在与传统机动车法律适用冲突、使用权让渡不明确等问题。共享汽车的运营模式可分为P2P模式和Car2go模式，从两种典型的运营模式中分析共享汽车的法律性质，探讨各种法律关系。

（一）共享汽车的发展

1. 共享经济下共享汽车的萌芽

共享经济可以整合闲置资源，提高资源利用效率。[1] 共享经济还可以重

〔1〕 赵光辉、田仪顺：《交通运输社会服务能力》，人民交通出版社2013年版，第49页。

建人与人之间的信任。共享经济是一种节约经济、利益经济、开放经济、福利经济与和谐经济。[1] 共享经济最本质的特征是“多余功能”的重复利用。[2] 人们已经进入共享经济创造的紧密联系时代,而汽车共享是较具代表性的事物。加强和创新社会管理,建立共享共治型社会。[3]

共享汽车是在共享经济的影响下出现和发展的,其利弊均有所显现。[4] 共享汽车就是基于互联网技术,将分散化的闲置汽车利用起来,共享汽车的使用权得到暂时性转移,既能使共享汽车的所有者利益最大化,也能为共享汽车的暂时使用者提供出行便利,同时还能够减轻交通压力和保护生态环境。在起步阶段,共享经济的概念强调大量闲置资源的相互流通。共享经济发展初期的目的是平衡供需,化解或减少生产过剩的风险和危机。然而,随着这一概念演变为真正的商业模式,过去严格意义上的完全共享在其实施过程中受到了资源限制、不完全信任、服务是否符合标准等一系列问题的阻碍。

共享汽车在共享经济下发展环境得到逐步完善。共享经济为共享汽车的发展提供了数据信息和良好的网络环境,充分有效地利用了分散的闲置无人驾驶汽车。无人驾驶共享汽车能够通过汽车共享解决停车位不足和能源有限的问题,这对缓解我们现在普遍存在的城市交通拥堵问题非常有益。相较于私家车,共享汽车对环境的影响更小。在占地面积方面,每辆共享车辆可替代 6 ~ 20 辆私家车。[5] 这可以将汽车的碳足迹减少 40%,并节省私家车成本,节能

---

〔1〕 苑鹤飞:《共享经济的发展问题及对策探析——以共享汽车为例》,载《商讯》2021 年第 28 期。

〔2〕 张九庆:《什么是真正的共享经济——以共享汽车为例》,载《中国科技论坛》2018 年第 1 期。

〔3〕 所谓基于共享权的共治型社会管理,是指以保障公民的共享权为基础,公民与政府共同管理社会的社会管理模式。它着眼于宏观意义上的社会管理,而不拘泥于社会管理的细枝末节。它的共治特征使其有异于传统的政府包揽型社会管理,其以公民的共享权为基础,又使它区别于笼统意义上的共治型社会管理。参见罗英:《基于共享权的共治型社会管理研究》,载《法学论坛》2013 年第 1 期。

〔4〕 共享经济有广义和狭义之分。广义上的共享经济是指基于互联网等现代技术,将海量分散化的闲置资源进行整合并共享,主要体现为使用权的暂时性转移,也包括剩余所有权的让渡,以及时间、空间、技能等无形资产的共享,是一种新型经济形态和资源配置方式。狭义的共享经济不包括剩余所有权的让渡。参见上海艾瑞市场咨询有限公司:《中国共享经济行业及用户研究报告》,载《艾瑞咨询系列研究报告》2017 年第 8 期。

〔5〕 曾广圆、杨建新、宋小龙:《汽车共享的可持续性与发展潜力分析》,载《中国可持续发展研究会——2012 中国可持续发展论坛 2012 年专刊(一)》2013 年,第 223 ~ 229 页。

减排效果明显。

2. 共享汽车发展初期存在的问题

汽车共享是通过交易平台有偿临时转让车辆使用权的行为。这种转移可能是完全转移,换言之,受让人享有车辆的全部所有权;当然也可能是部分转移,这意味着双方同时拥有某一辆车。近年来,互联网产业的飞速发展促使共享经济的诞生,越来越多的人在出行时选择共享汽车及无人驾驶共享汽车。共享汽车打破了交通工具所有权与使用权的联系,通过互联网大数据将车辆的使用权进行共享,闲置的汽车资源可以被利用起来。汽车共享是一种利用互联网实时聚合和更新信息的新型商业模式,以汽车共享为主要业务的各种互联网网站和手机软件也在悄然出现。共享汽车满足了市场的多样化需求,受到了使用者们的青睐。刘俊海教授表示,共享汽车"要经历一个寒冷的冬天,才能迎来春天"。目前,国内共享汽车项目尚处于起步阶段,大规模商业化进程缓慢,行业渗透率低。[1]

共享出行需求具有高峰期和低峰期,显示出不均衡的特点,很容易导致某区域的车辆分布不均衡。针对该问题,可实行动态定价和车辆自行移动。[2]动态定价是为导致车辆不平衡的出行设定高价,降低出行价格以平衡车辆分布,改变站点车辆的出行需求分布,并保持车辆均衡。车辆自行移动是通过将车辆从分布过于密集的站点移动到分布较为稀疏的站点,灵活调整车辆的分布。[3] 通过解决车辆不同时段出行需求不同导致的车辆分布不均衡的问题,无人驾驶共享汽车将显现出巨大社会服务价值。

3. 共享汽车发展的市场优势

新的汽车技术和商业模式正在融合,共享汽车显示出巨大的市场前景,受消费者喜爱。国内外多家公司已致力于开发无人驾驶共享汽车技术,并且将无

---

〔1〕 潘晔:《共享汽车为何不像共享单车那么火》,载《财经界(学术版)》2017 年第 7 期。

〔2〕 姚恩建、何媛媛、金方磊:《面向自组织平衡的共享电动汽车调度优化方法》,载《交通运输系统工程与信息》2020 年第 5 期。

〔3〕 李嫚嫚等:《基于不确定需求的电动汽车共享系统规划方法》,载《交通运输系统工程与信息》2021 年第 6 期。

人驾驶共享汽车推向市场的趋势在加强。现无人驾驶出租车已在我国长沙、深圳等城市出现。消费者对无人驾驶共享汽车的接受程度成为潜在的发展障碍,但随着消费者对其了解增多和熟悉程度提高,这种障碍可能会随着时间的推移而逐渐减少。波士顿咨询集团和世界经济论坛在10个国家的27个城市的5500多名消费者中进行了定性和定量研究,58%的受访者表示他们会乘坐无人驾驶共享汽车,而69%的受访者表示会乘坐部分无人驾驶共享汽车。[1] 共享汽车企业会根据用户的不同需求,提供更精细化、更人性化的共享汽车服务。

共享汽车的发展与我国的绿色发展理念相契合。随着城市街道上车辆的减少,车辆总行驶里程的减少和排放量减少,空间将被释放用于其他用途。目前,无人驾驶共享汽车正沿着新能源汽车方向发展,新能源无人驾驶共享汽车不仅可以提高汽车使用效率,也可以间接促进新能源汽车的发展,保护城市生态环境,并且还能满足消费者对于出行便利、舒适和隐私保护等要求。[2]

共享汽车肯定会带来城市驾驶、驾驶员行为、原始设备制造商和新进入者的商业模式的变化。商业模式变化将会增加新产业和新兴职业,也会带来新的收入来源,对人类驾驶员群体产生重要影响。但是,共享汽车商业模式的变化并不是影响社会成本收益游戏规则的关键因素,不会改变人类驾驶员的主要收入来源,也不会引发消费的巨大变化。相比之下,无人驾驶汽车将极大地改变游戏规则,消除汽车共享和乘车共享之间的区别,并为用户提供成本优势。但是,由于无人驾驶汽车还需一段时间才会大量上市,因此汽车共享市场还有足够的时间来发展,并且参与者也需要为加速变化的阶段做准备。

无人驾驶共享汽车在市场推广过程中遇到的最大问题,是民众对无人驾驶汽车侵权事件引发的关于无人驾驶共享汽车安全性的担忧。例如,2018年3月在亚利桑那州坦佩市发生了Uber原型机的致命坠机事件,引发了公众对无

---

[1] World Economic Forum, BCG analysis, Consumer Survey August 2015.

[2] 仝德等:《基于大数据的上海市共享汽车出行模式研究》,载《地理科学进展》2021年第12期。

人驾驶汽车安全性的探讨。Waymo[1]于2018年12月在凤凰城地区启动了全球首个无人驾驶共享服务。为了保障无人驾驶汽车的市场得到扩大,需制定一些较为严格的政策加以防范。如加利福尼亚州有一些最严格的指导方针,授权在公共道路上对L4级车辆进行测试。公司必须对无人驾驶汽车进行测试,以提供所有“事故”的详细报告,不仅包括撞车事故,还包括测试车辆自动控制脱离的事件,要求操作员重新控制。尽管如此,电子移动分析师阿布埃尔萨米德期望完全无人驾驶的系统最终将成为日常规范,并有助于改变我们的出行方式。[2] 关于无人驾驶共享汽车的案例,克鲁斯推出了一款专为城市交通设计的全自动多功能越野型汽车,是一款6人座、自动驾驶、电动、越野型大小的车辆,旨在减轻汽车对城市交通的压力。该车辆能够提供共享拼车服务,行驶里程长、智能系统先进。依靠该无人驾驶共享汽车进行运输的普通城市居民将减少花费,以更低的成本获得更好的用户体验。这款车经过全面设计,已投入生产。但是,将其作为无人驾驶共享服务进行操作仍需要政府的批准。[3]

(二)共享汽车的运营模式——P2P模式和Car2go模式

共享汽车的运营模式有其独特性,需强大的数据分析能力和调度能力作为基础,典型的运营模式可分为P2P模式和Car2go模式。[4] P2P模式是指点对

---

[1] Waymo是一家研发自动驾驶汽车的公司,为Alphabet(Google母公司)旗下的子公司。Waymo刚开始是Google于2009年开启的一项自动驾驶汽车计划,之后于2016年12月才从Google独立出来,成为Alphabet公司旗下的子公司。

[2] Paul A. Eisenstein, *How Can Rideshare Companies Navigate a Future with Driverless Cars*? NBC News (6 March 2019), https://www.nbcnews.com/business/autos/how-can-ride-share-companies-navigate-driverless-future-n979646.

[3] Tekla S. Perry, *Uh-oh Uber, Look Out Lyft: Here Comes Driverless Ride Sharing*, 22 Jan. 2020, https://spectrum.ieee.org/view-from-the-valley/transportation/self-driving/uhoh-uber-look-out-lyft-here-comes-driverless-ride-sharing.

[4] 2017年出台的《关于促进小微型客车租赁健康发展的指导意见》正式将共享汽车定义为汽车分时租赁,而汽车分时租赁又可以分成P2P模式和Car2go模式。在P2P汽车租赁模式中,个人的闲置车辆可以通过P2P共享汽车平台以一定的方式提供给使用者使用。在这样一种模式下,互联网软件平台作为信息服务的提供者,为承租人提供必要的车辆信息。出租人将其要出租的车辆信息上传至共享汽车平台,承租人在确定租车后与出租人之间形成了法律上的租赁合同关系。参见《促进小微型客车租赁健康发展指导意见发布》,载中国政府网,http://www.gov.cn/xinwen/2017-08/08/content_5216571.htm。

点汽车共享,点对点汽车共享是个人对个人贷款或协作消费的一种形式。[1] 在这种模式下,商业模式与传统汽车俱乐部[2]紧密结合,[3]用“虚拟”车队代替了典型的车队,这些车队由参与的车主的车辆组成。[4] 通过点对点汽车共享,参与计划的车主可以在不使用车辆时通过出租车辆来收取一定的费用。[5] P2P 模式基本上用于汽车的私人共享服务,在车主不常使用汽车的情况下可租用他人的汽车,或者当自己不使用时,将其通过共享的方式出租给他人。例如,如果在旅途中将汽车停在机场一周,则可以在出门时将其租给他人。[6]

使用这种点对点模式的租车公司不控制接送站,也不需要拥有自己的车队。但是,他们仍然需要在每辆汽车中安装跟踪设备。这些跟踪设备与汽车连接到的交易平台进行通信。由于点对点租车中的所有租车都已连接到网络,因此客户可以使用应用程序检查汽车的可用性和位置,还可以使用应用程序支付租金。付款完成后,承租人可以在设定的时间段内使用汽车,然后将汽车退还给租赁提供者的家庭或其他指定地点。使用此模型,汽车的所有者可以分享利润。[7]

Car2go 模式简便高效,使用者可线上注册、线上租赁,交易模式灵活。在 Car2go 汽车租赁模式下,使用者仅需打开共享汽车租赁软件,通过手机蓝牙和手机定位功能来寻找和连接无人驾驶共享汽车,并且可自行决定租赁时间。值得一提的优点是,使用者在使用共享汽车后,无须将车停到租赁车辆的地点,可自由决定换车地点,支持用户进行手机支付,这对于使用者来说是非常灵活且

---

〔1〕 Fishman, Elliot, ed. (2019), *The Sharing Economy and the Relevance for Transport*. Academic Press, p. 102. ISBN 978 – 0 – 12 – 816210 – 1 – via Google Books.

〔2〕 如 Streetcar 或 Zipcar。

〔3〕 Berger, Suzanne, *Making in America:From Innovation to Market*, MIT Press, 2013, p. 191.

〔4〕 *Online Rental Markets Are Thriving*, Yale School of Management,8 December 2010.

〔5〕 Pozin, Ilya, 10 *Greatest Industry-Disrupting Startups of* 2012, Forbes(19 July 2012), https://www. forbes. com/sites/ilyapozin/2012/07/19/10-greatest-industry-disrupting-startups-of-2012/? sh = 4f3145b967a0.

〔6〕 *Peer-to-Peer Car Rental Marketplace Business Model and Essential Website Features*, https://www. fatbit. com/fab/peer-to-peer-car-sharing-marketplace-features-business-model/.

〔7〕 *Peer-to-Peer (P2P) Model-Car Rental Glossary*, https://www. carrentalgateway. com/glossary/peer-to-peer-p2p/.

便捷度极高的。在Car2go模式下，共享汽车交易软件运营商与租车公司的性质相似，软件运营者与用户建立的是租赁协议关系。用户只需在共享汽车交易软件上先注册一个账号，完成身份认证和授权等步骤后，便可在共享汽车软件上独立完成租车。但是，与P2P租车模式相比，Car2go租赁模式需要安装充电桩和修建停车位，这就需要更大的公共空间，也会占用更多的公共资源，这就决定了它具有一定的公共交通属性。Car2go模式打破了传统租车企业按天计费和在门店租车还车的常规运营模式。[1]

共享汽车和无人驾驶技术相结合，会产生惊人的"化学反应"。我们在打车时产生的大部分费用都是司机的劳务费，如果共享汽车采用无人驾驶技术，司机这部分运营成本就完全可以节省下来，这将大幅降低共享汽车的使用费用。

（三）共享汽车的法律关系分析

共享汽车的运行是基于共享汽车所有者、用户与运营平台、保险公司、国家管理人等主体之间的相互合作才得以实现的。不同主体之间的法律关系是分析共享汽车法律性质的重要因素，如用户与共享汽车运营平台、共享汽车所有者与运营平台之间的租赁合同关系；共享汽车所有者与用户之间的使用权转移关系；国家管理人与共享汽车之间的人工智能责任关系；共享汽车所有者、使用者、运营平台与第三人之间的侵权关系等，这些都是值得我们研究讨论的重要问题。

一是用户与共享汽车运营平台、共享汽车所有者与运营平台之间的租赁合同关系。共享汽车是在共享汽车用户与运营平台签订租赁合同的基础上，充分利用闲置、分散的汽车，根据双方签订的合同条款和违约责任来约束双方行为的一种现代汽车运行模式。用户在共享汽车运营平台签订租赁合同时，应当注意免责条款和车辆的投保情况，履行合同条款，以保证共享汽车能够有效合理运行。不管是通过手机软件签订租赁格式合同，还是面对面签订纸质的租赁合同，都应当注意其中标明的平台免责条款。用户在签订该合同后，就会受到该

[1] 范非、邢文杰：《国外电动汽车租赁模式对杭州微公交的启示》，载《新经济》2015年第2期。

合同相关条款的约束,违反合同规定则需承担相应责任。此外,用户在签订租赁合同时,对车辆的相关信息、保险详情及适驾性都需承担注意义务和检查义务。但是在无人驾驶共享汽车中,由于无人驾驶汽车本身的复杂性,用户不负有上述检查义务,仅需检查车内外表面上的设备是否正常,而不需要检查其是否具有实质的适驾性。若出现交通事故,无人驾驶共享汽车因没有明显过错,仅承担适当的补偿责任,大部分责任由共享汽车的运营平台、制造商、软件开发商承担。

二是共享汽车所有者与用户之间存在使用权转移关系。共享汽车与用户签订租赁合同和使用权转移协议,仅转移该共享汽车的使用权,所有权并不转移,仍归属于原车主。该过程不需要向车辆管理者提交机动车产权转移申请和进行一系列的登记,但是在侵权责任承担方面能产生与所有权转移相同的法律效果,即共享汽车所有者在共享汽车出租的时候不需要承担交通事故侵权法律责任,所有者存在过错除外。此情形符合我国《民法典》第1209条和2020年最高人民法院《关于审理道路交通事故损害赔偿案件适用法律若干问题的解释》第1条〔1〕规定的因租赁导致机动车所有人和使用人分离而仅由使用人承担赔偿责任。作为共享汽车所有者,将共享汽车出租给用户后,就丧失了对该机动车的运行控制权,能获得租金但不享有机动车运行收益权,从而实现了与机动车使用人的分离。故发生交通事故后,应由使用人承担赔偿责任。在共享汽车使用权转移后,用户因使用机动车而获得收益,体现的是一种运行利益,而共享汽车所有者则因让渡资产使用权而获得固定数额的收益,体现的是一种所有权利益。在共享汽车所有者与用户之间的使用权转移法律关系下,能实现共享汽车所有权和使用权的分离,并增强了汽车的流通性。

---

〔1〕 最高人民法院《关于审理道路交通事故损害赔偿案件适用法律若干问题的解释》第1条规定:“机动车发生交通事故造成损害,机动车所有人或者管理人有下列情形之一,人民法院应当认定其对损害的发生有过错,并适用侵权责任法第四十九条的规定确定其相应的赔偿责任:(一)知道或者应当知道机动车存在缺陷,且该缺陷是交通事故发生原因之一的;(二)知道或者应当知道驾驶人无驾驶资格或者未取得相应驾驶资格的;(三)知道或者应当知道驾驶人因饮酒、服用国家管制的精神药品或者麻醉药品,或者患有妨碍安全驾驶机动车的疾病等依法不能驾驶机动车的;(四)其它应当认定机动车所有人或者管理人有过错的。”

三是国家管理人与无人驾驶共享汽车之间的人工智能责任关系。人工智能算法对个人和社会有着非常真实和突破性的影响,算法管理着无人驾驶汽车。人工智能算法渗透到无人驾驶汽车领域,必然会引发问责制问题,如人工智能算法带来了哪些责任方面的挑战。问责制是指对别人负责,有义务为自己的作为和不作为辩解等。[1] 国家管理人作为无人驾驶汽车 AI 算法的监管者和权力享有者,有义务根据问责制对公众作出交代。算法本质上是按照顺序实现的任何规则集,以达到特定的结果。[2] 正是“算法权力”的崛起,即“权力越来越多地通过算法来表达”的事实,[3]带来的对这种权力进行监督的相应需求。国家管理人与共享汽车所有者之间是人工智能责任关系,当无人驾驶共享汽车发生侵权损害时,国家管理人既作为监管者,也作为 AI 算法间接权力者,承担国家管理人责任。人工智能算法在公共和私人决策中越来越受到依赖,算法决策可以是完全自动化的,也可以是混合的,这就需要一个人工决策者或审查员。[4] 在非自主阶段,无人驾驶汽车的算法为用户提供信息,而不是在没有人类干预的情况下作出最终的全自动决策。国家管理人在无人驾驶汽车算法决策时是具有监管责任的,当决策失误造成侵权损害赔偿时,国家管理人承担管理失职责任,赔偿受害人损失或承担补偿责任。

四是共享汽车所有者、使用者、运营平台与第三人之间存在侵权法律关系。无人驾驶共享汽车发生交通事故时,共享汽车所有者、使用者、运营平台与第三人之间的侵权关系是法律性质的重要体现,也是确定如何分担责任的重要依据。用户在使用共享汽车时,承担维护车辆安全、保护车身完好的义务。当用户发现共享汽车存在安全隐患时,需要承担及时通知共享汽车运营平台的义

---

[1] Olsen Johan P., *Accountability and Ambiguity*, The Oxford Handbook of Public Accountability, 2014, p. 106 - 123.

[2] Busuioc M., *Accountable Artificial Intelligence: Holding Algorithms to Account*, Public Administration Review, Vol. 81, p. 825 - 836(2021).

[3] Pasquale Frank, *Restoring Transparency to Automated Authority*, Journal on Telecommunications & High Technology Law, Vol. 9, p. 235(2011).

[4] Cirton Danielle K., *Technological Due Process*, Washington University Law Review, p. 1249 - 1313(2008).

务。若发生交通事故或其他侵权损害事故,用户也需承担及时报告和如实告知的义务,保证侵权责任得到合理承担和保障受害者的合法权益。如果共享汽车驾驶人发生肇事逃逸、酒后驾车等违法行为,保险公司在其保险合同约定范围内承担保险责任,驾驶人可免于承担巨额的民事赔偿。此外,如驾驶人有上述违法行为,租车平台在承担监管义务和遵守合同约定的情况下,对驾驶人超出约定义务范围的行为不承担任何责任,超出保险范围的赔偿责任则由驾驶人承担。无人驾驶共享汽车发生交通事故时,责任承担主体和责任承担形式与一般共享汽车存在相同之处。不同的是,无人驾驶共享汽车是特殊民事主体,能够作为民事主体承担责任,且国家管理人作为无人驾驶汽车侵权的责任承担主体,地方各级人民政府也需在该类交通事故侵权中承担部分责任。

共享汽车运行涉及的法律关系复杂多元,分析法律性质时要结合具体情况分析,不能一概而论。当合同关系和侵权关系存在竞合时,共享汽车运营平台与使用者之间基于合同关系而产生违约责任,交通肇事驾驶者或过错方与受害者之间基于侵权行为产生侵权责任。分时租赁运营模式通常为投资方作为车辆所有人向共享汽车租赁平台提供车辆,租赁平台则直接面向用户提供租车服务,与用户形成租赁合同关系。在共享汽车肇事案件中,受害人除了要求直接侵权人担责外,往往还会追加共享汽车租赁平台要求其承担责任。无人驾驶共享汽车发生交通事故纠纷时,涉及的法律关系更加复杂,除了上述关系外,还涉及产品管理人责任、国家管理人责任、无人驾驶汽车制造者的责任、无人驾驶共享汽车作为特殊的民事主体本身所需承担的责任。国家管理人在无人驾驶汽车 AI 算法决策时作为监管者,同时与无人驾驶汽车的生产制造者、软件开发者、运营商、数据开发者在道路交通数据信息方面构成数据产权关系。无人驾驶汽车要在道路上运行,而我国的公路、城市道路和高速公路都是由国家建造的,国家投入大量建造成本,由此产生的大量道路交通信息和数据是属于国家的,国家获得交通数据信息的产权,国家管理人责任与其他责任共同存在,不可或缺。

二、共享汽车侵权的法律风险

无人驾驶共享汽车在发展过程中不可避免地会产生侵权法律风险,全面准确掌握各种侵权法律风险,有利于为无人驾驶汽车的发展提供保障。无人驾驶共享汽车法律风险可从共享汽车租赁、共享汽车用户、共享汽车运营平台三个视角进行分析,为构建共享汽车租赁制度和共享汽车责任分配体系提供建议。

(一)共享汽车租赁的法律问题

共享汽车租赁是将共享汽车的使用权作为标的进行租赁,存在自己行为责任和非自己行为责任如何承担的法律问题。无人驾驶共享汽车的发展模式可分为共享实物模式、共享信息模式、共享实物与信息深度融合模式。[1] 本书讨论的 P2P 属于共享信息模式,Car2go 则属于共享实物模式范畴。依照民法基本原理,侵权责任可分为两种,一种是自己行为责任,另一种是非自己行为责任。[2] 同时,我国也有学者将非自己行为责任称为替代责任,[3]而非自己行为责任中的物的责任就是物件责任。[4] 无人驾驶汽车发生侵权责任,是按照自己行为责任进行责任承担,还是按照非自己行为责任对责任主体进行责任分配,是需要解决的法律问题。共享汽车行业发展如火如荼,现有制度和规定仍面临很多法律风险,需要不断深入研究并加以调整和完善。

一是用户信息安全。无人驾驶共享汽车是在数字社会的背景下,依靠互联网和人工智能技术发展并投入市场运营的,是智能社会的产物。与共享单车、一般的共享汽车类似,无人驾驶共享汽车用户在使用初期,需要通过智能手机下载相关软件或打开相关小程序,利用授权技术进行快速登录,在登录使用的过程中用户就已授权了软件运营商对其个人信息的掌握和了解,包括手机通信

---

〔1〕 熊钱富:《共享车侵权法律问题研究》,载《贵州警官职业学院学报》2017 年第 6 期。

〔2〕 自己行为责任是指对自己的作为或者不作为造成的他人损害所承担的责任;非自己行为责任,包括对他人行为负责及对物的责任。参见王泽鉴:《侵权行为法》,中国政法大学出版社 2003 年版,第 52 页。

〔3〕 杨立新:《道路交通事故研究》, 法律出版社 2009 年版,第 136 页。

〔4〕 谢薇、韩文:《对〈侵权责任法〉上机动车交通事故责任主体的解读——以与〈道路交通安全法〉第 76 条责任主体的对接为中心》,载《法学评论》2010 年第 6 期。

录、短信、电话号码、所处位置、身份证等。用户想要顺利租赁并使用该无人驾驶共享汽车,就必须进行上述操作,这也就使用户个人的信息面临泄露、不正当使用等风险,甚至会被诈骗集团利用进行诈骗。因此,面对用户个人信息安全问题,用户自身在使用类似软件时需加强防范,提高警惕意识,当然更应利用法律武器保护信息安全。立法者可构建更加完善、全面的个人保护信息法,尤其是要加强无人驾驶共享汽车等人工智能方面的法律。

二是无人驾驶共享汽车损坏问题。无人驾驶共享汽车在运行过程中,每天承载的客户数量众多,不可避免地会面临各种各样的磕碰或损坏,也会随着使用时长的增加发生磨损,对于这些损耗或问题,有必要及时进行处理。在用户没有故意破坏的情况下发生的损坏,是否应由无人驾驶共享汽车运营商独自承担,以及如何区分用户是否存在故意的主观因素,这都是在无人驾驶共享汽车发生损坏时需要注意的问题。用户故意损坏共享汽车的,对用户追责的时间限制、追责主体、追责方式等,现在都是不明确的,对无人驾驶共享汽车的发展也起到一定的阻碍作用。

三是无人驾驶共享汽车保险的承保范围问题。一些汽车共享网络的细则表明,即使大多数个人保单通常排除了租用或驾驶共享汽车的范围,但个人汽车保单将是支付索赔的主要来源。需要购买共享汽车公司的汽车保险才能充分承保。私人汽车保险涵盖传统租金,但不包括点对点汽车共享,一些汽车共享公司提供的基本保险计划的下限很低,因此需要花费更多的钱以获得顶级计划以增加保险范围。若通过 P2P 汽车共享服务租车,需检查自己的保单,因为个人共享计划和任何形式的拼车活动均不属于汽车保险公司的责任。[1]

(二)共享汽车用户的法律风险

共享汽车用户作为汽车的使用者,在汽车共享过程中应保护好自己的合法权益。由于我国共享汽车使用规则和责任规则还不够完善,汽车共享过程中出现车辆损坏、交通肇事或使用者与共享汽车所有者之间出现其他纠纷时,应如

---

〔1〕 Michelle Megna, *Peer-to-peer Car Rental (Turo, Getaround): A guide to Insurance Coverage*, Sep 06, 2018, http://www. car insurance. com/Articles/peer-to-peer-car-rental-insurance-coverage.

何保护共享汽车用户的合法权益，如何协调使用者与共享汽车用户之间的利益平衡，如何处理因交通事故而受到损害的第三人的侵权责任等问题，都是值得讨论的。从共享汽车用户的利益出发，在现行有限的条件下，共享汽车用户应注意以下法律风险。

首先，用户应认真检查车辆状况，承担合理的注意义务。用户需承担检查和注意义务，在使用无人驾驶共享汽车之前须检查车辆的安全性和技术性能，避免因为租赁平台的过错而使自己承担责任，同时租赁平台必须保证车辆的驾驶性能。用户在检查车辆状况时，对共享汽车的智能系统、驾驶性能、车身完好度等情况都需进行检查，与租赁合同不存在明显的差错即已完成合理检查和注意义务。但是，用户在使用前未进行检查的，即使是因为租赁平台提供的车辆不符合约定，用户仍需承担相应责任。

其次，共享汽车用户应认真审核借车人的身份信息和资质。现实中也存在借用别人的驾驶资格证来注册账户、未成年人借用其监护人账户等情况。若无人驾驶共享汽车用户将账户借给第三人使用，或因自身疏忽离车时未上锁导致第三人使用，第三人发生交通事故的，无人驾驶共享汽车用户需承担侵权责任，甚至当第三人肇事逃逸时，用户还可能成为交通肇事的共犯而承担刑事责任。因此，无人驾驶共享汽车用户应尽量避免将车辆借给他人使用，离车时检查车辆是否已关闭智能驾驶系统和其他相关行驶系统。

最后，无人驾驶共享汽车用户应仔细阅读租赁服务合同条款，特别注意车辆的免责声明和保险状况。在分时租赁服务协议中，平台一般会提出免责条款。例如，如果发生车祸导致共享汽车折旧损失，用户同意承担较大的折旧损失和折旧金额。当用户同意该协议时，用户受适用条款的约束，并根据该协议承担责任。用户还应特别关注所驾驶车辆的保险状况，包括保险种类（是否有盗抢险、车损险）、保险金额、租车平台是否提供保险、服务范围内的事故后理赔、保险范围和其他相关费用的预付款。用户需要提前了解无人驾驶共享汽车在行驶过程中可能面临哪些风险，在租车时选择租用保险金额和保险范围合适的共享汽车。

(三)共享汽车运营平台的法律风险

共享汽车运行平台是连接共享汽车用户与使用者之间的桥梁,将没有关联的两者连接到一起,使共享汽车能够充分发挥使用价值,缓解交通压力,一定程度上保护了生态环境。共享汽车运营平台作用举足轻重,能够利用其技术与信息,为共享汽车用户与使用者带来利益与便利。因此,共享汽车运营平台应该注意可能遇到的法律风险,并采取措施去避免。

一方面,用户的身份信息和驾驶资质需要审核,审核不当则需承担侵权损害赔偿风险。用户在租赁无人驾驶共享汽车初期,需要在租赁平台填写身份信息注册账户,用户填写的信息是否真实关乎后期侵权责任的分配。若用户信息不真实,当因用户行为而发生侵权损害时,运营平台找不到用户进行追责将承担更大的损害赔偿风险,可能因用户的过错而承担巨额的经济损失。因此,运营平台可利用人工智能、数字社会等技术,采用人脸识别、指纹解锁等方式来开启无人驾驶共享汽车。另外,还可根据用户的守信次数、违规次数等进行信用评级,以此为标准建立黑名单制度,以保证用户的身份真实和资质符合规定。

另一方面,运营平台需要定期对无人驾驶共享车辆进行修理维护。无人驾驶共享汽车的用户是不特定的,承载量也比较大,其磨损度也比一般的私家车更严重。运营平台需定期检查哪些车辆需要维修,哪些车辆需要保养等,这些检查若仅依靠工作人员,则会因为工作比较琐碎,而耗费较大的人力、物力。对此,建立车辆自动检查和报修机制是非常必要的,可通过无人驾驶共享汽车的日程巡检来保障其行驶的安全性。此外,运营平台还需明确无人驾驶共享汽车的保险时间,若车辆的保险已到期或即将到期,应承担续期的责任,保障车辆的投保情况符合法律规定。[1]

三、P2P 模式下的侵权规则

P2P 模式下无人驾驶共享汽车承担侵权责任具有特殊性,与传统汽车租赁

---

〔1〕 北京市第二中级人民法院:《共享汽车交通事故责任纠纷介绍及四个典型案例》,载微信公众号“审判研究 ilawtalk”2019 年 9 月 27 日。

的侵权规则相区别，与家用无人驾驶汽车侵权适用存在冲突，如信息安全问题、侵权责任主体、国家管理人责任等。因此，在P2P汽车租赁模式下，应适用特殊的侵权规制：分级比例责任；共享汽车网络平台根据其义务承担责任；拓宽汽车保险，购买新类型汽车保险产品。

（一）传统汽车租赁的侵权规则

传统机动车交通规则以人类驾驶行为为预设，把以“运行支配”和“运行利益”为核心的“二元说”作为责任主体的重要判断标准，通常是以一般的驾驶注意义务为衡量标准评判当事人的侵权责任。共享经济企业通过建立P2P网络平台，为无人驾驶汽车提供者和需求者提供交易机会。[1] 共享汽车租赁属于共享信息的运营模式，无人驾驶共享汽车和用户通过运营交易平台进行合作，以节约用户时间，提高共享汽车的交易量，并将社会资源配置效率大大提高。共享经济企业利用其平台优势，将无人驾驶共享汽车的闲置情况实时公布在交易平台上，再根据用户的个性化需求进行匹配，匹配成功后会收取一定的中介费。在此交易过程中，共享经济企业在其中类似于中间人，为交易双方提供便利，这与我国《民法典》第961条的中介合同规定相符合。[2] 互联网租车平台作为中介必须严格遵守诚信原则，中介费只有在双方的交易完成后才能收到。

汽车的使用者和所有者侵权责任规则因使用权和所有权的性质不同而有所不同，使用者仅承担其使用期间产生的责任，而所有者根据其过错程度来分配和承担责任。使用权和所有权在不同的交易模式中发挥着不同的作用，都属于产权的组成范畴。共享经济的发展动摇了传统所有权交易模式的主导地位，取而代之的是使用权的主导地位。使用权交易是指两个或两个以上的人可以共享一个产品的所有权、使用权和利益，将使用权从财产权中分离出来，转让给另一个人。传统的使用权交易方式主要以租赁为代表，承租人通过支付租金方式获得财产的使用权，业主通过转让使用权获得收益。但是，在共享经济的发

---

〔1〕 唐清利：《“专车”类共享经济的规制路径》，载《中国法学》2015年第4期。

〔2〕 《民法典》第961条规定：中介合同是中介人向委托人报告订立合同的机会或者提供订立合同的媒介服务，委托人支付报酬的合同。

展模式中,存在多种形式的使用权转让。以汽车租赁为例,传统汽车租赁行业主要是出租车和汽车租赁。对于完全租赁的专用资源,使用权是完全可转让的。另外,在共享经济的网约车服务中,强调闲置资源使用权的转让,部分使用权转让的案例也有很多。如滴滴平台包括"P2P 打车平台、P2P 拼车平台、P2P 专车平台、P2P 快车平台"四种运营模式,充分展示了共享使用权的多样性。其中,出租车运营是使用权的整体转让,拼车、快车服务、专车平台运营是闲置资源使用权的一部分。可见,无人驾驶共享汽车使用权的共享不同于传统意义上的使用权交易。

在传统的出租车运营中,乘客与出租车公司之间存在客运合同关系。作为承运人,出租车(公司)负责将乘客安全、准时地运送到其约定的目的地,并收取适当的费用。如果乘客在此过程中受伤,出租车公司可能会承担合同责任或侵权责任。要求出租车公司承担合同责任的乘客只需证明与出租车公司存在合同关系,且该公司违反了合同约定即可。乘客主张侵权责任的,必须证明其遭受的损害与出租车公司的侵权行为存在因果关系。对此,2020 年最高人民法院《关于审理道路交通事故损害赔偿案件适用法律若干问题的解释》第 1 条具体规定了汽车出租或出借人必须承担的审查义务,主要体现在三个方面:首先,汽车本身存在可能导致交通事故的缺陷;其次,应当审查承租人有无驾驶资格或有无驾驶标的车辆相适应的驾驶资格;最后,审查承租人在租赁车辆时的身体以及精神等条件是否适合驾驶。

(二)与家用无人驾驶汽车侵权适用规则的冲突

1. P2P 模式下信息安全问题

信息技术的发展加快了汽车产业的变革,但智能化、网联化带来的信息安全问题也在日益凸显。P2P 共享汽车是点对点进行共享,缺乏第三方在中间直接调配和规范,使用者个人信息和共享汽车的信息安全缺乏有效保障,且由于技术限制,P2P 信息安全保障系统不可避免地存在或多或少的技术漏洞。中国汽车信息安全共享分析中心发布的信息显示,汽车信息安全风险包括不安全的云端接口、未经授权的访问、系统存在的后门、不安全的车载通信、车载网络未作安全隔离、系统固件可被提取及逆向、不安全的第三方组件、敏感信息泄露、不安全的加密和不安全的配置。[1] 根据以上风险,黑客可利用P2P共享汽车电子系统的漏洞,如蓝牙、云娱乐系统等多方面展开攻击。2019年,欧洲ADAC汽车协会针对33个品牌的237款车型进行了安全测试,结果显示99%的车辆能够被黑客解锁并开走,最短时间仅需18秒。[2] Upstream统计:截至2019年,公开报道的智能汽车网络安全攻击事件就高达155起;2020年整车企业、车联网信息服务提供商等相关企业和平台被恶意攻击已达到280余万次。[3] 未来,随着P2P无人驾驶共享汽车的发展,如果数十万辆汽车因为使用同一个应用或者同一个服务器,黑客攻击一个漏洞就能导致数十万辆车同时瘫痪,其灾难程度不亚于"9·11"事件。可以说,重视无人驾驶汽车的信息安全问题,已经迫在眉睫。

P2P共享汽车的无人驾驶系统可实现高速自动导航驾驶、自适应巡航、车道居中系统和停车场记忆泊车、语音交互、手机远程控制等智能化功能。P2P共享汽车需借助精密的地图导航系统、强大的信息采集系统和高度智能的分析决策系统,通过位置信息、行车轨迹、乘车时间等点滴记录的数据反复叠加即可拼凑出特定主体的日常生活轨迹。互联网使无人驾驶汽车成为数据收集、数据传输和数据处理的关键节点,且无人驾驶汽车本身就依赖不同主体的数据共享,使其信息泄露风险增大。[4] 且P2P共享汽车是"互联网+"在交通领域的创新应用之一,共享汽车运营商拥有用户的电话号码、身份证号码、地理位置、出行路线等信息,若出现泄露则会损害用户的合法权益。[5] 若信息安全问题无法得到有效解决,真正的无人驾驶汽车时代或许无法到来。有专家表示:"智能汽车改变了传统意义上的汽车安全,从早期功能安全逐步向信息采集安

---

[1] 《中国汽车信息安全共享分析中心发布汽车信息安全十大风险》,载新华网2019年5月10日,www.tj.xinhuanet.com/jz/2019-05/10/c_1124476410.htm。

[2] 王慧:《智能汽车的"恐怖"一面:谁在开你的车?》,载川观新闻2021年3月25日,http://cbgc.scol.com.cn/news/1051021。

[3] 《特斯拉"失控门"调查:突然加速刹车失灵、车主重伤、数据消失?》,载IT时报-新媒体2021年3月12日,https://www.163.com/dy/article/G4T30J1305128AGA.htm。

[4] 张建文、贾章范:《无人驾驶汽车致人损害的责任分析与规则应对》,载《重庆邮电大学学报(社会科学版)》2018年第4期。

[5] 蒋军辉:《浅析共享汽车租赁的法律问题及其完善建议》,载《中国律师》2017年第11期。

全和运用安全转变,对于智能汽车的信息安全管理,也应提升到国家信息安全的级别。"[1]对于汽车信息安全问题,2021 年 8 月,国家互联网信息办公室等五部门发布了《汽车数据安全管理若干规定(试行)》。就该规定的内容而言,P2P 汽车数据处理要依据车内处理、应用精度范围、敏感化处理等数据处理原则来开展汽车数据处理活动,减少对汽车数据的无序收集和滥用数据。汽车数据处理者必须履行信息保护责任,充分保障用户的信息安全和合法权益。

2. P2P 共享汽车侵权责任主体难以确定

P2P 共享汽车发生侵权损害时,法律关系复杂,责任主体难以确定。P2P 共享汽车是点对点模式,仅提供中介平台作用的软件方或介绍方是否需要承担侵权责任,生产者是否需要承担产品责任,使用者是否需要承担侵权责任等,都是需要根据具体情况进行分析的。无人驾驶汽车具备"驾驶人脱离驾驶"的特性和解放人类的功能,在此目的下,辅助驾驶人的注意义务大幅降低。无人驾驶汽车可以分为几个不同的层级,不同的级别代表无人驾驶系统和驾驶员辅助之间的不同任务分配,等级越高,驾驶员的责任感越小。达到无人驾驶的最高等级时,辅助驾驶不控制驾驶活动,无过失不得追究辅助驾驶人的责任, 否则就违背了公平正义。即使确立了驾驶员的接管职责,但根据实际接管时间的确定方式以及驾驶员与无人驾驶系统之间的相互权限设置方式,会影响责任人的身份认定。P2P 共享汽车还存在所有者与使用者之间的特殊关系,在如何承担侵权责任时还需进行区分和界定。

3. P2P 共享汽车国家管理人责任

P2P 共享汽车是在国家的监督管理与规范下运行的,当其发生侵权事故时,国家管理人作为监督者或公平维护者,承担补偿责任。P2P 无人驾驶共享汽车由于具有高度自主性和深度学习能力,不需要驾驶人进行操作就能实现自动驾驶,在发生交通事故时,由于人不能实际对无人驾驶汽车在操作系统上实施控制,只能通过后台或汽车本身进行控制,某些紧急情况就不具有可预见性。

---

[1] 云歌:《智能汽车,如何保障信息安全?》,载微信公众号"汽车大观"2021 年 3 月 21 日,https://mp.weixin.qq.com/s/tyl6PNbx6H7PRXCnennYJQ。

P2P 无人驾驶共享汽车面向的客户更为广泛，潜在的侵权主体就更不可预见了。P2P 无人驾驶共享汽车发生交通事故，可能导致那一地带的交通出现瘫痪状态，P2P 无人驾驶共享汽车发生交通肇事造成的侵权损害就是大规模性的。大规模侵权造成的损害赔偿是个体或某个组织机构所无法承受的，国家管理人有义务对此承担补偿责任，直接承担国家管理人责任的具体主体是各级地方人民政府。因为 P2P 无人驾驶共享汽车的运行也是为社会谋福利，缓解交通压力，保护生态环境，国家对此是有一定的福利政策的。

（三）P2P 汽车租赁的特殊侵权规则

1. P2P 模式下的传统汽车租赁侵权规则

P2P 模式下的交通事故可以参照传统汽车租赁的侵权规则，根据《民法典》侵权责任编和《道路交通安全法》中的相关规定进行责任分配。在 P2P 汽车租赁模式中，无人驾驶共享汽车和用户可以根据双方的需求进行智能匹配，交易双方可以进行自主选择，若运营平台交易信息匹配成功，则表示双方已达成租赁协议。在这种情况下，如果因交通事故发生侵权责任，应如何赔偿？本书认为，此种情况仍然可以适用《民法典》和《道路交通安全法》的相关规定来确定责任和赔偿金额。日本的汽车租赁业务分为长租和短租两类，短租在日本行业分类中被称为私人汽车有偿服务业务。[1] 无人驾驶汽车是人工智能的产物，但在 P2P 模式下，可以看出双方的关系是一种租赁协议。所以，对于 P2P 模式下的无人驾驶共享汽车租赁，仍然可以参考《民法典》第 1209 条关于传统汽车侵权规则的规定。

2. P2P 共享汽车分级比例责任

P2P 共享汽车的侵权责任应根据其级别承担分级比例责任。根据无人驾驶汽车智能系统的级别进行类型化责任分担：在 L1 – L2 级时，以传统的人类驾驶员的过错责任或过错推定责任为基础；在 L5 级时，以智能系统制造商的产品责任为基础；在 L3 – L4 级时，以二者相结合的比例责任形式来认定无人驾驶汽车事故中的侵权责任问题，比例确定因素可考虑人类驾驶员的控制能

---

〔1〕 常庆宪、张一兵：《对日本汽车租赁的考察和思考》，载《运输经理世界》2010 年第 12 期。

力、智能系统的决策合理性和结果避免可能性。[1] 考虑 P2P 无人驾驶共享汽车在不同级别阶段智能系统的控制能力和深度学习能力不同,将其发生交通事故时侵权责任的承担问题进行分级分情况研究,在不同级别时确定责任承担的构成要素也会不同。

从技术上看,未来的 P2P 无人驾驶共享汽车肯定会进入全自动模式,让无人驾驶汽车的 AI 技术应对所有极端路况。不仅如此,未来在智能调度算法的帮助下,P2P 共享汽车的使用率将接近 100%,不会出现司机。2017 年国务院发布的《新一代人工智能发展规划》指出,"加强智能感知物联网核心技术攻关和关键设施建设,发展支撑智能化的工业互联网、面向无人驾驶的车联网等",即全自动智能调度模式并不是炒作,它已经被纳入中国政府的相关政策规划。[2]

即使是在智能汽车技术飞速发展的美国,也面临着现有法规无法将"智能汽车"包含在"司机"含义中的困境。[3] P2P 无人驾驶共享汽车侵权责任的承担问题,并不仅仅是笼统地规定侵权规则,而需要分情况处理,根据不同情况讨论不同的责任承担,可根据人工智能驾驶系统和人类驾驶员的分工不同进行讨论和分析,即人类驾驶员在无人驾驶共享汽车行驶过程中控制程度处于何种级别。从抽象的角度来看,当事故的归因是基于智能系统中的缺陷(包括设计缺陷、制造缺陷和描述缺陷)时,可以使用产品责任的无过错责任来解决。如果事故的原因是人类驾驶员的过失驾驶行为,则适用过错责任。因此,可根据分类级别来进行详细阐述。

在 L1 级,人类驾驶员的责任标准是过错责任。一般侵权行为主要由四个方面构成:违法行为、主观过错、损害结果、侵权行为与损害结果之间的因果关

---

〔1〕 季若望:《智能汽车侵权的类型化研究——以分级比例责任为路径》,载《南京大学学报(哲学·人文科学·社会科学)》2020 年第 2 期。

〔2〕《国务院关于印发新一代人工智能发展规划的通知》,载中国政府网 2017 年 7 月 20 日,http://www.gov.cn/zhengce/content/2017-07/20/content_5211996.htm。

〔3〕 Caitlin Brock, *Where We're Going, We Don't Need Drivers: The Legal Issues and Liability Implication of Automated Vehicle Technology*, Umkcl. Rev., Vol. 83:769, p. 775-778(2015).

系。[1] 根据《民法典》第1208条和《道路交通安全法》第76条的规定，主要包括机动车之间的事故，以及机动车和非机动车、行人之间的事故两类，前者适用过错责任，后者适用过错推定责任。

在L5级，智能驾驶系统已经接管，人工驾驶员只有管理权限。这意味着在大多数情况下，人类驾驶员会让系统处理所有事情。根据《民法典》第1209条，即使人车分离，车主仍可能对事故负有责任。然而，在无人驾驶车辆中，这一规定不应完全用于强制执行车主责任。在P2P租赁模式下，车主或管理者必须提前意识到他人驾驶带来的危险，并采取必要的预防措施。从危害公开性和危险来源的角度来看，所有者或管理人未能进行必要的尽职调查在一定程度上构成了危害。此外，在现代生活中，借用和租赁都是常见的交易手段，因此在这种情况下，业主无须承担风险。如果将其定义为风险责任，将对社会及相关行业的发展施加过于严格的限制。[2] 在传统的车主责任不能直接应用于智能系统的基础上，将智能系统融入"产品"领域，应用产品责任是一条可行的路径。在产品责任中需要注意的是产品缺陷、损害结果和因果关系的问题。

在L1－L4级时，P2P无人驾驶共享汽车属于半自动状态，适用比例责任，L1－L4级分别按照10%、30%、50%、90%比例承担责任。L1－L2级只是辅助驾驶者的自动状态，驾驶者必须时刻关注路况，车辆的操作需要驾驶者的整体操作。在此级别中无人驾驶汽车智能系统只是为驾驶人手动操作无人驾驶汽车提供辅助性的工具，并没有起到智能控制的作用。该级别的无人驾驶汽车辅助系统因缺陷损坏，可纳入产品责任和比例责任综合认定，分别适用10%和30%的比例责任。如果无人驾驶汽车已经达到L3－L4级，则由智能系统接管路况监测，此时驾驶员只有控制紧急情况的能力。在这种情况下，必然伴随着比例责任问题。驾驶者与无人驾驶汽车制造商对外承担连带责任，对内部承担比例责任。具体责任比例分别为50%和90%。侵权责任的目的是填补损害，

---

[1] 杨立新：《侵权损害赔偿》（第6版），法律出版社2016年版，第85页。

[2] 最高人民法院民事审判第一庭编著：《最高人民法院关于道路交通损害赔偿司法解释理解与适用》，人民法院出版社2015年版，第27～28页。

从受害人的角度来看,其合法权益和损害赔偿并没有减少。在适用该比例责任时应考虑人类驾驶员的控制能力、智能系统的决策合理性、结果避免可能性。综合考虑以上因素,将责任比例划分为事故发生时智能系统可能造成的产品责任和人为驾驶过错责任,可以最大限度实现制度价值。

3. P2P 共享汽车网络平台根据其义务承担责任

平台作为中介,有义务如实向客户报告与订立合同有关的事项。根据《民法典》第 962 条的规定, 在披露车辆信息时,必须提供车辆的真实情况,出租人的车联网平台还必须检查车辆是否存在缺陷。[1] P2P 共享汽车网络平台给使用人和出租人提供了一个交易平台,在给双方提供服务的同时也应尽到相应的安全保障义务,应保证双方的资质符合平台要求,确保交易真实有效。若由于汽车网络平台的疏忽,对车辆的检查不到位,使有缺陷的车辆进入平台进行交易,使用过程中因交通事故造成侵权损害责任由谁来承担? 在此情形下,明显是汽车网络平台方的过错,根据过错原则理应由其承担责任。但是否应由其承担全部的责任呢? 本书认为,共享汽车网络平台只是作为一个中间方提供中介服务,其义务是确保出租人的车辆正常和使用人符合使用资质,该义务的违反并不足以导致其承担全部责任。在保险公司承担大部分责任外,再由平台根据其过错承担相应的责任。

P2P 模式下经常发生汽车丢失、毁损等风险,该损失发生时,网络平台应首先承担责任。因为平台方的信息是比较明确的,公众易知晓其联系方式且较为稳定和可靠,相较于个人也更有财力来承担大部分的损失。如果使用人故意毁损车辆,平台方可要求出租人向使用人进行责任追究,共享汽车网络平台仅承担其基本义务范围内的责任,或者共享汽车平台愿意承担大部分责任的,可以在其承担相应的责任后,有权向使用人进行追偿。

4. P2P 模式下拓宽汽车保险,购买新类型保险产品

P2P 无人驾驶共享汽车是在私人领域一对一进行租赁的,一般的交强险承

---

〔1〕《民法典》第 962 条规定:中介人故意隐瞒与订立合同有关的重要事实或者提供虚假情况,损害委托人利益的,不得请求支付报酬并应当承担赔偿责任。

保范围不足以涵盖此情形下的损害赔偿,应购买 P2P 共享汽车新类型保险产品,拓宽汽车保险范围。如非所有者汽车保险适用于不拥有汽车但仍驾驶他人汽车的人,能够分担交通事故造成的损失。高风险驾驶员通常使用非所有者的汽车保险,因为高风险驾驶员需要购买责任险保单以保持驾驶执照。P2P 共享汽车的租赁者就属于此类高风险驾驶员,可购买非所有者汽车保险。非所有者保单的成本通常比所有者保单的成本低得多。需要购买非所有者汽车保险的情况有以下四种:一是作为租车者,该保单将作为主要责任险。二是当某人试图保持连续承保范围时,为避免在保险历史记录中出现空白和被标记为高风险驾驶员,影响以后的保费。三是作为高风险的驾驶员,通常需要该策略来满足接收或恢复驾驶执照的条件。四是有人拥有一辆汽车,但想购买非所有人保险来履行责任保险义务。在此情形下,可以与其他运营商购买单独的非所有者责任保险,以满足备案要求。[1] 非所有者政策下的承保范围包括人身伤害责任和财产损失责任,一些保险公司还提供医疗费用承保、未投保的人身伤害保险和保险不足的驾驶人身伤害保险。[2] P2P 无人驾驶共享汽车通过购买这种新类型的非所有者汽车保险可以分担风险,减轻侵权损害赔偿责任。

四、Car2go 模式下的侵权规则

在 Car2go 模式下,分时汽车租赁具有典型性,其侵权规则能反映共享汽车侵权规则的特殊性。通过分析交通事故侵权、泄露数据信息侵权、二维码诈骗侵权等具体侵权行为,得出 Car2go 汽车租赁的特殊侵权规则,如运营商承担过错责任,用户在交强险之外承担补充责任,平台公司作为出租者和交易组织者承担过错责任,共享汽车作为产品承担无过错责任,保险公司承担保险责任等。

---

〔1〕 Michelle Megna, *Minimum Liability Car Insurance Requirements by State*, Jul 09, 2020, https://www.carinsurance.com/Articles/minimum-liability-car-insurance-requirements-by-state.aspx.

〔2〕 Michelle Megna, *A Complete Guide to Understanding Non-Owners Car Insurance*, Feb 11, 2020, https://www.carinsurance.com/coverage-definition/non-owners-car-insurance.aspx.

(一)分时汽车租赁

1. 分时汽车租赁的类型

分时汽车租赁是以车辆管理公司名义经营的车辆,汽车运营公司通过手机软件在线管理。用户使用分时汽车租赁需要完成六个步骤,分别是下载软件、注册账户、验证驾驶资格证、缴纳押金、打开手机蓝牙寻找周边车辆、连接使用。根据是否有固定停车位,可分为两种类型:一种是有固定车位的分时租赁汽车,分时租赁汽车公司首先在汽车使用率高的人口稠密地区购买一些停车位,目标车辆将被放置在相应的停车位。如果会员需要车辆,可以通过软件找到附近的车辆并进行预购,到指定地点取车,使用后将车辆开回原停车场放置,这种价格更优惠,是按照小时计算费用的。另一种是没有固定停车位的分时租车,这种是互联网、大数据等技术相结合的产物。汽车租赁公司使用电子地图和全球定位系统在其软件中实时更新目标车辆的位置。用户可以使用手机软件搜索周边可租用的车辆,在手机上下单,按照地图指引找到目标车辆。使用租车后,可以停放在软件上指定范围内的任意地点,这种价格就更高一点。[1]

2. 分时汽车租赁的特点

分时汽车租赁发生交通事故等侵权损害时显示出复杂性,如所有权和使用权是分离的,追责主体难以确定,审查义务也难以明确。当然,这种情况不仅存在于分时汽车租赁模式中,也存在于传统的租赁或借用情形中。之前,主体分离导致的汽车交通事故的侵权责任主要由《道路交通安全法》第 76 条予以调整。这种模糊性严重影响了司法实践中对事故赔偿主体的认定,也严重影响了司法的权威性和公正性。《民法典》第 1209 条承认汽车使用人通过合法的出租或借用取得对汽车的控制权,成为运行控制或运行利益的主体,并受法律约束。因此有可能适用无过错责任原则,而不受过错原则的限制。[2] 这一规定遭到了许多学者的反对,有学者认为运行支配标准不仅强调汽车的直接驾驶行

---

〔1〕 赵光辉:《基于分享经济的汽车共享研究:欧洲镜鉴》,载《中国市场》2016 年第 35 期。

〔2〕 米娜:《主体分离下的机动车交通事故侵权责任探析——以解释论视角反观〈侵权责任法〉第 49 条》,载《安徽文学》2018 年第 6 期。

为,还强调间接控制汽车运行的管理能力,如车主租赁或出借汽车等。在被他人驾驶时,车主仍然可以对目标车辆在上述时间范围内行驶的方式和距离作出明确的规定。[1] “运营利益”的另一个观点是使用车辆为自己谋取利益,允许他人为自己利益而使用。

分时汽车租赁模式与传统汽车租赁具有不同的审查义务。对于分时汽车租赁,租赁协议的频率决定了出租人履行审查义务的次数,那么审查义务是否有变化?根据最高人民法院《关于审理道路交通事故损害赔偿案件适用法律若干问题的解释》的规定,出租人在租赁汽车时,应当履行审查义务。分时汽车租赁除了出租人应尽审查义务外,还要求无人驾驶汽车用户和 Car2go 运营平台履行审查义务。审查义务是否因此而改变,同样也体现了分时租车的复杂性。

3. 分时汽车租赁的侵权规则

分时汽车租赁十分便捷,按照双方过错对事故发生原因力大小划分,适用过错责任规则。分时租车方式,承租人全程自行管理,不限租还车时间,不限还车地点,承租人使用方便。但是,由于整个过程都是在线操作,承租方处于消费者地位,无法详细了解出租方及所租赁共享汽车的全面情况。当出租方对标的共享汽车安全性能的审查存在疏忽或对承租方适驾条件的审查没有尽到合理注意义务时,共享汽车发生交通事故,出租人应承担交通事故侵权责任。因共享车辆本身存在安全隐患而发生交通事故,且承租人在使用过程中存在过失,承租人和出租人按规定对交通事故承担责任,根据过错进行责任承担和分配。

无过错原则适用于分时汽车交通事故中的出租人。我国《道路交通安全法》第 76 条第 1 款第 2 项规定,当车辆与其他交通工具或行人发生碰撞时,不存在主观故意或过失,承担的责任不超过 10%。我国法律没有规定出租人在出租或出借车辆时是否适用车辆碰撞无过错责任,但在某些情况下适用无过错责任是合理的,如承租人在驾驶分时租赁汽车时发生车祸,对方不是汽车,且所

---

〔1〕 郑志峰:《租借机动车交通事故侵权责任的类型化分析〈侵权责任法〉第 49 条的适用困境及其破解》,载《法学》2017 年第 7 期。

租用的车辆在主观上不存在故意或过失。根据我国法律规定,在这种情况下,标的车辆方承担不超过10%的责任。在分时租车模式中,租赁协议双方均为经营利益相关者,因此租赁协议双方必须共同承担不超过10%的责任。根据法律规定,车祸中的一方必须承担责任。也就是说,即使没有主观故意或过失,也必须支付一定比例的赔偿。需要指出的是,分时租车模式的出租人和承租人都没有过错,但租赁双方均为经营性利益相关者,双方均无主观故意或过失。如果仅要求承租人承担一定比例的无过错责任,并不完全符合公平正义。因此,在上述情况下,出租人必须与承租人一起承担无过错责任。

(二)具体侵权行为责任分析

1. 交通事故侵权

Car2go模式下的无人驾驶共享汽车发生交通事故侵权,由共享汽车的所有人、生产者、共享汽车运营平台、保险公司、国家管理人等多主体共同承担责任。在无人驾驶汽车非自主阶段,智能驾驶系统作为辅助驾驶,使用者还需承担驾驶者的义务,发生交通事故,使用者需要承担驾驶者的责任。但在无人驾驶汽车自主阶段,使用者仅作为消费者,无须尽驾驶者的注意义务和驾驶义务。无人驾驶共享汽车责任主体存在多样化,但是责任如何分配还是一个难题。共享汽车发生交通事故,造成的损害比一般传统汽车造成的损害更大,涉及的责任承担主体更加复杂,造成的社会影响也更大。Car2go模式下的无人驾驶共享汽车具有自主性,使其在发生交通事故等紧急情况时,只能由其自身系统或深度学习后的系统作出应急反应,人类无法及时进行人为操控。故Car2go模式下的无人驾驶共享汽车发生交通事故后要确定责任主体、责任分配和归责原则就更加有难度了。

共享汽车发生交通事故侵权,责任承担和责任分配应在以下两种模式下探讨:一是在共享实物和信息深度融合模式下,就汽车共享而言,所有权仍然属于共享平台,因为租赁标的是车辆的使用权。当用户驾驶车辆并造成事故时,车主和用户是分开的。根据我国《民法典》第1209条、最高人民法院《关于审理道路交通事故损害赔偿案件适用法律若干问题的解释》第13条的规定,保险公司应在承保范围内先予赔偿。若购买了第三者责任保险,即使司机不是车主,保险公司也必须在第三方保险责任范围内支付保险费。由于这些共享汽车都配备了司机,并且大多作为私家车连接到共享汽车平台,因此车辆用户和共享汽车平台达成了协议,用户和平台之间是客运合同,二者在法律上是客运合同关系。如果发生交通事故,共享汽车平台应承担责任。二是在共享信息模式下,共享汽车平台只是信息对接的中介,如果发生交通事故,只有连接到平台的车辆才能承担责任。共享汽车(分时租车)一般只投保了交通强制险和商业险,而用户、共享汽车平台、受害人、保险公司之间形成的法律关系更为复杂,发生侵权损害时责任分配难以确定,而责任分配直接影响共享汽车服务水平和服务质量。

2. 泄露数据信息侵权

HootSuite 发布的 2021 年数字全球概览报告显示,截至 2021 年 1 月,全球手机用户数量为 52.2 亿,互联网用户数量为 46.6 亿。[1] 中国互联网信息中心于 2020 年 4 月 28 日发布第 45 次中国互联网络发展状况统计报告,截至 2020 年 3 月,中国网民规模为 9.04 亿人,中国网民增长规模为世界第二。[2] 互联网用户平均每天在所有设备上使用互联网的时间接近 7 小时,相当于每周上网时间超过 48 小时,也就是每 7 天中有 2 天是上网时间。中国网民每天平均上网时间为 5 小时 22 分钟,覆盖范围的扩大和渗透率的不断提高,为共享汽车的发展提供了条件。越来越多的互联网用户促使互联网公司不断开发新的移动网络客户端,这些客户端安装在手机或电脑上时,会从用户那里收集大量的个人信息。据不完全统计,我国汽车共享软件用户近 1 亿人。在如此庞大的用户数量下,如果平台跨界并需要用户权限,则用户信息被泄露的风险会大大增加。2022 年《移动互联网应用程序信息服务管理规定》第 12 条规定,应用程序提供者处理个人信息应当遵循合法、正当、必要和诚信原则,遵守必要个人信息范围的有关规定,不得以任何理由强制要求用户同意个人信息处理行为。根

[1] HootSuite & We Are Social, *The Global State of Digital* 2021, https://www.hootsuite.com/resources/digital-trends.

[2] 《CNNIC 发布第 45 次〈中国互联网络发展状况统计报告〉》,载中国网信网 2020 年 4 月 28 日,http://www.cac.gov.cn/2020-04/28/c_1589619527364495.htm。

据我国《民法典》的规定,自然人的个人信息受法律保护,并且专门规定了隐私权和个人信息保护。组织或者个人需要获取他人个人信息时,必须依法获取并确保信息安全,不得非法收集、使用、处理、传输他人个人信息,不得非法购买、出售、提供或披露他人个人信息。但是在实践中,很多大数据企业和运营商都抱着不管数据有没有用先收集的心态,无视这些规则的存在,过度收集公民信息,甚至将公民信息作为买卖交易对象。发生上述侵权问题的,共享汽车平台应承担连带赔偿责任。

个人信息遭受侵害,我国民法提供了一般和特殊两种救济途径。这些侵害,除信息主体隐私曝光而遭受精神痛苦典型损害之外,还出现了数据泄露、导致或促成下游犯罪等多种新型损害,侵权责任编应有选择地予以承认。个人信息侵权应采三元归责体系。如果国家某政府机关使用自动数据处理技术侵害公民个人信息,适用无过错责任;若非公务机关使用自动化数据处理系统实施了信息侵权,适用过错推定责任;不使用自动数据处理系统的信息侵权者,则适用一般过错原则。数据处理者还可能作为网络服务商承担间接侵权责任,如依据“避风港”原则,网络平台最终被认定负有侵权责任,则应适用过错推定责任。在复数控制人采用大数据技术的场合,应确立因果关系推定规则。在因果关系推定规则建立之前,可类推适用侵权责任编关于共同危险行为的规定。侵害个人信息但尚未造成损害时,可适用预防性侵权责任。在复数侵权人的责任形态上,应在过失帮助侵权、共同过失侵权以及不确定因果关系等场合下新增连带责任,将安保义务及其被违反导致的补充责任扩张,以适用于作为虚拟场所管理人的数据存储者。[1]

3. 其他侵权责任

Car2go 模式下的无人驾驶共享汽车还存在共享汽车押金、代扣违法扣分责任问题。一是无人驾驶共享汽车押金问题。为了使用共享汽车,首先需要支付一定的押金。多个平台的押金会形成庞大的资金池,共享汽车押金就会演变成金融性质,该收取押金的平台可能会成为融资平台。面对巨额资金,如何在

---

〔1〕 叶名怡:《个人信息的侵权法保护》,载《法学研究》2018 年第 4 期。

完全依靠企业自觉监管的情况下确保押金安全成为不少人关心的问题。无人驾驶共享汽车押金虽然表面上是消费者权益问题,但实际上关系到如何规范金融秩序。无人驾驶共享汽车押金与传统意义上的押金不同。换句话说,每个消费者支付的押金对应一个标的物。因此,需要进一步讨论如何识别共享汽车押金问题,还必须有相关的法律依据。二是共享汽车违规扣分问题。目前,大多数平台在其服务合同中都规定了关于代扣和违法扣分等关于交通违法行为处理的内容。[1] 但是,根据我国法律规定,这些平台代扣代缴违法积分和罚款没有法律依据,故应予以规范。[2]

(三)Car2go汽车租赁的特殊侵权规则

Car2go成立于2008年,旨在将激动人心的新概念推向市场:"自由浮动"汽车共享服务,使用户可以立即从街上随时可用的车队中租车,并将其留在指定服务区内的任何地方。Car2go由全球汽车领导者戴姆勒公司(Daimler AG)的子公司推出,提供了首创的汽车共享服务,为全球近300万会员提供了及时及负担得起的移动解决方案。正如Car2go云运营主管埃里克·巴克·米克尔森(Erik Bak-Mikkelsen)所言:在出现所谓的物联网之前,其实我们基本上已经进入物联网时代。客户通过智能手机查找、预订和支付Car2go汽车。[3]

无人驾驶共享汽车租赁的是汽车的使用权,在未来共享汽车租赁发展过程中具有典型性。Car2go共享汽车多为小型新能源汽车,其操作与共享单车类似。在这种租赁模式下,车辆的所有权归平台公司所有,平台公司只出租车辆的使用权。用户与平台公司之间是租赁协议关系。然而,在无人驾驶共享汽车运营过程中,不可避免地会发生共享汽车信息泄露侵权、交通事故侵权等问题,在车主与使用者分离的状态下,其权利义务模糊不清,事故责任难以界定。

---

〔1〕 如平台有权在违章用户账户内扣除违章罚款等同金额及每次违法行为的代办费用(违章扣分按200元每分扣除)。对于吊销驾照或单次违章扣分6分及以上的严重交通违法行为,不接受委托处理。

〔2〕 根据我国《治安管理处罚法》第60条规定,伪造、隐匿、毁灭证据或者提供虚假证言、谎报案情,影响行政执法机关依法办案的,处5日以上10日以下拘留,并处200元以上500元以下罚款。

〔3〕 近年来,Car2go模式在欧洲多个国家和地区停止运营,因没有找到合适的盈利点,已退出多个地区的市场,但该模式本质上还是值得推广和借鉴的,需要找到适合的盈利方式来不断发展。

在Car2go模式下的无人驾驶汽车共享租赁中，承租人和软件运营商是汽车租赁合同关系。与P2P模式相比，该模式下的软件运营商不再是信息中介，而是作为承运人，不仅在信息方面提供服务，还提供无人驾驶共享汽车的出租服务，因此该模式下的运营商承担了更多的义务和责任。2016年4月，Car2go在重庆正式启动亚洲首个共享汽车业务。[1] 这标志着Car2go模式在我国发展的起步，并预示着未来无人驾驶汽车的发展方向。[2]

1. 无人驾驶共享汽车运营商的过错责任

运营商在无人驾驶汽车出租前承担安全保障义务，根据诚实信用原则和权责统一原则承担责任。对于无人驾驶共享汽车出租前的侵权规则，从运营商层面来看，根据《民法典》和最高人民法院《关于审理道路交通事故损害赔偿案件适用法律若干问题的解释》的相关规定，运营商承担侵权责任的过错由以下几点确定：一是平台上的租车本身存在产品缺陷，因为汽车缺陷导致了车祸。二是驾驶人不具备驾驶资格、没有驾驶证或者驾驶证过期被吊销的。三是司机酒驾或吸毒等不适合开车。运营商掌握着最全面的信息，在无人驾驶共享汽车出租前，其有义务检查无人共享汽车的装备是否齐全，是否有车辆故障，保障乘客的人身安全。Car2go模式下无人驾驶共享汽车租赁开始前，运营商起着至关重要的作用，连接着使用者和无人驾驶汽车的出租者，为无人驾驶共享汽车开拓市场，连接二者形成同一个法律关系。无人驾驶汽车没有达到L5级，驾驶人则还需要符合驾驶资格，以便在意外发生时能够接替自动驾驶。故运营商在无人驾驶汽车出租前承担的主要责任是检查出租的无人驾驶汽车本身是否符合上路的条件和驾驶人是否具备正常驾驶汽车的资质，在满足客观要求后，运营商就履行了自己的义务，对于后续可能发生的事故及损失根据过错责任就不能要求其承担责任了，只能根据公平责任来要求其对受害人进行适当补偿。

2. 用户在交强险限额之外的补充责任

在Car2go模式下，无人驾驶共享汽车的侵权规则可以根据《民法典》的相

---

〔1〕 石森昌：《共享汽车品牌Car2go的发展经验及借鉴》，载《当代经济》2017年第26期。

〔2〕 赵光辉：《基于分享经济的汽车共享研究：欧洲镜鉴》，载《中国市场》2016年第35期。

关规定以及“运行支配和运行利益的双重理论”来确定。根据《民法典》规定，承租人造成交通事故，应当依照法律承担损害赔偿责任。若租赁公司在该交通事故侵权损害中也存在过错，由此造成的损失由双方共同承担，双方对外承担连带赔偿责任。Car2go 模式中责任方的认定必须遵循“运行支配和运行利益的双重理论”，一般情况根据运行利益的相关理论，由支配者进行责任承担，但是在特殊情况或复杂情况下，应当结合运行支配和运行利益的双重理论，才能更好地解决无人驾驶共享汽车侵权损害带来的责任分配及损害承担问题。[1] 当登记人和真实用户为同一人，在经营者将共享车辆转让给承租人时，共享车辆的实际控制权转移，汽车出租人开始享受车辆的运行收益。[2] 在经营者不存在主观过错的情况下，与共享车辆有关的交通事故的侵权责任原则上由车辆经营的所有人承担，即直接造成交通事故的承租人承担。在注册者与真实用户分离的情况下，如果由于用户操作不当而发生交通事故，用户是实际控制者，根据其支配利益应当承担赔偿责任。

根据我国现有《道路交通安全法》的规定，Car2go 模式下的无人驾驶共享汽车侵权无法确定具体的责任主体。因为无人驾驶共享汽车涉及的主体范围较广，包括所有权人、运营平台、制造者、软件开发者、用户等。而《道路交通安全法》第 76 条规定，发生交通事故损害赔偿责任，在交强险限额外的赔偿责任主体是机动车一方。但是对于“机动车一方”应当如何理解范围，有一定的争议。并且，无人驾驶共享汽车的运行模式多样，在不同的运行经营模式中，可能各个责任主体的身份还会发生变化。因此，关于交强险限额之外的责任主体还需进一步明确。

用户在交强险限额之外承担补充责任。在我国，在认定交通事故责任主体时，经常采用“运行支配和运行利益的双重理论”来进行综合判断。运行控制是指对车辆运行的实际控制。在无人驾驶共享汽车租赁期内，车辆实际上不再

---

〔1〕 杨立新:《中国大陆地区道路交通事故责任立法司法的基本状况及评价》，载《河南社会科学》2018 年第 3 期。

〔2〕 程啸:《机动车损害赔偿责任主体研究》，载《法学研究》2006 年第 4 期。

由车主或平台公司占有,而是由用户占有和支配使用。运营收益是指汽车运行所产生的收益,主要体现在使用共享汽车带来的出行便利,收益由用户获得。平台公司基于运行管理收取的服务费,并不是共享汽车本身运行的福利。因此,通过控制车辆的运行,实际享受驾驶利益的用户,应当承担无人驾驶共享汽车发生交通事故的侵权责任。并且根据《民法典》第1209条的规定,车辆使用者应承担赔偿责任。因此,用户对超出强制交通保险限额的部分承担补充责任。

3. 平台公司作为出租者和交易组织者的过错责任

平台公司作为交易组织者和出租者均需履行审核义务和安全保障义务,但安全保障义务的具体内容有所区别,作为出租者时还需履行出租人义务。平台公司作为交易组织者和出租者时,具有“人”和“物”两个方面的安全保障义务。在“人”之方面,不能将汽车交由不具备相应资格和能力的用户驾驶,需要审核租赁者的条件。在“物”之方面,共享汽车平台接入的车辆由加盟企业提供,平台公司需对车辆质量进行实质性监管,确保车辆的驾驶性能和安全性。即使平台公司和加盟商内部有责任分担协议,也必须履行其对车辆安全运营的监管义务。当然,平台公司的审核义务和安全义务并没有统一的标准。随着人工智能、大数据等新技术的发展,平台企业应为共享汽车的安全运营采取更有力的措施。

平台公司作为出租人承担过错责任。平台公司在共享汽车交通事故侵权损害赔偿中承担的是过错责任。平台公司的责任是综合考虑其过错、原因和损害结果之间的关系后确定的。在某些极端情况下,平台公司可能作为侵权人承担直接责任,如因车辆性能不佳、缺乏日常维护或刹车失灵等导致的交通事故。如果车主和使用人按照车主的意愿合法分离,车主必须对自己的过错负责。平台公司的经营行为与损害后果存在因果关系的,由平台公司承担责任。平台公司作为出租人,有义务保证共享车辆的可行驶性和安全性,其是缺陷保障责任的主体。如因共享车辆保养或日常护理不当造成事故,用户可追究违约或侵权责任,其他受害人也可追究侵权责任。

平台公司作为交易组织者时承担过错责任。平台公司可能承担替代责任,平台公司是电子商务平台经营者,一般不会实施积极的加害行为,但可能因其他第三人的行为承担替代责任。如因共享汽车公司提供的车辆存在性能故障给他人造成损害,平台公司承担替代责任,一般体现为先行赔偿责任。当然,平台公司也承担责任。如根据《电子商务法》第38条第1款的规定,因未采取必要措施而承担的连带责任,《民法典》第1195条规定的网络服务提供者之连带责任,《消费者权益保护法》第44条规定的网络交易平台提供者之连带责任,属于自己责任。[1] 根据《民法典》第1198条第1款的规定,[2]安全保障义务人不限于条文所列主体,责任实体的一个共同特征是他们对一个地方或活动拥有事实上的控制权。平台公司作为交易组织者,为出租者和用户提供线上交易场所,对共享车辆的上线和运营状况、平台交易规则、计费方式、是否交易等拥有实际控制权,是规定的组织者或管理人。因此,平台公司违反安全责任造成他人损害的,适用过错原则。

4. 共享汽车作为产品的无过错责任

汽车系统故障等问题造成的交通事故,共享汽车作为产品承担的是无过错责任。主要包括制造缺陷责任、设计缺陷的责任、警示缺陷责任。产品责任中损害赔偿的概念还包括纯经济损失。纯经济损失是指非因加害人的行为不直接侵犯受害人权利而造成的经济损失,以及除人身伤害和财产权外的经济损失,[3]即非因人身或者所有权等权利受侵害而产生的经济或者财产损失。[4]纯经济损失系英美法的用语,在德国法中被称为纯粹财产损害,前者已经成为

---

〔1〕 孟荣钊:《不同运营模式中的共享汽车交通事故侵权责任承担》,载《人民司法》2020年第16期。

〔2〕 根据《民法典》第1198条第1款之规定,宾馆、商场、银行、车站、娱乐场所等经营场所、公共场所的经营者、管理人或者群众性活动的组织者,未尽到安全保障义务,造成他人损害的,应当承担侵权责任。

〔3〕 罗比·贝姆斯坦(Robbey Bemstein)认为:"纯经济损失,就是指除了对人身的损害和对财产的有形损害以外的其他经济上的损失。"该定义被视为比较经典的定义。See Robbey Bemstein, Economic Losa, Sweet & Maxwell Limited, 2nd, 1998, p. 2.

〔4〕 范坝(Van Dam)在European Tort Law(p. 711)所提出的定义:pure economic loss is the financial loss someone suffers and which is not the consequence of death, personal injury or damage to movable or immovale objects。

比较通用的概念。[1] 关于产品自身的损害,在纯经济损害制度下,原则上不能要求赔偿。[2] 德国法律还对产品责任的纯经济损失进行了严格限制,主要是为了适当限制产品责任的承担。由于产品责任不是基于疏忽,因此立法政策需要进行适当的限制。具体的限制方式是原则上不补偿经济损失。根据"继续侵蚀性损害"理论,若因产品缺陷造成其他财产损失,可以根据产品责任要求赔偿。[3]

5. 保险公司的保险责任

保险公司应在 Car2go 共享汽车的投保范围内承担保险责任。Car2go 共享汽车在运行期间会根据其特殊性投保相应的险种,以保障其运行利益和受损害第三人的利益。安联保险公司是欧洲 Car2go 的保险合作伙伴,其承保范围和保险责任承担模式都是值得我们借鉴的,在 Car2go 租赁期间发生事故或损坏,侵权责任应该分情况处理。若客户已经租了一辆 Car2go,并卷入另一车辆已损坏或人员伤亡的交通事故。此时的赔偿责任应分情况分析,客户自己造成的事故或第三方引起的事故之间有重要区别。如果因 Car2go 成员造成的事故对第三方造成损害或伤害,那么 Car2go 机动车第三方责任险将发挥作用。受害第三方的人身伤害和财产损失,由保险公司支付。在这种情况下,Car2go 与安联紧密合作,以确保紧密快速、适当地支付赔偿金。如果因第三方引起的事故给其他人造成损害,则由造成事故的第三方所购买的机动车第三者责任保险进行赔偿。

共享汽车因事故而发生损害,保险公司在其承保范围内承担保险责任。具体责任承担分情况处理,因引起事故发生的主体不同而导致保险责任不同,分为客户自身引起的事故和第三方引起的事故。如果是第三方造成的事故,第三方的机动车第三者责任保险通常承担 Car2go 的损失。如果客户自身引起的事故,保险公司对共享汽车进行全部或部分承保,意味着在客户造成事故的情况

---

〔1〕 王泽鉴:《侵权行为》,北京大学出版社 2009 年版,第 296 ~ 298 页。
〔2〕 王利明:《论产品责任中的损害概念》,载《法学》2011 年第 2 期。
〔3〕 李昊:《纯经济损失赔偿制度研究》,北京大学出版社 2004 年版,第 74 ~ 75 页。

下，客户只需支付相当于免赔额的金额。Car2go 车辆的租赁价格中已经包括了客户对第三方造成的损害保险和所租用共享汽车造成的损害保险（扣除免赔额后的扣除额）。客户无须支付任何单独的保险费用。对于机动车辆，法律需要明确机动车辆第三方责任保险。[1]

五、小结

正如杰里米·里夫金所说："新协作共享中，创新和创造力的民主化正在培育更多基于社会福祉的新激励机制，从而推动人类文明的进步。"[2] 虽然无人驾驶共享汽车在发展过程中面临的侵权责任主体认定、损害赔偿等方面存在一定的模糊性，事故责任主体因共享模式的不同而有所差异。但随着"互联网+"不断发展和共享汽车相关法律法规的不断完善，无人驾驶共享汽车的发展将更加规范。无人驾驶共享汽车的出现是传统汽车租赁行业的一场革命，为城市出行提供了新的选择，在一定程度上缓和了城市私家车保有量的快速增长，但无人驾驶共享汽车也不可避免地会产生一些问题。本章主要分析了交通事故发生时无人驾驶共享汽车责任主体，认为无人驾驶共享汽车运行平台、制造商、用户、软件开发商、国家管理人都可能是交通事故侵权损害责任的承担主体。无人驾驶技术在共享汽车上的应用，给社会发展带来了一系列好处，但也会带来挑战。因此，无人驾驶共享汽车企业在提高车辆安全、明确自查义务方面应提高要求，国家应制定和完善相关法律法规并加强对无人驾驶共享汽车的监管。

随着共享经济的发展，共享汽车的市场前景广阔，无人驾驶共享汽车已是大势所趋，必须关注无人驾驶共享汽车的侵权法律问题。目前共享汽车进程较慢，仅发展至短时租赁，尚未达到代替私家车的程度。共享汽车的运营模式分 P2P 模式和 Car2go 模式两个典型模式进行讨论分析，P2P 模式更灵活，无须通

---

〔1〕 Ralph Thannheiser, *Insurance Cover AT Car2go: What Happens if There is an Accident or Damage Occurs?* 22 Feb 2018.

〔2〕 [美]杰里米·里夫金：《零边际成本社会：一个物联网、合作共赢的新经济时代》，赛迪研究院专家组译，中信出版集团 2017 年版，第 270 页。

过第三方就可将闲置车辆出租或共享给使用者,而 Car2go 模式打破了传统租车企业按天计费和在门店租车还车的常规运营模式,两种模式各有特点。共享汽车的运行是基于共享汽车所有者、用户与运营平台、保险公司、国家管理人等之间的相互合作才得以实现的。无人驾驶共享汽车是无人驾驶私人范畴下的典型,对无人驾驶汽车侵权研究具有重要作用,有利于构建责任主体多元化的综合性救济体系。

第六章 无人驾驶汽车侵权的类型化研究（二）

——公共交通的侵权责任

随着人工智能的飞速发展，无人驾驶技术也终将逐步进入公共交通领域，为公共交通系统的管理提供更高效、便捷的可能。而与此同时，公共交通特殊性与无人驾驶前沿性所致的侵权责任规则适用之问题也将提上议程。

一、无人驾驶公共交通侵权责任类型化的特殊性

在现有科技成果所能展开的预设中，所谓无人驾驶车辆即指车辆之具体操作或以一套既定的复杂程序及线路来实现，甚至实现汽车与汽车乘坐人之间的直接交流。相信在无人驾驶技术普及的未来社会，红绿灯等交通标志将会被淘汰，驾照也可能成为历史，而路面交通运输流则将更加高效。在此场景下，随之发生的侵权责任类型也将更加多样，无疑将对现有侵权责任规则体系产生新挑战。

（一）无人驾驶公共交通的产业属性与发展背景

2017 年 12 月 2 日，无人驾驶公交车便在深圳福田保税区首发试运行。试运行公交均采用的是阿尔法巴智能驾驶公交系统即有条件地自动驾驶，需要司机坐在驾驶位上，在紧急情况发生时，司机踩下刹车便可从自动驾驶模式自动转换为人工驾驶模式。该次试运营配备四辆全电动公交车在全程 1.2 千米的线路上运行，车速 10～30 千米/小时，途中设三个停靠站。[1] 此后，中国上海、

〔1〕 马英泰：《人工智能公交车自动驾驶技术》，载《通讯世界》2019 年第 4 期。

郑州等多地陆续投放运营无人驾驶轨道交通。[1] 目前已投入使用的无人驾驶公共交通尚在 SAE 自动驾驶汽车分级中的 L1 – L3 级,在此阶段内的道路交通事故,即便涉及公共交通领域仍然可以使用现有法律中的相关归责原则进行处理。但随着智能系统在汽车领域的开发,L4 – L5 级的无人驾驶交通系统将会逐渐面世直至替代 L1 – L3 级的非自主阶段无人驾驶汽车,美国电气与电子工程师协会更是大胆预测:到 2040 年,全球上路的汽车总量中将有 75% 是无人驾驶汽车。[2]

1. 无人驾驶公共交通产业特性

所谓无人驾驶公共交通的产业特性,源于其既有无人驾驶技术所属的科技性与前沿性,又兼具公共交通系统派生的社会性与普适性。具体体现在以下几个方面:第一,公共性与时效性。所谓公共交通即以公共服务为目的的交通系统,公共服务之公共性则要求该服务应与社会存在广泛联系。[3] 广泛联系可体现为社会个人均可通过公共交通提供的服务达成各样出行计划。可见,公共交通所具备的该特性,是为方便社会各个成员的可能性出行,最终达到服务整个社会的目的。第二,不均衡性与分散性。上述公共交通的公共性与时效性决定了其服务体系将很大程度上受制于客流变动,而客流不仅在时间上的分布有所不同,其在空间上的分布也存在很大差别,比如城市中各个区域之间的方向上、断面上的差异。[4] 不仅如此,公共交通产业因其运营线路遍布于市区和郊区,故而区别于其他公共产业的关键一点是其具有产业分散性。第三,自主性与交互性。自主性之"自主"体现在基于预设信息与知识体系所判断并决策而成,其区别于普通的"自动"即仅基于预设数据而驱动;而交互性则在

---

〔1〕《上海地铁 15 号线正式开通！全自动无人驾驶线路增至四条》,载澎湃新闻网 2021 年 1 月 27 日,https://www.thepaper.cn/newsDetail_forward_10977678。

〔2〕 王雅芃:《智能汽车助推"两化"深度融合——智能汽车的发展及其引发的思考》,载《中国电信业》2013 年第 5 期。

〔3〕 刘新全、吴仲雄、易剑辉:《城市公共交通系统的现状及对策》,载《公路与汽运》2006 年第 4 期。

〔4〕 刘新全、吴仲雄、易剑辉:《城市公共交通系统的现状及对策》,载《公路与汽运》2006 年第 4 期。

系统自主驱动时随机体现。[1] 无人驾驶系统自主性发展的动因归纳为：降低人力资源需求，减轻人的负担；减少对高带宽数据链的依赖，提高自主性完成任务的能力；缩短任务回路周期，提升作战效能。而在人工智能初级阶段时，由于人工智能发展缓慢，该领域下责任归责原则及具体规范还有待进一步观察梳理。

2. 无人驾驶公共交通发展背景

当下，无人驾驶公共交通的发展背景在社会学中可被称为"风险社会"。"风险社会"这一概念起源于以贝克和吉登斯为代表的制度主义。[2] "风险社会"的具体含义体现在以下三个方面：第一，在风险社会中，风险将高度影响人类的生活乃至生存和发展，必须把风险损害的缓解与分配作为核心问题。[3] 第二，风险社会是以人为风险为主导的社会，即风险源于人类的行为与决策。[4] 第三，风险社会是20世纪中叶以来，有机化高度发展的社会。[5] 这一阶段，从社会关系的特性与社会观念看，是社会成长为有机整体社会的时期。在此背景下，个人自由主义理论显然已无法解决风险社会所面临的各种新挑战。

(二) 无人驾驶公共交通系统潜在侵权类型分析

1. 无人驾驶公共交通领域下的传统侵权类型

(1) 普通交通事故侵权

机动车交通事故，可分为机动车与非机动车的交通事故、机动车与机动车相互之间的交通事故。这里我们不讨论机动车交通事故处理的具体内容，重点关注机动车交通事故责任是否能够适用无人驾驶汽车交通事故责任。正如前文对于无人驾驶汽车的智能分级，可知 L1 – L3 级下的无人驾驶汽车，无论是否涉及公共交通领域，因尚存人作为驾驶者的情况，故而人依旧将被

---

〔1〕 王英勋、胡媛彦、蔡志浩：《未来无人机的典型特征——自主控制》，2009中国自动化大会暨两化融合高峰会议论文集。

〔2〕 毛振华主编：《社会学与和谐社会》，社会科学文献出版社2007年版，第136页。

〔3〕 周红：《风险社会理论视域下的公安机关社会管理创新》，载《行政与法》2012年第11期。

〔4〕 陈晓明：《风险社会之刑法应对》，载《法学研究》2009年第6期。

〔5〕 刘水林：《反垄断诉讼的价值定位与制度建构》，载《法学研究》2010年第4期。

视作驾驶主体,可适用传统交通侵权责任事故的处理办法,公共交通系统亦然。而L4 – L5 级下的无人驾驶汽车,显然难以在传统侵权责任体系中找到处理办法。

(2)产品缺陷侵权

所谓产品责任是指产品生产者或销售者因生产、销售缺陷产品导致他人遭受人身伤害、财产损失而应承担责任的一种特殊侵权责任。无人驾驶汽车适用产品责任,可能仅适用于存在“产品缺陷”时。结合《产品质量法》第 46 条,对于无人驾驶汽车,尚不存在统一的行业标准,待相关部门制定后可作为认定产品缺陷的依据;除此之外,无人驾驶汽车存在“不合理危险”也应认定其存在产品缺陷,对于“不合理危险”的判断,应当综合各方面的因素,如产品投入流通的时间、使用说明、合理使用年限等。但产品责任体系本身作为特殊侵权责任的一种,难以覆盖非产品责任下的侵权责任承担。不仅如此,无人驾驶汽车作为人类智慧结晶产品,其产品责任的认定及归责十分困难,实践中查清事故原因的困难较大,在公共交通系统下,集群受害人的负担更显艰巨。

2. 无人驾驶公共交通事故与大规模侵权事故的竞合

在公共交通领域中,无人驾驶公共交通因其前述产业特性的影响,除了交通设备运行中可能发生的传统单一客体侵权事件外,还极易发生大规模侵权事件。大规模损害侵权事件按受害客体、加害主体的迥异还可分为不同类型。[1] 根据损害客体的不同可将大规模损害分为大规模私益损害与大规模公益损害。大规模私益损害顾名思义,其受害客体是个人的人身和财产。大规模公益损害的客体是公共物品,即以与人们共处的系统形式存在,如自然环境、社会环境。根据加害主体与损害成因的不同可将大规模损害分为事故型损害和累积型损害。[2] 事故型大规模损害的加害主体一般是确定的;相反,累积型大规模损害往往难以确定具体的肇事者。事故型的大规模损害与事故具有直接因果关系;

〔1〕 刘水林:《风险社会大规模损害责任法的范式重构——从侵权赔偿到成本分担》,载《法学研究》2014 年第 3 期。

〔2〕 刘水林:《风险社会大规模损害责任法的范式重构——从侵权赔偿到成本分担》,载《法学研究》2014 年第 3 期。

而累积型大规模损害中,损害与行为之间一般没有直接因果关系。上述两种分类理论上可组合成四种大规模损害,结合公共交通系统的概念与评述,可了解到在无人驾驶公共交通视角下,事故型大规模私害与事故型大规模公害均有发生的可能性,而对此种损害的赔偿制度存在一定程度的空白。

二、无人驾驶公共交通侵权责任之借鉴——日本核事故损害赔偿

对传统侵权体系与大规模侵权处理思路上存在的交叉融合之处进行整合,应作为确定无人驾驶公共交通侵权责任问题研究的第一步。而不同的社会问题同样也将衍生出不同的制度架构。从功能意义上看,现代私法实则财富的分配法和保护法,其中物权法和合同法主要属于财富的分配法,而侵权责任法主要是财富保护法,[1]故侵权责任法的目标问题应是防止对个人财富的损害及实现对个人财富的保护,换言之,侵权责任法防止的主要是对以既存物为利益客体的、确定的私益的损害。进入信息大数据时代后,现代社会的风险已不仅局限于显性存在,而更多体现于未知与潜在空间中,可谓"风险社会"。对此,以事前规制为主预防风险发生是应对此类侵权的一个方向。核事故损害作为典型的大规模损害与本书所设想的无人驾驶公共交通领域侵权事件具有一定的同质性,其损害赔偿制度体系的建立与完善对无人驾驶公共交通领域损害赔偿制度的构建有一定参考意义。日本作为较早建立健全核事故损害体系的国家,其损害赔偿体系在运转中产生的问题及解决思路或将为无人驾驶公共交通侵权责任体系的建设提供一些启发。

(一)日本核事故损害赔偿制度之概述

1. 核事故损害赔偿制度的发展

战后的日本为了推进核能的研究开发和核能发电,于1958年在核能委员会中设立了"核能灾害补偿专门部会"(部会长我妻荣系东京大学名誉教授),针对核能损害赔偿法制的完善进行了讨论,在此之前,日本已有《原子能基本

[1] [德]格哈德·瓦格纳:《损害赔偿法的未来——商业化、惩罚性赔偿、集体性损害》,王程芳译,中国法制出版社2012年版,第57页。

法》和《核原料、核燃料及反应堆管理法》,这两部法律属于对核能研究建设的规范,而缺乏核事故损害赔偿的内容。在概括整理专门部会 1959 年 12 月的答复后,以此为基础进行立法工作。1961 年国会通过了《核能损害赔偿法》以及《核能损害赔偿补偿契约法》,这两部法律当时被并称为“原子能二法”。[1]《核能损害赔偿法》规定了核能损害赔偿制度的整体框架,《核能损害赔偿补偿契约法》特别规定了在核能损害赔偿制度中,核能运营者与国家之间的补偿合同。它们是民法的特别法,与民法中非法行为造成的损害赔偿制度相比,具有核能运营者负无过失、无限责任等特色。[2]

2. 核事故损害赔偿制度的归责思路

(1)将核损害事故所致的民事责任区分为无过失责任与无限责任

无过失责任体现于《核能损害赔偿法》第 3 条第 1 款规定,意为强调核设施营运者对其运营期间产生的核损害承担无过错责任。不仅如此,该赔偿制度同样确立了无限责任原则,即核设施营运者所应承担的损害赔偿责任无上限,原则上应予全额赔偿。

(2)采取核损害事故赔偿主体集中制

所谓责任集中原则,是指将其损害赔偿责任集中至一个损害主体,除此之外的其他人不承担任何责任的制度。《核能损害赔偿法》第 4 条第 1 款规定:“对于本法第 3 条所规定的核损害,除核设施营运者之外,其他核设施、机器、核燃料的制造者或供应者等均不负赔偿责任。”此制度蕴含两层含义:其一,将核损害赔偿责任集中在核设施营运者一个主体上;其二,核损害赔偿责任仅限于法定责任,其他派生的民事责任则不受该制度限制。[3] 在核损害赔偿制度中,对核设施营运者采用责任集中原则,主要出于以下两个方面考虑。[4] 首先,便于核事故受害者求偿,核事故因其致损行为具有高科技性,核事故受害者均被

---

〔1〕 寺尾忠能『経済開発通程冬自然環境管理政策制度・政策』(調查研究報告書経済研究所,2013 年)59 頁。

〔2〕 柳沼充彦「原子力損害賠償法の見直しに向けた課題:これからの原子力損害賠償制度を考える」立法と調查 No. 361(参議院事務局企画調整室,2015)69 頁。

〔3〕 科学技術庁原子力局『原子力損害賠償制度(改訂版)』(通商產業研究社,1991 年)55 頁。

〔4〕 星野英一「原子力災害補償」民法論集第 3 卷(有斐閣,1972 年)406 頁。

视为普通人的情况下，难以查明事故发生的原因，更遑论确定赔偿请求对象；其次，降低核设施制造商或供应商的顾虑，如非将核设施经营者列为唯一赔偿主体，其他周边业态将面临被求偿的可能性，将会从源头抑制核设施的技术发展。

(3)采取财务保证措施

《核能损害赔偿法》规定的财务保证主要有两种形式：一种是核损害赔偿责任保险，即由核设施运营者向日本核保险共同体购买第三者责任保险。另一种是核损害赔偿补偿协议，即由核设施运营者与政府签订核损害赔偿补偿协议以填补责任保险合同承保范围的空白，与核设施营运者之间约定的一种协议，其与狭义上的"国家补偿制度"存在一定的异同：在狭义的"国家补偿制度"下，国家补偿应对核事故受害者承担全部补偿责任。而基于补偿协议的补偿是按契约内容进行的一种补偿。[1] 但就结果而言，补偿协议确实填补了责任保险合同承包范围的空白，从国家层面出发减轻了核设施营运者承担的风险，补偿协议应被视作一种广义上的国家补偿制度。

(二)对构建大规模侵权损害赔偿体系的创新

正如《核能损害赔偿法》第1条规定所言："本法律规定，因核反应堆运转等造成核能损害时的损害赔偿相关的基本制度，目的是保护受害者，并有利于核能事业的健全发展。"[2] 日本核事故损害赔偿制度的立法原则除了保障被损害方外，立法思路应避免核能运营者的赔偿责任成为其过度的负担，另外如果没有核能事业的健全发展，也无法设置充分的赔偿措施。[3] 由此可见，日本的核能损害赔偿制度，对"受害者的保护"和"核能事业的健全发展"同等重视。在此原则下其立法思路除了对归责原则予以细化，在责任承担主体的认定上更是采取了多元化的立法技术，其中对国家或政府作为责任承担方的尝试更是具有较高的创新意义。

---

[1] 我妻栄「原子力二法の構想と問題点」ジュリスト(有斐閣，1961年)10頁。

[2] 《核能损害赔偿法》(1961年6月17日第147号法律)，施行日：2020年4月1日(根据2017年第45号法律修正)。

[3] 我妻栄「原子力二法の構想と問題点」ジュリスト(有斐閣，1961年)10頁。

1. 日本核事故损害赔偿制度对多元责任主体的探索

日本核事故损害赔偿制度较为完整地提出了国家或政府作为责任主体的可能性,具体体现在以下两个方面:

(1)国家援助措施

《核能损害赔偿法》第 16 条规定:"当核损害的赔偿金额超出财务保证数额最高限额时,政府可以实行必要的援助,帮助核设施营运者实现损害赔偿。"日本我妻荣教授就该条曾言明两点意义:其一,"法律目的"指的是保护受害者和促进原子能事业繁荣发展两个方面;其二,所谓援助并非具体的政府义务。[1] 结合我妻荣之解释,不难发现此条款之真实目的系对核事故损害赔偿阐述了笼统的兜底性"援助"责任。

(2)免责条款成立时的获赔途径

日本核损害赔偿制度对前述的无过失责任与无限责任同样附加了免责条款,故此核设施营运者对"异常重大的自然灾害或社会动乱"引发的核损害或超出财务保证金额的部分(指核艇领域的有限责任)不再承担赔偿责任。为避免因免责条款的适用而致受害者无法获得任何赔偿,在《核能损害赔偿法》第 16 条规定了政府可以实行必要的"援助",并且能否进行援助被限定在"为了达成法律目的而有必要"的范围内,另外还需得到国会决议的认可。[2]

2. 对构建无人驾驶公共交通侵权制度的启发

日本现行的核损害赔偿责任法律主要为《核能损害赔偿法》与《核能损害赔偿补偿契约法》两部法律。根据该两部法律,日本处理核事故一般分为三个阶段。因日本核损害赔偿法均要求各核设施经营者应向日本核保险共同体购买第三者责任保险,在发生核事故后应先由该核共同体支付保险赔偿金,此为第一阶段。如若保险赔偿金不足以涵盖所有赔偿金额,则进入第二阶段即政府补偿。根据《核能损害赔偿补偿契约法》,核设施经营者通常在设立核设施之初便应与政府签订核损害赔偿补偿契约,在核事故发生后,保险不能涵盖且核

---

〔1〕 我妻栄「原子力二法の構想と問題点」ジュリスト(有斐閣,1961 年)10 頁。

〔2〕 我妻栄「原子力二法の構想と問題点」ジュリスト(有斐閣,1961 年)10 頁。

设施经营者也暂无能力赔偿时,由政府代为支付赔偿金,据此政府可取得代位权再向核设施经营者来索回所支付的补偿金。[1] 在前两个阶段后,日本核损害赔偿法还规定了"有必要时的政府援助"用以兜底。可见,日本针对大规模损害案件的处理秉持着一元主导、多元配合的责任承担体系。

通过梳理可见,日本在面对事故型大规模公害损害的核事故时采取的是经营者责任与国家补充责任并重的方式。而在无人驾驶公共交通系统发生侵害时,其中无法以侵权法解决的部分即发生大规模侵权时,可借鉴核事故侵权规则,引入国家补充责任,不失为一种科学的办法。当无人驾驶汽车成为公共交通的一种工具时,其发生的交通事故与个人无人驾驶汽车相比,严重性和损害度都是不可估量的,此时若单纯采取传统侵权法上某一种侵权规则进行赔偿,无法协调各方利益,也不能妥善地处理好事故。对于无人驾驶汽车作为公共交通工具时,我们应参照侵权法上可能的侵权规则,去构建一种适合无人驾驶汽车新发展的侵权类型。

三、国家管理人充当赔偿责任主体的理论探寻

(一)国家管理人作为新型侵权责任主体的考量因素

1. 国家管理人充当侵权责任主体的现实基础

随着科学技术的发展、社会冲突迭代,传统私法和公法观念不断面临新挑战与冲击。在原有保护私权的法律框架下,个人法益保护已经不再局限于单纯的个人财产,而是更加体现出个人与社会之间紧密联系所致的法益。例如,美国为促进技术转移立法的根本性转变,就将个人的想象力和创造力共同视作一种全社会的重要财富。[2] "绝对私法"的自治理念随着社会科技发展而不断产生新的矛盾,为调整新型矛盾,私法公法化不断泛化,"绝对私法"逐渐演变为"相对私法"。而不管是基于实质平等的需要还是社会本位的最终目的,政府的地位亦由消极保护缓慢转型为主动限制。不难理解,国家社会治理需求已成

[1] 沙银华、崔哲男:《日本核泄漏的损害如何赔偿?》,载《中国保险报》2011 年 5 月 9 日。

[2] 易继明:《开创科技法学研究的新局面》,载《社会科学家》2013 年第 12 期。

为当今私权自治的重要考量维度,而与之相呼应的则是国家社会治理需求在立法执法司法中的具象主体,暂且称之为“国家管理人”。风险社会与科技社会环境下对侵权制度研究的影响是设定国家管理人概念并借此塑造新责任主体的契机,其具体表现在以下几点:第一,风险社会所要解决的社会问题不同于传统工业社会的问题,传统工业社会中的法益保护、责任承担主体及整个救济程序都将面临重组。第二,风险社会所指的“风险”并非传统概念中避之不及的显性风险,更是科技发展、信息通达后的一些潜在或隐藏的未知风险;最重要的是,在经济全球化的今天,社会的风险机制已经很难按照地域区分隔离,整体化也导致应对风险的难度增强。

不仅如此,风险损害实质上就是风险行为的结果,但这种结果又是社会发展不得不承受的结果。这意味着,其与自然风险的偶发性、不可控制性不同,可以通过法律对风险行为的规范,降低风险社会的风险损害,或者把风险控制在合理范围内。[1]

2. 国家管理人充当侵权责任主体的法理论证

国家管理人的理论基础前文第四章已有阐述,而针对无人驾驶公共交通侵权规则的理论逻辑涉及两个核心问题:一是国家管理人是否需要承担大规模侵权损害责任,二是国家管理人如何承担大规模侵权损害责任。而解决前述核心问题需结合大规模侵权的根本属性及政府在市场经济中角色定位。大规模侵权的社会本位定位从纵向历史进程来看,经历了一个变化的过程。大规模侵权事件的发生正是典型的社会与市场主体互动演化形成的,大规模侵权中的政府责任是必要的,但大规模侵权中政府责任应该根据不同阶段的社会主要矛盾、不同的基本国情来决定其边界、内容和方式。乔治·恩德勒(Georges Enderle)则从经济伦理的角度提出了公共产品的两条原则:非排斥原则和非竞争原则。[2] 其中“非排斥原则是指,与私人物品比较,对受公共产品影响的和受个

〔1〕 解正山:《数据泄露损害问题研究》,载《清华法学》2020 年第 4 期。

〔2〕 宋立:《我国公共服务供给中各级政府事权财权配置改革研究(主报告)》,载《经济研究参考》2005 年第 25 期。

人或集团权力限定的'消费'不排斥其他人的消费,无论是出于技术的原因、效率的原因,还是出于法律或伦理的原因。非竞争原则是指一个消费者与其他消费者之间缺乏敌对性或竞争性”。[1] 按照这一界定,大规模属性其实可比拟为“公共产品”,具有一定非排他性与非敌性。非排他性体现在,大规模属性一般是以面向特定区域内所有企业的系统环境,而不具有特定性;非竞争性则体现在,具有大规模属性的主体与其他主体一般不存在利益冲突。政府的一个重要职能即向公众提供满足其需求的公共产品,这使政府成为大规模侵权损害责任的承担主体。

市场与政府、社会相互分化的结果,亦是随着社会经济不断发展而衍生的社会总体环境的子系统,更是由政府、市场主体、社会公众等多元主体共同构建的一种制度环境。[2] 在此基础上,大规模还可看作公共治理的结果呈现,亦具有多元复杂性。这种多元复杂性主要表现在主体、要素和功能三个方面。[3] 在主体上,大规模属性将扩展至各种社会组织(如商会、行业协会等),而不仅局限于市场主体或政府;在要素上,大规模属性不仅包括了生态环境、自然环境等天然要素,还包含了政治要素、经济要素、社会要素和文化要素等;在功能上,大规模属性的正面作用力可通过促进企业发展助力市场系统健康发展,刺激社会正外部效应。

(二)国家管理人作为新型侵权责任主体的介入角度

1. 国家管理人充当侵权责任主体的介入原则

无人驾驶汽车公共交通侵权事件一旦发生,将极有可能成为大规模侵权案件,损害范围广泛、受害人数众多、赔偿数额巨大。其中,受害人是否获得充分救济是衡量侵权责任标准是否科学合理的重要标准之一,而所谓“充分救济”应当体现在公平、高效和全面这三个原则上。[4]

---

[1] 秦颖:《论公共产品的本质——兼论公共产品理论的局限性》,载《经济学家》2006年第3期。

[2] 郭燕芬:《营商环境协同治理的结构要素、运行机理与实现机制研究》,载《当代经济管理》2019年第12期。

[3] 张康之、李传军:《公共管理是一种新型的社会治理模式》,载《行政论坛》2010年第3期。

[4] 潘剑锋:《论建构民事程序权利救济机制的基本原则》,载《中国法学》2015年第2期。

对受害人的救济,应当秉持公平受偿的理念。在无人驾驶汽车公共交通大规模侵权案中,受害人所受到的损害程度有区别,应当获得的救济也是不一样的,甚至存在一些受害人,其受到的损害存在一定的潜伏期。不论发生何种程度的侵害,都应当确保受害人获得公平的赔偿。[1] 然而公平救济在实践中难以凭借传统侵权救济实现,由于人们自我保护意识和自利倾向的存在,不同的受害者有着不同的利益要求和主张,他们在为自己谋求利益时,往往会尽可能地将自己的利益最大化,很有可能向外扩张而最终侵犯他人的正当利益,如果这类大规模侵权案件无法得到妥善处理,很有可能成为破坏社会和谐、引发社会动荡的导火线。

良好的无人驾驶汽车公共交通大规模侵权救济模式应当能够确保所有受害人公平受偿。效率作为法律追求的另一目标,其与公平历来成为法学争议的焦点。对于受害人而言,他们都希望能够降低成本的同时使自身利益最大化。因此,在构建无人驾驶汽车公共交通大规模侵权规则时,最佳的选择是节约资源实现对受害人最大限度的救济。在实践中受害人提起民事诉讼时,因诉讼成本、侵权企业等诸多方面,受害人得到的赔偿较少,这与效率救济的理念是不相符的。对受害人的救济,应尽可能降低各方面成本的支出,节约诉讼成本。[2] 高效的救济制度是在确保受害人救济效率的同时,又不以牺牲公平为代价,正确处理好公平与效率二者之间的关系,最终让受害人获得最大限度的救济与赔偿。充分救济还包括对受害人的完全救济,既不能因为侵权企业资产有限而仅赔偿受害人的部分损失或者仅赔偿一部分受害人的损失,更不能因为企业在大规模侵权事故发生后宣告破产而使受害人的受偿权利无法得到保障。在大规模侵权事故发生后,受害人人数多、范围广、影响大,对受害人进行完全的救济,涉及家庭稳定、产业发展、社会和谐等方面。若受害人不能获得必要救济,不仅会使其生活陷入窘困,医疗费无法支付,劳动能力丧失使其家庭陷入困境,而且会因为受害人求告无门、合法权益无法得到保护,导致其感到生活无助,滋生对

〔1〕 曹京徽:《论大规模侵权案件中潜在受害人的救济》,载《江西社会科学》2020年第1期。
〔2〕 曹京徽:《论大规模侵权案件中潜在受害人的救济》,载《江西社会科学》2020年第1期。

社会的不满情绪，甚至引发群体性事件，影响社会稳定。[1] 大规模侵权案件中损害赔偿额往往巨大，一些企业可能没有能力进行全部赔偿，但对于受害人这样的弱势群体，法律应当最大限度保障他们的权益，此时对于受害人的救济，就应该考虑企业赔偿与其他救济模式结合，从传统侵权法一元的救济模式转化为多元的救济模式，对受害人进行充分全面的赔偿。在无人驾驶汽车公共交通侵权领域，单一的侵权责任已无法完全解决问题，单就纯粹的责任保险和赔偿金制度的适用而言，资金的来源就是一个很大的问题。企业、行业和保险公司的赔偿都是有限度的，在大规模侵权案件发生后，仅凭企业、行业和保险公司的力量也无法实现充分救济。侵权责任采取的是全面赔偿，使受害人的状态恢复到原样，而责任保险和赔偿金制度的救济一般是赔偿整个损害事件的平均水平，保证每个受害人都得到救济，与侵权赔偿相比，赔偿往往都不够充分。[2]

通过上文的分析，从受害人和生产者两个主体的角度出发，在充分救济受害人的同时也鼓励科技创新保障生产者的产业利益，从原来单一的侵权责任转变为多层次的责任分担——侵权责任、社会责任和国家责任三层并重的结合体。在引入责任保险制度和赔偿基金制度后，在能够充分保障受害人获得救济的同时，也应当进一步思考，如何在生产者责任、责任保险制度和赔偿基金制度中寻求一种平衡，或者说赔偿先后顺序关系应如何处理？责任保险制度和赔偿金制度是对侵权责任的补充还是代替？毫无疑问，在无人驾驶汽车公共交通大规模侵权的案件中，我们已经摒弃了单一的侵权责任，进而转入多层责任并重的综合责任体系。

2. 根据损害责任的性质确定国家管理人的介入程度

如前文所述，大规模损害因加害主体与损害成因的不同分为事故型大规模损害与累积型大规模损害，应根据损害类型的不同特征确定国家管理人对此的救济责任分担与介入程度。

(1) 国家管理人在事故型大规模损害责任中的分担。事故性大规模损害

---

〔1〕 王利明：《建立和完善多元化的受害人救济机制》，载《中国法学》2009 年第 4 期。

〔2〕 张力、庞伟伟：《大规模侵权损害救济机制探析》，载《法治研究》2017 年第 1 期。

一般具有鲜明的侵权特征,主流意见仍是采取综合救济体系。在此背景下的损害责任建议借鉴道路交通事故处理机制,构建侵权责任、强制保险及救助基金相互配合的大规模侵权事故综合救济体系。[1] 另有一些学者建议逐步建立一个由侵权责任法与社会保障法、保险法以及公益救助基金等救济体系共同发挥作用的损害救济体系。[2] 对于这部分侵权救济途径,制度设计仍是以事故型大规模私害——如道路交通事故——为应对模板。该体系及制度设计的核心在于风险行为者为责任承担中心,目的着重于对损害人的补救。国家管理人在此类型大规模损害中多分担补偿责任、补充责任。

(2)国家管理人在累积型大规模公害责任中的分担。累积型大规模公害责任往往是损害累积到一定程度后再予呈现。此种损害具有很强的不确定性,且单一行为具有合法性,故而加害者的不确定性以及单一加害行为的合法性均导致受害者更加难以自力救济。国家管理人对此类损害的介入程度可考虑建立损害补偿基金得以分担责任。设立这类基金的主要目的,不仅着眼于给受害者以及时救济,更主要的是面向未来,防止消费者因恐惧而减少对某一行业产品或服务的需求,或因受害者的对立情绪引发社会问题,影响某一行业的发展。正如日本福岛第一核电站核泄漏事故发生后,日本国会通过《原子能损害赔偿支援机构法案》,设立"原子能损害赔偿支援基金",要求各电力公司按一定比例向该机构缴纳赔偿负担金。[3] 美国"9·11"事件后,美国国会为扶持航空业,制定了《航空运输安全与系统稳定法》,设立"9·11 受害者补偿基金"等。

四、无人驾驶公共交通侵权制度的完善与创新

(一)国家管理人角色的法律定位

国家管理人系由国家责任延伸而出的法律概念,国家责任即作为赔偿、补

---

〔1〕 多倍赔偿制度发展的历史说明,多倍赔偿制度主要用于防范具有社会性危害的行为,在现代法律中主要用于食品安全(我国规定 10 倍赔偿)、消费者保护(我国规定 3 倍赔偿)、反垄断(美国规定 3 倍赔偿)等领域。

〔2〕 朱岩:《侵权责任法通论·总论》,法律出版社 2011 年版,第 37 页。

〔3〕 张卫平:《民事公益诉讼原则的制度化及实施研究》,载《清华法学》2013 年第 4 期。

偿、救助等关联救济模式的上位概念，构建以国家赔偿制度为核心，以国家补偿、国家救助和社会保障制度为延伸的统一的国家责任体系，以解决救济不充分、保障不完善、体系不完整的问题，是推动国家治理体系与治理能力现代化的可选路径。〔1〕 传统的国家责任制度体系趋于单一化，一般分为国家补偿制度、国家赔偿制度、国家救助制度与社会保障制度。国家补偿责任是国家机关及其工作人员因合法行为给公民、法人和其他组织造成损失，应当予以弥补的法律责任。国家赔偿责任是国家机关及其工作人员因不法行为侵害公民合法权益，由国家承担损害赔偿的法律责任。国家救助制度是指基于灾害、危难和其他较为急迫的困顿状态，由国家向受害群体提供金钱补偿、物质保障和其他公共服务的一种政策所致的责任。社会保障制度是指国家在公民失业、疾病、残疾、年老、经济困难等有关情形下，通过社会保险支出或者由国家直接负担，使之享有最低生活保障、最基本的医疗等其他公共服务。〔2〕 随着对法律责任多元解释，责任理论也处于发展变迁中。"维持教条的做法的连续性，却根本不顾救济性正义原则日益变化的需要"，〔3〕无疑是一种僵化的办法。因此，丰富和发展国家责任的制度体系亦是进一步落实国家责任的应有之义，国家管理人的法律定位则可视为该进程的第一步。

通过前述对国家责任的探析，国家责任主体在侵权责任处理的实践过程中所扮演的角色大致可以分为三类：一是直接作为侵权责任主体并承担相应的损害赔偿责任；二是不直接参与侵权责任的主体认定或损害承担，它的角色主要是推动者和监督者；三是不将国家管理人视作直接的赔偿主体，而是按照一定的责任比例或者侵权态势来区分国家管理人承担的补偿责任。从该三种角色模式的可预计结果来看，现阶段如果直接将国家管理人作为侵权责任主体并让其承担相应的损害赔偿责任可能会带来诸多问题。譬如将会导致有责任的侵

〔1〕［美］约翰·罗尔斯：《正义论》，何怀宏、何包钢，廖申白译，中国社会科学出版社 1988 年版，第 7～11 页 。

〔2〕陶凯元：《法治中国背景下国家责任论纲》，载《中国法学》2016 年第 12 期。

〔3〕William Blackstone，Commentaries on the of England. 转引自［美］E. 博登海默：《法理学：法律哲学与法律方法》，邓正来译，中国政法大学出版社 2004 年版，第 258 页 。

权方怠于承担侵权责任,或受害方基于取证困难或获赔进度缓慢等因素而不愿意向侵权方主张权利。就法理角度而言,现阶段直接将国家管理人作为侵权责任主体认定缺乏理论依据。而在第二种国家管理人模式下,国家管理人仅承担一般行政职务中的监督管理职责,此类工作范围不仅与国家既有的运输管理部门之职责存在重合,亦很难覆盖大规模侵权中被侵权人的实际损害,并未达成设立国家管理人这一概念的根本目的。可见,在前两种假设模式下,国家管理人仍然未能充分发挥其功能。在第三种模式下,国家管理人可在某种条件下进入侵害结果的赔偿流程,以补偿款的形式对被侵权人进行经济支援,符合设立国家管理人分摊社会风险的初衷。不仅如此,该种模式下区别了国家管理人补偿地位与实际侵权人的赔偿责任,令国家管理人的角色设置合乎基本法理。总之,国家管理人既承担管理职责,又在某种统一条件下兼任补偿的责任;既确保国家管理人这一角色的设立意义,又与侵权法理基础的逻辑相洽,同时满足社会与法治需求。

(二)国家管理人体系下赔偿责任与补偿责任的平衡

在探讨国家管理人的角色定位后,更为关键的是对国家管理人承担责任的分配及触发条件、追责路径的合理设置,以确保国家管理人体系下侵权责任的合理分配和承担补偿责任的可持续性。所谓国家管理人责任,本书认为包括两种含义:一是对损害的填补,比如损失补偿、[1]侵权赔偿、民事损害补偿;二是在现代社会,国家不应该被视为现存秩序的简单守护人。[2] 德国前首相俾斯麦就此提出了一个非常现代化的国家观点,他说:“现代国家的逐步进步要求国家不但应该完成其维护现存权利的使命,同时也应该通过适当制度的建立,积极主动地改善其全体成员的福利。”[3]国家管理人在无人驾驶汽车公共交通领域承担着主导作用,补充承担生产制造商和保险公司承担责任后仍不足以赔

[1] 损失补偿是因国家的合法活动对国民造成损失所给予的补偿。[日]室井力主编:《日本现代行政法》,吴微译,中国政法大学出版社1995年版,第192页。

[2] 司坡森:《论国家补偿》,中国法制出版社2005年版,第5~24页。

[3] 奥托·冯·俾斯麦(Otto Von Bismarck, 1815-1898),德国第一任首相,有“铁血宰相”之称。是德古近代史上一位举足轻重的人物。

偿给受害人的责任部分。国家管理人由于地位特殊,承担着更多的社会责任,故在责任承担方面也发挥着更大的作用。生产制造商根据产品责任的相关规定,应该对其生产的无人驾驶汽车公共交通侵权对外承担无过错责任。投了保的无人驾驶汽车发生交通事故,保险公司应承担支付承保范围内的保险金的责任。为了解决现行赔偿制度所存在的问题,有必要建立一个以国家管理人责任为主导、社会保险制度和损害赔偿制度合二为一的综合性救济体系。无人驾驶汽车在公共交通领域发生交通事故,受害人具有不确定性,损害的规模较大,要充分保障受害人的合法权益,就要解决单一主体承担责任能力不足的问题,建立多元责任主体共同承担、一起分担风险的制度和赔偿体系。笔者认为可以从以下两个角度展开:

1. 责任的分配及其合理性标准

从以往对侵权行为发生后的责任承担之实践来看,所谓"补偿责任"一般是指在法律没有规定适用无过错责任原则,而适用过错责任原则又对受害人显失公平时,依公平原则在有关当事人之间分配损害责任的归责原则。公平补偿规则并不是侵权法的一个归责原则,而是独立于过错责任与无过错责任原则之外、在两原则不足以公平调整某些利益关系时的补充性法律规则。[1] 所以在性质上,此时的责任性质不是赔偿,而是补偿。《民法典》以及相关的司法解释规定了多处受益人或者行为人的公平"补偿"义务,构成了我国民法上的补偿义务规则体系。例如,《民法典》对高空抛物的相关规定。对此,本书认为,国家管理人体系下承担补偿责任的合理性同样应秉持公平原则。判断某一侵权事件是否应启用国家管理人体系进行补充责任的填充时,不仅需要考虑传统侵权责任下的构成要件之合法性,还应结合侵权规模、是否属于不特定、是否存在公共性等情况综合考量。

2. 国家管理人补偿责任合理分配规则的动态变化

对于立法者而言,国家管理人的补充责任合理分配除了需要考虑诸多因素以确保分配结构合理外,还需要确保分配规则满足时代发展需要。比较来看,

---

〔1〕 张玉敏、侯国跃:《当前中国〈侵权法(草案)〉之比较研究》,载《现代法学》2010 年第 1 期。

国家管理人补偿责任的合理分配规则呈现动态发展之势,它是时间和空间的产物,会随时空的变化而变迁。[1] 本书总结的主导因素主要有两个:一是科学技术的发展,二是社会环境的变化。本书系基于无人驾驶这一先进技术而展开的对无人驾驶公共交通所潜在侵权事件的责任承担之探讨,足可见科学技术的发展对于法律制度的直接影响。科学技术的不断进步所蕴含的风险现象日益显著,在此背景下,各项规则的重构都难以避免对科技影响的考量,国家管理人补偿责任的合理分配同样不例外。并且,影响因子并不仅仅体现于科技日新月异带来立法、规则重构上的主观滞后感,更可发掘科技进步的积极作用及意义,比如通过大数据筛查精算分配责任比等。科技与社会密不可分,而社会环境的变化对国家管理人补偿责任合理分配规则的影响甚至更大。传统侵权责任法的变迁与进步足以证明这一点。为了满足生产力不断精进的需求,侵权责任的分担视角也从单一狭义的私法领域渐渐扩充至如今风险社会下的政府责任角度,伴随侵权责任变迁的保险制度也是有力的佐证。

(三)国家管理人体系下补偿金的性质与来源

国家管理人对侵权事件的介入是本着推进公共利益的目标,实现既有分配模式的调整,但同时亦应考虑到私力的充分救济,才可杜绝或减少不必要的国家管理人介入情况,以此达成国家管理人体系救济的可持续性与均衡合理性,否则将同样会在一定程度上损害公共利益。所以,如何保证国家管理人责任属于穷尽私力救济之后的合理范围内的补偿性救济,将是国家管理人侵权规则重构的关键问题。而由于无人驾驶公共交通的前瞻性与科技性,其运行过程中潜在的侵权风险尚难以预估,现有体系下对危险控制功能和风险分配功能的体现也仍存在不足。就自我与他人的危险制止而言,可加入无人驾驶公共交通的具象适用规则或激励保障机制;而从风险预防与风险分配的角度看,则可考虑增设专门机构管理大规模侵权事件的预防及处理工作。

对于补偿金的来源可借鉴部分国家设立损害补偿基金的方式。这类基金一般通过政府出资、向损害行为人或受益人征收专门税费等多种途径筹集资

[1] 王慧:《水权交易的理论重塑与规则重构》,载《苏州大学学报(社会科学版)》2018 年第 6 期。

金。这类基金一般由四部分构成:风险业者群体即行业受益人的出资、中央或地方政府的财政拨款、各种可得的保险赔付以及社会捐助。其中风险业者群体出资是主要的资金来源,这是因为该群体从该产业未来发展中获得的利益大于其他群体,且风险业者对行业的风险信息及预防拥有优势。风险业者群体作为主要出资者既符合公正原则,也符合效率原则。中央或地方政府的财政拨款则是该基金的兜底来源,其合理性体现在国家(政府)作为其社会利益的代表者,以全体社会成员的共同财富承担社会发展中潜在的风险成本。

五、小结

无人驾驶汽车作为公共交通工具,一般情况下虽然不存在人作为驾驶员的情况,但公共交通的运营仍需要由公交公司来操作。公共交通是社会公共事业的重要组成部分,涉及人民群众的利益。目前一些地方政府为了减轻财政压力,在公共交通建设上采取市场化措施,允许私人经营公交线路,而政府部门和客运公司又疏于管理。因此,在无人驾驶汽车公共交通运营过程中,必须要明确国家作为管理人承担责任的制度,公共交通绝不允许出现市场化的倾向。国家管理人责任的确立,对于无人驾驶汽车公共交通运营的安全提供了保障。

第七章　无人驾驶汽车侵权的损害赔偿

无人驾驶汽车以“电子法人”身份对外发生财产关系时，既可能是它自己为意思表示，也可能是由它的法定代表人代为意思表示。[1] 法人是一个团体，任何一个团体必须包含两个要素：人和财产。即便是财团法人，其背后也有人的意志，离不开处分和管理这些财产的人的意思和行为。[2] 一般而言，路面监测、平台等由国家掌控，国家主要是从公共利益的角度，如安全和秩序方面注入自己的意志，[3] 而研发制造人的意志是为了获取收益，购买人可能是为了享受更好的服务。

无人驾驶汽车发生交通事故的责任具有双重责任属性：一是道路交通事故责任，无人驾驶汽车在公共道路上致人损害时，构成道路交通事故责任；二是产品责任。无人驾驶汽车即使无法避免对人工智能的考虑问题，其本质上仍旧属于产品的范畴，造成损害时必须考虑产品责任的适用。首先，当无人驾驶汽车的智能水平达到高级阶段时，由人工智能自主驾驶，如果发生交通事故造成损害，且事故是由机动车的设计缺陷、制造缺陷、警示说明缺陷以及跟踪观察缺陷引起的，那么机动车的生产者、设计者、销售者应当承担赔偿责任，适用产品责任的相关规定。其次，如果无人驾驶机动车发生道路交通事故造成损害，且此时处于驾驶人驾驶模式，由驾驶人承担赔偿责任；但能够证明损害是因无人驾

[1] 杨立新：《用现行民法规则解决人工智能法律调整问题的尝试》，载《法学研究》2018 年第 7 期。

[2] 江平、赵旭东：《法人制度论》，中国政法大学出版社 1994 年版，第 7 ~ 9 页。

[3] 张志坚：《论人工智能的电子法人地位》，载《现代法学》2019 年第 5 期。

驶机动车的缺陷所致且无法避免的，驾驶人不承担责任。最后，无人驾驶机动车若是因使用人的过失引起交通事故，依照我国《道路交通安全法》《民法典》的相关规定承担赔偿责任。

一、家用汽车侵权损害赔偿

（一）责任主体的确认

家用无人驾驶汽车责任主体范围广，但不同情况各有侧重。无人驾驶汽车用于家庭用途时，其可能涉及的责任主体有所有权人、系统研发运营商、国家管理人、保险人、使用人、生产者和经营者等。既可能会因存在产品缺陷而追究生产者和经营者的责任，也可能是辅助阶段或自主阶段但开启了人工驾驶模式而追究驾驶人责任，同时可能是 L4 – L5 级难以证明其他责任存在时的“电子法人”责任，追究相关主体责任。

家用车辆存在产品缺陷时，生产者和经营者是当然责任主体。如果是人工智能技术研发者，即无人驾驶机动车的系统研发运营商，提供的软件存在缺陷，则无人驾驶机动车的生产者、设计者应当按照《民法典》第 1203 条的规定，承担不真正连带责任。[1] 无人驾驶汽车的生产者最有可能依据“投入流通时尚不能发现”的理由进行抗辩。对此，有学者提出，目前可以利用现有的手段和方法去判断无人驾驶系统无法处理的情况，但是生产者以开发风险进行抗辩均不被采纳，无论这种情况是否存在可以避免的可能性。无人驾驶技术目前处于飞速发展的节点，其安全标准随之改变，但是产品责任中对开发风险的规定已固定下来，这使生产者采用该主张回避责任变得十分困难。也有学者认为，虽然以开发风险进行抗辩可使生产商减轻责任从而更好地投入资金进行科技研究，然而开发风险同样可能致使开发商利用此抗辩逃避法律责任，因此必须建立严格的法律制度限制该抗辩的适用范围，如产品召回和合理警示制

---

〔1〕 杨立新：《民事责任在人工智能发展风险管控中的作用》，载《法学杂志》2019 年第 2 期。

度。[1] 目前，针对无人驾驶汽车的相关法律以技术规定为主，如美国的无人驾驶汽车销售的前提是汽车整体及各部分均符合《联邦机动车辆安全标准》的强制性规定。[2]

如果驾驶人将无人驾驶汽车由自动驾驶调整为人工驾驶模式，无人驾驶汽车侵权责任主体应当是驾驶人。L0－L3 级的无人驾驶汽车，虽然人工智能可以帮助驾驶人减轻驾驶负担，但驾驶人依旧为无人驾驶汽车的实际控制人。而 L4 级以上无人驾驶汽车，只有在开启人工驾驶模式时，才存在人类驾驶员承担责任的可能性。

L4－L5 级家用无人驾驶汽车侵权的责任主体为“电子法人”，其承担的责任与“代理人责任”类似。“电子法人”拥有混合意志，独立于系统研发设计者、使用人任何一方，具有意思表示能力、民事行为能力以及民事责任能力。由于“电子法人”是各方主体的混合意志，与公司法人有异曲同工之处，因此可借鉴公司法人的股东制度，追究“电子法人”背后自然人的责任。同时，由于所有权人（代指购买人）享有车体硬件所有权及系统研发运营商拥有智能操作系统的知识产权、国家管理人控制大数据的所有权，三者有机结合，缺一不可。根据产权理论，清晰的产权制度是现代责任文化的体现，无人驾驶汽车的每个环节也都形成对应责任链条。[3] 因此，对于家用无人驾驶汽车造成的侵权损害，所有权人、系统研发运营商以及国家管理人的替代性责任也是责任主体的基础结构。

（二）归责原则的适用

首先，由于 L0－L3 级的无人驾驶汽车处于非自主阶段，离不开人类的控制，因此可以适用现有的道路交通事故责任和产品责任，即这两种责任规则基

---

〔1〕 袁曾：《无人驾驶汽车侵权责任的链式分配机制——以算法应用为切入点》，载《东方法学》2019 年第 5 期。

〔2〕 何姗姗：《美国与德国自动驾驶的两种立法探索》，载车质网，http://www.12365auto.com/news/20170921/304515.shtml。

〔3〕 袁曾：《无人驾驶汽车侵权责任的链式分配机制——以算法应用为切入点》，载《东方法学》2019 年第 5 期。

本上在无人驾驶汽车发生交通事故时可以适用。[1] 其次,L4－L5 级的无人驾驶汽车可以划入自主阶段的无人驾驶汽车,由于汽车本身通过人工智能系统和算法自主控制汽车,不需要人类的参与,如果发生交通事故侵权,其归责原则已经不能和现有的归责原则体系完全对接。最后,在 L0－L3 级适用的现有规则(道路交通事故责任和产品责任)也需要“与时俱进”,才能适用于此阶段的无人驾驶汽车,以便在发生交通事故时清晰地划分责任。[2]

家用汽车应基于不同的侵权主体确定侵权归责原则。由于家用汽车不一定是车主使用,因此需要区分主体。车上人员可分为所有人驾驶员、非所有人驾驶员和乘客三种,所有人驾驶员购买无人驾驶汽车,无须本人驾驶而是由人工智能系统自主驾驶,其享有运行利益,通过支付相应对价可以免于承担侵权责任。所有人驾驶员承担侵权责任存在以下两种情形:第一,驾驶人利用无人驾驶汽车获取其他运行利益;第二,在应当定期维护或者汽车出现需要维护的情形却未能维护,从而造成交通事故的,驾驶人适用过错原则承担侵权责任。非所有人驾驶员是指未支付对价乘车的乘客,即好意获乘人,其在无人驾驶汽车运行中的乘车利益有限,发生交通事故时让其承担侵权责任是十分不公平的,除非其存在过错,如干扰无人驾驶汽车的正常运行,那么此时应当适用过错原则承担责任。[3]

不管智能化水平发展到哪一个阶段,无人驾驶汽车都是由制造商生产出来的。交通事故发生时,如果汽车处于无人驾驶模式,可在现有的法律体系内适用产品责任,即用无过错原则归责。有学者也许会认为无过错责任将加重制造商的责任,打击其生产积极性。但家用汽车的制造商作为生产者可以最大限度地控制风险,其不仅可以管控产品投入市场,加大投入以提升产品的安全性,而且可以向消费者收取更高产品费用的方式将成本转移出去。如果经由研究改

---

〔1〕 杨立新:《自动驾驶机动车交通事故责任的归责设计》,载《福建师范大学学报(哲学社会科学版)》2019 年第 3 期。

〔2〕 杨立新:《用现行民法规则解决人工智能法律调整问题的尝试》,载《法学研究》2018 年第 7 期。

〔3〕 孟露、张超:《无人驾驶汽车交通事故侵权责任主体和归责原则》,载《北京化工大学学报(社会科学版)》2019 年第 3 期。

善后的无人驾驶汽车技术提升致使事故率降低，从整体上看，其成本也会不断下降。

首先，从现有的产品责任的构成要件来看，无人驾驶汽车的制造商作为生产者，应当适用无过错责任原则。此外，无人驾驶汽车是一种新兴的产品，其实体生产商仍然是目前在全世界占据主要份额的汽车生产商，虽然负责人工智能系统开发的谷歌和百度等互联网公司并不实际参与汽车本体的生产，而仅仅是在原有生产商生产的基础上进行"改装"，但"改装"行为必然影响无人驾驶汽车的安全性，因此上述公司也应承担责任。随着技术的不断进步，法律治理和道德框架的不足也在日益扩大，需要告诉决策者应该制定什么法律，以及在这个呈指数级变化的新世界里，我们认为什么样的行为才是道德的。[1] 其次，除了我国《产品质量法》第41条第2款[2]规定的三种通常免责事由外，制造商还可能有以下几种免责情形：一是使用人对无人驾驶汽车未能适当地进行维护。如果汽车自身检测发出警示，而使用人收到警示后未能及时处理，此后发生的交通事故，应由使用人承担责任。二是使用人对无人驾驶汽车的不当使用。例如，在某些极端天气或者特殊情形时，开启自动驾驶模式的风险升高，如果使用人无视外在环境，开启无人驾驶模式后，导致交通事故发生，那么应由使用人承担责任。三是其他原因。除了上述原因，第三人行为干涉、受害人自身等因素也可能导致无人驾驶汽车交通事故，此时如果制造商对此尽到注意义务，可以免除或减轻相应责任。最后，根据"谁主张，谁举证"的民事诉讼一般规则，消费者应承担相应的举证责任。为了保护无人驾驶汽车的购买者，如果其处于无人驾驶汽车模式，那么可以倒置举证责任。反过来推定损害是由产品缺陷造成的，由制造商就免责事由承担举证责任。[3] 此外，也可由使用无人驾驶汽车的相关企业承担责任。比如，某企业利用服务机器人提供家政、酒店、外

---

〔1〕［美］维韦克·瓦德瓦、亚历克斯·萨尔克弗：《未来之路》，王晋译，中信出版集团2018年版，第34页。

〔2〕《产品质量法》第41条第2款规定："生产者能够证明有下列情形之一的，不承担赔偿责任：（一）未将产品投入流通的；（二）产品投入流通时，引起损害的缺陷尚不存在的；（三）将产品投入流通时的科学技术水平尚不能发现缺陷的存在的。"

〔3〕郑志峰：《自动驾驶汽车的交通事故侵权责任》，载《法学》2018年第4期。

卖等领域的服务,那么该公司必须对智能机器人的行为负责。

产品本身存在缺陷时可以根据产品责任,适用无过错原则归责。产品本身不存在缺陷时,则需要根据无人驾驶汽车的自动化水平分别探讨。对于 L0 - L3 级的无人驾驶汽车,由于人的操作对汽车的运行十分重要,即发生事故时驾驶员的判断和反应对汽车事故的原因辨别仍然很重要,应考虑与现行法律的衔接问题,适用现行法的归责原则体系,借鉴德国的接管人责任。对于 L4 - L5 级的无人驾驶汽车,已经达到了高度智能化的程度,可将其认定为法律主体,作为"电子法人"从而可让无人驾驶汽车自己承担责任。无人驾驶汽车与无人驾驶汽车(机动车)发生碰撞,适用过错责任原则;无人驾驶汽车与行人发生碰撞,适用过错推定责任原则;无人驾驶汽车方没有过错的,承担不超过 10% 的赔偿责任,当然今后这个"无过错"的百分比可以有所变化。

(三)因果关系的认定

家用无人驾驶汽车如果发生交通事故,其因果关系认定相较现有的交通事故因果关系认定有重大区别。有学者提出,对无人驾驶汽车侵权,在不同的情况下,根据因果关系的不同,决定设计者、生产者、销售者、使用人等不同主体之间的过错比例、责任承担。[1] 普通法系的侵权责任要求事故的制造者对事故损失承担损害赔偿责任。[2] 第三人的行为致使交通事故发生,并且该行为与无人驾驶汽车侵权的损害有法律上的因果关系,根据侵权法的责任自负原则,由具有过错者为其过错行为"埋单"合乎法律。

家用无人驾驶汽车事故原因不仅可能来自制造者的汽车物理上的缺陷,还会涉及所有人的保养责任及接管责任,制造者对于智能系统的设计和升级、第三者(如黑客)侵权等,因此因果关系的认定更为复杂。为了应对这个问题,各个国家纷纷出台了相关的法律。例如,美国的《联邦自动驾驶汽车政策 1.0》规定,制造商及相关机构不仅要收集记录交通事故中的伤亡情况,还要记录事故

---

〔1〕 张童:《人工智能产品致人损害民事责任研究》,载《社会科学》2018 年第 4 期。

〔2〕 [美]小奥利弗·温德尔·霍姆新:《普通法》,冉昊、姚中秋译,中国政法大学出版社 2006 年版,第 83 页。

对于车辆的损害程度、人工智能系统的性能等方面的所有信息，可以使当初事故的还原变得可行。德国的《道路交通法》要求必须在无人驾驶汽车中安装“黑匣子”，通过“黑匣子”记录人工智能系统驾驶和驾驶员接管的具体情况，一旦发生交通事故，相关单位可以调取数据以便还原现场。英国的《无人驾驶汽车发展道路：道路测试指南》则规定了在道路测试时，必须安装行车记录仪，收集储存车辆的精细数据及运行信息，并且在道路交通后把全程的数据交由政府。日本的《自动驾驶汽车道路测试指南》同样要求安装行车记录仪器记录汽车测试时的运行状态和运行数据等。在中国，上海、北京等地区同样对无人驾驶汽车测试进行规定，不仅要求安装行车记录仪，而且要及时将记录的数据交由相关部门。这些记录数据不仅可以弥补人工智能算法系统自带的缺陷，帮助回溯事故时的现场状况，还可以判断事故发生的原因，确定产品责任的责任主体。〔1〕

无人驾驶汽车从根本上来说还是生产商和软件设计者一起制造出来的产品，因果关系的认定应该采用“举证责任倒置”的方法。首先，无人驾驶汽车自带的技术壁垒使事故发生的原因难以辨认，因此各国纷纷出台相关法律，加强信息数据的记录和保存，而这些数据往往被制造商和算法的设计者控制。其次，算法系统的决策过程不透明，其内部逻辑系统就算是系统的设计者也是难以解释的。如果无人驾驶汽车决策的这些特点同引起事故的其他原因相叠加，那么会加大受害人的证明难度。〔2〕最后，就算受害人可以获得这些数据，受害人也无法看懂数据和系统背后的逻辑，再加之制造商与设计者“最接近真相”，因此可以采用“举证责任倒置”，即推定产品存在缺陷且和侵害事实之间有因果关系，然后由制造商和设计者证明二者之间不存在因果关系。〔3〕

（四）损害赔偿的认定

无论是因为交通事故还是产品缺陷致害，家用汽车侵权与普通机动车侵权

---

〔1〕 崔俊杰：《论自动驾驶事故责任救济中的政府机制》，载《江苏大学学报（社会科学版）》2020年第5期。

〔2〕 高完成：《自动驾驶汽车致损事故的产品责任适用困境及对策研究》，载《大连理工大学学报（社会科学版）》2020年第6期。

〔3〕 王红霞、梁鹏：《智能汽车致损的法律责任研究》，载《时代法学》2021年第1期。

同质，参照当前侵权规则对其进行定损赔偿并无不可。事实上，无人驾驶汽车侵权特征是发生概率小、损害后果大，除此之外，与普通交通事故侵权并无其他不一致。此外，当前各国关于无人驾驶汽车定损计算方式也暂无规定，大多以和解的形式进行赔偿。如美国2018年3月发生的全球首例无人驾驶汽车撞人致死案，受害者家属与Uber达成和解协议且并未公布赔偿金额。[1]

我国侵权损害赔偿遵循的是填平原则。就人身损害仅给予一般损害的赔偿；就特别损害不给予任何赔偿；就财产损害，仅给予一般损害中的固有利益损失的赔偿；对可得利益损失，仅在该损失重大时，方可获得救济。[2] 首先，关于机动车交通事故损害赔偿财产损失，依据最高人民法院《关于审理道路交通事故损害赔偿案件适用法律若干问题的解释》第12条[3]确定财产损害赔偿范围，主要包括车辆维修费、货物损失、车辆施救费用、停运损失、替代性交通支出等，甚至有法院认可贬值损失。财产损失赔偿方式有两种，恢复原状和折价赔偿。《民法典》第1184条规定："侵害他人财产的，财产损失按照损失发生时的市场价格或者其他合理方式计算。"其次，事故损害通常直接关系到当事人的基本生计问题，受害人在遭受事故损害之后，大部分是人身损害，受害人可能因致残而丧失劳动能力、失去收入，甚至失去生命。因此，根据最高人民法院《关于审理人身损害赔偿案件适用法律若干问题的解释》第17条、第18条及《民法典》第1179条至第1183条的规定，机动车交通事故人身损害赔偿范围包括受害人医疗费、护理费、交通费、营养费、住院伙食补助费等为治疗和康复支出的合理费用及误工损失；造成残疾、死亡的，还应当赔偿辅助器具费和残疾赔偿金、丧葬费和死亡赔偿金。赔偿金额计算标准可根据最高人民法院《关于审理

---

〔1〕《Uber无人车事故最新进展：已与家属和解，尚未告知赔偿金额》，载石家庄传媒，https://3g.china.com/act/ent/11015422/20180329/32248174.html。

〔2〕徐银波：《侵权损害赔偿论》，西南政法大学2013年博士学位论文，第89页。

〔3〕最高人民法院《关于审理道路交通事故损害赔偿案件适用法律若干问题的解释》第12条规定："因道路交通事故造成下列财产损失，当事人请求侵权人赔偿的，人民法院应予支持：（一）维修被损坏车辆所支出的费用、车辆所载物品的损失、车辆施救费用；（二）因车辆灭失或者无法修复，为购买交通事故发生时与被损坏车辆价值相当的车辆重置费用；（三）依法从事货物运输、旅客运输等经营性活动的车辆，因无法从事相应经营活动所产生的合理停运损失；（四）非经营性车辆因无法继续使用，所产生的通常替代性交通工具的合理费用。"

人身损害赔偿案件适用法律若干问题的解释》规定进行计算,计算公式固定,但计算数据每年都在根据当地和全国经济发展水平变化而变化。因此,即便是时代发展也不至于出现赔偿规则刻板的问题。最后,关于损害赔偿顺序则主要依据最高人民法院《关于审理道路交通事故损害赔偿案件适用法律若干问题的解释》第 16 条第 1 款规定,机动车如果同时投保机动车第三者责任强制保险和第三者责任商业保险,在发生交通事故造成损害时,当事人不仅要将侵权人列为被告,还要同时将保险公司列为被告,人民法院确定赔偿责任分为以下几个步骤:先由承保交强险的保险公司在责任限额范围内予以赔偿,不足部分由承保第三者责任商业险的保险公司根据保险合同予以赔偿,仍有不足的,依照《道路交通安全法》和《侵权责任法》的相关规定,由侵权人予以赔偿。在受害人遭受损害之后,最迫切的是对受害人的基本生活给予及时、有效的补救,因此,不论交通事故当事人各方是否有过错或者过错程度如何,保险公司应当先予以赔偿。[1] 而机动车第三者责任强制保险作为责任保险,以被保险人对第三者依法应负的赔偿责任为保险标的,[2]机动车第三者责任强制保险具有不同于一般责任保险的公共政策背景,具有显著的公益性。[3] 根据《机动车交通事故责任强制保险条款》第 8 条第 1 款之规定,[4]交强险的赔偿限额分项核算,其中被保险人有责时财产损害赔偿限额仅为 2000 元,无责任时仅 100 元。正是我国交强险基于"不盈不亏"的公益性定位,其保费与赔付额度都较低。[5]

综上,对于家用汽车侵权,借鉴当前机动车交通事故损害赔偿计算规则,适

---

〔1〕 张新宝:《道路交通事故责任归责原则的演进与〈道路交通安全法〉第 76 条》,载《法学论坛》2006 年第 2 期。

〔2〕 张新宝:《道路交通事故中的机动车第三者责任强制保险》,载《法学家》2005 年第 1 期。

〔3〕 邹海林:《责任保险论》,法律出版社 1999 年版,第 91 页。

〔4〕《机动车交通事故责任强制保险条款》第 8 条第 1 款规定:"在中华人民共和国境内(不含港、澳、台地区),被保险人在使用被保险机动车过程中发生交通事故,致使受害人遭受人身伤亡或者财产损失,依法应当由被保险人承担的损害赔偿责任,保险人按照交强险合同的约定对每次事故在下列赔偿限额内负责赔偿:(一)死亡伤残赔偿限额为 180000 元;(二)医疗费用赔偿限额为 18000 元;(三)财产损失赔偿限额为 2000 元;(四)被保险人无责任时,无责任死亡伤残赔偿限额为 18000 元;无责任医疗费用赔偿限额为 1800 元;无责任财产损失赔偿限额为 100 元。"

〔5〕 陈扬:《机动车交通事故损害赔偿之完善——以"平民撞豪车天价赔偿"为视角》,载《重庆广播电视大学学报》2019 年第 2 期。

用最高人民法院《关于审理道路交通事故损害赔偿案件适用法律若干问题的解释》第12条、《民法典》第1179条至第1184条确定侵权损害的赔偿范围，根据最高人民法院《关于审理人身损害赔偿案件适用法律若干问题的解释》确定的损害赔偿计算公式得出具体赔偿金额。同时，建立针对无人驾驶汽车侵权的责任保险制度，作为侵权损害赔偿的救济方式。

二、共享汽车损害赔偿

共享汽车打破了交通工具所有权与使用权的联系，通过互联网大数据将车辆的使用权进行共享，将车辆闲置时的使用权进行整合。主要运行模式可分为P2P汽车租赁模式和Car2go模式。

（一）责任主体的确认

无人驾驶共享汽车侵权时，不同经营模式和智能等级下的责任主体各有侧重。无人驾驶汽车租赁虽说是人工智能的产物，但本质仍然是租赁合同关系，对其交通侵权仍可以参照传统汽车租赁的侵权规则进行适用。同时，P2P汽车租赁模式和Car2go模式虽同为当前共享汽车的经营模式。P2P是个人与个人之间的共享模式，在P2P中出租人（所有权人）、承租人、系统研发运营商与交通事故联系更为密切。而Car2go以小型新能源汽车为主，与共享单车运营模式类似。因此，在Car2go中驾驶人、平台与系统研发运营商责任则更为突出。

1. P2P汽车租赁模式下责任主体确认

在P2P汽车租赁模式下，根据无人驾驶汽车的智能等级分级确定责任主体。L0级共享汽车，即当前共享机动车交通事故侵权，由驾驶人承担侵权责任。在P2P汽车租赁模式下，不仅要结合运行支配理论，还要结合运行利益理论，对承担责任的主体进行判断。首先，一般按照运行支配理论让支配者承担责任，但是特殊情况存在时，则要考虑适用运行利益理论。两种理论的结合和综合运用，有利于更好地解决该模式下共享汽车的法律问题。一般来说，注册者通过自己身份注册并使用汽车，在注册人与使用人相同的情况下，汽车的实际支配权转交给汽车承租人时,由其享有运行利益。[1] 因此,共享汽车发生交通事故时,由汽车实际控制人(汽车运行支配人)承担侵权责任,除非此时运营商对交通事故的发生具有过错。但是还存在另外一种少见的情况,即注册者与实际使用人不同,此时如果发生交通事故,责任主体应为现实运行支配者,因为汽车的实际管理是由实际支配者操控的,实际支配者应当承担损害赔偿责任。

同时,该模式填补了个人所有汽车与公共交通间的鸿沟,个人无须购买汽车也可以利用平台使用除个人以外的汽车,区别于传统汽车出租的模式,属于一种新兴的使用方式。[2] 在驾驶人与出租人之间形成了一个租赁合同,出租人承担交付符合合同约定的车辆义务,驾驶人需按约定支付租金。对于机动车交通事故侵权责任,由驾驶人全部承担,除非出租人履行合约不当,未交付合格车辆。

L5 级共享汽车,系统接管所有驾驶行为,其涉及的责任主体主要还是系统研发运营商、所有权人与国家管理人。由于该阶段的汽车已经达到了几乎由无人驾驶汽车算法控制驾驶的程度,而算法在一次又一次运行后会逐渐脱离算法研发设计者最初的设定,汽车如果发生交通事故,也无法适用产品责任,让系统研发运营商承担责任。但即使算法系统会不断更新,算法系统仍然是由最初的算法系统设计者设计且由系统研发运营商运营的,人类驾驶员在此阶段已经脱离原先的汽车控制人角色,因此承担侵权责任的主体应该转向算法系统的系统研发运营商。[3] 此外,系统研发运营商主要是通过钻研科技设计人工智能算法系统,可以通过加大资金投入等方法降低和化解风险。[4] 根据"风险承担"理论,系统研发运营商承担风险的原因是他通过从事风险活动而获益。[5] 因此,让获得利益并且有能力去承担风险的系统研发运营商在无人驾驶汽车交通事故中承担无过错责任的同时,也有助于减少有风险的产品进入市场。同理,所有权人与国家管理人同为产权人,也均从中获得利益,故而应当对此按比例

---

〔1〕 程啸:《机动车损害赔偿责任主体研究》,载《法学研究》2006 年第 4 期。

〔2〕 聂勇:《P2P 租车保险问题研究》,载《福建金融》2015 年第 6 期。

〔3〕 吴汉东:《人工智能时代的制度安排与法律规制》,载《法律科学》2017 年第 5 期。

〔4〕 张建文、贾章范:《无人驾驶汽车致人损害的责任分析与规则应对》,载《重庆邮电大学学报(社会科学版)》2018 年第 4 期。

〔5〕 王军:《侵权法上的严格责任的原理和实践》,法律出版社 2006 年版,第 109 页。

承担责任。对于出租人,不应该科以危险责任要求其就共享汽车的交通事故侵权承担责任。理由在于,对出租人科以危险责任,不仅不利于树立法律公正权威,对社会和租赁相关行业的发展也会造成极大阻碍。[1] L1－L4 级共享汽车则介于 L0 级、L5 级之间的状态,其责任主体认定较为复杂。但总体来说,仍然可以要求驾驶人、所有权人、系统研发运营商按照一定的专业比例承担各自责任。该比例需要根据实际损害结果、各主体的作用及过错程度等进行专业模拟、测评再确定较为适宜。

交易平台作为中介人,无论是 L0 级还是 L5 级的共享汽车,都承担过错责任。在 P2P 这一租赁模式中,服务选择是双向的。使用人和车主可以依据用车需要和出行里程进行双向选择,当双方的信息匹配成功并达成合意后,即形成了租赁合同关系,平台只是承担了一个中介的作用。或者说,P2P 中的平台只是提供信息租赁服务,与机动车并无直接联系。互联网企业在该过程中仅仅提供一个平台让出租人和承租人得到交易的机会,或是在短时间内把自己的商品或者服务租给客户使用的网络平台公司。[2] 而平台需要保证双方资质符合驾驶要求,确保交易真实发生。当然,这个审查并非进行事实调查,而是说平台应该要求出租方和租赁方提交各自符合条件的证明文件。未检查双方资质的平台,对共享汽车的交通事故承担责任。

2. Car2go 模式下责任主体确认

在 Car2go 模式下,无人驾驶汽车的责任主体与 P2P 大体相同,唯一不同点是加大了平台责任。L0 级共享汽车,以驾驶人为责任承担主体;L5 级共享汽车,追究系统研发运营商责任;L1－L4 级则需要由驾驶人与系统研发运营商按照一定的专业比例承担各自责任。除此之外,当共享实物与共享信息深度融合,共享汽车的平台就是出租人,也是车辆所有权人。因此与 P2P 相比,Car2go 中平台责任与出租人责任二合一,平台承担更多的义务和责任。

---

〔1〕 最高人民法院民事审判第一庭编著:《最高人民法院关于道路交通损害赔偿司法解释理解与适用》,人民法院出版社 2015 年版,第 27～28 页。

〔2〕 唐清利:《"专车"类共享经济的规制路径》,载《中国法学》2015 年第 4 期。

在Car2go模式下,共享汽车平台需要承担更多的责任,损害赔偿比例应较P2P更大。当前Car2go运行基本模式可以根据汽车故障发生的时间分成两种情况:第一,在平台公司接收汽车企业提供的车辆后,平台公司具有保养和维护的义务,如果用户通过平台租用汽车后,汽车状况不良导致事故发生,用户可以向平台公司要求其承担侵权责任或者违约责任。第二,如果平台公司可以证明其履行了义务,故障的原因在于提供车辆方,那么平台公司可以向提供车辆方追偿,此时最终责任方不在平台公司。平台公司承担责任的大小,需对平台公司的过错、原因力与损害后果的关系进行综合考量后判断。[1] 因此,平台公司承担责任的判断与普通汽车的责任判断存在差异。[2] 普通用户在租用平台的车辆前,必须通过个人身份注册并支付押金,以防因用户自身造成平台方的损失。比如,因用户驾驶不当产生了交通罚款,用户如果不主动缴纳,则可通过之前的押金支付,但是用户这种行为会影响其在网络平台上的信用。如果出现保险公司免赔商业险的情形,如租车人醉驾、毒驾、无证驾驶等,而租车人一时拿不出金钱对受害人进行赔偿。平台作为车辆的提供方,又具有赔偿的能力,可由其先行支付赔偿款,后再向驾驶人追偿,这将大大提升赔偿的效率。[3] 情景置换,从L0级到L5级无人驾驶共享汽车,平台都必须承担出租前的审核义务(资质审核)、安全保障义务(车辆安全性能的保障)。具体来说,平台作为出租人和交易中心企业,L0级共享汽车发生交通事故需由驾驶人与未履行审核和安全保障义务的平台承担责任;L1－L5级则需要由系统研发运营商和平台按照一定比例共同承担责任。而这个比例需要根据风险损害评估、原因力大小、过错程度等进一步科学确定。

Car2go模式下更容易发生用户数据泄露,对此,平台需要承担过错推定责任。在信息时代,信息是黄金资源,但也是极度容易被收集、泄露的。根据工信

---

〔1〕 孟荣钊:《不同运营模式中的共享汽车交通事故侵权责任承担》,载微信公众号“人民司法”2020年7月3日。

〔2〕 慧善言法务云:《共享汽车“遇”交通事故,损失由谁承担? 受害人应向谁讨说法?》,载知乎,https://zhuanlan.zhihu.com/p/38310577,2020年7月9日访问。

〔3〕《共享汽车发生事故怎么定责》,载东方网,http://news.eastday.com/eastday/13news/auto/news/finance/20170220/u7ai6516851.html,2020年7月9日访问。

部2015年发布的数据,我国八成以上的网民遭受过个人信息泄露侵权行为,这其中包括有针对性的电话诈骗和宣传短信等。[1] 2015年,京东被曝出大量用户信息被泄露,后查明是京东3名员工越权登录公司系统非法获取用户信息并且获利4万元。[2] 2021年10月,韩国大型电商平台Coupang发生用户个人信息大规模泄露事故,30万个用户的姓名、住址等个人信息遭到泄露。[3] 我国于2021年11月1日生效的《个人信息保护法》第58条[4]、第69条明确规定了个人信息处理者保护信息数据安全义务和个人信息处理者过错推定责任。共享平台作为更"强势"一方,对信息数据的掌控程度较之用户更强,而用户往往处于被控制方,因此推定平台存在过错,应当对数据信息泄露承担全部责任。

(二)归责原则的适用

目前共享传统汽车和共享单车风靡全球,随着无人驾驶汽车的不断普及,共享智能汽车时代即将到来。共享经济之所以具有这种潜力,归根结底是因为经济可以整合闲置资源,提升资源的利用效率。[5] 资本的本质是逐利,会有更多的企业提供平台,整合闲置的无人驾驶汽车,为用户提供便利,就如同现在的打车平台,如滴滴打车、花小猪打车等,与原先共享汽车不同的是,无人驾驶汽车如果发展到高级人工智能阶段,则不再需要司机,此时如果发生交通事故,归责原则关注的内容也会改变。

无人驾驶共享汽车与无人驾驶家用汽车最大的不同在于"共享",即使用

---

[1] 张炳辉主编:《互联网金融安全》,中国金融出版社2018年版,第101页。

[2] 陈冰洁、李静:《个人信息被反复售卖 京东数据泄露背后:信息黑色产业链环环相扣》,载中国经营报,http://www.cb.com.cn/index/show/gs/cv/cv12517248138,2021年11月11日访问。

[3] 李炳俊:《韩大型电商平台Coupang泄露30万用户个人信息》,载韩国《中央日报》中文网,http://chinese.joins.com/news/articleView.html? idxno=103438,2021年11月11日访问。

[4] 《个人信息保护法》第58条规定:"提供重要互联网平台服务、用户数量巨大、业务类型复杂的个人信息处理者,应当履行下列义务:(一)按照国家规定建立健全个人信息保护合规制度体系,成立主要由外部成员组成的独立机构对个人信息保护情况进行监督;(二)遵循公开、公平、公正的原则,制定平台规则,明确平台内产品或者服务提供者处理个人信息的规范和保护个人信息的义务;(三)对严重违反法律、行政法规处理个人信息的平台内的产品或者服务提供者,停止提供服务;(四)定期发布个人信息保护社会责任报告,接受社会监督。"第69条第1款规定,"处理个人信息侵害个人信息权益造成损害,个人信息处理者不能证明自己没有过错的,应当承担损害赔偿等侵权责任。"

[5] 赵光辉、田仪顺:《交通运输社会服务能力》,人民交通出版社2013年版,第49页。

权和所有权的分离,因此无人驾驶共享汽车与无人驾驶家用汽车在归责原则方面存在不同点和相同点。在相同点方面。不管是家用汽车还是共享汽车发生侵权事故,具体的归责原则几乎一致,主要区别是事故发生在无人驾驶汽车与汽车之间还是行人之间,根据不同情况采用不同的归责原则。在不同点方面,由于共享汽车将使用权转移,发生事故时归责更为复杂。汽车持有人、使用者与运营平台、第三人存在侵权法律关系,涉及的法律关系复杂多元。每个主体对于汽车的义务不同,但如果无人驾驶汽车作为法律主体承担责任,这个问题将迎刃而解,只是最后进行损害赔偿的主体仍需要界定。

值得注意的是,除了一般情况下的交通事故侵权,共享汽车还存在泄露数据信息侵权的问题。不管是P2P模式还是Car2go模式,都需要运营平台介入收集汽车持有人和汽车使用人的信息,进行信息之间的交互。首先,平台为了实现使用权的有效利用,必然涉及大量的个人隐私收集。其次,无人驾驶汽车在行驶的过程中会使用摄像功能、录音功能、定位功能等,一旦被黑客盯上,大规模的信息泄露的情况似乎无法避免,如何保护个人信息安全将成为今后的难题,此时应与《个人信息保护法》相衔接,采用三元归责体系。使用自动化处理系统的公务机关侵权适用无过错原则,未使用自动化处理系统的非公务机关使用过错推定原则,使用自动化处理系统的非公务机关采用一般过错归责原则。

(三)因果关系的认定

正如陈聪富教授所言:“侵权行为法的基本任务,在于划定被害人权益保护,与一般人活动自由间的适当界限。”[1]对于共享汽车而言,则是平台、司机和第三人的自由界限问题。如果发生事故,在事实认定上与私家车侵权认定并无多大的区别,但共享汽车损害第三人时,汽车所有人和平台对于侵权责任的承担问题具有实践意义。

对于共享智能汽车侵权而言,首先要厘清网约车与平台之间的关系。2016年7月,我国交通运输部等七部门联合颁布了《网络预约出租汽车经营服务管理暂行办法》(2019年、2022年修正),对于网约车理论研究和实践审判具有深

---

〔1〕 陈聪富:《侵权行为法原理》,台北,元照出版有限公司2018年版,第1页。

刻的指导意义。目前针对网约车与平台共有五种理论学说,对应的分别是劳动关系说、居间关系说、雇佣关系说、挂靠关系说以及委托关系说,但有学者认为上述五种关系均不构成,因为网约车平台与司机的关系应突破现有法律,需从互联网和共享经济的背景出发。[1] 传统私家车中所有权与使用权一致的情况已被共享经济中使用权关系替代,基于网约车平台对司机的虚拟支配,让其作为法律主体承担无过错责任具有正当性和合理性,因此在网约车侵权中可考虑让平台承担无过错责任,然后向有过错的车主追偿。[2] 但有学者也强调区分不同的模式,如"网约私家车"与"网约非私家车"、"顺风车模式"与"加盟模式"等,根据不同的模式去判断司机与平台的义务和责任。[3]

在共享模式下,无人驾驶汽车侵权的因果关系认定需厘清无人驾驶汽车、生产商、系统设计者与网络平台的法律关系。无人驾驶汽车如果应用于共享经济中,其与现在普遍流行的网约车不同之处在于司机身份的转换。无人驾驶汽车的算法和人工智能系统会随着智能化程度的提高,逐渐替代司机的作用。如果发生交通事故,那么因果关系的考虑重点不再是司机与平台之间的责任分配,而是无人驾驶汽车本身与平台的关系。透过无人驾驶汽车,则需考虑产品生产者与算法系统设计者的责任问题。不管是 P2P 还是 Car2go 模式,网络平台的作用都不可忽略,平台对于无人驾驶汽车的调控、运营及收益都决定它在责任承担中的重要地位。一旦发生侵权事件,无论造成损害结果的原因是什么,保险公司首先应进行赔偿,超过保险范围的部分,平台首先应承担替代责任或者无过错责任。在平台证明不是平台网络调度等方面的原因造成的事故后,平台可向生产商、系统设计者追偿。之后,依次由生产商及系统设计者证明不是软件和硬件原因造成的事故,由所有人证明其尽到保养汽车等安全义务,形成层层追偿的赔偿结构。

---

〔1〕 蒋岩波、朱格锋:《共享经济模式下网约车平台与司机法律关系的辨析与认定》,载《河南财经政法大学学报》2019 年第 5 期。

〔2〕 吕海林:《网约私家车致第三人损害交通事故侵权责任承担》,载《东南大学学报(哲学社会科学版)》2020 年第 22 卷增刊。

〔3〕 黄东东、张煜琪:《社会车辆模式下网约车平台侵权责任研究——以网约车侵权司法案例研究为基础》,载《重庆邮电大学学报(社会科学版)》2020 年第 2 期。

(四)损害赔偿的认定

共享汽车的损害赔偿与当前机动车交通事故侵权损害赔偿原则和范围均一致。为维护受害人权益,应该贯彻“填平救济原则”。造成受害人人身伤亡的,则需要计算人身损害赔偿金额。目前,关于侵权损害赔偿范围只有三大类:一是财产损害赔偿,二是人身损害赔偿,三是精神损害赔偿。[1] 以现在眼光来看,即便无人驾驶汽车属于科技发达的未来世界,其侵权类型也不会脱离这三类。因此,无论是智能汽车还是普通机动车,发生交通事故侵权损害赔偿范围依旧是赔偿财产损失、人身损害以及精神损害。在确定损害赔偿原则、范围、计算公式之后,明确各主体对责任的承担比例。所有人与系统运营商之间,所有人与系统研发运营商、国家管理人三者之间承担损害赔偿责任的具体比例则需要按照无人驾驶汽车的智能等级、各主体对车辆的控制程度以及享有的运行利益大小等各方面因素进行综合评估确定。

共享平台责任则需要区分运行模式和侵权行为的不同而确定。共享运营较家用汽车侵权最大的不同之处在于平台责任。针对交通事故侵权,虽然具体损害赔偿责任比例划分暂无确定比例的客观条件,但可以明确的一点是,Car2go 中平台承担赔偿的比例会比 P2P 更大。在 P2P 中,平台是中介人,因此无过错不承担任何责任,即便是未履行双方资质审核义务,其作用力对于交通事故的发生也甚是微小。因此,在此情景之下,平台责任不宜过重,具体赔偿数额可由法院按照一定限额酌情确定。但是,在 Car2go 中,平台的影响力便有所提升,因而其承担责任的比例和数额也应当上升。很明显的是,平台提供租赁信息转变为提供实体物租赁,由原本的中介平台转变为出租方和中介的结合体。

针对平台数据信息泄露侵权时,无须考虑各主体之间的比例分配原则,由共享平台承担全部责任。共享平台的数据侵权情形,一般分为平台未经授权擅自侵害用户个人信息数据,以及平台违反用户授权协议两种情形。个人数据以市场价格评定,其价值不大,如果按照侵权责任进行赔偿,个人用户获得的赔偿

〔1〕 李仁玉、陈敦:《民法学》,当代世界出版社 2002 年版,第 632 页。

款不多,因此无法对开发商进行威慑。按照《消费者权益保护法》的惩罚性条款,若平台超过授权范围擅自使用相关的数据、侵害消费者权益时,消费者可以依据违约责任或者侵权责任,要求其进行赔偿。[1] 一般而言,如果适用侵权责任要求开发商赔偿,需对被侵害客体原始状态进行参照,如被侵权人的所有物遭受损害,那么应该按照该物无损的价格计算赔偿金额。[2] 其中,侵权人承担赔偿责任的前提为其存在主观故意。如果侵权人不存在主观故意,仅仅是由于过失,那么应根据侵权人本应尽到的防范义务结合"义务射程"确定责任,即在"义务射程"内确定赔偿范围和具体的赔偿金额。[3]

三、公共交通侵权损害赔偿

(一)责任主体的确认

国家管理人和行业经营者在无人驾驶汽车公共交通领域侵权损害赔偿中占据突出位置。无人驾驶汽车公共交通侵权,影响大且损害后果广泛,具有不可预期性和难以控制性,符合大规模侵权的各项特征。因此,在思考公共交通侵权的责任主体时,各国大规模侵权事件的先例可以作为参考。根据各国大规模侵权事件,以核事故为例,美国、日本等国家无一不是以核设施经营者为主要责任主体,国家在经营者补偿不能时为了填补受害人所遭受的损失而出面承担补偿责任。转换为公共交通情境,涉及的责任主体包括国家管理人和公共交通行业的经营者。公共交通的商业化给社会带来交通便利,也给行业经营者带来巨大经济利益。行业经营者作为该项目的获利者,根据"谁受益,谁担责"原则,应当为公共交通侵权承担主要责任。此外,"城市公共交通是满足人民群众基本出行需求的社会公益性事业,是政府提供的基本公共服务和重大民生工程"。[4] 公共交通特殊经营权由政府交至经营者手中,在行业经营者获利的同时,政府在建设民生工程过程中减轻了工作任务。不仅如此,公共交通侵权并

---

[1] 胡元聪、曲君宇:《智能无人系统开发与运用的法律规制》,载《科技与法律》2020 年第 4 期。
[2] 刘建功:《环境侵权损害赔偿金额的确定》,载《人民司法》2016 年第 19 期。
[3] [日]平井宜雄:《损害赔偿法的理论》,东京大学出版社 1971 年版,第 48 页。
[4] 王曼利、倪建军、周启明:《加快推进城市公共交通立法》,载《检察日报》2020 年 11 月 30 日。

非普通侵权,造成的损害不可计量,且具有公共性。政府拥有强大的经济实力,作为公民的坚强后盾,在此刻不应也不能全然不出现。为了维护社会安定,保障秩序稳定,充分地保护受害人权益,国家应当介入大规模侵权事故赔偿。此外,这里的政府也不仅是一个概念,为了将损害赔偿责任落到实处,需要建立相应的国家管理人制度,管理人工智能领域一切相关事务,包括且不限于损害赔偿的处理。而在惠民服务建设过程中,得益者不只限于实际经营者,也包括社会上的绝大多数人。此外,无人驾驶汽车发展是国家极力支持的科技项目,是国家的政策规定,在获得经营许可后发生事故,国家有责任进行善后处理。因此,国家管理人在经营者无法赔偿的情况下,为维护公平、分配正义承担补偿责任,可能不是最佳方案,却会是最合宜的。

(二)归责原则的适用

无过错责任原则可以作为信息时代公共交通侵权的归责原则,以平衡各方权益和损失。从大规模侵权行为角度考虑,公共交通侵权是信息时代下的大规模侵权,与工业时代并无实质不同。但是,大规模侵权事件的归责原则并不单一。有学者曾经提出,大规模侵权行为与《民法典》第 4 ~ 10 章所规定的特殊侵权类型并非并列关系,无法在普通侵权与特殊侵权中找到自己的位置,在任何侵权责任类型中均有可能发生。[1] 大规模侵权的归责原则在不同侵权情境下应当适用不同的归责原则。从这一点也可以看出,单从大规模侵权角度无法确定公共交通侵权所应适用的归责原则。但是,从填补受害人角度考虑,对公共交通侵权应当适用无过错责任。无过错原则,起源于被称为"机器和事故时代"的 19 世纪,是立法者为保护在工业事故中无法证明工厂主过错的多数受害人而设立的一种责任分配方式。[2] 即便是在信息时代,受害者要证明公共交通经营者存在过错也极其困难,往往无法得到应有的救济。无过错责任原则并非工业时代的专属,它应该是受害者在地位严重失衡下的保护机制。此外,公共交通侵权与各国大规模侵权事件——核事故存在高度相似性,它们都诞生于

[1] 杨立新:《〈侵权责任法〉应对大规模侵权的举措》,载《法学家》2011 年第 4 期。
[2] 杨立新:《〈侵权责任法〉应对大规模侵权的举措》,载《法学家》2011 年第 4 期。

风险社会，都有负责其管理运行的经营者，都是科技带来的负面效果，侵害范围和程度难以估量。至于核损害赔偿归责原则，各国立法均达成了适用无过错责任原则的共识。[1] 公共交通侵权可以借鉴核事故大规模侵权的归责原则，适用无过错责任。

此外，美国《儿童疫苗伤害法案》建立对应的“无过错赔付机制”对公共领域发生交通事故的处理具有借鉴作用，不仅有利于无人驾驶技术发展，而且能更加全面地保护当事人权益。首先，疫苗领域的诉讼要求不高。消费者获得赔偿的条件限制少，即消费者无须提供证据证明疫苗存在缺陷，只需要按照法案规定在法律要求的时间内提供有效证据证明其出现了医疗机关先前概述的病症。消费者需要提供疫苗产品存在缺陷的情形为出现了清单外的病症，即出现了特殊情形消费者才需要自证。其次，对于疫苗造成侵权损害的被侵权人，无须找出特定的侵权主体，就能要求赔偿，实际上对于此种情况可采用基金赔偿的方式，基金的来源为对注射疫苗征收的专门税收。无人驾驶汽车侵权的情形与疫苗侵权情形存在许多共同点，借鉴疫苗赔偿的方式不失为一种可行的方法。具体而言，无人驾驶汽车造成损害时无须根据无过错责任原则要求生产商赔偿，而是由官方机构先提供无人驾驶汽车造成损害的情况清单，根据预期情况进行赔偿。如果没有出现该清单中的情况，则与现行侵权法相对接。[2] 此外，相关的机构定期或者在某种情形出现后要与平台谈话对接，并且在一定时间内对于谈话后采取的相应改变进行重新评价。谈话等方法属于行政措施中的非强制措施，如果谈话后在一定时间内仍然达不到预期效果，相关机构可以考虑采取其他的强制性手段。

（三）因果关系的认定

1. 经营者与公共交通之间的因果关系认定

以“黑匣子”认定报告为基础，根据不同侵权情景，公共交通侵权因果认定规

---

〔1〕 刘久：《我国核损害赔偿纠纷的可仲裁性研究》，载《法学杂志》2020 年第 6 期。

〔2〕 袁曾：《无人驾驶汽车侵权责任的链式分配机制——以算法应用为切入点》，载《东方法学》2019 年第 5 期。

则也有所不同。“黑匣子”记录公共交通发生侵权时的系统运行信息、车辆周边交通情况等,是认定因果关系的重要环节。侵权事件的因果关系认定有两个方面:一是责任主体的行为与交通事故侵权之间存在因果;二是公共交通侵权行为导致了损害后果。后者不在本书谈论范围,因为公共交通侵权正是本节讨论交通侵权损害赔偿的前提,因此,需要重点关注责任主体与侵权行为之间的因果联系。

如果“黑匣子”记录报告显示了在交通事故发生前就存在隐患且系统进行过警示,那么未尽管理维修义务的经营者与事故存在因果关系。在交通事故发生前存在过车辆故障或系统提示运行异常的警示,而经营者置之不理未尽维修管理义务,以经营者存在过错作为侵权行为发生的“因”。换句话说,在此情境下,即使不明确公共交通侵权发生的具体原因,也可以认定经营者在侵权发生过程中存在法律上的因果关系。负有管理维修、保证车辆正常运行义务但未尽义务的经营者与故障车辆发生交通侵权之间有无法隔断的因果关系,就好比在当前交通事故处理规则里,车辆未定期年检或在发生交通事故前驾驶员已然知晓驾驶隐患存在仍然开上路,法律推定驾驶员存在过错,与交通侵权事故存在因果关系。

在“黑匣子”无法提供有效信息时,即在侵权发生之前运行无异常、未有警示时,适用另一套因果关系认定规则。报告显示系统运行正常时,导致公共交通侵权的“因”难索,但“果”明显。因此,在此情境下仍然执着于证明经营者对交通事故存在过错显然是不公平、不合理的。根据公共交通无过错责任原则,无须追究经营者存在过错,为了保障多数受害人的权益而直接追究经营者责任。此种责任分配原则关注的重点不是经营者与交通侵权行为存在因果关系,而是处于经营者的掌控支配领域的公共交通车辆与交通事故损害之间存在因果关系。

2. 国家管理人与公共交通之间的因果关系认定

公共交通不论是上市之前还是投入市场流通后,都需要国家管理人对其运行过程进行监管。为了无人驾驶汽车正式上路时尽量少发生交通事故,有必要在正式上路行驶前的测试阶段做好充足的准备工作,如建立科学的无人驾驶汽车道路测试监管制度、无人驾驶汽车市场准入和准入后监管制度。[1] 在监管机关对无人驾驶汽车进行监管之后，销售商和经营商必须向监管机关备案，并且向产品消费者提供监管的大致内容。一般来说，监管者对于备案具体内容只能在其职责范围使用，除非特殊情况下存在披露必要性。此外，监管机关应该为消费者提供反馈渠道，便于消费者及时维护其利益。

如果管理未落到实处，国家管理人与公共交通侵权之间存在因果。行政管理失职导致大规模侵权发生，国家管理人难辞其咎。无人驾驶汽车的牌照制度能够保障无人驾驶汽车管理规范，无人驾驶汽车正式上路前必须进行上路测试。由于无人驾驶汽车的安全性还没有得到保证，上路测试对于提升汽车安全性是必不可少的，但是测试也需要在监管机构的批准下进行。国家管理人对于监管机构起着重要的领导作用，不仅应着力于监管体系的建立与完善，还应让不同的监管主体发挥应有的监管作用。国家管理人是公共交通上市之前的检测人，也是最后一道防线，因此各项职责必须落到实处。在没有得到无人驾驶汽车管理机构颁发的无人驾驶汽车上路测试牌照时，不得上路进行测试。这意味着上路测试需要达到一定的标准才能得到上路测试牌照，而且不仅是上路测试，汽车的上市也必须达到标准才能获得批准。未经上路测试批准和上市批准的车辆，一旦发生交通事故，除了造成事故的侵权人应该承担责任外，国家管理人也会因失职等承担责任。

（四）损害赔偿的认定

无人驾驶汽车作为公共交通工具时，应参照侵权法上可能的侵权规则，构建一种适合无人驾驶汽车新发展的侵权类型。对于受害人的救济，首先应当秉持公平受偿的理念。不论受害人受何种程度的侵权，应当确保受害人获得公平的赔偿，然而救济的公平性问题在实践中难以凭借传统侵权救济解决。如果这类大规模侵权案件无法得到妥善处理，很有可能成为破坏社会和谐、引发社会动荡的导火索。

---

〔1〕 李磊：《论中国自动驾驶汽车监管制度的建立》，载《北京理工大学学报（社会科学报）》2018年第2期。

公共交通侵权损害赔偿认定需要明确赔偿范围、赔偿标准、赔偿额度等问题。首先,关于赔偿范围和赔偿标准,可以按照当前机动车交通侵权致人损害规定进行认定。对于无人驾驶汽车公共交通侵权所造成的损害赔偿范围和标准的界定,无须过多讨论。即使科技进步,车辆交通事故侵权所造成的侵权损害结果依然是造成财产损失、人身伤亡和精神损害,损害赔偿范围包括财产损害赔偿、人身损害赔偿、精神损害赔偿。[1] 公共交通侵权与当前机动车交通事故侵权具有同质性,暂未出现其他类型损害后果的可能,依照现有立法和司法解释足以应对。其次,公共交通侵权损害赔偿限额是需要重点讨论的问题。公共交通侵权所造成的损害后果,不同于当前机动车交通事故损害后果,存在"量"的飞跃,损害程度更深,损害后果更广。如东京福岛核事故的核损害赔偿在 2016 年赔偿总金额就高达 7.4 万亿日元,其中,东电以国有化为代价换取政府支持,而政府累计为该次核事故提供了 9 万日元的国债。[2] 从公平角度考虑,经营者作为赔偿主力军,对单个受害人依照法律进行赔付,但对整体范围应当承担无限额责任。但是这个无限责任并非完全倾尽所有,而是在保证核工厂不倒闭、正常运行前提下的"无限责任"。[3] 此外,从社会稳定和国家公共职能考虑,国家承担补充责任应该践行"填平救济原则"。虽然日本政府是以纳税收入、国债的形式对东京福岛事故进行赔偿,但其并未因赔偿额度过高而停止对受害人的赔偿。在政府代替赔偿后,东电公司作为经营者,需要在今后长期经营中根据经营状况确定偿还比例。[4] 因此,借鉴日本核事故国家契约补偿

---

〔1〕《民法典》第 1179 条规定:"侵害他人造成人身损害的,应当赔偿医疗费、护理费、交通费、营养费、住院伙食补助费等为治疗和康复支出的合理费用,以及因误工减少的收入。造成残疾的,还应当赔偿辅助器具费和残疾赔偿金;造成死亡的,还应当赔偿丧葬费和死亡赔偿金。"《民法典》第 1183 条规定:"侵害自然人人身权益造成严重精神损害的,被侵权人有权请求精神损害赔偿。因故意或者重大过失侵害自然人具有人身意义的特定物造成严重精神损害的,被侵权人有权请求精神损害赔偿。"《民法典》第 1184 条规定:"侵害他人财产的,财产损失按照损失发生时的市场价格或者其他合理方式计算。"

〔2〕杨尊毅:《日本福岛核事故对建立我国核损害赔偿体系的启示》,载《中国核工业》2017 年第 8 期。

〔3〕沙银华、崔哲男:《日本核泄漏的损害如何赔偿?》,载《中国保险报》2011 年 5 月 9 日。

〔4〕杨尊毅:《日本福岛核事故对建立我国核损害赔偿体系的启示》,载《中国核工业》2017 年第 8 期。

立法经验，有利于建立公共交通大规模侵权国家管理人责任制度。

四、建立多层次综合救济损害赔偿体系

无人驾驶汽车用途多样，侵权也涉及方方面面，需要建立多层次综合救济损害体系。随着机器人的人工智能水平上升，就越来越难以将其视为法律客体，亟须更新法律以适应现实需求。[1] 因为仅按照产品责任让生产者或者设计者承担侵权责任，不仅会加大二者的负担，还会使他们不愿投足资金进行技术更新和研发。国家和购买者也会因为人工智能的自主性而获益，当然也应该分担其带来的风险。无人驾驶汽车大规模侵权损害救济往往较普通的损害更加复杂、困难，且该风险过大，任何主体单独承担都不利于无人驾驶汽车产业的发展，故应建立多层次的综合救济体系，建立链式分配责任体系，通过基金责任、保险责任和社会保障来多方面分担风险，形成完整的侵权责任分配链条。[2]

（一）建立安装“黑匣子”强制制度

各国将“黑匣子”作为强制性安装设备。在美国，无人驾驶汽车行驶时必须装有监控，且在事故前30秒的数据必须保存3年以上。[3] 德国的《道路交通法》明确规定要有“黑匣子”，便于记录人类驾驶员接管汽车的情形，相关机构有权获得该数据。[4] 英国的《无人驾驶汽车发展道路：道路测试指南》则规定了在道路测试时，必须安装行车记录仪，收集储存车辆的精细数据及运行信息，并且在道路交通后把全程的数据交由政府。日本的《自动驾驶汽车道路测试指南》同样要求安装行车记录仪记录汽车测试时的运行状态和运行数据等。在中国，上海、北京等地区同样对无人驾驶汽车测试进行规定，不仅要求安装行

---

〔1〕 司晓：《论人工智能的民事责任：以自动驾驶汽车和人工智能为切入点》，载《法律科学》2017年第5期。

〔2〕 袁曾：《无人驾驶汽车侵权责任的链式分配机制——以算法应用为切入点》，载《东方法学》2019年第5期。

〔3〕 Julie Goodrich, *Driving Miss Daisy; An Autonomous Chauffeur System*, Hous. L. Rev., Vol. 51: 265, p. 289(2013).

〔4〕 Thomas Escritt, *Germany Adopts Self-Driving Vehicles Law*, Reuters, May 12, 2017.

车记录仪，而且要求及时将记录的数据交给相关部门。这些数据可以弥补人工智能算法系统自带的缺陷，帮助回溯事故时的现场状况，对于判断事故发生的原因、确定产品责任的责任主体起到关键作用。《北京市关于加快推进自动驾驶车辆道路测试有关工作的指导意见（试行）》和《北京市自动驾驶车辆道路测试管理实施细则（试行）》也明确规定，记录仪应记录事故发生前60秒至停下后的数据。[1]

无人驾驶汽车侵权损害的过错追溯依赖"黑匣子"。无人驾驶汽车归责的重点和难点都在于人工智能系统算法的复杂性，非专业人员对算法的运行不可知，因此行车记录仪对于驾驶过程的记录有利于确定产品责任的划分。[2] "黑匣子"首先可以记录汽车行驶的具体情况，如道路环境和运行时汽车的各项数据，这些数据有利于执法人员判定事故的原因和划分责任；其次能明确无人驾驶汽车的驾驶模式，由于自动驾驶和人工驾驶在适用责任的具体规则上大相径庭，对于适用何种法律规则至关重要；最后因为在特殊情况下，人类驾驶员可以接管汽车，那么对于人类驾驶员接管责任的认定而言，"黑匣子"可以记录人类驾驶员介入汽车运行的具体情况，从而认定人类驾驶员的接管责任。[3] 具体而言，根据"黑匣子"明确无人驾驶汽车的驾驶模式，人工驾驶模式下的责任可以与现有法律对接，责任可以落在驾驶员身上。但是在自动驾驶模式下，则要判断是否按侵权责任中的产品责任追究系统研发运营商的责任，如若产品无缺陷则考虑适用"电子法人"责任。

（二）建立数据安全责任

信息时代，信息数据安全是第一要务。通过互联网对软件进行改写，很容易将攻击对象变为"恶意设备"，因此网络安全是必须面对的问题。由于车辆搭载的系统通过通信系统与云数据相连，对于功能安全来说，确保错误数据不流入ECU（控制器系统）是不可或缺的，但功能安全即使得到全面有效的执行，

---

〔1〕 冯珏：《自动驾驶汽车致损的民事侵权责任》，载《中国法学》2018年第6期。

〔2〕 崔俊杰：《论自动驾驶事故责任救济中的政府机制》，载《江苏大学学报（社会科学版）》2020年第5期。

〔3〕 郑志峰：《自动驾驶汽车的交通事故侵权责任》，载《法学》2018年第4期。

当系统被黑客入侵，导致数据在错误的时间发出，甚至行驶系统网络中流入完全错误的数据时，功能安全就束手无策了。在个人计算机及智能手机的 CPU（控制器区域网络）上搭载了操作系统、中间件，其软件开发工具也易于获得。通过在个人计算机上编写恶意软件，并将其投放到位于目标终端的操作系统，即可实现入侵。无人出租车的无人驾驶系统在行驶开始时，需要运营方对车辆的使用进行管理。为了防止乘客在车内实施不合法的行为，有必要通过摄像头对车内情况进行实时监控。极端来说，存在乘客一切行为被计算机完全监控的可能性。

1. 让个人了解数据使用情况

“用户知情”是网络社会各大平台、App 所必需遵守的原则。为了通过隐私管理维护乘客权利，需要车辆制造商及服务提供商在管理使用乘客信息时，删除乘客合理使用车辆时的不必要信息，以防将信息透露给第三方。在征得乘客同意后将信息用于特定目的，并在特定目的达到后通过将数据销毁等方式，构建乘客隐私保护系统，维护乘客的信息安全。[1] 此外，CAN（控制器区域网络）网络异常脆弱，容易受到攻击。为了对 CAN 网络进行保护，有人提出以下建议：不能对信息进行广播，而需要进行单独传播，或者至少通过编组化后决定发送地址；对每条信息指定特定的发送方和接受方，并对其进行认证，确保仅有当事方才能理解信息。如此一来，将加大 CAN 的负荷，导致数据处理实时性下降。对此，暂且维持 CAN 的现状，仅加强其对外部数据进出的控制成了研究方向。[2] 最好的办法是制度与技术的突破，如建立统一的数据保护平台，让个人可以了解自己的数据被政府、公司使用的状况，避免单向过度使用。[3]

2. 加大个人隐私责任约束

加大个人隐私泄露的惩罚力度是时代趋势。我国现行法律针对隐私权有

---

〔1〕［日］野边继男：《深入理解 ICT 与自动驾驶》（全彩图解版），陈慧、张诚、陈恭羽译，机械工业出版社 2018 年版，第 39 页。

〔2〕［日］野边继男：《深入理解 ICT 与自动驾驶》（全彩图解版），陈慧、张诚、陈恭羽译，机械工业出版社 2018 年版，第 103～107 页。

〔3〕李彦宏等：《智能革命——迎接人工智能时代的社会、经济与文化变革》，中信出版集团 2017 年版，第 312 页。

明确规定和保护措施，但现行法律无法涵盖个人的所有行程轨迹，如乘车时间、乘车地点以及目的地等。另外，对车辆行驶记录数据的丢失、盗取等行为的规范也存在缺漏。个人的相关信息若被监视、窃听或干涉，个人将无法决定信息的使用，丧失主体地位。〔1〕当下，用户数据日益聚集在大型互联网或数据处理的企业手中，对其进行保护个人隐私的责任约束就显得非常重要。公司构建系统时需要考虑黑客入侵的情况，企业不仅应加大力度开发技术，而且应在信息受到攻击时能够通知个人，并自动采取行动阻止攻击者。公司必须设计弹性的分布式系统，如区块链技术，有助于防止篡改和泄露信息。出售网络保险的公司正在提高保险费，申请人为了获得开展业务通常所必需的保险，必须进行安全审计。提高个人隐私的价格，让违约成为企业更为严重的财务风险，以此迫使它们慎重考虑如何保护数据。随着勒索、身份盗窃、黑客攻击等问题在短期内变得越来越严重，公众对隐私价值的意识越来越强，隐私保护措施会越来越容易获得通过。〔2〕

3. 确立数据匿名化处理

从各国关于个人信息和数据的保护立法来看，通过立法确立“匿名化处理”等技术手段，以便更好地保护个人信息和数据，已经成为一种重要的趋势。比如，欧盟《通用数据保护条例》强调匿名化的数据无须受限于有关个人的法律规定，相关机关有权使用和处理该数据。我国《网络安全法》第42条〔3〕实际上与欧盟对匿名化数据的使用方式类似，但我国仍需细化对于匿名化数据的规定，引入隐私风险评估机制，建立数据匿名化的事前、事中和事后的规范体系。〔4〕当无人驾驶汽车更为广泛地应用于人们的生活时，应建立一套与无人驾驶相关的法律保护和监督体系，并加强行政司法部门对车辆的监管及对数据

---

〔1〕王泽鉴：《人格权法》，北京大学出版社2013年版，第179页。

〔2〕[美]维韦克·瓦德瓦、亚历克斯·萨尔克弗：《未来之路》，王晋译，中信出版集团2018年版，第141～143页。

〔3〕《网络安全法》第42条第1款规定：“网络运营者不得泄露、篡改、毁损其收集的个人信息；未经被收集者同意，不得向他人提供个人信息。但是，经过处理无法识别特定个人且不能复原的除外。”

〔4〕腾讯研究院等：《人工智能：国家人工智能战略行动抓手》，中国人民大学出版社2017年版，第238～239页。

的保护。无人驾驶系统的服务器也应对数据采取安全加密保护等措施,保障每个用户的隐私安全。[1]

4. 完善用户授权规则

在智能无人驾驶系统的开发中,我国应当完善用户授权规则。我国可以借鉴域外知识产权法律中的著作权强制许可规则。信息数据开发者为了技术垄断,拒绝许可他人使用开发数据,此时知识产权等政府部门可以介入,强制许可第三方使用开发数据。政府部门强制许可使用开发数据是因为数据垄断将严重影响技术的进一步开发,当然,即使是强制许可,第三方也应该支付正常的价格购买。此外,强制许可的内容只限于开发数据,而不涵盖用户的个人信息,个人信息的使用必须在用户的授权后且只能在授权范围内使用。即使用户同意开发者收集信息,其随时可以撤销授权保护自己的个人信息。[2]

个人信息授权规则需得到立法上的肯定,明确用户对其个人信息的撤销权、开发者无过错追责原则及数据侵权损害赔偿标准。第一,用户进行个人信息授权应由法律进行详细规定。授权过程中开发者不仅应该向用户说明信息使用方式,还应该提醒用户存在的不同风险。开发者只有履行披露义务后,才能收集用户的个人信息,否则即使用户同意开发者收集信息,授权行为亦未生效。第二,用户授权后仍可以撤销授权行为。个人信息是个人用户的所有物,其使用方式由用户选择,因此用户的授权行为不能排斥其撤销权,这有利于保护个人在数据中的劣势地位,开发者不能以先前的授权行为进行抗辩。第三,如果发生侵权案件,则对开发者适用无过错归责原则。不论是否直接侵权,只要开发者不能证明未擅自超出授权范围使用个人信息,那么开发者就应当向用户进行赔偿或者承担连带赔偿责任。第四,针对受害人的赔偿金额应该明确。如果开发者取得了用户授权,但是超过授权范围擅自使用,则同时构成违约责任与侵权责任,用户可以根据不同的情形选用不同的责任规则要求赔偿。如果开发者擅自收集信息,未取得授权,则应该借鉴《消费者权益保护法》的惩罚性

---

〔1〕 孙艺萌:《自动驾驶汽车技术发展与法律规制》,载《法律文化》2019 年第 9 期。

〔2〕 王利明:《数据共享与个人信息保护》,载《现代法学》2019 年第 1 期。

赔偿规则。授权后侵权与未授权侵权的情形都应该通过法律进行规定,这不仅可以确保信息安全,限定个人信息的使用范围,还有助于促进数据在授权范围内的使用和分享。[1]

(三)建立责任保险制度

保险制度是最常见、最重要的风险分散制度,也是各国解决无人驾驶汽车交通侵权赔偿的首要选择。欧洲议会于2017年2月16日通过的《机器人民事法律规则》,明确将强制性保险计划纳入解决机器人导致的民事责任的范畴,并考虑在强制保险无法覆盖的情形下,通过专有的基金项目进行补充。具体而言,强制保险计划主要为机器人所有可能造成的损害投保,并设立赔偿基金来解决保险无法涵盖的损害,亦呼吁保险业积极开发符合技术进步的新产品。[2] 英国于2017年2月颁布世界上第一部无人驾驶汽车保险法案,该法案将传统强制性保险的保险对象进行扩大,涵盖了无人驾驶汽车,因此一旦事故发生,可以根据保险快速对受害人进行赔偿。[3] 2011年,美国内华达州通过“511法案”,该法案设立了保险金制度。保险金制度是对现行保险制度的延续,投保主体为无人驾驶汽车上路测试者,对投保金额和数量进行了严格的规定,旨在赔偿受侵害方的损失。[4] 从我国《道路交通安全法》第76条明确强制保险的第一顺位赔偿责任也可以看出我国对车辆保险制度的重视程度。保险责任制度是我国将来无人驾驶汽车相关立法必不可少的内容。

针对无人驾驶汽车侵权问题,通过保险制度来分散各方主体风险是有必要的。一旦风险变成了损害现实,则由保险机构来赔付。[5] 由于无人驾驶汽车已经被纳入强制性保险范围内,因此在没有确定侵权主体的时候便可以根据保险规定对受害人进行赔偿。对于强制保险责任赔偿不足的部分,无人驾驶汽车的生产者、设计者应当投保商业责任险。如果事故最终判定是由存在缺陷的人

---

〔1〕 胡元聪、曲君宇:《智能无人系统开发与运用的法律规制》,载《科技与法律》2020年第4期。

〔2〕 张建文、贾章范:《无人驾驶汽车致人损害的责任分析与规则应对》,载《重庆邮电大学学报(社会科学版)》2018年第4期。

〔3〕 江溯:《自动驾驶汽车对法律的挑战》,载《中国法律评论》2018年第2期。

〔4〕 陈晓林:《无人驾驶汽车对现行法律的挑战及应对》,载《理论学刊》2016年第1期。

〔5〕 [德]马克西米利安·福克斯:《侵权行为法》,齐晓琨译,法律出版社2006年版,第320页。

工智能设备造成的,生产厂商可以从设备生产商那里获得赔偿,为了应对这一风险,法律应当规定生产商购买产品责任保险。[1] 具体来说,首先除了汽车所有人之外,需要更多的主体参与强制保险,如生产商和销售商,主体范围的扩大不仅可以降低单一主体的保险负担,还可以促进生产商提高责任意识,尽可能地提升技术,规避事故发生。此外,采用受害人分项限额制度能够保障不同事故中的受害人获得公平的救济。[2]

保险公司可以为个体消费者、生产制造者提供专业保险服务。在未来,通过行车记录仪和"黑匣子"等可以对行驶中的驾驶员操作、算法系统的运行等实时记录,因此无人驾驶汽车的保险模式极有可能脱离传统模式,可能是基于微观风险,具体到每小时或每千米的收费。[3] 此外,一旦发生事故,都需要利用各种技术还原事故发生前的情形,分析事故的具体原因。保险公司可以发展这个方向的业务,便于确定保险赔偿金额,提升保险赔偿速度。[4] 因此,之前一年一次支付保险费用的方式会发生改变,保险公司可以提供小时或者千米保险服务,并且可以改变商业险在无人驾驶汽车领域的运用方式,而不局限于交强险。此外,还可将保费纳入车票的范围内或以特定投保的方式要求乘坐无人驾驶公共汽车的消费者购买交强险,同时鼓励其购买商业险。[5] 其次,对于制造商,可以为其提供产品故障风险保障。强制性保险既有保险的商业性,也兼具保险的社会性,因此可以减轻侵权人的赔偿责任,同时可以及时救济受害人。社会保障与强制性保险的区别在于其商业性的部分,因此社会保障是向受害人提供面向社会群体的统一普遍性的无区别对待的保障。[6] 社会保障的特点在于公平性和福利性,对于特殊情形的损害补偿都具有上述特点。在大规模侵权

---

〔1〕 杨立新:《人工类人格:智能机器人的民法地位——兼论智能机器人致人损害的民事责任》,载《求是学刊》2018 年第 4 期。

〔2〕 张龙:《自动驾驶背景下"交强险"制度的应世变革》,载《河北法学》2018 年第 10 期。

〔3〕 郑志峰:《自动驾驶汽车的交通事故侵权责任》,载《法学》2018 年第 4 期。

〔4〕 朱倩倩:《无人驾驶时代车险业发展分析》,载《汽车工业研究》2018 年第 1 期。

〔5〕 冯珏:《自动驾驶汽车致损的民事侵权责任》,载《中国法学》2018 年第 6 期。

〔6〕 张俊岩:《风险社会与侵权损害救济途径多元化》,载《法学家》2011 年第 2 期。

案件中,受害人通过社会保障获得及时赔偿也是一种合理的救济方式。[1]

此外,还可结合加藤雅信教授"综合性的人身损害救济系统"概念,建立新式的综合救济系统。[2] 该系统不仅具有社会保险的特征,还能与损害赔偿制度相对接。这个综合赔偿体系由侵权责任、责任保险、社会保险、商业保险以及公益救助基金等多种救济渠道组成。[3] 综合赔偿体系主要分为两大类:一类是公共性的损害赔偿体系,包括社会保险和公益基金等救济机制;另一类是私人性损害赔偿体系,包括第一方保险与侵权责任(含责任保险)。在这一系统内,基金可以赔偿受害人的损害和治疗费用。[4] 此外,基金赔偿不需要司法机关的介入,而是独立地对受害人进行救济,人民法院等司法机关在整个赔付过程中仅具有监督的作用,而不能主导基金赔付的具体情形。这不仅能节省社会资源,还能缩短赔偿鉴定的过程,及时地救济当事人。

(四)建立大规模侵权损害赔偿基金

无人驾驶汽车如果涉及大规模侵权,那么大规模损害赔偿基金是承担损害赔偿责任的最重要方式。无人驾驶汽车发生的侵权不同于传统的侵权,大规模侵权损害救济相较于普通的侵权损害更加复杂、困难,由于企业的赔偿能力有限,确定具体损害赔偿数额也比较复杂,通常以设立赔偿基金的方式解决侵权当事人之间的损害赔偿问题。[5] 大规模侵权损害赔偿基金不仅涉及对受害人的财产损失赔偿,也涵盖人身损失赔偿,是目前国际上盛行的并被实践证明行之有效的应对大规模侵权事件的技术性方案。[6] 我国《民法典》第 1216 条规定了道路交通社会救助金。《证券法》也有类似的规定,如国家设立证券投资者保护基金,由证券公司缴纳的资金以及其他方法筹集的资金组成,其筹集、管

---

〔1〕 张新宝、岳业鹏:《大规模侵权损害赔偿基金:基本原理与制度建设》,载《法律科学》2012 年第 1 期。

〔2〕 渠涛:《从损害赔偿走向社会保障性救济——加藤雅信教授对侵权行为法的设想》,载梁慧星主编:《民商法论丛》(第二卷),法律出版社 1994 年版,第 315 页。

〔3〕 杨帆:《风险社会视域中侵权损害赔偿与责任保险的互动机制》,中国社会科学出版社 2016 年版,第 11 页。

〔4〕 邢宏:《论大规模侵权损害赔偿基金》,华中科技大学 2013 年博士学位论文,第 46 页。

〔5〕 朱岩:《大规模侵权的实体法问题初探》,载《法律适用》2006 年第 10 期。

〔6〕 张新宝、葛维宝:《大规模侵权法律对策研究》,法律出版社 2011 年版,第 65 页。

理和使用的具体办法由国务院规定。证券公司从每年的税后利润中提取交易风险准备金,用于弥补证券交易的损失,其提取的具体比例由国务院证券监督管理机构规定。《海洋环境保护法》第66条规定了船舶油污保险、油污损害赔偿金,如国家完善并实施船舶油污损害民事赔偿责任制度,按照船舶油污损害赔偿责任由船东和货主共同承担的原则,建立船舶油污保险、油污损害赔偿金制度。美国也在"9·11"事件后,由总统签署了《航空运输安全与系统稳定法》,为该事件中的受害人提供了充分的救济,大部分的受害人放弃诉讼的救济方式,转而向基金提出申请。[1]

无人驾驶汽车的侵权损害赔偿基金,可以由无人驾驶汽车的利益相关者进行筹集。联合国教科文组织与世界科学知识与技术伦理委员会联合发布的《关于机器人伦理的初步草案报告》提出,"让所有参与到机器人的发明、授权和分配过程中的人来分担责任",[2]应当设立人工智能物的侵权责任赔偿基金,建立以企业出资为主、以多渠道筹措为辅的赔偿基金制度。[3] 大规模侵权损害赔偿基金的来源应该分为三个部分,首先由侵权企业和国家承担,不足的部分资金以社会捐助的形式进行筹集。同样,在无人驾驶汽车发生的大规模侵权诉讼中,其大规模侵权损害基金的来源也可以分为三个方面:制造商、购买者、国家。无人驾驶汽车涉及的利益主体复杂,因此应建立相关制度允许各方主体投入资金并由专门的基金负责运行。三者作为无人驾驶汽车的利益相关者,根据法经济学的报偿理论,理应根据其利益相关度的对应比例缴纳大规模侵权基金,对无人驾驶汽车发生侵权承担相应的损害赔偿责任。

使用赔偿基金进行赔付涉及赔偿基金管理人、救助款及管理成本。首先,赔偿基金管理人并不能随意决定。虽然管理人是由当地一定级别的人民政府决定的(一般来说是县级以上人民政府,含县级),但由于涉及侵权赔偿的具体

---

〔1〕 Robert M. Ackerman, *The September 11th Victim Compensation Found: An Effective Administrative Reponse to National Tradgedy*, Harvard Negotiation Law Review, Vol. 10, p. 135–137(2005).

〔2〕 党家玉:《人工智能的伦理与法律风险问题研究》,载《信息安全研究》2017年第12期。

〔3〕 金彦宇、张丙华:《人工智能物的民事侵权责任探析》,载《广西政法管理干部学院学报》2018年第6期。

问题，人民政府应当考虑人民法院、受害人及侵权人的意见。其次，救助款来自管理基金。救助款是为了及时救助受害人，对其人身损害及财产损害进行赔偿。救助款的具体金额应该综合考虑事故的严重程度、受害人的损害情况及基金的筹集状况。再次，应该明确基金的管理成本。管理成本不仅涉及管理人的工资，还包含筹集和发放资金的费用。针对管理人的工资，应由指定的人民政府进行发放；其他的费用则从基金自有资金中支付。最后，赔偿基金管理人应及时履行管理义务。由于管理人的工资由人民政府发放，因此管理人应该根据每次的侵权案件形成一份完整的财务报告，在发放救助款的一个月内向政府提供，并由专门的审计机构进行审计。当地政府对于管理人具有一定的监管责任，监督管理人及时履行义务。此外，赔偿基金管理人应及时履行管理义务。

制定有效的损害评估方法有利于形成大规模侵权损害的赔偿标准。在我国大规模侵权损害赔偿基金的制度构建中，对于可赔偿的损害范围、受害人是否具有可获得基金赔偿的资格以及因果关系认定，必须确立一个有效评估不同损害的方法。要进行损害评估的前提是建立评估机制，该机制首先要尽可能地囊括之前发生的大规模侵权案件的赔偿数据，根据不同的赔偿数据可以综合分析赔偿的情形和考虑的因素。

五、小结

对存在产品缺陷的无人驾驶汽车，无论是在何种驾驶模式下发生的侵权行为，完全可以依据现有法律规则进行侵权损害的赔偿救济。仅需要将存在的缺陷区分为设计缺陷还是制造缺陷，抑或销售者的仓储不当等，以此决定责任主体是研发设计者、生产者或销售者。如若并非销售者原因导致产品存在缺陷，那么销售者不是最终的责任主体，其可在承担无过错责任后，向生产（设计）有缺陷产品的生产商（设计者）追偿，让其承担责任。

在我国大规模侵权损害赔偿基金的制度构建中，必须确立一个有效评估不同损害的方法，明确有关赔偿基金日常运行与管理的监督机制。比如，应当明确可以获得赔偿的损害范围、受害人是否具有可获得基金赔偿的资格以及如何认定因果关系。在特殊的场合下，如极端天气、道路环境恶劣，人类驾驶员有必要接管汽车。为了查明事故的发生原因,需要“黑匣子”的数据判断人类驾驶员接管是否妥当,从而确定具体的法律主体,明确侵权责任。对于无人驾驶公共汽车,我们应当严格限制产品制造商的责任,对于愿意涉足公共交通领域的无人驾驶汽车制造商,可以按照其投入范围和投入比重,将全年公共交通收入的一部分作为奖励金补偿给生产商。

将无人驾驶汽车纳入责任保险的范围可以确保及时合理地救济受害人,强制性保险在未确定侵权主体时也可在保险范围对受害人进行赔偿。除强制性保险外,生产商还应加大购买商业保险的力度。如果最终确定交通事故是由产品缺陷引起的,商业保险可以覆盖生产商赔偿的范围。具体可采用受害人分项限额制度。

通过隐私管理,可以维护乘客的权利。车辆制造商及服务提供商在管理使用乘客信息时,应及时删除乘客合理使用车辆时的不必要信息,以防将信息透露给第三方。在征得乘客同意后将信息用于特定目的,并在特定目的达到后通过将数据销毁等方式,构建乘客隐私保护系统,维护乘客的信息安全。不仅如此,还应该在监管制度上进行改革和完善。网络监管目前仍然以强制性的手段为主,由于程序简单没有细化,需要加入非强制性的手段,如约谈、检查和听证,有利于形成更加完善的监管制度。

总之,无人驾驶汽车侵权损害赔偿制度的构建,应在侵权法的视野之下突破旧有的思维,采取风险社会化的方式,考虑最终将侵权责任置于由《民法典》侵权责任编、责任保险和社会保障所共同组成的综合性体系中,最大限度保障受害人权利。

第八章　无人驾驶汽车侵权责任的立法建议

随着无人驾驶汽车技术的迅猛发展，应加快制定和完善无人驾驶汽车相关法律法规，抢占产业发展制高点。我国现有法律在处理无人驾驶汽车侵权法律问题时存在部分法律空白和法律漏洞，如责任主体、归责原则、损害赔偿与损失分担、保险类型、数据安全与责任等，无法适应现阶段及将来无人驾驶汽车的发展状况。国外大部分发达国家鼓励无人驾驶汽车发展并提供法律或政策支持，为此应积极探索并推进我国无人驾驶汽车相关法律法规的制定和修订。

一、域外无人驾驶汽车立法特点及评述

无人驾驶汽车作为前沿科技，与汽车制造业、交通行业等融合发展，其地位已被各国上升到国家战略高度。俄罗斯于2017年完成的《格里申法案》，是俄罗斯第一部机器人法草案，赋予机器人法律地位，具有重要的实践意义。美国于2020年1月发布了《自动驾驶4.0》，同年3月公布了《智能交通系统战略规划2020—2025》，2021年1月发布了《自动驾驶汽车综合计划》，这些法规确保了美国在无人驾驶汽车技术领域的领先地位。日本于2020年5月公布《实现自动驾驶的相关报告和方案4.0》，提出在2025年将无人驾驶汽车服务范围扩大到全国40个区域范围。欧盟在《通往自动化之路：欧洲未来出行战略》中明确了无人驾驶汽车发展的时间进度表，计划2030年步入以完全自动驾驶为标准的社会。上述域外国家关于无人驾驶汽车立法各有其特点，并符合当下无人驾驶汽车发展趋势和现实要求，值得我们学习借鉴。

(一)俄罗斯无人驾驶汽车立法

俄罗斯民法学者于2017年完成《格里申法案》,[1]是俄罗斯首部规定机器人法律地位的草案,也是世界上最早规定机器人法律地位的草案。无人驾驶汽车作为人工智能技术发展的产物,也属于机器人的范畴,故适用该法案的调整和规范。该法案的出现标志着无人驾驶汽车立法的进步,这是从机器人法则到机器人法律的重大发展。该草案引发了对机器人领域系统立法调整的广泛讨论,如机器人所参与的法律关系应该如何进行规范,这将有助于为无人驾驶汽车等人工智能深入生活提供法律和制度准备。[2]

在《格里申法案》中,调整对象和主体的确定、法律关系参与者的识别都被放在了重要位置上。《格里申法案》的基本立法结构为:(1)关于机器人法律关系调整的基本原则;(2)俄罗斯机器人领域立法的构成,并规定了预先保留制度;(3)对机器人进行基本的分类,并根据机器人的分类明确其适用的领域;(4)根据不同类型的机器人规定不同的使用原则;(5)关于机器人主体的权利义务;[3](6)机器人财产的占有、使用、收益、处分权利的行使;(7)不同类型机器人危险责任的认定标准,将某类机器人归于高度危险责任标准;(8)机器人物理部件和信息系统的有关原则,基于安全考虑对"机器人—代理人"的模型进行登记。[4]

《格里申法案》更加关注现阶段机器人发展的法律调整,也考虑未来机器人的进一步发展。法案强调,机器人法律调整的重点不是机器人,而是责任主体,即人类。未来随着科学技术的发展,无人驾驶汽车的自主学习能力会显著增强,现阶段法律的滞后性就会显现出来,但是该法案为无人驾驶汽车的发展

[1] 由于该法案是由俄罗斯互联网技术领域的专家,Mail. ru集团的董事会主席格里申及其基金会"格里申机器人"委托大成(Dentons)国际律师事务所起草的,故称《格里申法案》。

[2] В. В. Архипов, В. Б. Наумов. Искусственный нителлекти автономные устройства в контексте права: оразра ботке первого в России закона о робототехнике. Труды СПИИРАН. 2017. Вып. 6(55). С. 50.

[3] 包括生产者、销售者、占有人、提供服务的组织或专家等法律关系主体的一般权利与义务。

[4] В. В. Архипов, В. Б. Наумов. Искусственный нителлекти автономные устройства в контексте права: оразра ботке первого в России закона о робототехнике. Труды СПИИРАН. 2017. Вып. 6(55). С. 51 –52.

预留了一定空间,以适应无人驾驶汽车等人工智能权利能力条件和范围的变化。该法案的主要贡献是对机器人法适用范围的界定。[1]

《格里申法案》创新性地提出了"机器人—代理人"的内容,无人驾驶汽车等人工智能机器人可作为法律上的代理人,对外可以所有者或占用者的名义进行活动。该法案赋予无人驾驶汽车等人工智能机器人民法主体地位和民事权利能力,这是非常具有前瞻性的。因为当无人驾驶汽车等人工智能发展到更高智能阶段时,该法案将能够解决无人驾驶汽车等人工智能的法律定位和损害责任分配问题。

在古罗马社会,家长具有最完整的权利,家庭中的其他成员则类似于家长这一主体的扩展和延伸,其他成员并没有权利独立作出法律行为和独自承担法律责任,需要由其家长进行承担。而该法案关于无人驾驶汽车等人工智能的"机器人—代理人"规定类似于罗马社会的家长责任,解决无人驾驶汽车等人工智能在 L2 – L3 级的法律后果归属问题,即在非完全自主阶段时损害责任如何分配问题。在无人驾驶汽车等人工智能未达到完全自主阶段之前,"机器人—代理人"能够解决无人驾驶汽车等人工智能的民事主体地位与其责任承担能力不相符的问题,确认了无人驾驶汽车等人工智能的代理人具有与法人相似的工具价值。

当无人驾驶汽车等人工智能达到 L4 – L5 级,即完成自主阶段时,无人驾驶汽车等人工智能的代理人拥有独立的财产,并能够独自承担赔偿责任。代理人在支付的过程中,无人驾驶汽车等人工智能需要对其享有的财产具备完全民事主体地位,这就类似于国家将国有企业的财产授予国有企业来进行经营管理。[2]

---

〔1〕 张建文:《格里申法案的贡献与局限——俄罗斯首部机器人法草案述评》,载《华东政法大学学报》2018 年第 2 期。

〔2〕 郑戈教授认为,机器人不可能有独立的收入。参见郑戈:《人工智能与法律的未来》,载《探索与争鸣》2017 年第 10 期。笔者认为,在高度自主的机器人出现的情况下,其所有权人或者占有人有可能授予机器人经营管理财产,以及在机器人的劳动者身份和权利被承认的情况下,很难说机器人不会取得独立的收入,形成责任财产。

(二)美国无人驾驶汽车立法

加利福尼亚州是第一个在无人驾驶汽车领域开展探索性工作的州。2018年2月26日,加利福尼亚州颁布法律允许无人驾驶汽车独自上路进行全自动测试,并且是在人类驾驶员不在车上的情况下,相当于完全信任当前无人驾驶汽车的技术水平。在此之后,无人驾驶车辆制造商能够申请法定的许可证,包括无人驾驶汽车独立上路测试许可证、无人驾驶汽车智能操作系统等级证等,在法律上充分保障了无人驾驶汽车的发展。优步、谷歌等公司就是该政策的受益者,并在无人驾驶汽车领域获得了快速发展,这证明了美国无人驾驶汽车许可制度立法的进步。[1]

美国交通运输部近年来陆续公布了多个无人驾驶汽车的法律文件,在无人驾驶汽车立法方面的发展较快。2015年美国发布《智能交通系统战略规划(2015—2019)》,2016年发布《联邦自动驾驶汽车政策指南》(AV1.0),2017年9月发布《自动驾驶系统2.0:安全愿景》(ADS2.0),2018年10月发布《为交通运输的未来做准备:自动驾驶车辆3.0》(AV3.0),这一系列关于无人驾驶的法律文件均被视为美国无人驾驶领域的重要指导文件,也是美国政府针对无人驾驶的战略升级。在AV1.0到AV4.0不断迭代升级的过程中,美国对无人驾驶态度逐步由保守转为开放,政府部门监管力量逐步弱化,更多依靠市场力量推动发展。

在发展规划方面,美国颁布《联邦自动驾驶汽车政策指南》《自动驾驶汽车立法大纲》《智能交通系统战略规划2020—2025》等文件为无人驾驶的发展规划指明方向,强调对道路通行安全的重视。2020年1月,美国交通部发布了新的无人驾驶汽车政策《自动驾驶4.0》,确保美国在无人驾驶汽车技术领域的领先地位。另外,2021年1月美国交通部发布《自动驾驶汽车综合计划》,该计划定义了实现无人驾驶系统愿景的三个目标,包括促进协作和透明度,现代化监管环境(主要是消除创新汽车设计、功能和操作等方面的不必要的监管障碍,

---

〔1〕[美]安德鲁·库奥默:《纽约州允许无人驾驶汽车在公共道路上进行试驾》,载https://www.xianjichina.com/news/details_35411.Html。

并开发针对安全性的框架和工具,以评估无人驾驶系统的安全性能),以及为运输系统做准备。

在责任认定原则方面,美国主张区别多主体责任和共同保险责任。许多州都有自主权,能够根据地方法规确定事故责任,因此在无人驾驶汽车立法方面应该提供更多具有方向性和合法性的内容,以便在整个联邦层面上制定统一的法规。美国的无人驾驶汽车法律规定美国所有州在发生事故时,在业主、运营商、乘客、制造商和其他主体之间分担责任,以及应明确无人驾驶汽车保险由谁负责,以保障受害人合法权益。侵权损害事故发生后,首先应由保险公司支付保险赔偿金,利用无人驾驶汽车商业保险来解决损害赔偿问题,充分保障受害人的利益,并且在用商业保险首先赔偿时无须事先区分责任主体,如不需要区分该事故是人类驾驶员的责任还是无人驾驶汽车系统的责任。美国规定无人驾驶汽车侵权损害的保险理赔数额由各个州的法律分别规定,并由各州交通管理部门设定相应的保险理赔模式。[1]

在无人驾驶汽车分级标准上,2014 年美国汽车工程师学会(SEA)提出的智能驾驶分级标准,成为汽车行业公认的分级制度。在道路测试方面,美国主张放宽对无人驾驶汽车的限制,鼓励无人驾驶汽车发展,将“驾驶员”定义为“坐在驾驶座上的自然人”,并提出汽车使用者的注意义务。在市场准入方面,美国简化测试许可程序,简化豁免申请和豁免程序,为无人驾驶汽车的市场准入消除壁垒。在数据与安全保护方面,美国出台《汽车安全与隐私法案》等法案,要求对车辆的数据收集应当透明且基于用户同意,用户应当对于收集的个人数据拥有掌控权。通过设置无人驾驶汽车生产者网络安全条款,从网络安全和数据保护角度对无人驾驶技术进行监管。

(三)日本无人驾驶汽车立法

日本政府于 2015 年 10 月开始进行无人驾驶汽车立法。2016 年 5 月,制定了《自主驾驶普及路线图》和《自动驾驶汽车道路测试指南》,明确了试验机构、试验人员、试验场地和试验车辆技术。在确保安全的基础上,促进无人驾驶汽

〔1〕 陈晓林:《无人驾驶汽车对现行法律的挑战及应对》,载《理论学刊》2016 年第 1 期。

车的应用和普及。2017年6月,日本警察厅发布了《远程自动驾驶系统道路测试许可处理基准》,明确规定了无人驾驶车辆的"通行权",并将远程监控定义为义务和责任主体。制定了严格的应急预案和安全制度。在审查程序中,测试机构首先将申请文件提交给测试道路所在行政辖区的派出所。在通过复核的基础上,现场考官和远程监控人员出具有效期不超过6个月的道路测试使用许可证。从2017年4月开始,日本的东京海上日动火灾保险公司将无人驾驶期间的交通事故纳入其中,包括汽车保险的赔偿对象,开启了日本无人驾驶汽车责任保险的效力。

2016年,日本警察厅发布的《自动驾驶系统公共道路验证指南》对道路测试的安全性表示担忧。首先,测试车辆必须符合日本道路运输车辆的安全标准。其次,驾驶员必须坐在测试车辆的驾驶员座椅上,不断监控周围的路况和车辆状态,并在紧急情况下进行必要的操作,以确保安全和避免伤害他人。最后,在驾驶车辆时,应该遵守道路交通法和其他相关法律法规。该指南也不允许无人在场的情况下进行道路测试。测试驾驶员必须持有与测试车辆相对应的驾驶执照,测试驾驶员应具有承担测试活动的相应能力。如果道路勘测驾驶员不具备相应能力,则道路勘测主体有义务采取额外的安全措施。例如,道路勘测车必须安排熟悉无人驾驶系统结构和特性的其他人员执行必要的辅助操作。

为推动无人驾驶汽车发展,日本政府从2016年开始主动对《道路运输车辆法》和《道路交通法》进行了部分修订。[1] 到目前为止,《道路运输车辆法》仅适用于L3级及以下的无人驾驶技术。然而,通过修订,该法案现在也包含了确保L4级无人驾驶汽车安全的必要条款。在L3级,当无人驾驶系统被激活时,相当于L4级。换句话说,L3级是L4级及以上驾驶(在无人驾驶操作中)和L2级及以下驾驶(无人驾驶关闭后)的组合。[2] 无人驾驶设备现在要遵守

---

〔1〕 Norihito Sato, *Overview of Revisions to the Road Transport and Road Traffic Act in Preparation for the Realization of Autonomous Driving*, NBL No. 1149, 2019.

〔2〕 Takeyoshi Imai, *Concepts of Automobiles, Autonomous Driving, Driving, and Drivers*, Kenshu No. 822, 2016.

安全标准(修订后的《道路运输车辆法》第 20 条第 2 款、第 41 条)。除非无人驾驶设备符合适用的安全标准,否则它们不能用于操作车辆。

《道路交通法》修正案于 2019 年 5 月通过,允许 L3 级无人驾驶汽车上路行驶。2022 年 3 月,《道路交通法》再次修订,允许 L4 级无人驾驶汽车上路行驶。2023 年 4 月,《道路交通法》开始正式施行。此外,2020 年 4 月生效的《道路运输车辆法》对 L3 级无人驾驶汽车给出了定义和准入依据。[1] 首先,《道路交通法》定义的驾驶包括使用"自动驾驶设备"。其次,增加了关于确认无人驾驶汽车驾驶员义务的规定。这些要求是基于一个前提条件,即使用 L3 级技术的无人驾驶汽车方向盘后面必须有人工操作人员。也就是说,当驾驶环境条件不满足时,驾驶员不得使用无人驾驶设备。[2]

(四)欧盟无人驾驶汽车立法

2015 年,欧洲议会通过了第 758 号年度法律(EU 2015/758),规定了汽车制造商的义务,规定了系统安装成本和定位系统的强制性、兼容性,从数据和隐私保护规则方面对欧盟汽车事故应急系统进行了具体的制度建设,形成了比较完整的欧洲道路交通事故应急救援法律体系。2017 年 2 月 16 日,欧洲议会向欧盟自动驾驶委员会提交了《机器人民事法律规则》,规定了对民事责任、道德规范、透明度和责任体系的审查,包括人工智能产品,强调个人的尊严和自主以及独立决策的权利。通过人工控制和验证,防止机器因深度学习和独立决策而对社会产生不利影响。

目前,欧盟出台了多项针对无人驾驶汽车上路的法规政策。2018 年颁布《通往自动化出行之路:欧盟未来出行战略》,提出到 2020 年在高速公路上实现无人驾驶;2019 年发布《自动驾驶汽车的豁免程序指南》和《整车型式认证框架法规》,对其成员国的无人驾驶汽车在产业发展、技术标准等方面提出要求。国家层面,德国、英国、荷兰等国家聚焦落地的法规规范,根据本国国情制定无

---

〔1〕 Takeyoshi Imai, *Legal Regulation of Autonomous Driving Technology: Current Conditions and Issues in Japan*, IATSS Research, Vol. 43, p. 263 – 267 (2019).

〔2〕 Use of Autonomous Driving Systems Outside of These Driving Environment Conditions Is Subject to Penalties (Revised Traffific Act Section 119, clause 1 – 9 – 3).

人驾驶汽车法规及上路测试规范。2017 年,德国颁布《道路交通法修正案》,将无人驾驶汽车相关概念及规定正式引入上位法。2017 年,英国发布《通往无人驾驶之路:自动驾驶汽车测试实践准则》,推动无人驾驶技术上路测试应用的同时也规范了相关测试要求。部分国家通过颁布标准和法案等形式对无人驾驶汽车可能涉及的道德伦理和事故赔偿等内容进行规范。2018 年,德国发布《自动驾驶技术伦理道德标准》,明确无人驾驶汽车针对事故场景决策的优先级,并要求将这些规则应用到无人驾驶系统的开发中。2018 年,英国通过《自动与电动汽车法案》,明确了无人驾驶汽车保险和责任规则。[1]

德国作为欧盟成员国的典型代表之一,在无人驾驶汽车立法方面也取得了较大进展。在责任认定上,德国 2017 年的《道路交通法修正案》提出对事故责任承担做进一步划分。若驾驶员过失导致事故,则由驾驶员承担事故责任;若是无人驾驶系统发生故障,车主可向生产者追偿。并且法案上调事故赔偿金额限制,最大限度保护受害人的利益。该法案既明确规定了人类驾驶员有权按照使用手册来操作无人驾驶系统,同时对人类驾驶员的警觉义务和接管义务也作了具体规定,人类驾驶员在某些条件下应当及时接管无人驾驶汽车,如无人驾驶汽车不具备无人驾驶条件、智能驾驶系统出现故障或行驶过程中遇到伦理问题时,人类驾驶员具有及时接管车辆的义务,以保障各主体的权益。[2] 另外,德国在 2017 年发布的《自动化和网联化车辆交通伦理准则》创新性地提出针对无人驾驶汽车的伦理指南,该准则第 7 条规定,无人驾驶汽车需要将人类安全置于财产安全和动物安全之上。第 9 条规定,禁止无人驾驶系统在发生撞车事故时进行任何基于个人特征(如年龄、性别、身体和精神状态)的选择性牺牲,并且要求即使在危险的情况下,无人驾驶汽车也不能牺牲无关第三方的利益。该伦理准则为无人驾驶系统在事故发生时不得不作出的利益取舍提供了答案,也为无人驾驶汽车生产企业在系统中预设事故处理模式提供了技术

---

〔1〕 袁建华、宋群、陆文杰:《欧洲自动驾驶汽车相关政策综述及启示》,载《道路交通科学技术》2020 年第 5 期。

〔2〕 张韬略、蒋瑶瑶:《德国智能汽车立法及〈道路交通法〉修订之评介》,载《德国研究》2017 年第 3 期。

思路。

2021年5月，德国出台《自动驾驶法》，[1]允许L4级的无人驾驶汽车在特定场景下，可以在公共道路上的特定区域内行驶。目前获批的场景有6个：一是班车交通，二是载人汽车（按指定路线行驶的公交车），三是Hub2Hub运输（如往返于两个配送中心），四是非高峰时段的运输需求，五是第一或最后一公里的人员或货物运输，六是“双模式车辆”（如自动代客泊车）。《自动驾驶法》开创性地规定了“技术监督”制度，技术监督机构或人员将远程监控无人驾驶汽车，在紧急情况下能够向无人驾驶车辆发出操作指令、远程关闭无人驾驶系统或直接关停无人驾驶车辆。《自动驾驶法》还提到了“风险最小化”的概念，要求无人驾驶系统在任何情况下都应将车辆置于风险最小的状态，这些情形包括影响无人驾驶功能运行的故障发生时、被技术监督方停用无人驾驶功能、车联网安全受到威胁时，以及网络或无线电信号中断时。[2]

（五）域外相关立法评析

1. 域外无人驾驶汽车立法特点

俄罗斯的《格里申法案》相比其他国家已较为成熟，进入利用法律技术将立法理念转变为法律条文的阶段。对当前非自主阶段和未来自主阶段的无人驾驶汽车法律调整进行了区分，这是现阶段无人驾驶汽车产业发展的局限导致的，具有现实意义，避免了现实立法过于超前。俄罗斯政府于2021年5月发布了一项关于无人驾驶汽车测试变化和未来在公共道路上适用商业无人驾驶汽车而不配备安全驾驶员的计划。由此可见，俄罗斯对于无人驾驶汽车立法的态度是鼓励支持的，国家对于无人驾驶汽车的发展予以政策支持和法律保障。

美国是无人驾驶汽车立法的先行者。美国各州无人驾驶汽车立法百花齐放，联邦着手统一管理。部分州允许无人驾驶汽车上路行驶，但是多数州认为，

---

〔1〕 2021年5月，《自动驾驶法》先后获德国联邦议院和参议院通过，在总统正式签发公报后生效。这意味着在欧盟层面的相关立法出台之前，这部《自动驾驶法》成为德国国家层面促进和规范自动驾驶技术现实应用的核心法律文件。这部法律的正式生效标志着从2022年开始，德国允许L4级自动驾驶车辆在德国公共道路上的指定区域内行驶。

〔2〕 丁恒、胡运思：《简评德国〈道路交通法——强制保险法〉修订案——〈自动驾驶法〉》，http://www.zhonglun.com/Content/2021/06-08/1116433518.html，2021年6月8日访问。

当前无人驾驶汽车的安全性仍需要进一步验证,不具备商业化的应用条件,立法的必要性还不充分。美国无人驾驶汽车立法制度有四个特点:从实践到经验,从僵化到灵活,从片面到系统,从保守到开放。早期,在人机交互的界面上,各个州的法律都曾要求在视觉上让驾驶员感知,现在变得非常灵活,只要有效感知就可以了。且现阶段,加利福尼亚州和密歇根州都已经开始允许 L5 级的测试了。[1] 美国无人驾驶汽车立法过程参与主体广泛,除了有传统的汽车厂商参加讨论外,保险公司也是非常重要的一部分参与者,还有消费者协会和弱势群体的代表都会参与。多方主体共同参与讨论,有助于增强道路安全,帮助弱势群体,降低能源依赖。

日本对引入无人驾驶汽车的法规持谨慎态度。日本在《道路运输车辆法》和《道路交通法》的修订中,允许 L3 级无人驾驶汽车上路。L4 级无人驾驶汽车上路要事先得到警方的批准,且只能用于道路测试。[2] 日本的法规环境相比我国更加开放,鼓励高级别的无人驾驶汽车进行远程测试,对路测主体设置全面的安全职责。日本的无人驾驶汽车立法从"人、车和道路"三要素的互动和监管入手,通过规范路测主体来设计无人驾驶汽车的法律规范。[3]

从欧盟无人驾驶汽车的立法特点来看,无人驾驶汽车是交通发展的基本趋势。因此,应通过立法鼓励适用,但各国应根据自己的政治情况决定允许适用的时间和范围。自 2004 年以来,欧盟一些成员国一直在推动与无人驾驶汽车相关的立法。自 2015 年 1 月起,英国允许进行正式的无人驾驶汽车操作测试。首先,应通过大量模型试验,包括模拟试验和试验前的道路或特殊场所的封闭试验。无人驾驶车辆启动时必须有专业人士监督,并可随时切换到手动驾驶模式。瑞典还规定,无人驾驶汽车可以在道路上进行测试,但前提是它们必须通过考试。德国的首部无人驾驶汽车法律,规定驾驶人必须坐在驾驶位上,若无

---

〔1〕《i-VISTA 开园一周年精彩演讲七——自动驾驶:国外立法进展及对我国的启示》,载搜狐网 2017 年 12 月 11 日,https://m.sohu.com/a/209889794_717788。

〔2〕 孤鹜 1984:《自动驾驶法规大比拼》,载微信公众号"Astroyd"2021 年 7 月 27 日,https://mp.weixin.qq.com/s/KarCUy4ZJJOENTqdD6ed3A。

〔3〕 张韬略:《自动驾驶汽车道路测试安全制度分析:中日立法的比较》,载《科技与法律》2019 年第 4 期。

人驾驶系统出现意外，驾驶人要及时介入并切换到人工驾驶模式。[1]

2. 无人驾驶汽车主体地位

俄罗斯《格里申法案》提出了“机器人—代理人”概念，将无人驾驶汽车等人工智能视为类似的法人，赋予其民事主体地位和民事权利能力。《格里申法案》区分了当前无人驾驶汽车等人工智能的法律调整和未来无人驾驶汽车等人工智能的长期法律调整。它将人类视为责任主体，并赋予无人驾驶汽车等人工智能拥有与动物相似的财产属性，具有高度自主性的无人驾驶汽车类似于法人。管理者认为它类似于法人的最高机构，并将无人驾驶汽车作为民事主体。然而，新法案在无人驾驶汽车等人工智能的法律调整方面也存在局限和不足。首先，无人驾驶汽车等人工智能的多重定位之间没有明确的区分。如在对待类似于动物的财产时，没有明确规定相关条款也应当适用于无人驾驶汽车等人工智能。其次，无人驾驶汽车等人工智能的民事主体地位的性质应当更加明确。虽然规定了无人驾驶汽车的权利能力和行为能力，但法案不清楚无人驾驶汽车的民事主体地位属于特殊民事主体、法人还是独立的新主体。相反，由于“机器人—代理人”的占有人、所有人和管理者的出现，导致无人驾驶汽车等人工智能似乎没有独立的责任能力。最后，它不承认无人驾驶汽车等人工智能的一般诉讼主体地位。新法规定了“机器人—代理人”的民事主体地位，但一般不规定其作为民事诉讼主体的资格，它规定“在法律规定情况下”“机器人—代理人”可以成为民事诉讼的参与者。原则上，其在法院和法律保护机关（检察机关、公安机关等）的利益只能由其代表的自然人和法人行使，在其他机构或组织中的利益只能由其所有者、自然人或法定代表人行使。综上所述，该法案虽然存在不足和缺陷，但这是现阶段无人驾驶汽车等人工智能产业发展的局限性导致的。未来无人驾驶汽车等人工智能的发展水平、自主能力和应用范围等是我们现在无法预测的，而立法不能基于想象，需要以社会实践为基础，以解决实践中真实存在的问题。该法案提出的“机器人—代理人”，对于解决无人驾驶

---

〔1〕《科普：各国关于自动驾驶的法规是怎样的》，载车云网 2017 年 12 月 19 日，http://m.cheyun.com/content/19705。

汽车民事主体定位、责任分配、损害责任承担等都具有重要作用,其思维模式具有很强的启发意义。

美国的《联邦自动驾驶法案》没有赋予无人驾驶汽车民事主体地位,只是将无人驾驶汽车作为智能型的工具进行监管和规范。美国是发展无人驾驶汽车较早的国家,无人驾驶汽车的技术也较为成熟,但是对于无人驾驶汽车的民事主体地位方面研究较少。美国联邦的无人驾驶汽车法案和各州的无人驾驶汽车立法存在不同,且二者在道路测试和监管责任等方面存在一定的冲突。美国立法的目的是维护公共安全,为无人驾驶汽车技术创新保驾护航。相较于无人驾驶汽车民事主体地位的研究,美国立法更加注重无人驾驶汽车的道路测试问题和安全标准问题。总体上,美国无人驾驶汽车立法关于无人驾驶汽车民事主体地位的观点是持否定态度的,认为机器不是人,无人驾驶汽车是机器,不具有民事主体地位。

日本的无人驾驶汽车立法没有明确无人驾驶汽车的民事主体地位,在立法中将无人驾驶汽车进行分级讨论,分别适用不同的法律规定。日本的《远程自动驾驶系统道路测试许可处理基准》肯定了无人驾驶汽车的"上路权",将远程监控员确定为承担责任和义务的主体。日本的《道路运输车辆法》仅适用于L3级及以上的无人驾驶技术,L3级以下的无人驾驶汽车和传统汽车存在较多相同和相似之处,适用传统机动车法即可。日本《道路交通法》的修订考虑到了无人驾驶汽车的特殊性及L3级无人驾驶汽车在公共道路上驾驶的可能性,但该修订不直接针对L4级无人驾驶汽车。日本还没有发展到完全自主阶段的无人驾驶汽车,目前L3级技术的无人驾驶汽车要求其智能系统背后必须有人工操作人员,控制无人驾驶汽车的操作员可能被视为司机。随着无人驾驶汽车智能技术的发展,无人驾驶汽车发展到L4级或L5级时,自主性越发凸显,其民事主体地位的研究进程将会加快。目前由于无人驾驶汽车技术的限制,距离自主阶段的无人驾驶汽车还有一定时间跨度,故现阶段日本无人驾驶汽车立法还没有明确无人驾驶汽车的民事主体地位。

欧盟的《机器人民事法律规则》肯定了无人驾驶汽车人工智能物的民事责任和伦理守则,在一定程度上赋予了机器人的民事地位。欧盟形成了较为完整的道路交通事故紧急救援法律体系，在车辆事故应急系统的制度构建上涵盖了汽车制造商义务、系统安装成本、数据和隐私保护规则等方面。《机器人民事法律规则》对无人驾驶汽车的民事责任、伦理守则、透明度和问责制审查等都进行了规定，强调个人尊严、自主性和自主决定的权利，并认为通过控制和验证的方式来防止无人驾驶汽车的深度学习和自主决策会带来不利影响。欧盟对无人驾驶汽车是持鼓励态度的，支持开发自动出行的数字技术，在完全自主阶段的无人驾驶汽车出现之前，驾驶员辅助系统是有存在必要的。欧盟虽有独立的《机器人民事法律规则》，但交通法案对无人驾驶汽车的民事主体地位还是没有体现出来，还需要进一步修订关于无人驾驶汽车的配套法律。

3. 无人驾驶汽车侵权归责原则

俄罗斯的《格里申法案》规定"机器人—代理人"承担无过错责任。"机器人—代理人"的行为依据一般财产责任、高度危险责任和产品责任进行责任承担。在责任制度的设计中，代理人对无人驾驶汽车财产范围内的行为负责。无人驾驶汽车拥有独立财产，用自己的独立财产承担自己债务，这和罗马法独特的财产制度相似。无人驾驶车辆对周围事物或人员造成损害时，代理人的责任由其承担。无人驾驶汽车的所有者或占有者不能证明损害是由开发者、生产者或技术服务提供者造成的，无论其有没有过错都要承担责任，但排除法律或合同规定的情况。在无人驾驶汽车责任的调整上，普通民事责任、高度危险责任和产品责任，主要以人类作为归责主体，而非以无人驾驶汽车作为法律责任主体。[1] 从现阶段来看，这是较为现实的，与欧洲议会在《机器人民法规范》中提出的"至少在现阶段，责任必须由人而不是机器人承担"的理念基本相同。[2]

美国的无人驾驶汽车立法在责任认定方面以无过错责任和保险责任为主。美国的《自动驾驶系统 2.0 安全展望》规定，无人驾驶汽车发生交通事故时，业主、运营商、乘客、制造商等主体分担责任。责任大小按照在交通事故中的过错

---

〔1〕 张建文：《格里申法案的贡献与局限——俄罗斯首部机器人法草案述评》，载《华东政法大学学报》2018 年第 2 期。

〔2〕 参见欧洲议会于 2017 年 2 月 16 日形成的《机器人民法规范》[P8-TA(2017)0051]第 56 段，载 https://cloud.tencent.com/developer/news/49178。

程度分配，若有商业保险的，首先由保险公司支付保险赔偿金，不足部分再由上述主体承担。美国的保险业务比较发达，商业保险类型多样，保险涵盖范围广。在一般情况下，商业保险能高效地解决事故赔偿等经济问题，无须事先将驾驶员责任与无人驾驶系统责任区别开来，有效保护受害者权益。

日本的无人驾驶汽车事故原则上由车主承担赔偿责任，黑客导致事故则由政府赔偿。日本的《自动驾驶相关制度整备大纲》针对 L3 级无人驾驶汽车的侵权责任进行了规定，对于无人驾驶汽车在自主行驶时发生事故，原则上由车辆所有者承担赔偿责任，把无人驾驶汽车和普通汽车同等看待。[1] 在外部黑客入侵汽车系统导致事故时，则由政府承担损害补偿责任。日本无人驾驶汽车立法倾向于通过法律强制将机动车交通事故责任强制保险（交强险）作为主要的赔偿方式。无人驾驶汽车企业的责任仅限于无人驾驶汽车系统存在明显缺陷，此立法目的能最大限度地保护无人驾驶汽车企业的利益，促进无人驾驶汽车技术的发展。政府承担救济责任，在黑客入侵导致事故发生或被盗车辆导致事故损害，车辆所有者已采取安全措施的前提下，政府承担救济补偿责任。[2]

欧盟关于人工智能的民事责任采用分类规制原则，提出风险管理模式规制无人驾驶汽车的民事责任，承担严格责任，采取充分赔偿原则。分类规制原则是指智能技术的不同，规制技术的法律法规应依据不同技术、分类而制定。风险管理模式规制无人驾驶汽车的民事责任是指由最有能力控制和管理某项技术风险的一方承担严格责任，且被推定为可以启动诉讼的单一被告，以保障受害人得到充分赔偿。单一实体承担严格责任，建立追索制度，设立强制投保制度和规定责任上限。欧盟有些国家，如英国和德国，已经有了专门针对无人驾驶汽车的法律。如德国规定，无人驾驶汽车的驾驶人有特殊的监控驾驶义务，如果系统或客观情况要求恢复手动驾驶，则必须恢复手动驾驶。英国 2018 年的《自动和电动汽车法》规定，必须购买强制保险以覆盖无人驾驶汽车技术失

---

〔1〕 陆文杰等：《日本自动驾驶汽车相关法规政策综述及启示》，载《道路交通科学技术》2020 年第 3 期。

〔2〕 《日本制定方针：自动驾驶事故由车主赔偿》，载第一电动网 2018 年 4 月 2 日，https://m.d1ev.com/news/zhengce/66080。

灵的风险,若没有购买保险,则由车辆所有人承担责任。同时设定了准过错责任制度,即车辆所有人要负责安装安全系统,若没有安装,则在事故发生后不能获得赔偿,即便是保险公司赔偿受害人后,也可以向所有人追偿。欧盟另外一些国家,如意大利、法国、西班牙、瑞典、荷兰等,依然适用过去的交通责任制度。在欧盟成员国当中,有多种归责原则,从过错责任,到严格责任,或二者兼有。[1]

二、我国无人驾驶汽车侵权责任立法模式

针对无人驾驶汽车侵权责任的特殊性,我国侵权责任体系应进行适当修改,以适应无人驾驶汽车发展的需要。关于无人驾驶汽车侵权责任立法模式,我国可采取的立法模式有三种:一是人工智能法的立法模式,二是行政规章的立法模式,三是《民法典》的立法模式。

(一)人工智能法的立法模式

人工智能根据智能程度可以分为三类:专用人工智能、通用人工智能和超级人工智能。[2] 展望通用人工智能和超级人工智能的未来,关于人工智能是否应当具有民事主体地位的问题引发学界的广泛讨论。有学者指出,赋予人工智能民事主体地位在立法技术上是完全可行的,并不存在立法障碍,[3]并且人工智能具备民事主体地位后可独自承担民事损害赔偿责任。[4] 也有学者认为,对于强人工智能应当进行个性化讨论,如果强人工智能已达到5级,即是完全自主的,那么其就应当独自承担相应责任,对自己的行为负责。而我国民法规定民事主体才具有民事权利能力、民事行为能力和责任能力,如果人工智能

---

〔1〕 史欣悦:《欧盟关于人工智能的民事责任的新动态(二)》,载微信公众号"君合法律评论"2020年12月3日,https://mp.weixin.qq.com/s/0VEMu_OpSQUzrgJF9_CdyA。

〔2〕 Urban Tim, *The AI Revolution: The Road to Super Intelligence*, http://waitbutwhy.com/2015/01/artificial-intelligencerevolution-1.html.

〔3〕 陈吉栋:《论机器人的法律人格——基于法释义学的讨论》,载《上海大学学报(社会科学版)》2018年第3期。

〔4〕 刘宪权、胡荷佳:《论人工智能时代智能机器人的刑事责任能力》,载《法学》2018年第1期。

需要对其行为承担责任,那么它应该被赋予民事主体地位。[1] 法律主体的本质是享有法律承认的权利和承担义务的资格。无人驾驶汽车已经广泛进入我们的生活,为保障无人驾驶汽车能够健康持续发展,我们就应该关注其具备高度自主性,考虑其民事权利能力和民事主体地位,[2]将无人驾驶汽车立法提上日程。[3] 由此可见,学者们充分讨论了人工智能民事主体地位的问题,并且从不同角度和不同阶段都阐述了是否应当赋予人工智能民事主体地位。尽管有学者对此提出质疑,但是对于专用人工智能阶段甚至是通用人工智能阶段的人工智能,都认为进行人工智能立法赋予其民事主体地位是必要且必需的。[4] 无人驾驶汽车作为一种"电子法人"和特殊的民事主体,具有自主性和深度学习能力。无人驾驶汽车是人工智能的一种重要类型,有关人工智能的法律规定可直接适用于无人驾驶汽车。

对人工智能立法应立足于社会发展和经济生活的实际需要,充分考虑其调整范围、规范对象、权利义务关系等,明确人工智能法范围。随着人工智能技术的不断发展,如出现无人驾驶汽车和医疗智能机器人等,各国都在尝试对各种类型的人工智能进行立法,包括人工智能交通法、人工智能信息安全法、人工智能医疗法等。

一是人工智能交通法。无人驾驶汽车产业蓬勃发展,商用化趋势加快,深入人民群众的生活,各种侵权损害问题、伦理问题也随之出现。面对无人驾驶汽车的快速发展及产生的许多新问题,学者关于无人驾驶汽车民事主体地位、侵权损害责任主体、损害赔偿分配及伦理方面的讨论较为热烈,对此也展开了不同形式不同内容的研究。我国立法者有必要将无人驾驶汽车等人工智能纳入法律调整范围,以适应无人驾驶汽车等人工智能技术的快速发展。2011 年,

---

〔1〕 Čerka Paulius, Jurgita Grigienė & Gintarė Sirbikytė, *Liability for Damages Caused by Artificial Intelligence*, Computer Law & Security Review, Vol. 31, No. 3, 2015.

〔2〕 杜严勇:《论机器人权利》,载《哲学动态》2015 年第 8 期。

〔3〕 许中缘:《论智能机器人的工具性人格》,载《法学评论》2018 年第 5 期。

〔4〕 黄甫全、曾密成:《人工智能立法:主体、内容与特征》,载《学术研究》2020 年第 11 期。

美国首次提出对无人驾驶汽车进行立法。[1] 2014 年,日本政府开始支持对无人驾驶汽车进行研发,大力发展无人驾驶汽车人工智能操作系统,并着手考虑推进无人驾驶汽车立法进程。[2] 2015 年,德国公路研究院指出政府需要在无人驾驶汽车方面进行新的研究立法。[3] 意大利政府认为需要通过特殊的立法措施才能允许无人驾驶汽车上路,以充分保障无人驾驶汽车的行驶安全和公众安全。[4]

二是人工智能信息安全法。人工智能技术是在大数据的基础上发展起来的,依靠机器自主学习来提高自主能力,在此情况下,社会公众的个人信息及隐私就更易遭受侵害。并且,由于侵权形式新颖、责任主体不确定、线上操作不易留痕迹等,个人信息泄露等问题的侵权责任追究较难,不利于保护个人信息安全。政府制定人工智能信息安全法能够保障社会公众或人工智能产品使用者的合法权益,规范人工智能企业的行为,不过度挖掘社会公众的个人信息和对已掌握的公民个人信息承担保密义务,以保障人工智能技术的创新和发展。然而,由于人工智能具有自主学习能力,且人类的时间和精力有限,对于人工智能侵害公民个人信息的情况无法及时监控和发现,信息侵权案件时有发生。而面对公民个人信息侵权案件的发生,我们需要加以重视,从立法上制定人工智能信息安全法,[5]可制定《人工智能信息安全法》和《通用数据保护法》。[6]

三是人工智能医疗法。随着人工智能技术快速发展,医疗领域也出现了许

---

〔1〕 Walsh Toby, *Viewpoint: Turing's Red Flag*, Communications of the ACM, Vol. 59, No. 7, 2016.

〔2〕 Nambu Tomoko, *Legal Regulations and Public Policies for Next-Generation Robots in Japan*, AI & Society, Vol. 31, No. 4, 2016.

〔3〕 Walsh Toby, *Viewpoint: Turing's Red Flag*, Communications of the ACM, Vol. 59, No. 7, 2016.

〔4〕 Yueh-Hsuan Weng & Yusuke Sugahara, et al., *Intersection of "Tokku" Special Zone, Robots, and the Law: A Case Study on Legal Impacts to Humanoid Robots*, International Journal of Social Robotics, Vol. 7, No. 5, 2015.

〔5〕 Villaronga E. Fosch, Peter Kieseberg & Tiffany Li, *Humans Forget, Machines Remember: Artificial Intelligence and the Right to be Forgotten*, Computer Law & Security Report, Vol. 34, No. 2, 2017.

〔6〕 Leenes Ronald, et al., *Regulatory Challenges of Robotics: Some Guidelines for Addressing Legal and Ethical s*, *Law*, Innovation and Technology, Vol. 9, No. 1, 2017.

多智能医疗机器,如AI医疗导诊机器人、外科手术机器人和巡检机器人等,但医疗机器人不可避免会出现各种各样的故障或疏忽,导致出现异常行为,进而导致医疗侵权纠纷。[1] 因此,随着大量引入并使用医疗机器人,关于医疗侵权纠纷中如何明确侵权责任分配,医疗机器人是否应当承担侵权责任,都需要通过制定人工智能医疗法来加以明确。在制定人工智能医疗法时,需明确调整对象和权利义务关系,如患者、医学专家、开发者、法律专家和其他角色都应该考虑在内。一些研究表明,如果患者因机器人故障而受伤,医院应对确认的损失负责。如果医院和外科医生没有明显的错误,他们应该向机器人技术提供商和软件开发企业提起法律诉讼。[2]

(二)行政规章的立法模式

工业和信息化部可提出优化产业布局、结构的政策建议,起草相关法律法规草案,拟定行业技术规范和标准并组织实施,指导行业质量管理工作。2017年12月,为落实《中国制造2025》和《新一代人工智能发展规划》,加快人工智能产业发展,促进人工智能与实体经济深度融合,工业和信息化部发布《促进新一代人工智能产业发展三年行动计划(2018—2020)》的通知。由于企业和市场自律能力不足,必须加强人工智能相关政策法规的建设。一方面,国家必须对人工智能的刑事责任、信息安全、隐私保护、产权等法律问题提出强制性要求。考虑到人工智能带来的风险具有全球性的特点,应建立各种责任体系、主体权利义务规范,重点关注无人驾驶、服务机器人等应用领域,建立多维的伦理道德判断结构。另一方面,深化人工智能领域的国际监管合作,加强主要国家或经济体在这一问题上的联系和共识,共同应对人工智能快速发展和人类合作的伦理框架。[3]

无人驾驶汽车发生交通事故所造成的损害是大规模、无法预见的,属于大

---

[1] Datteri Edoardo, *Predicting the Long-Term Effects of Human-Robot Interaction: A Reflection on Responsibility in Medical Robotics*, Science and Engineering Ethics, Vol. 19, No. 1, 2013.

[2] Holder Chris, et al., *Robotics and Law: Key Legal and Regulatory Implications of the Robotics Age (Part Ⅱ of Ⅱ)*, Computer Law & Security Review, Vol. 32, No. 4, 2016.

[3] 工业和信息化部赛迪研究院:《促进我国人工智能发展相关法律法规研究》,载工业和信息化部赛迪研究院主办:《政策与法规研究》2018年第1期。

规模侵权的范畴。大规模侵权究其实质仍属于侵权行为,但其绝不是多个单一的侵权行为简单相加,除具有一般侵权行为的共同属性外,即符合加害行为、过错、损害后果和因果关系等基本特征外,大规模侵权更具有其独有的特点。一是侵权行为的同质性。大规模侵权的发生往往源于“同质化”侵权。换言之,一次侵犯权利或多次侵犯权利的行为组合具有相同的属性和内容,会给大规模受害者造成人身伤害和财产损失。二是主体的特殊性。大规模侵权行为的受害者往往具有多数性和不确定性。三是侵权因果关系的复杂性。传统的侵权行为与损害结果之间的因果关系通常是“一因一果”。即使在共同侵权关系中存在“多因一果”或“多因多果”等因果关系,因果关系也可以是明确的。但是在大规模侵权关系中,因果关系的探究就显得异常复杂。大规模侵权的产生往往基于同质性的侵害行为,但侵害行为发生的具体时间、地点不同,侵害程度也不同,造成损害后果亦不可能相同。四是损害救济的困难性。从侵权行为危害后果来看,危害后果之严重性就引人注目;从损害赔偿的角度来看,许多受害人因其人身、财产等权益被侵犯而提出巨额赔偿,对侵权人的赔偿能力提出更高的要求。然而,面对巨额债务和偿付能力不足,侵权人往往会陷入破产,一般的损害赔偿程序很快就会被破产偿还程序取代。根据我国现行《企业破产法》的规定,大规模侵权行为的受害人只能作为普通债权人参与破产清算,不能享有对其他企业债权的优先权。最终的结果可能没有赔偿,更不用说全额赔偿了。总之,与一般侵权行为相比,无人驾驶汽车大规模侵权行为有其特殊性,如果仅通过传统的侵权处理方式来解决,将无法提供公平有效的救济,将导致更多的社会问题。因此,我们应该进一步思考如何建立无人驾驶车辆大规模侵权的责任体系。

可制定《大规模侵权责任保险办法》。其内容包括将大规模侵权领域纳入强制保险范围。如果将火灾风险、食品安全、环境污染等公共场所容易发生大规模侵权责任的领域强行纳入责任保险范围,将更有利于大规模侵权责任保险合同的订立和实施。无人驾驶汽车侵权是一种大规模的侵权行为,规范和完善无人驾驶汽车责任保险制度,可以充分保护受害人权益,维护社会公平正义。规定“大规模侵权事故”的概念,应参考德国汽车大规模侵权事故的量化标准,确定涉及5辆以上车辆或15人以上伤亡的汽车交通事故为大规模侵权事件。由保险行业协会组织制定《大规模侵权事故的共同理赔原则》,为处理此类事故提供可参考的行业规则。另外,无人驾驶汽车应订立大规模侵权责任保险合同,以政府主导下的强制性保险为主,与自愿性保险相结合的保险模式。责任保险是现代损害赔偿体系中至关重要的制度之一,责任保险承保的法定赔偿责任一般是民事责任,包括侵权责任和合同责任,将行政责任与刑事责任排除在外。民事责任是责任保险存在和发展的基础,只有法律或合同确认的某种责任才会有责任保险存在的前提。[1]

工信部可制定《无人驾驶汽车侵权责任管理规定》。在我国《民法典》侵权责任编内容的基础上,针对无人驾驶汽车侵权责任的特殊性制定部门规章,对无人驾驶汽车侵权责任主体、归责原则、赔偿方式和如何分配责任等进行规定。对无人驾驶汽车的典型类型共享汽车和公共交通进行类型化规定,分析其与一般无人驾驶汽车的不同之处,特殊之处适用不同的规范。增加国家管理人责任内容,将国家管理人列为无人驾驶汽车的责任承担主体,规定其含义、权利、义务和法律责任。明确规定我国的无人驾驶汽车侵权损害赔偿救济体系,以多元主体共同救济为原则,突出保险公司和国家管理人的责任,最大限度保障受害人的利益。

工信部可制定《人工智能民事法律管理规定》。规定包括无人驾驶汽车在内的人工智能及其产物的民事责任、主体地位、伦理守则、透明度和问责制审查等内容,建立高效、连贯和透明的监管方法,有效监管和保障创新并驾齐驱。该行政规章制定的目的是鼓励进一步开发无人驾驶技术,利用自动出行的数字技术,以抵消人为错误并减少交通事故和降低道路致死率。健全无人驾驶汽车监管体系,保护信息安全和通用数据安全,规定无人驾驶汽车产生的哪些信息属于公开信息、哪些属于机密信息,为消费者提供最大限度的网络保护。建立监管框架,确保无人驾驶汽车的运行安全,提供明确的责任赔偿制度。

公安部可制定《无人驾驶汽车道路交通安全实施办法》。规定无人驾驶汽

---

〔1〕 史黎:《我国大规模侵权责任保险制度构建论》,中国政法大学出版社2018年版,第16页。

车上公共道路行驶需满足的条件,如符合公共道路测试结果,无人驾驶汽车的执照领取和车牌号登记,对于交通规则的遵守应更加严格等。在我国现有的《道路交通安全法》和《道路交通安全法实施条例》的基础上,针对无人驾驶汽车与传统机动车的不同之处,专门制定无人驾驶汽车在道路上行驶应遵守的相关规定。赋予无人驾驶车辆的“上路权”,在非自主阶段可明确远程监控员为承担义务和责任的主体,制定完备的应急方案和安全制度。制定交通标志、道路标志和信号系统等车辆和基础设施的技术标准,以增强无人驾驶汽车的上路安全。明确驾驶信息的存储、使用和保存规则。车主有义务根据执法活动和第三方的合法理由提供数据,相关信息一般在6个月内删除。

（三）《民法典》的立法模式

《民法典》是“社会生活的百科全书”或“民事法律小宪法”,是在总结长期的立法、司法实践经验基础上系统编纂修订的,对解决实际问题具有现实意义。我国首部《民法典》在形式上采取的是编纂式立法,内容完善,体系完整;表述方式上采取了民商合一的立法表达;在与其他相关领域的法律法规和谐统一的关系上,恰当地把握《民法典》的开放度。无人驾驶汽车快速发展带来新问题和新的法律关系,《民法典》尚无法完全解决和充分保护被侵权人的合法权益,故有必要将无人驾驶汽车纳入《民法典》的调整范围,以便更好地解决无人驾驶汽车侵权带来的新问题和维护民事主体的合法权益。

目前,人工智能立法已被世界各国提上议事日程,并通过立法机构颁布相关法律文件。在人工智能领域,全国人民代表大会及其常务委员会作为我国立法主体,行使立法权,制定法律。《民法典》在我国民法体系中起着“牵一发而动全身”的作用,囊括我国各种民事法律关系,无人驾驶汽车侵权责任属于《民法典》侵权责任编的相关内容。无人驾驶汽车侵权问题在不久的将来会普遍存在,其重要性不言而喻,故应在《民法典》总则编、合同编、侵权责任编中加以规定。美国参众两院2017年发布的《人工智能未来法案》指出,由美国商务部组成“联邦人工智能发展与应用咨询委员会”,研究与人工智能相关的法律和政策问题,向国会提交关于人工智能相关事宜的研究报告,并介绍与人工智能相关的立法或政策措施。欧盟法律事务委员会工作组成立于2015年,研究机器人、人工智能等相关法律问题。2016年发布《就机器人民事法律规则向欧盟委员会提出立法建议的报告草案》和《机器人民事法律规则》。2017年，俄罗斯国家杜马主席宣布，杜马代表将开始在最短时间内解决人与机器人关系的问题。综上所述，《民法典》立法模式是符合无人驾驶汽车发展趋势的，与各国无人驾驶汽车立法发展规律是一致的。

1. 立法目的

《民法典》立法模式的立法目的是解决无人驾驶汽车带来的权利义务分配、责任承担、损害分配、赔偿标准等侵权损害赔偿基本问题。在风险社会中，无人驾驶汽车面临技术风险、剩余风险、规制风险、数据泄露风险、责任分配风险等，为了规避这些风险，促进无人驾驶汽车的发展，有必要采取《民法典》的立法模式。通过《民法典》的立法模式，在总则编中规定无人驾驶汽车的主体性地位，在侵权责任编中着重规定无人驾驶汽车侵权问题，包括侵权损害责任主体、侵权构成要件有无特殊性、归责原则及损害赔偿问题，这些都是对无人驾驶汽车的未来长远发展起到基础性和决定性作用的。尤其是无人驾驶汽车发生大规模侵权时，我国现有法律无法有效解决，而通过《民法典》立法模式，通过补充国家管理人责任、无人驾驶汽车责任等特殊规定，并结合现有交通侵权责任等规定，有效解决无人驾驶汽车大规模侵权损害等问题。

采用《民法典》立法模式最终目的是促进无人驾驶汽车的长远发展，便利我们的生产生活。法的认识是一种社会实践理性的认识，其认识对象是特定主体实施某一具有法律意义的行为所形成的事实。[1] 立法是要拟制出社会关系的模式，才能作用于社会关系。[2] 而《民法典》立法模式就是通过研究无人驾驶汽车侵权法律关系，全面认识无人驾驶汽车的法律属性、侵权责任承担主体和侵权损害赔偿规则，帮助解决无人驾驶汽车侵权责任问题。《民法典》立法模式对无人驾驶汽车的发展起到保驾护航的作用，在发生侵权法律纠纷时，提

---

〔1〕 刘晓兵：《法哲学思考》，知识产权出版社2005年版，第111页。

〔2〕 黄建武：《法律关系：法律调整的一个分析框架》，载《哈尔滨工业大学学报（社会科学版）》2019年第1期。

供法律保障。无人驾驶汽车具备了法律保障、制度基础、技术加持，在智能化、数字化社会中发展之路便会更加顺畅。

2. 立法体系

作为大陆法体系国家，我国《民法典》已经制定，现阶段无人驾驶汽车立法主要通过《民法典》的补充规定来体现。《民法典》立法模式的立法体系和我国之前的《侵权责任法》和《民法通则》中的立法体系是一致的，只不过《民法典》是通过统一的立法模式，而《侵权责任法》和《民法通则》是分散的立法模式。《民法典》的立法体系是采用一般条款和特别条款相结合的侵权责任模式，不仅包括之前《民法通则》和《侵权责任法》的内容，而且应新增关于无人驾驶汽车侵权的责任主体、归责原则及损害赔偿等内容。故采用《民法典》立法模式，对无人驾驶汽车的立法体系内容更加全面、有逻辑、规范，并更适合无人驾驶汽车的发展趋势。

国家管理人嵌入式地规定在《民法典》中是有必要的。无人驾驶汽车发生交通事故大规模侵权时，依靠现有的侵权责任法规无法保障受害者的合法权益，私人赔偿主体的经济赔偿能力有限，无法承担大规模损害带来的经济压力。国家管理人在无人驾驶汽车的运行和收益方面都有所涉及，根据权利和义务的相关理论，享受了权利就必须承担相应的义务，故国家管理人应承担侵权责任，保护受害者的合法权益。国家管理人作为新型责任承担主体，对补足无人驾驶汽车大规模侵权责任体系具有至关重要的作用，能够实体性地解决大规模侵权交通事故的损害救济问题。《民法典》在我国民事法律方面的作用不言而喻，是社会生活的百科全书，重要问题只有在《民法典》中加以规定，才能体现其价值和实用性。国家管理人只有在《民法典》中加以嵌入式地规定，才能体现其重要性。并且在我国《民法典》总则编和侵权责任编的某些条款中增加国家管理人的内容是比较容易实现的，这种嵌入式的规定模式符合我国的立法模式，在我国现阶段是可接受的。

3. 调整对象

《民法典》立法模式的调整对象主要是指无人驾驶汽车引发的侵权损害风险分配、权利义务分配为基础，涉及无人驾驶汽车侵权的责任主体、归责原则、责任承担、损害赔偿等权利义务关系。无人驾驶汽车发生交通事故、信息泄露等侵权损害时，侵权责任主体如何确定和责任如何分配，无人驾驶汽车研发者、销售商、使用者等主体之间的权利义务如何分配，无人驾驶汽车运行过程中面临各种各样的风险承担和风险分配等，都是需要《民法典》进行调整的，都属于《民法典》的调整对象。

（四）立法模式评述

无人驾驶汽车侵权并没有改变侵权行为的本质，故没有必要另行制定《人工智能法》。从立法成本来看，单独立法周期长，程序烦琐，无法满足调整无人驾驶汽车侵权行为的实际需求。从目前的立法资源及现行法律法规的现状分析来看，对我国现行《民法典》侵权责任编加以修改，同时针对无人驾驶汽车侵权的类别分别制定条款或在已有的法律法规中加以规定和细化，应是更经济和更高效的选择。责任保险法律制度和法制环境息息相关，尤其是民法和各种专门的民事责任法律和法规。《民法典》侵权责任编对于侵权行为的规定过于原则化，对行为类型的界定及其内容不够细致，导致欠缺与责任保险相适应的类型及法律依据。

制定专门法和行政规章的立法模式具有过渡性，《民法典》立法模式应是最终的立法路径选择。在我国法律体系下，目前尚无必要制定专门的人工智能法和无人驾驶汽车法，但是，可以在行政法规中增加无人驾驶汽车侵权的内容。无人驾驶汽车大规模侵权责任保险制度在我国的推广是从试点开始的。由于不同地区的环境和生产条件不同，为确保大规模无人驾驶车辆侵权责任保险体系建设的稳定发展，各地区应首先完善相关地方法律法规，增加相应的侵权责任保险条款。地方政府部门要尽快制定企业保险目录和损害赔偿标准。保险监管部门应当制定行业规范，强化市场监管。

《民法典》在我国法律体系中居于基础性地位，也是市场经济的基本法。无人驾驶汽车的重要问题有必要在《民法典》中加以体现，尤其是其特殊主体地位的法律问题。《民法典》的立法模式是值得肯定的，《民法典》的内容关乎社会生活的方方面面，而且《民法典》的地位在我国民商事法律中是无法替代的，无人驾驶汽车的定位和侵权责任承担问题若在《民法典》中加以规定，其权威性显而易见。

三、无人驾驶汽车侵权立法的路径选择

法律应当具有前瞻性,虑及技术发展的方向和趋势,不应局限于当前的实然状态思考问题。[1] 无人驾驶汽车技术迅猛发展,新技术带来新的法律问题给现有侵权法责任体系带来挑战,面对技术的冲击,法律制度应具有前瞻性。为确保立法的前瞻性,可采用《民法典》立法模式进行修改,用分步走的立法路径,对《民法典》体系结构进行整合,过渡性地解决无人驾驶汽车侵权法律问题。

(一)采用分步走的立法路径

无人驾驶汽车的出现及快速发展给现有法律带来了挑战。由于现有法律的滞后性,在面对无人驾驶汽车引发的交通事故侵权责任分配、无人驾驶汽车的法律定位等问题时,不能依据现有法律处理妥当。在相当短的时间内,无人驾驶汽车已经从异想天开变得触手可及。随着政府部门出台无人驾驶汽车的监管规定,明确支持无人驾驶汽车的开发与资金投入,无人驾驶汽车就已经进入人们的生活。我国现有的法律还未对无人驾驶汽车的地位和行驶标准作出任何的界定和要求,无人驾驶汽车上路合法化问题、无人驾驶汽车引发的伤亡事故该如何进行归责等,都处于现有法律的空白地带。在中国机动车合法行驶必须满足两个条件:第一,要有持有合法驾驶执照的司机;第二,汽车应依法办理登记手续,符合道路标准,并有相关证明。还需要挂上车牌,放上检查合格标志、保险标志、汽车驾驶证等,但无人驾驶汽车不具备上述条件。目前,自动驾驶汽车在中国交通法规领域还处于空白阶段。在道路上检测无人驾驶车辆时,因无法挂上驾照,导致无人驾驶车辆在上路权和车辆监督方面出现了遗漏。目前,无人驾驶汽车能否在中国通过考试还没有相关法律规定。对于无人驾驶车辆能否依法在道路上行驶,立法应考虑车辆、行人、道路等环境因素之间的关系,并与道路基础设施和整体规划相结合。

---

〔1〕 许中缘:《论智能汽车侵权责任立法——以工具性人格为中心》,载《法学》2019 年第 4 期。

在无人驾驶车辆的驾驶过程中,车辆是否转弯、并线、避开行人完全取决于算法技术。但技术并不是完美的,当导航出现问题发生交通事故时,无人驾驶汽车侵权责任如何认定,是目前法律面临的一大挑战。无人驾驶汽车发生交通事故侵权时,是按产品责任处理还是按机动车交通事故处理,或者如何分情况处理,都是需要通过新的法律规定来完善补充的。与无人驾驶汽车相关的法律规范,可以通过在现有《民法典》的民事主体、侵权、合同、保险等各框架范围内进行补充完善的方式来实现,对于确属法律空白地带的例外情况,可以在现有的法律体系中增加相关条款。我国法律体系庞杂,增加对无人驾驶汽车的法律规定无法一步到位,故需要采用分步走的立法路径。

分步走的立法路径优势在于促进无人驾驶汽车技术发展和维持现有法律基本稳定之间找到平衡点,通过分步走的立法路径所具有的缓和能力,协调不同的利益相关者的不同诉求。大多数国家编纂《民法典》是分阶段进行的。法国的《民法典》在编纂过程中分为 30 多个部分,一一制定后又重新汇总在一起。因为《民法典》的编纂工作量很大,分阶段进行更容易集中,保证立法质量。要修改中国的现有《民法典》,必须从中国现有民事立法发展的实际出发。在确保立法条件已成熟的条件下,结合现实需要和理论基础,本着实事求是、积极稳妥的原则循序渐进地推进无人驾驶汽车的立法,确保未来的执法效果和司法效果。采用分步走的立法路径不仅可以推动无人驾驶汽车领域的法律制度的完善,而且可以推动无人驾驶汽车领域的法学理论研究。

第一步:制定专门法和行政规章。制定行政法规或部门规章,或者在已有的道路交通法等法律中增加无人驾驶汽车的规定。制定人工智能法、交通法等规定无人驾驶汽车的相关内容。工信部可制定《大规模侵权责任保险办法》《无人驾驶汽车侵权责任管理规定》《人工智能民事法律管理规定》,公安部可制定《无人驾驶汽车道路交通安全实施办法》,地方政府可制定《自动驾驶汽车道路测试管理办法》。

第二步:在《民法典》总则编确立无人驾驶汽车的法律地位和责任能力。在《民法典》总则编中规定无人驾驶汽车作为特殊民事主体,使其能够作为民事主体而存在。依照《民法典》的规定,民事主体依法享有物权、债权。无人驾驶汽车作为特殊民事主体,也应享有物权、债权。发生交通事故侵权时,被侵权人有权向侵权人主张承担侵权责任,无人驾驶汽车作为侵权主体应承担侵权责任。民事法律行为是民事主体通过意思表示设立、变更、终止民事法律关系的行为。无人驾驶汽车与使用者之间的租赁合同行为属于《民法典》规定的民事法律行为。无人驾驶汽车作为民事主体,按照法律规定或当事人的约定履行民事义务,承担民事责任。

第三步:在《民法典》各分编中规定无人驾驶汽车的合同缔约能力、共享合同类型、侵权责任类型及责任分配规则等。无人驾驶汽车作为特殊民事主体,具有合同缔约能力,能够与使用者订立公共交通运输合同、共享合同、汽车租赁合同等,且受法律保护。在侵权责任编中增加人工智能物侵权,作为一个特殊侵权责任类型,准用物的侵权和产品侵权。根据《民法典》总则编相应修订侵权责任编的侵权责任主体范围、侵权规则适用、如何赔偿及赔偿范围等相关内容。

(二)《民法典》体系结构的整合

1. 总则编

无人驾驶汽车具有特殊民事主体地位,应当在《民法典》总则编中确定无人驾驶汽车的民事主体地位,确定其为特殊民事主体。无人驾驶汽车具有自主性和深度学习能力,使其与一般智能机器不同,自主性能够支配无人驾驶汽车作出意思表示,其行为符合民事法律行为的构成要件和特征,故应赋予其民事主体的法律地位。无人驾驶汽车在不久的未来将普及,新技术带给它的法律地位是我们急需解决的问题,在《民法典》总则编中确定其民事主体地位,能够为无人驾驶汽车侵权和交通肇事提供解决路径。民事主体承担侵权责任、违约责任或刑事责任,都能依据现有法律进行解决,有些没规定的,通过扩张解释或者修订法律条款即可,填补法律空白。

我国《民法典》总则编应对民事主体的范围进行适当的扩张。《民法典》第2条规定:"民法调整平等主体的自然人、法人和非法人组织之间的人身关系和财产关系。"这里明确规定民事主体为自然人、法人和非法人组织三类,而无人驾驶汽车作为具有高度自主性和深度学习能力的人工智能,作为特殊民事主体在《民法典》中目前是没有规定的。但根据无人驾驶汽车的特征和发展潜力,未来其作为特殊民事主体的特征就会越发明显,《民法典》第2条的内容也应作出相应的调整,对民事主体的范围进行适当扩张。

《民法典》第176条民事责任的承担主体范围应扩张,增加无人驾驶汽车这一特殊民事主体,依照法律规定或者按照当事人约定,履行民事义务,承担民事责任。如果无人驾驶汽车作为特殊法人,应明确其具有高度自主性和深度学习能力的特征,遇到紧急情况,还能根据自己深度学习的结果进行自主应急处理。无人驾驶汽车作为特殊民事主体,可借鉴俄罗斯《格里申法案》"机器人—代理人"的相关规定,可由其代理人代其作出相关的民事行为。无人驾驶汽车发生交通事故造成侵权的,由"机器人—代理人"承担责任,车辆制造商、开发商、运营商及交通事故责任方根据过错承担责任,保险公司在其承保范围内进行赔偿,国家管理人承担补偿责任。《民法典》总则编已有的民事责任承担方式也同样适用于无人驾驶汽车侵权,只是在其基础上特别规定无人驾驶汽车国家管理人的不同责任承担方式。

《民法典》规定民事主体享有物权、债权和知识产权,无人驾驶汽车作为特殊民事主体也应同样享有。无人驾驶汽车享有物权,即说明无人驾驶汽车对于其汽车配件、智能操作系统等车身和车内的物件享有所有权,依据"机器人—代理人"理论,可以由其代理人代其作出相关民事行为。无人驾驶汽车发生交通事故,如系侵权人,则需承担侵权责任,赔偿受害人所遭受的损失;若其成为被侵权人,依据《民法典》第120条之规定,其有权要求侵权人承担侵权责任。上述财产支出或财产收入可以视为无人驾驶汽车享有债权的具体表现。无人驾驶汽车享有知识产权,当其进行自主创造作品时,对创造的作品享有知识产权,能够对他人自由使用进行限制。无人驾驶汽车作为特殊法人,由其代理人代理行使上述权利,应受到法律保护。

2. 合同编

在合同编中赋予无人驾驶汽车合同缔约能力。无人驾驶汽车作为特殊民事主体,享有民事主体享有的合法权利,能够作为合同的当事人。《民法典》第464条第1款规定:"合同是民事主体之间设立、变更、终止民事法律关系的协议。"无人驾驶汽车作为《民法典》总则编规定的特殊民事主体后,依法享有设立、变更、终止民事法律关系的权利。作为合同的当事人,应遵守合同编的各种法律规定,若违约应承担相应的违约责任,被违约也有权向违约方追究违约责任。无人驾驶共享汽车能够与使用者订立共享使用合同或租赁合同,无人驾驶汽车和使用者都是《民法典》规定的民事主体,都应遵守双方签订的合同条款,按照合同编的规定享受权利、履行义务,违约的要承担违约责任。

在合同编中增加一种合同类型,增加共享合同作为合同编的典型合同之一。随着共享经济的发展,产生了一种新的共享合同关系,其不同于租赁关系,是一种特殊共享合同关系。共享合同是共享经济的产物,现在共享(电)单车、共享汽车已经非常普遍,无人驾驶汽车出租车已经在北京、广州、深圳、长沙等城市投入使用。无人驾驶共享汽车投入市场使用是一种必然的趋势,共享合同的市场适用范围将大大增加,成为日常出行的必要合同。共享合同可分为共享交通工具合同、共享服务合同、共享某生活类使用物合同(如共享纸质书)等,顺应节约资源、保护生态环境的环保理念。共享合同能够提高闲置资源的利用率,做到物尽其用。共享合同可以是两个民事主体之间签订的合同,无人驾驶汽车可与自然人签订共享合同,自然人之间也可以签订共享生活使用物合同,合同双方自主协商确定合同条款,由双方共同遵守。

无人驾驶共享汽车使用者与运营者签订使用合同时,应该规定无人驾驶汽车有义务保护客户的个人隐私、客户的行程、个人身份信息等不得泄露。《民法典》第501条规定:“当事人在订立合同过程中知悉的商业秘密或者其他应当保密的信息,无论合同是否成立,不得泄露或者不正当地使用;泄露、不正当地使用该商业秘密或者信息,造成对方损失的,应当承担赔偿责任。”无人驾驶汽车泄露使用者个人信息的,应承担责任。

增加代理人责任。借鉴俄罗斯《格里申法案》的“机器人—代理人”规则,明确高级人工智能(L4－L5级)可以作为代理人,以所有权人或占有人的名义进行活动,高级人工智能拥有独立的财产并能独立承担责任。赋予高级人工智能民事主体地位和民事权利能力,赋予代理人的管理人具有类似于法人的最高管理机关的地位,是对代理人工具性价值的确认,这是具有前瞻性的,并符合时代发展趋势的。我国《民法典》中仅有代理责任,对于“机器人—代理人”责任并无相关规定。在人工智能发展之前或发展初期,这是符合时代特点和具有合理性的,因法律是调整现有法律关系和社会关系的,对于未知事物不可能调整也无法预测。但是,现阶段人工智能发展迅猛,强人工智能时代将很快到来,法律调整范围也应随之变化。因此,规定“机器人—代理人”责任是必要的,有现实迫切性,能解决现有无人驾驶汽车等人工智能物侵权责任问题。

3. 侵权责任编

《民法典》侵权责任编规定的产品责任的赔偿主体有限,无人驾驶汽车作为产品时发生交通事故大规模侵权无法适用该条款来承担侵权责任。《民法典》侵权责任编关于产品责任的条款是从第 1202 条至第 1207 条,这 6 条规定产品侵权的赔偿主体是生产者、销售者及运输者、仓储者等有过错的第三人。无人驾驶汽车作为产品发生交通事故并造成大规模侵权时,仅凭生产者、销售者、有过错的第三人可能无法承担如此大规模的侵权责任,造成的大规模损失无法获得全部赔偿。国家管理人是有能力且有义务承担责任的主体,故《民法典》侵权责任编关于产品责任的赔偿主体应该增加国家管理人这一主体,以保证无人驾驶汽车作为产品时造成的大规模交通事故侵权能够得到有效的赔偿,保障受害者的合法权益,维护社会正常秩序。

无人驾驶汽车作为特殊民事主体,应当如何承担泄露客户信息的侵权责任,《民法典》对此并没有规定。无人驾驶共享汽车和无人驾驶公共汽车在私人利用领域和公共领域的不同应用,面对的使用者、客户和可能泄露的信息数据规模也不一样,不同规模的信息数据泄露,承担的侵权责任大小肯定也是不一样的。由于无人驾驶汽车自身的过错泄露客户信息和黑客利用破解技术来盗取无人驾驶汽车存储的客户信息,分别属于主动泄露和被动泄露,二者情况不同,如不分别处理则会引起不公。故面对主动泄露和被动泄露的不同情况,无人驾驶汽车的生产者、销售者、运营者、程序设计者、国家管理人等主体承担的侵权责任也应不同。无人驾驶汽车作为特殊的民事主体,具有高度自主性和深度学习的能力,能够通过国家管理人来承担一部分的责任。为了更好地处理无人驾驶汽车泄露客户个人信息的行为,保护无人驾驶汽车使用者的合法权益,《民法典》应增加国家管理人作为这一责任的主体。面对上述情况,可根据侵权责任编中的过错责任来应对不同情况下不同主体的责任应如何分担的问题。

无人驾驶汽车大规模侵权责任承保的范围指保险事故发生并引发被保险人对第三人的赔偿责任时,保险人依照保险合同所要承担的责任范围。在无人驾驶汽车大规模侵权责任保险中,明确责任范围在具体意义上即界定了保险人应否承担保险责任的问题。通常来说,无人驾驶汽车大规模侵权者需承担的责任范围包括两项:一是对造成他人的财产损害或人身伤亡应承担的经济赔偿责任,这一责任应成为责任保险的基本保险责任;二是因赔偿纠纷引起的由被保险人支付的诉讼、律师费用以及其他事先经过保险人同意的费用。与一般责任保险相比,无人驾驶汽车大规模侵权责任保险有税收优惠和保费补贴,责任范围可扩展至无过失责任、重大过失责任。

侵权责任编应增加特殊侵权责任类型——人工智能物侵权责任。该类侵权责任准用物的侵权或准用产品侵权。人工智能物侵权时,如何承担侵权责任、侵权规则如何确定等问题,目前法律还没有明确规定。在人工智能热门时期,各种人工智能物发生侵权事件是不可避免的,为解决司法实践中的棘手问题,就必须快速出台解决方案,准用物的侵权或准用产品侵权,这是当前比较好的解决路径。无人驾驶汽车也是人工智能物,同样适用上述规定。无人驾驶汽车虽作为特殊民事主体,但其同时具有物的特征和产品特征,无人驾驶汽车是作为运输交通工具被制造出来的,由于其具有高度自主性和深度学习能力才被赋予特殊民事主体地位。无人驾驶汽车发生交通事故侵权时,依据其特殊民事主体地位仍然无法解决时,则准用物的侵权或准用产品侵权规则。

四、《民法典》体系结构下具体立法建议

根据无人驾驶汽车侵权立法的路径选择分析,我国宜采用《民法典》立法模式。无人驾驶汽车等人工智能发展会带来一系列的新问题,在《民法典》体系结构下对其进行立法,是符合实践发展需要和有现实意义的。人工智能的法律地位如何定位、人工智能侵权如何分配责任,无人驾驶汽车引发的大规模侵权是否按照传统侵权责任进行承担,以及无人驾驶汽车是否能够独立承担责任

等问题,都需要法律进行明确规定。

(一)总则编

在《民法典》总则编中修改2条法律,分别是第2条和第176条。一是对第2条的民事主体范围进行扩张;二是对第176条的民事责任承担主体范围进行扩张,将无人驾驶汽车列为特殊民事主体,赋予其“电子法人”地位,列入民事责任承担主体范围之内。

第一,《民法典》第2条可修改为“民法调整平等主体的自然人、法人和非法人组织等之间的人身关系和财产关系”。《民法典》第2条规定:“民法调整平等主体的自然人、法人和非法人组织之间的人身关系和财产关系。”主体限定较窄,故应增加兜底性规定“等”。这里平等主体限定在了自然人、法人和非法人组织三者之间,但是具体应该怎么理解“平等主体”,不是因为法律面前人人平等。这里讲的“平等”其实不是从道德层面理解的“平等”,而是应该从反面去思考什么是不平等。基本判断点是看是否存在“管理与服从”的关系,如公司与员工、军队与军人、政府与公务员,存在组织内部的规章制度以及特殊法律规范,不应该算作平等主体。但无人驾驶汽车因其具有高度自主性和深度学习能力享有特殊主体的民事法律地位,与使用者之间的关系有租赁合同或买卖合同关系,属于《民法典》所规定的平等主体之间的人身关系和财产关系。根据《民法典》的结构,可以推测出《民法典》调整的民事关系包括以下六种:因物的归属和利用产生的民事关系,因合同产生的民事关系,因人格权的享有和保护产生的民事关系,因婚姻家庭产生的民事关系,因继承产生的民事关系,因侵害民事权益产生的民事关系。无人驾驶共享汽车与客户签订的租赁合同就是因合同产生的民事关系,无人驾驶汽车发生交通事故产生的侵权法律关系就是因侵害民事权益产生的民事关系,以上都是由民法调整的民事关系。因此,无人驾驶汽车到了较高级别阶段时,具有民事特殊主体地位,应该被包含在平等主体之内,其相关法律关系应该被民法调整,民事责任如何承担也应由《民法典》予以规定。现行《民法典》第2条规定的民事主体不包含任何级别的无人驾驶汽车,对于无人驾驶汽车发生交通事故大规模侵权,该如何承担及分配责任是无法找到相关法律依据的,不利于具体实践问题的解决。因此,随着无人驾驶汽车的普及和级别的发展提高，有必要在《民法典》第2条中增加民事主体的兜底性规定，以适应社会科学技术的快速发展。

第二，将《民法典》第176条民事责任的承担主体范围进行扩张，增加无人驾驶汽车这一特殊民事责任主体。无人驾驶汽车作为"电子法人"，具有特殊民事主体地位，依照法律规定或者按照当事人约定，履行民事义务，承担民事责任。无人驾驶汽车作为特殊民事主体，可借鉴俄罗斯《格里申法案》中"机器人—代理人"的相关规定，由其代理人代其作出相关的民事行为。无人驾驶汽车发生交通事故造成侵权的，由代理人承担责任，车辆制造商、开发商、运营商及交通事故责任方根据过错承担责任，保险公司在其承保范围内进行赔偿，国家管理人承担补偿责任。同时，《民法典》总则编已有的民事责任承担方式同样适用于无人驾驶汽车侵权，只是在其基础上规定无人驾驶汽车国家管理人的不同责任承担方式。

（二）合同编

在《民法典》合同编中增加3条，修改1条，对第464条进行修改，明确无人驾驶汽车可作为订立合同的主体，增加共享合同作为单独的法律条文。

第一，在合同编中赋予无人驾驶汽车合同缔约能力。无人驾驶汽车作为特殊民事主体，享有民事主体享有的合法权利，能够成为合同的当事人。《民法典》第464条第1款规定："合同是民事主体之间设立、变更、终止民事法律关系的协议。"可在该条的司法解释中强调无人驾驶汽车可作为缔约民事合同的主体。《民法典》总则编已经确立了无人驾驶汽车民事法律主体的地位，在该条中再次强调一下，只是提醒人们注意无人驾驶汽车作为缔约民事合同主体这一法律规定，为司法实践提供具体的法律规定。

第二，新增共享合同条款："共享合同是民事主体之间设立、变更、终止共享民事法律关系的协议，共享物的合同交易双方属于合同主体，共享合同可分为共享无人驾驶汽车合同、共享服务合同、共享生活某物合同等。"在合同编中增加一种合同类型，增加共享合同作为合同编中的典型合同之一。《民法典》合同编共规定了多种典型合同，共享合同作为日常普遍运用的合同之一，有必要将其列为典型合同，将其增加进《民法典》中。共享合同的主体是民事主体，类型有共享无人驾驶汽车合同、共享服务合同、共享生活某物合同等，合同双方都应遵守合同规定的权利义务。《民法典》合同编中的共享合同法条应规定共享合同的定义，其包含合同主体、调整的民事法律关系、权利义务和责任承担。

第三，新增代理人责任条款："高级人工智能可作为代理人，以所有权人或占有人的名义进行活动，具有民事主体地位和民事权利能力，拥有独立的财产并能独立承担责任。代理人订立合同的扩张，准用代理人规则。"在强人工智能、超人工智能阶段，机器人具有非常高的自主性，"机器人—代理人"拥有独立的财产，并能以此为自己的债务独立承担责任，机器人财产可来自其所有人或占有人交付其占有和使用的财产中形成机器人自己的财产。代理人可为自然人或法人，需要向国家登记机关进行申报和登记，才能确定其合法的代理人地位，具有公示效力。代理人一经登记，即对外产生合法效力，享有相应权利和承担相应义务。代理人资格注销同法人注销程序相似，需满足注销手续，再向国家注销机关进行申请注销。[1] "机器人—代理人"订立合同的扩张，准用代理人规则。

第四，新增人工智能合同效力条款："弱人工智能是法律客体，不具备民事主体地位，弱人工智能合同无效。强人工智能、超人工智能是民事法律主体，强人工智能合同、超人工智能合同有效。"根据目前主流观点，人工智能的发展阶段可分为弱人工智能阶段、强人工智能阶段、超人工智能阶段。在后两个阶段，人工智能的技术发展水平能达到模拟人脑意识思维的程度，应当被赋予民事主体地位，成为民事法律关系的主体。在强或超人工智能阶段，人工智能可以在人类输入算法的基础上进行深度自主学习，作出超出人类预期范围的行为，具有思维和决策能力。智能投资顾问作为人工智能在金融领域的具体应用，弱人工智能阶段的智能投资顾问缺乏意思表示能力，不具有独立意识，不具有民事

---

〔1〕"机器人—代理人"资格的登记、变更、注销需满足相应条件，具体条件可参照法人的登记、变更和注销。

主体资格。[1] 在强或超人工智能阶段的智能投资顾问则是在研发者设计的算法或程序的基础上进行深度自主学习，对咨询行为不仅能够自动化、数据化地输出服务结果，而且能够根据特殊的咨询行为及差异之处进行独立思考，对投资组合建议提出异议，在一定程度上脱离人类的智力控制范围。该情形下的智能投资顾问合同是有效的，智能投资顾问需对此承担责任。因此，强人工智能、超人工智能订立的合同符合《民法典》关于合同订立主体的规定，若同时满足合同其他有效要件，则强人工智能合同、超人工智能合同有效。

第五，扩张适用《民法典》第494条。[2] 将该条中的"有关民事主体"扩张适用于无人驾驶汽车，无人驾驶汽车在符合该条款规定时，需遵守法律规定。无人驾驶汽车发生大规模侵权或无人驾驶公共交通发生事关国家、社会的特殊事件时，为了维护国家利益、社会公共利益或者照顾弱势一方利益等，有关主体应遵守强制缔约规则。无人驾驶公共交通属于具有公共服务属性的行业，与社会公共利益密切相关。例如，应规定无人驾驶公共交通对本运营范围的用户有按照国家规定运行的义务，不得侵犯路边行人或其他驾驶主体、自然人的人身权利和财产权利，不得违反国家规定的无人驾驶公共交通运行事项及其相关内容。无人驾驶公共交通对所有人提供公共服务，不得设置消费者"黑名单"，防止社会排斥现象。

（三）侵权责任编

在《民法典》侵权责任编中增加2条，增加国家管理人责任条款、人工智能物侵权责任条款和人工智能责任机制条款，修改6条，对第1202条至第1207条的赔偿责任主体进行扩张。第一，第1202条至第1207条中的赔偿责任主体应进行适当扩张，增加国家管理人作为产品责任的侵权责任赔偿主体。修改稿为：

---

〔1〕 王灏：《智能投资顾问服务之法律风险承担》，载《暨南学报（哲学社会科学版）》2019年第8期。

〔2〕 《民法典》第494条规定：国家根据抢险救灾、疫情防控或者其他需要下达国家订货任务、指令性任务的，有关民事主体之间应当依照有关法律、行政法规规定的权利和义务订立合同。依照法律、行政法规的规定负有发出要约义务的当事人，应当及时发出合理的要约。依照法律、行政法规的规定负有作出承诺义务的当事人，不得拒绝对方合理的订立合同要求。

第 1202 条:“因产品存在缺陷造成他人损害的,生产者、国家管理人应当承担侵权责任。”

第 1203 条:“因产品存在缺陷造成他人损害的,被侵权人可以向产品的生产者请求赔偿,也可以向产品的销售者请求赔偿,还可以向国家管理人请求补偿。

“产品缺陷由生产者造成的,销售者赔偿后,有权向生产者追偿。因销售者的过错使产品存在缺陷的,生产者赔偿后,有权向销售者追偿。以上不足以弥补被侵权人损失的,可以向国家管理人请求补偿。”

第 1204 条:“因运输者、仓储者等第三人的过错使产品存在缺陷,造成他人损害的,产品的生产者、销售者赔偿后,有权向第三人追偿。生产者、销售者没有追偿的,承担补偿责任的国家管理人有权向第三人追偿。”

第 1205 条:“因产品缺陷危及他人人身、财产安全的,被侵权人有权请求生产者、销售者承担停止侵害、排除妨碍、消除危险等侵权责任。生产者、销售者不停止侵权行为或承担侵权责任的,被侵权人有权向国家管理人提出请求,国家管理人可代为行使请求权。”

第 1206 条:“产品投入流通后发现存在缺陷的,生产者、销售者应当及时采取停止销售、警示、召回等补救措施;未及时采取补救措施或者补救措施不力造成损害扩大的,对扩大的损害也应当承担侵权责任。国家管理人按过错比例承担侵权责任。

“依据前款规定采取召回措施的,生产者、销售者、国家管理人应当负担被侵权人因此支出的必要费用。”

第 1207 条:“明知产品存在缺陷仍然生产、销售,或者没有依据前条规定采取有效补救措施,造成他人死亡或者健康严重损害的,被侵权人有权请求相应的惩罚性赔偿。国家管理人承担比例责任和补偿责任。”

第二,新增国家管理人责任条款:“国家管理人承担产品侵权责任;在公共交通等大规模侵权损害中,国家管理人承担补偿责任。”

第三,修改增加国家管理人作为产品责任的侵权责任赔偿主体。《民法典》关于产品责任的内容共 6 条,主要规定了产品责任的构成和归责、产品责任的求偿和追偿、产品责任的第三人过错及追偿、产品责任的损害赔偿、产品缺陷的补救措施及相应侵权责任、产品责任的惩罚性赔偿。这里规定产品责任的赔偿主体主要是生产者、销售者和运输者、仓储者等有过错的第三人，国家管理人作为道路、数据等基础设施的铺设者和所有者，在无人驾驶汽车作为产品时因产品责任需要进行责任承担时，国家管理人作为享有权益和应承担义务的主体，不应该被排除在责任承担的主体之外。况且，无人驾驶汽车发生交通事故大规模侵权，仅靠某个人和某个公司是无法承担如此巨大赔偿责任的，无法弥补此社会损害，会造成不可逆的社会创伤。国家管理人在此处是作为享有权利和承担义务的主体而存在的，国家管理人承担无人驾驶汽车发生交通事故大规模侵权的补充责任或补偿责任，具体承担责任主体是地方各级人民政府。有人认为，无人驾驶汽车作为提供出行便利的工具时，是作为产品而存在的，有关于产品责任的法律规定对其都是适用的。产品责任是指由于产品有缺陷，造成了产品的消费者、使用者或其他第三人的人身伤害或财产损失，并对其进行赔偿的法律责任。无人驾驶汽车作为产品，可能在生产过程中存在瑕疵、程序设计时有瑕疵、使用过程中产生的机械设备瑕疵或由于网络故障导致的数据瑕疵等，不同阶段产生的不同类型瑕疵，责任承担主体也就有所不同。若无人驾驶共享汽车在使用过程中由于网络故障导致程序失灵，道路交通状况判断失误，造成交通事故大规模侵权，此时侵权责任主体除了生产者、销售者、运营商及有过错的网络提供者外，国家管理人也应作为一个兜底性的责任承担主体，国家管理人有必要保护受害者的合法权益，维护社会稳定和正常秩序。

第四，修改增加国家管理人在公共交通等大规模侵权损害中承担补偿责任。我国现有《民法典》及司法解释规定了受益人或者行为人的公平“补偿”义务，构成了我国民法上的补偿义务规则体系。根据公平原则和补偿义务规则，应充分保障大规模侵权损害中的受害人的合法权益，但因现阶段法律、制度、经济等各种条件限制，充分救济受害人往往难以实现。国家管理人由于其地位的特殊性，经济实力方面存在明显优势，在无人驾驶公共交通侵权穷尽私力救济之后，有必要进行公力救济。国家管理人设立目的是分摊社会风险，既承担管理职责，又兼任补偿责任，与我国侵权法理基础相洽，满足社会与法治需求。并且,在确立国家管理人补偿责任机制时,需要给其动态变化空间,在时代发展需要和分配结构合理的基础上,对国家管理人补偿责任的补偿比例、补偿事由、必要条件等进行合理调整。因此,构建国家管理人侵权补偿规则,可新设人工智能管理机构,明确国家管理人的法律属性、职能框架、补偿金来源、责任分配和具体责任落实等内容,完善我国无人驾驶公共交通侵权制度。

第五,新增人工智能物侵权责任条款:"人工智能物侵权责任准用物的侵权或准用产品侵权。准用物的侵权,生产和设计者是人工智能侵权责任主体。准用产品侵权,严格适用产品责任免责事由。"

侵权责任编应增加特殊侵权责任类型——人工智能物侵权责任条款,该类侵权责任准用物的侵权或准用产品侵权。随着人工智能的迅速发展,人工智能的侵权事件层出不穷。交通和生产事故造成的人身和财产伤害以及智能系统故障造成的财产损失也逐渐受到重视。人工智能侵权事件不同于传统侵权事件,导致的损失和风险的形式也不同。因此,该侵权行为的归责问题值得关注。根据传统的侵权责任法,生产企业和销售者是侵权的主要责任主体。然而,就人工智能而言,明确开发者的安全义务,建立新的人工智能侵权责任机制,可以进一步保障行业的可持续健康发展。就侵犯许可对象的权利而言,产品和设计师是人工智能侵权的主体。目前,人工智能仍处于高级函数阶段,不具备侵权的主观意愿和承担侵权责任的能力,人工智能的侵权就是表象。本质上,负有安全义务的人由于故意或过失而未能履行相应的义务,从而导致人工智能存在侵犯他人权利的风险。对于人工智能的侵权行为,负有安全义务的人应当是了解人工智能工作原理并有能力控制人工智能行为的人。一般来说,人工智能的生产者和设计者属于此类。由于人工智能构成的复杂性,产品缺陷是否发生在算法设计、调试阶段、机器学习培训、测试和生产阶段,以及该侵权风险是否归于设计者或生产者,本身就需要判断。在人工智能时代,设计师和制作人总是分离的,是两个不同的侵权主体。准用产品侵权方面,严格适用产品责任免责事由。人工智能侵权主要是适用产品责任,准用产品侵权行为,应严格适用产品责任免责事由。人工智能侵权主要适用于产品责任的免责事由。[1] 由于大量人工智能产品属于前沿的技术成果，人工智能算法或程序中存在生产者（设计师）无法预见的一些缺陷，免责事由仍有适用的空间。一方面，我们应该鼓励创新，如果能够证明开发人员已经尽了最大努力。对于当时认知和技术水平无法确定的缺陷风险，开发者不承担责任。另一方面，严格适用免责事由，严格规范开发者开发涉及人身和财产安全的人工智能程序的行为，强化开发者的安全义务，防止人工智能侵权风险的发生和累积。

第六，新增人工智能责任机制条款："人工智能产品要符合国家标准，人工智能缺陷产品应及时召回，并承担因召回发生的费用，销售者应为人工智能投保人工智能责任险，强人工智能发生侵权行为应自担风险，国家管理人、生产者、销售者等其他责任主体承担补充责任。"

建立完善的人工智能责任机制。一是逐步建立人工智能产品标准，使开发者明确人工智能产品的国家或行业标准，确保产品满足保障人体健康和人身财产安全的最低要求，避免出现缺陷产品。引导行业制定人工智能开发者安全注意义务标准，加强行业自律。二是建立人工智能缺陷产品召回机制和算法变更节点调度机制。发现缺陷的产品应及时召回或停止提供，评估人工智能算法的变更节点，调查变更原因，明确造成变更和权利受侵害的责任主体。三是探索类似交通强制保险的人工智能责任保险。人工智能可能存在无法归责于使用者，也不宜归责于生产设计者的侵权风险，因此可以建立人工智能责任保险，迅速为被侵权者提供救济，分担开发者风险，确保行业健康发展。

（四）人格权编

在《民法典》人格权编中修改第 1033 条，扩张第 999 条、第 1032 条（隐私

---

〔1〕《产品质量法》规定了生产者的三类免责事由：未将产品投入流通的；产品投入流通时，引起损害的缺陷尚不存在的；将产品投入流通时的科学技术水平尚不能发现缺陷的存在的。

权)、第 1034 条、第 1035 条和第 1038 条的适用范围,[1]使无人驾驶汽车也能适用相关条款。第 1033 条增加第 6 项,明确无人驾驶汽车不得泄露使用者的个人信息。另增加 1 个告知同意项。

建议第 1033 条修改为:"除法律另有规定或者权利人明确同意外,任何组织或者个人不得实施下列行为:

(一)以电话、短信、即时通信工具、电子邮件、传单等方式侵扰他人的私人生活安宁;

(二)进入、拍摄、窥视他人的住宅、宾馆房间等私密空间;

(三)拍摄、窥视、窃听、公开他人的私密活动;

(四)拍摄、窥视他人身体的私密部位;

(五)处理他人的私密信息;

(六)无人驾驶汽车未经同意泄露、公开使用者个人信息;

(七)以其他方式侵害他人的隐私权。"

其他 5 条仅适用范围作扩张,法律条款不做改变。

《民法典》关于个人信息被侵害的情形应增加无人驾驶汽车泄露使用者的个人信息,侵害个人信息的侵权责任主体也应增加国家管理人。《民法典》第

---

[1] 《民法典》第 999 条规定:"为公共利益实施新闻报道、舆论监督等行为的,可以合理使用民事主体的姓名、名称、肖像、个人信息等;使用不合理侵害民事主体人格权的,应当依法承担民事责任。"《民法典》第 1032 条规定:"自然人享有隐私权。任何组织或者个人不得以刺探、侵扰、泄露、公开等方式侵害他人的隐私权。隐私是自然人的私人生活安宁和不愿为他人知晓的私密空间、私密活动、私密信息。"《民法典》第 1034 条规定:"自然人的个人信息受法律保护。个人信息是以电子或者其他方式记录的能够单独或者与其他信息结合识别特定自然人的各种信息,包括自然人的姓名、出生日期、身份证件号码、生物识别信息、住址、电话号码、电子邮箱、健康信息、行踪信息等。个人信息中的私密信息,适用有关隐私权的规定;没有规定的,适用有关个人信息保护的规定。"《民法典》第 1035 条规定:"处理个人信息的,应当遵循合法、正当、必要原则,不得过度处理,并符合下列条件:(一)征得该自然人或者其监护人同意,但是法律、行政法规另有规定的除外;(二)公开处理信息的规则;(三)明示处理信息的目的、方式和范围;(四)不违反法律、行政法规的规定和双方的约定。个人信息的处理包括个人信息的收集、存储、使用、加工、传输、提供、公开等。"《民法典》第 1038 条规定:"信息处理者不得泄露或者篡改其收集、存储的个人信息;未经自然人同意,不得向他人非法提供其个人信息,但是经过加工无法识别特定个人且不能复原的除外。信息处理者应当采取技术措施和其他必要措施,确保其收集、存储的个人信息安全,防止信息泄露、篡改、丢失;发生或者可能发生个人信息泄露、篡改、丢失的,应当及时采取补救措施,按照规定告知自然人并向有关主管部门报告。"

111 条规定自然人的个人信息受法律保护。第 999 条、第 1032 条、第 1034 条、第 1035 条和第 1038 条均规定了个人信息受法律保护，未经自然人同意，不得向他人非法提供个人信息，否则需承担相关法律责任。根据《民法典》的相关规定，无人驾驶汽车对于使用者的数据信息具有保密的义务，未经本人同意，不得泄露给第三方。

增加告知同意条款："落实信息的分级同意，对于敏感个人信息、特殊人群等对个人权益影响较大的信息需取得'单独同意'和'明示同意'，采用'列举 + 动态评估'的方式区分信息的同意方式。"〔1〕

强化告知义务，构建告知格式标准。《个人信息保护法》强化了企业的"告知"义务，明确划分了敏感个人信息和非敏感个人信息并需要进行"同意分级"。该法第 17 条〔2〕提出告知同意书应当使用显著方式、清晰易懂的语言规定事项，并列出四项基本告知要求。在此基础上，建议日后由国家网信部门牵头将告知同意规则标准化，出具相应的实践模板，从而减少平台告知同意书的不一致。在标准的建立过程中，一方面要落实信息的分级同意，对于敏感个人信息、特殊人群等对个人权益影响较大的信息采取更高要求的告知同意方式，不仅需取得"单独同意"同时还需信息主体进行"明示同意"；另一方面建议采用"列举 + 动态评估"的方式区分信息的使用场景，依据不同的使用场景、阶段来确定合适的同意方式。

---

〔1〕 金幼芳、王凯莉、张汀菡：《〈个人信息保护法〉视角下"大数据杀熟"的法律规制》，载《浙江理工大学学报（社会科学版）》2021 年第 6 期。

〔2〕 《个人信息保护法》第 17 条规定："个人信息处理者在处理个人信息前，应当以显著方式、清晰易懂的语言真实、准确、完整地向个人告知下列事项：（一）个人信息处理者的名称或者姓名和联系方式；（二）个人信息的处理目的、处理方式，处理的个人信息种类、保存期限；（三）个人行使本法规定权利的方式和程序；（四）法律、行政法规规定应当告知的其他事项。前款规定事项发生变更的，应当将变更部分告知个人。个人信息处理者通过制定个人信息处理规则的方式告知第一款规定事项的，处理规则应当公开，并且便于查阅和保存。"

结 语

当今时代，以大数据、人工智能等为首的新一代信息通信技术交叉融合、与时俱进，不仅对工业社会、经济社会发展影响深远，更为推动国家治理体系和治理能力现代化提供强劲动力。[1] 如今，世界各国竞相推进数字化转型的进程，数字治理在全球范围内已成为信息通信技术发展的首要战略选择。数字治理能够降低成本，提高效率，能够应对信息化发展带来的新挑战。未来全球数字治理的趋势为，重视战略规划对数字治理的引领作用，强化信息技术对数字治理的驱动作用，重视数据资源的开发利用。近年来，网络化、智能化、数字化进一步融合发展，共享经济和共享治理模式在社会变革中展开。新一代信息通信技术支撑的多元共治格局初步形成，政企协同治理，打造共建共治共享的治理格局。

数字社会的治理逻辑，必然会在法治建设进程中实践性展开。信息技术革命使人类进入史无前例的数字时代，形成了现实与虚拟的双重空间，打造了人机协同基础上的数字社会关系，这些技术发展将使社会和经济的范式转换，法治模式也将随之改变。[2] 随着网络化、智能化、数字化和全球化的纵深融合发展，各种生产资料和生产要素按照人类与人工智能协助配合的时代需求进行重新定位与分配，尤其是在大数据的时代背景下，数据信息生产及其处理能力突

---

〔1〕 宋灵恩：《以数字治理助推国家治理现代化》，载《信息通信技术与政策》2021 年第 8 期。

〔2〕 ［英］乔治·扎卡达基斯：《人类的终极命运——从旧石器时代到人工智能的时代》，陈朝译，中信出版集团 2017 年版，第 296 页。

飞猛进，曾经三维物理空间的信息闭塞和流通障碍已冰解壤分，明晰产权，依法依规进行权利登记，以起到划分归属的确认作用，充分发挥人财物价值的确权经济，逐渐过渡到数字社会的治理逻辑及其法治化展开的共享经济。[1] 数据信息正在进化成能够深刻改变人们生活的新型产品和服务，数据信息已然成为“权力的中心”。[2] 数字社会的新生活，急需基于数字社会的发展规律和治理诉求来重塑法治机制，进而迈向包容共享型法治社会。

数字社会治理能力要得到提高，需清晰认识未来数字社会的基本形态并把握其特征。数字社会是网络化、数字化、智能化深度融合的社会。其主要呈现的样态可概括为“五高”：高度被感知的社会、高度互联互通的社会、高度被精准计算的社会、高度透明的社会和高度智能化的社会。[3] 支撑数字社会的三大技术基础，即通过数字化实现万物感知，通过网络化达到万物互联，通过智能化使社会富有智慧，对数字社会可持续发展起着保障作用。数字社会的基本属性体现为感知、融合、共享、协同、智能。

数字社会的内容覆盖广泛，总体可归纳为五个方面：一是数字生活，包括人们的日常生活、工作、社交、安全、出行等，无人驾驶汽车等人工智能有可能渗入各个领域，服务人类。二是数字民生，包括教育、医疗、养老、抚幼、就业、文体、助残等民生服务。三是数字生态，包括规范有序的互联网环境和清朗的网络空间。四是数字服务，即基于市场的个性数字化服务和以政府为主导的数字公共服务。五是数字治理，如各类组织自身治理，及以满足公民需求为导向的政府与社会的协同治理，其中以人民为中心的数字政府建设是数字治理的“先手棋”。

数字社会的特征显著，主要表现在以下四个方面：一是社会组织智能化。各类机构组织要运用数字技术，在功能和结构上普遍实现智能化，构建数字化生活新场景。比如，智能学校、智能社区、智能医院等。二是社会运行的智能

---

〔1〕 马长山：《数字社会的治理逻辑及其法治化展开》，载《法律科学（西北政法大学学报）》2020年第5期。

〔2〕 [美]安德雷斯·韦思岸：《大数据和我们——如何更好地从后隐私经济中获益？》，胡小锐、李凯平等译，中信出版集团2016年版，第12～18页。

〔3〕 魏礼群等：《数字治理：人类社会面临的新课题》，载《社会政策研究》2021年第2期。

化。社会运行智能化是在物联网感知设施和数据资源体系的统一下开展“互联网+”建设,大幅提升整个框架运行智能化水平。三是社会成员自身的智能化。比如,个人首先要快速提升和融合自身的智能化水平。四是参与运行中的人本身被智能化。比如,各类生物识别技术与数字技术深度融合,“刷脸”“捺指纹”在人们日常生活中广泛应用,使每个人都被智能化了。

如今,我们主动拥抱并已经进入一个数字化的时代。虽然当今世界的发展瞬息万变,但无论如何改变,都有一个不变的确定性,那就是以互联网、大数据、云计算、人工智能等为代表的网络信息技术已经与我们的生活密不可分。网络信息技术作为生产力中最具革命性、最活跃的因素,使生产力发生质的飞跃。无人驾驶汽车既解放了我们的双手,又用精准的智能系统指挥无人驾驶汽车的运行,有效防控风险,减少交通事故发生。同时,我们也应注意到,既有的社会运行机制、产业组织结构、经济发展方式、侵权责任体系等正在经历变革,进而对社会和国家治理造成某种程度的冲击和影响,这是由基于互联网、大数据、云计算、智能算法等网络信息技术的权力转移的发生导致的。我们应未雨绸缪,防微杜渐,科学研判,精准施策,调整现有法律责任体系以适应无人驾驶汽车等人工智能的发展,及时作出正确抉择和理性应变。

第一,理性看待无人驾驶汽车等人工智能新兴技术给工作带来的变革。马克思曾表示担忧:“机器不仅是工人强有力的竞争对手,而且总是置工人于失业的边缘。机器是镇压工人罢工最强大的武器。”霍金也曾在演讲中提出警告:“人类需警惕人工智能发展威胁。人工智能一旦脱离束缚,以不断加速的状态重新设计自身,人类由于受到漫长的生物进化的限制,将无法与之竞争,从而被取代。”我们可以看到,人工智能从弱人工智能向强人工智能更新换代,在给人们生活带来便利的同时,也正在接手数以万计的重复性事务,完成许多低技能工作,甚至将完全取代人类从事的大规模可重复、可编码的劳动。数字社会的零工经济时代,劳动者将可能从事多种工作以适应社会发展和实现个人发展的需要,这意味着他们将把终身学习作为毕生事业,因为新的就业岗位对劳动力的高级认知技能和社会情感技能要求更高。人工智能新兴技术对工作性质的变革也将对人力资本建设、社会就业保障、国家教育创新等提出新的治理挑战。

第二，理性看待无人驾驶汽车引发的数字治理中安全与发展、监管与创新的关系。时下，无人驾驶汽车等正加速迈向一个技术革新、急速更迭、多元融合、全面渗透的发展阶段，网络信息新技术作为新生事物的代表，本身就意味着对既有应用、业态以及发展模式的突破。在加快数字社会建设时，既要确保技术先进性，也要加强社会信用维护、推进网络空间治理。我们应坚持安全与发展、创新与监管的辩证统一。这就要求尽快建立健全数字社会建设的标准体系和法治体系，完善相关立法，加大普法力度，严格执法和司法，为数字社会安全有序发展提供保障。我们必须意识到安全和发展要同步推进，前者是前提，后者是保障，既要把安全摆在重要位置，也要把发展作为硬道理。我们应当坚定不移地支持十拿九准的新技术、新业态、新应用，同时应密切观察、冷静分析、理性判断处于创新发展中一时难以把握的情况。判定的标准就是能否让老百姓更有满足感和幸福感，能否让数字经济健康持续稳步发展，能否让国家更加繁荣昌盛。

第三，理性看待无人驾驶汽车等新技术发展带来的伦理、社会与法律问题。新兴网络技术快速发展，也使人类不得不面对一系列伦理、社会及法律问题。比如，无人驾驶汽车法律主体地位问题，无人驾驶汽车信息泄露问题，基于算法技术的权力转移问题，网络安全和数据安全问题，深度伪造技术的社会风险问题，公民个人隐私保护、网络暴力问题，互联网企业社会责任问题，以及数字鸿沟问题，等等。这些新问题、新挑战在给社会治理增加难度的同时，也对社会治理提出了新要求。所以，在数字化时代，需要针对数字经济和数字化生活的新特点制定新的规则。如何以数字思维引领社会治理，以数字伦理与法治规制社会治理，切实提升社会治理智能化水平，是我们需要攻克的一个重要课题。

在工商业社会向数字社会的变革转型的过程中，势必会遭遇很多未知的风险和挑战，随着人工智能机器人、无人驾驶汽车等新事物的出现，数据滥用、数据泄露等新的侵权法律问题难以避免。现有侵权法律体系存在滞后性，为解决新问题，侵权责任体系将会发生变化。在数字社会中，无人驾驶汽车获得良好的发展环境和广阔的发展空间，无人驾驶汽车的数据信息成为新型的产品和服务，为人们的出行和生活提供便利，丰富数字社会的治理路径。解决无人驾驶汽车在数字社会中出现的新型侵权法律问题，在数字社会的发展规律和治理逻辑的基础上，构建包容共享型法治的制度则是出路，由政企协同治理，国家管理人承担补充责任，多主体共同分担法律风险和法律责任，建立无人驾驶汽车侵权法律责任综合救济体系。

因数据信息是无形连接、无疆流动的，数字化变革是无法控制和阻拦的，在此变革中，必须对治理的架构和机制进行全方位变革，需从"主权占先"向"协同治理"转变，因为这是数字社会治理和包容共享型法治的逻辑展开，是实现法治秩序和数字善治的必然转向。无人驾驶汽车在数字社会的普及是无法阻挡的趋势，无人驾驶汽车侵权法律问题数字治理需进行变革，顺应包容共享型法治的逻辑和实现法治秩序。要充分发挥无人驾驶技术等新兴技术在司法行政中的优化效应，并且与防范无人驾驶风险同步进行。在公开、公平、负责的理念的指导下，建立相应的无人驾驶系统算法决策规则和救济机制，促进科技向善发展，打造智慧法律体系，进一步实现"正义可视化"。[1]

总而言之，数字技术、数字经济、数字社会稳步发展的脚步不会停止，目前单一的技术逻辑已经无法解决数字化发展所引发的各种复杂问题，单一的市场监管逻辑也无法有效回应数字技术变革下的时代关切、新问题与新挑战。作为具有牵引、带动作用的政府，以及社会各界都需要主动拥抱这种变化，不断创新行政管理和服务方式，提高领导和驾驭数字化发展的能力。公共政策在其中发挥着不可或缺的作用。政策背后是理论，只有穿透理论的层峦叠嶂，透过现象看本质，才能豁然开朗，找到切实可行的解决问题的政策工具。现阶段，我们仍然需要加强对数字治理的理论研究，认真对待当今信息革命，遵循数字社会治理逻辑，积极推进包容共享型法治建设，让数字化智能化更好地造福社会、造福人民，这是中国自主性法治道路的必然选择。[2]

---

〔1〕 马长山：《司法人工智能的重塑效应及其限度》，载《法学研究》2020 年第 4 期。

〔2〕 魏礼群等：《数字治理：人类社会面临的新课题》，载《社会政策研究》2021 年第 2 期。

参考文献

一、著作类

（一）中文著作

[1]曹昌伟:《侵权法上的违法性研究》,中国政法大学出版社 2017 年版。

[2]柴占祥、聂天心、[德]Jan Becker 编著:《自动驾驶改变未来》,机械工业出版社 2017 年版。

[3]陈聪富:《侵权行为法原理》,台北,元照出版有限公司 2018 年版。

[4]程啸:《侵权行为法总论》,中国人民大学出版社 2008 年版。

[5]胡安潮:《特殊侵权归责原则研究》,知识产权出版社 2009 年版。

[6]金东寒主编:《秩序的重构——人工智能与人类社会》,上海大学出版社 2017 年版。

[7]李昊:《危险责任的动态体系论》,北京大学出版社 2020 年版。

[8]李彦宏等:《智能革命——迎接人工智能时代的社会、经济与文化变革》,中信出版集团 2017 年版。

[9]刘宪权:《人工智能时代的刑法观》,上海人民出版社 2019 年版。

[10]刘宪权主编:《人工智能:刑法的时代挑战》,上海人民出版社 2018 年版。

[11]史黎:《我国大规模侵权责任保险制度构建论》,中国政法大学出版社 2018 年版。

[12]腾讯研究院等:《人工智能:国家人工智能战略行动抓手》,中国人民大学出版社2017年版。

[13]王成:《侵权损害赔偿的经济分析》,中国人民大学出版社2002年版。

[14]王军:《侵权法上的严格责任的原理和实践》,法律出版社2006年版。

[15]王利明:《侵权行为法归责原则研究》(修订二版),中国政法大学出版社2004年版。

[16]王利明:《侵权责任法研究》,中国人民大学出版社2016年版。

[17]王素娟主编:《虚拟与现实社会中有形与无形财产间最新民商问题法律分析》,中国人民公安大学出版社2012年版。

[18]王卫国:《过错责任原则:第三次勃兴》,中国法制出版社2000年版。

[19]王泽鉴:《侵权行为》(第3版),北京大学出版社2016年版。

[20]谢进川:《媒介政治社会学分析》,中国传媒大学出版社2017年版。

[21]杨帆:《风险社会视域中侵权损害赔偿与责任保险的互动机制》,中国社会科学出版社2016年版。

[22]杨立新:《侵权责任法》,北京大学出版社2017年版。

[23]姚辉主编:《民法总则基本理论研究》,中国人民大学出版社2019年版。

[24]于敏:《机动车损害赔偿责任与过失相抵》,法律出版社2004年版。

[25]于敏:《日本侵权行为法》(第3版),法律出版社2015年版。

[26]张海斌主编:《人工智能、区块链与法治:国别区域科技与法律动态》,法律出版社2020年版。

[27]张辉:《侵权责任法原理与适用方法探究》,吉林人民出版社2017年版。

[28]张鹏:《专利侵权损害赔偿制度研究》,北京知识产权出版社2017年版。

[29]张新宝、葛维宝主编:《大规模侵权法律对策研究》,法律出版社2011年版。

[30]朱岩:《侵权责任法通论·总论》,法律出版社2011年版。

(二)译著

[1][德]埃尔温·多伊奇、于尔根·阿伦斯:《德国侵权法》(第5版),叶名怡、温大军译,中国人民大学出版社2016年版。

[2][德]克里斯蒂安·冯·巴尔:《大规模侵权损害责任法的改革》,贺栩栩译,中国法制出版社2010年版。

[3][德]马克西米利安·福克斯:《侵权行为法》,齐晓琨译,法律出版社2006年版。

[4][德]乌尔里希·贝克:《风险社会——新的现代性之路》,张文杰、何博闻译,译林出版社2018年版。

[5][德]乌尔里希·贝克、约翰内斯·威尔姆斯:《自由与资本主义》,路国林译,浙江人民出版社2001年版。

[6][法]弗雷德里克·巴斯夏:《财产、法律与政府:巴斯夏政治经济学文萃》,秋风译,商务印书馆2012年版。

[7][荷]尤瑞恩·范登·霍文、[澳]约翰·维克特主编:《信息技术与道德哲学》,赵迎欢等译,科学出版社2014年版。

[8][美]爱伦·M. 芭波里克选编:《侵权法重述纲要》,许传玺等译,法律出版社2016年版。

[9][美]安德雷斯·韦思岸:《大数据和我们——如何更好地从后隐私经济中获益?》,胡小锐、李凯平译,中信出版集团2016年版。

[10][美]E. 博登海默:《法理学:法律哲学与法律方法》,邓正来译,中国政法大学出版社2017年版。

[11][美]戴文·G. 欧文:《产品责任法》,董春华译,中国政法大学出版社2012年版。

[12][美]杰里米·里夫金:《零边际成本社会:一个物联网、合作共赢的新经济时代》,赛迪研究院专家组译,中信出版社2017年版。

[13][美]克里斯托弗·斯坦纳:《算法帝国》,李筱莹译,人民邮电出版社2014年版。

[14][美]库兹韦尔:《奇点临近》,董振华、李庆诚译,机械工业出版社

2011 年版。

[15][美]皮埃罗·斯加鲁菲:《智能的本质——人工智能与机器人领域的64 个大问题》,任莉等译,人民邮电出版社 2017 年版。

[16][美]瑞恩·卡洛、迈克尔·弗鲁姆金、[加]伊恩·克尔编:《人工智能与法律的对话》,陈吉栋、董惠敏、杭颖颖译,上海人民出版社 2018 年版。

[17][美]莎拉·芭氏、蒂莫西·M. 亨利:《IT 之火——计算机技术与社会、法律和伦理》,郭耀译,机械工业出版社 2019 年版。

[18][美]维韦克·瓦德瓦、亚历克斯·萨尔克弗:《未来之路》,王晋译,中信出版集团 2018 年版。

[19][美]文森特·R. 约翰逊:《美国侵权法》(第 5 版),赵秀文等译,中国人民大学出版社 2017 年版。

[20][美]约翰·弗兰克·韦弗:《机器人也是人:人工智能时代的法律》,郑志峰译,台北,元照出版有限公司 2018 年版。

[21][美]约翰·弗兰克·韦弗:《机器人是人吗?》,刘海安、徐铁英、向秦译,上海人民出版社 2018 年版。

[22][日]泉田良辅:《智能化未来——无人驾驶技术将如何改变我们的生活》,李晨译,浙江大学出版社 2015 年版。

[23][日]野边继男:《深入理解 ICT 与自动驾驶》(全彩图解版),陈慧、张诚、陈恭羽译,机械工业出版社 2018 年版。

[24][日]野村直之:《人工智能改变未来的工作方式、产业和社会的变革》,付天祺译,东方出版社 2018 年版。

[25][瑞]海因茨·雷伊:《瑞士侵权责任法》,贺栩栩译,中国政法大学出版社 2015 年版。

[26][以]尤瓦尔·赫拉利:《未来简史》,林俊宏译,中信出版社 2017 年版。

[27][意]乌戈·帕加罗:《谁为机器人的行为负责?》,张卉林、王黎黎译,上海人民出版社 2018 年版。

[28][英]卡罗尔·哈洛:《国家责任——以侵权法为中心展开》,涂永前等

译，北京大学出版社 2009 年版。

［29］［英］乔治·扎卡达基斯：《人类的终极命运——从旧石器时代到人工智能的时代》，陈朝译，中信出版集团 2017 年版。

［30］［英］詹姆斯·柯兰：《互联网的误读》，何道宽译，中国人民大学出版社 2014 年版。

二、期刊论文、学位论文

［1］白云武：《无人驾驶汽车交通事故的法律责任分析》，载《交通运输部管理干部学院学报》2016 年第 2 期。

［2］柴瑞娟：《英美两国儿童疫苗伤害国家补偿法律制度比较研究》，载《新疆社会科学》2019 年第 3 期。

［3］陈和芳：《论人工智能侵权责任主体的识别机制》，载《学术交流》2020 年第 7 期。

［4］陈吉栋：《论机器人的法律人格——基于法释义学的讨论》，载《上海大学学报（社会科学版）》2018 年第 3 期。

［5］陈吉栋：《人工智能时代的法治图景——兼论〈民法典〉的智能维度》，载《探索与争鸣》2021 年第 2 期。

［6］陈晓林：《无人驾驶汽车对现行法律的挑战及应对》，载《理论学刊》2016 年第 1 期。

［7］崔理博、赵明非：《无人驾驶汽车侵权的责任分析与法律规制》，载《齐齐哈尔大学学报（哲学社会科学版）》2019 年第 5 期。

［8］党家玉：《人工智能的伦理与法律风险问题研究》，载《信息安全研究》2017 年第 12 期。

［9］丁张锋：《国内共享汽车行业发展现状及趋势探讨》，载《工业设计》2017 年第 11 期。

［10］杜明强、冷传莉：《论无人驾驶汽车交通事故侵权责任》，载《安徽师范大学学报（人文社会科学版）》2020 年第 2 期。

［11］杜严勇：《论机器人的权利》，载《哲学动态》2015 年第 8 期。

[12]范非、邢文杰:《国外电动汽车租赁模式对杭州微公交的启示》,载《新经济》2015年第2期。

[13]范忠信:《人工智能法理困惑的保守主义思考》,载《探索与争鸣》2018年第9期。

[14]房绍坤、林广会:《人工智能民事主体适格性之辨思》,载《苏州大学学报(哲学社会科学版)》2018年第5期。

[15]冯洁:《人工智能体法律主体地位的法理反思》,载《东方法学》2019年第4期。

[16]冯珏:《自动驾驶汽车致损的民事侵权责任》,载《中国法学》2018年第6期。

[17]冯珏:《自然人与法人的权利能力对于法人本质特征的追问》,载《中外法学》2021年第2期。

[18]付其运:《人工智能非主体性前提下侵权责任承担机制研究》,载《法学杂志》2021年第4期。

[19]高完成、宁卓名:《人工智能产品致害风险及其侵权责任规制》,载《河南社会科学》2021年第4期。

[20]顾险峰:《人工智能中的联结主义和符号主义》,载《科技导报》2016年第7期。

[21]郭剑平:《制度变迁史视域下人工智能法律主体地位的法理诠释》,载《北方法学》2020年第6期。

[22]郭少飞:《"电子人"法律主体论》,载《东方法学》2018年第3期。

[23]郭泽强:《人工智能时代权利与责任归属的域外经验与启示》,载《国外社会科学》2020年第5期。

[24]郝英好:《人工智能安全风险分析与治理》,载《中国电子科学研究院学报》2020年第6期。

[25]何垣:《论我国无人驾驶汽车侵权体系的构建》,载《时代法学》2021年第1期。

[26]胡光:《人工智能生成对象版权法基本理论探讨:历史、当下与未来》,

载《当代传播》2018年第4期。

[27]胡元聪、曲君宇:《智能无人系统开发与运用的法律规制》,载《科技与法律》2020年第4期。

[28]黄东东、张煜琪:《社会车辆模式下网约车平台侵权责任研究——以网约车侵权司法案例研究为基础》,载《重庆邮电大学学报(社会科学版)》2020年第2期。

[29]黄甫全、曾密成:《人工智能立法:主体、内容与特征》,载《学术研究》2020年第11期。

[30]黄建武:《法律关系:法律调整的一个分析框架》,载《哈尔滨工业大学学报(社会科学版)》2019年第1期。

[31]贾开、赵彩莲:《智能驾驶汽车产业的治理:发展、规制与公共政策选择》,载《电子政务》2018年第3期。

[32]江秋伟:《论司法裁判人工智能化的空间及限度》,载《学术交流》2019年第2期。

[33]江溯:《自动驾驶汽车对法律的挑战》,载《中国法律评论》2018年第2期。

[34]蒋军辉:《浅析共享汽车租赁的法律问题及其完善建议》,载《中国律师》2017年第11期。

[35]蒋岩波、朱格锋:《共享经济模式下网约车平台与司机法律关系的辨析与认定》,载《河南财经政法大学学报》2019年第5期。

[36]金彦宇、张丙华:《人工智能物的民事侵权责任探析》,载《广西政法管理干部学院学报》2018年第6期。

[37]金幼芳、王凯莉、张汀菡:《〈个人信息保护法〉视角下"大数据杀熟"的法律规制》,载《浙江理工大学学报(社会科学版)》2021年第6期。

[38]李爱君:《人工智能法律行为论》,载《政法论坛》2019年第3期。

[39]李俊丰、姚志伟:《论人工智能的法律人格:一种法哲学思考》,载《华侨大学学报(哲学社会科学版)》2018年第6期。

[40]李坤海、徐来:《人工智能对侵权责任构成要件的挑战及应对》,载《重

庆社会科学》2019 年第 2 期。

[41]李磊:《论共享单车平台公司对低龄骑行人的安全注意义务》,载《东方法学》2020 年第 1 期。

[42]李磊:《论中国自动驾驶汽车监管制度的建立》,载《北京理工大学学报(社会科学报)》2018 年第 2 期。

[43]李扬、李晓宇:《康德哲学视点下人工智能生成物的著作权问题探讨》,载《法学杂志》2018 年第 9 期。

[44]林少伟:《人工智能法律主体资格实现路径:以商事主体为视角》,载《中国政法大学学报》2021 年第 3 期。

[45]刘久:《我国核损害赔偿纠纷的可仲裁性研究》,载《法学杂志》2020 年第 6 期。

[46]刘水林:《风险社会大规模损害责任法的范式重构:从侵权赔偿到成本分担》,载《法学研究》2014 年第 3 期。

[47]刘铁光:《风险社会中技术规制基础的范式转换》,载《现代法学》2011 年第 4 期。

[48]刘宪权、胡荷佳:《论人工智能时代智能机器人的刑事责任能力》,载《法学》2018 年第 1 期。

[49]刘云:《论人工智能的法律人格制度需求与多层应对》,载《东方法学》2021 年第 1 期。

[50]龙卫球:《科技法迭代视角下的人工智能立法》,载《法商研究》2020 年第 1 期。

[51]龙文懋:《人工智能法律主体地位的法哲学思考》,载《法律科学》2018 年第 5 期。

[52]陆文杰等:《日本自动驾驶汽车相关法规政策综述及启示》,载《道路交通科学技术》2020 年第 3 期。

[53]马长山:《人工智能的社会风险及其法律规制》,载《法律科学》2018 年第 6 期。

[54]马长山:《数字社会的治理逻辑及其法治化展开》,载《法律科学》2020

年第 5 期。

[55]马长山:《司法人工智能的重塑效应及其限度》,载《法学研究》2020 年第 4 期。

[56]梅夏英:《民事主体的抽象度问题及其对私法体系的影响》,载《经贸法律评论》2019 年第 1 期。

[57]孟露、张超:《无人驾驶汽车交通事故侵权责任主体和归责原则》,载《北京化工大学学报(社会科学版)》2019 年第 3 期。

[58]彭诚信、陈吉栋:《论人工智能体法律人格的考量因素》,载《当代法学》2019 年第 2 期。

[59]彭诚信:《人工智能的法律主体地位》,载《人民法治》2018 年第 18 期。

[60]任家仪:《自主驾驶系统的"人类驾驶员标准"——产品责任的解释论研究》,载《东北农业大学学报》2019 年第 5 期。

[61]石冠彬:《论智能机器人创作物的著作权保护——以智能机器人的主体资格为视角》,载《东方法学》2018 年第 3 期。

[62]石森昌:《共享汽车品牌 Car2go 的发展经验及借鉴》,载《当代经济》2017 年第 26 期。

[63]司晓:《论人工智能的民事责任——以自动驾驶汽车和智能机器人为切入点》,载《法律科学》2017 年第 5 期。

[64]宋宗宇、林传琳:《自动驾驶交通事故责任的民法教义学解释进路》,载《政治与法律》2020 年第 11 期。

[65]孙山:《人工智能生成内容的著作权法规制——基于对核心概念分析的证成》,载《浙江学刊》2018 年第 2 期。

[66]孙艺萌:《自动驾驶汽车技术发展与法律规制》,载《法律文化》2019 年第 9 期。

[67]孙占利:《智能机器人法律人格问题论析》,载《东方法学》2018 年第 3 期。

[68]唐林垚:《人工智能时代的算法规制:责任分层与义务合规》,载《现代

法学》2020 年第 1 期。

[69]唐清利:《"专车"类共享经济的规制路径》,载《中国法学》2015 年第 4 期。

[70]田喜清、韩伟:《无人驾驶汽车及其法律规制》,载《长安大学学报(社会科学版)》2019 年第 1 期。

[71]童天湘:《人工智能与社会发展》,载《自然辩证法研究》1992 年增刊。

[72]王春梅、冯源:《技术性人格:人工智能主体资格的私法构设》,载《华东政法大学学报》2021 年第 5 期。

[73]王春梅:《〈格里申法案〉机器人二元定性的启示与反思》,载《汉江论坛》2020 年第 9 期。

[74]王灏:《智能投资顾问服务之法律风险承担》,载《暨南学报(哲学社会科学版)》2019 年第 8 期。

[75]王乐兵:《自动驾驶汽车的缺陷以及产品责任》,载《清华法学》2020 年第 2 期。

[76]王利明:《人工智能时代对民法学的新挑战》,载《东方法学》2018 年第 3 期。

[77]王利明:《数据共享与个人信息保护》,载《现代法学》2019 年第 1 期。

[78]王轶晗、王竹:《医疗人工智能侵权责任法律问题研究》,载《云南师范大学学报》2020 年第 3 期。

[79]魏礼群等:《数字治理:人类社会面临的新课题》,载《社会政策研究》2021 年第 2 期。

[80]吴高臣:《人工智能法律主体资格研究》,载《自然辩证法通讯》2020 年第 6 期。

[81]吴汉东:《人工智能时代的制度安排与法律规制》,载《法律科学》2017 年第 5 期。

[82]吴习彧:《论人工智能的法律主体资格》,载《浙江社会科学》2018 年第 6 期。

[83]吴英霞:《无人驾驶汽车规范发展法律路径研究》,载《科技管理研究》

2019年第2期。

[84]肖海燕:《基于演化博弈的公共交通、共享汽车与私家车的博弈分析》,载《运筹与管理》2019年第8期。

[85]谢薇、肖飒:《自动驾驶汽车的交通事故损害赔偿责任》,载《长安大学学报(社会科学版)》2018年第4期。

[86]熊钱富:《共享车侵权法律问题研究》,载《贵州警官职业学院学报》2017年第6期。

[87]徐文:《反思与优化:人工智能时代法律人格赋予标准论》,载《西南民族大学学报(人文社会科学版)》2018年第7期。

[88]许辉猛、王飞翔:《人工智能侵权责任认定》,载《长安大学学报(社会科学版)》2018年第4期。

[89]许明月、谭玲:《论人工智能创作物的邻接权保护——理论证成与制度安排》,载《比较法研究》2018年第6期。

[90]许中缘、范沁宁:《人工智能产品缺陷司法认定标准之研究》,载《重庆大学学报(社会科学版)》2020年第7期。

[91]许中缘:《论智能机器人的工具性人格》,载《法学评论》2018年第5期。

[92]许中缘:《论智能汽车侵权责任立法——以工具性人格为中心》,载《法学》2019年第4期。

[93]杨立新:《民事责任在人工智能发展风险管控中的作用》,载《法学杂志》2019年第2期。

[94]杨立新:《人工类人格:智能机器人的民法地位——兼论智能机器人致人损害的民事责任》,载《求是学刊》2018年第4期。

[95]杨立新:《无人驾驶机动车交通事故责任的归责设计》,载《福建师范大学学报(哲学社会科学版)》2019年第3期。

[96]杨立新:《用现行民法规则解决人工智能法律调整问题的尝试》,载《法学研究》2018年第7期。

[97]杨尊毅:《日本福岛核事故对建立我国核损害赔偿体系的启示》,载

《中国核工业》2017 年第 8 期。

[98]殷秋实:《智能汽车的侵权法问题与应对》,载《法律科学》2018 年第 5 期。

[99]尤婷、刘健:《自动驾驶汽车的交通事故侵权责任研究》,载《湘潭大学学报》2021 年第 2 期。

[100]袁曾:《人工智能有限法律人格审视》,载《东方法学》2017 年第 5 期。

[101]袁曾:《无人驾驶汽车侵权责任的链式分配机制——以算法应用为切入点》,载《东方法学》2019 年第 5 期。

[102]袁建华、宋群、陆文杰:《欧洲自动驾驶汽车相关政策综述及启示》,载《道路交通科学技术》2020 年第 5 期。

[103]张继红、肖剑兰:《自动驾驶汽车侵权责任问题研究》,载《上海大学学报(社会科学版)》2019 年第 1 期。

[104]张建文、贾章范:《无人驾驶汽车致人损害的责任分析与规则应对》,载《重庆邮电大学学报(社会科学版)》2018 年第 4 期。

[105]张建文:《格里申法案的贡献与局限——俄罗斯首部机器人法草案述评》,载《华东政法大学学报》2018 年第 2 期。

[106]张力、李倩:《高度自动无人驾驶汽车交通侵权责任构造分析》,载《浙江社会科学》2018 年第 8 期。

[107]张龙:《自动驾驶背景下"交强险"制度的应世变革》,载《河北法学》2018 年第 10 期。

[108]张龙:《自动驾驶型道路交通事故责任主体认定研究》,载《苏州大学学报(哲学社会科学版)》2018 年第 5 期。

[109]张韬略、蒋瑶瑶:《德国智能汽车立法及〈道路交通法〉修订之评介》,载《德国研究》2017 年第 4 期。

[110]张韬略:《自动驾驶汽车道路测试安全制度分析:中日立法的比较》,载《科技与法律》2019 年第 4 期。

[111]张文显:《构建智能社会的法律秩序》,载《东方法学》2020 年第

5 期。

[112]张新宝、岳业鹏:《大规模侵权损害赔偿基金:基本原理与制度建设》,载《法律科学》2012 年第 1 期。

[113]张新宝:《设立大规模侵权损害救济(赔偿)基金的制度构想》,载《法商研究》2010 年第 6 期。

[114]张玉洁、朱昊:《人工智能治理视野下无人驾驶汽车的法律责任研究》,载《南宁师范大学学报(哲学社会科学版)》2021 年第 1 期。

[115]张玉洁:《论人工智能时代的机器人权利及其风险规制》,载《东方法学》2017 年第 6 期。

[116]赵万一:《机器人的法律主体地位辨析——兼谈对机器人进行法律规制的基本要求》,载《贵州民族大学学报(哲学社会科学版)》2018 年第 3 期。

[117]郑戈:《人工智能与法律的未来》,载《探索与争鸣》2017 年第 10 期。

[118]郑志峰:《人工智能时代的隐私保护》,载《法律科学》2019 年第 2 期。

[119]郑志峰:《自动驾驶汽车的交通事故侵权责任》,载《法学》2018 年第 4 期。

[120]郑志峰:《自动驾驶汽车交通事故责任的立法论与解释论——以民法典相关内容为视角》,载《东方法学》2021 年第 3 期。

[121]郑智航:《人工智能算法的伦理危机与法律规制》,载《法律科学》2021 年第 1 期。

[122]周文康 、胡金文、张丹:《自动驾驶汽车侵权责任的主体识别及担责形式》,载《经济问题》2021 年第 2 期。

[123]周友军:《民法典编纂中产品责任制度的完善》,载《法律评论》2018 年第 2 期。

[124]朱梦云:《我国著作权法视域下的人工智能法律主体资格论证》,载《电子知识产权》2021 年第 8 期。

[125]朱倩倩:《无人驾驶时代车险业发展分析》,载《汽车工业研究》2018 年第 1 期。

[126]邹爱华、王思宜:《论无人驾驶汽车的侵权责任主体》,载《黑龙江省政法管理干部学院学报》2019 年第 4 期。

[127][美]约翰·弗兰克·韦弗:《人工智能机器人的法律责任》,郑志峰译,载《财经法学》2019 年第 1 期。

[128][俄]安德烈·聂兹纳莫夫、维克多·纳乌莫夫:《机器人学与人工智能示范公约——机器人与人工智能创制和使用规则》,贾佳威译,张建文校,载《人工智能法学研究》2018 年第 2 期。

[129]邢宏:《论大规模侵权损害赔偿基金》,华中科技大学 2013 年博士学位论文。

[130]尹德贵:《风险分配的法理论纲》,苏州大学 2016 年博士学位论文。

三、会议论文集、报纸及其他

[1]中国汽车技术研究中心有限公司、中国智能交通协会:《中国自动驾驶产业发展报告(2020)》,社会科学文献出版社 2020 年版。

[2]赵磊、赵宇:《论人工智能的法律主体地位》,载岳彩申、侯东德主编:《人工智能法学研究》2018 年第 1 期,社会科学文献出版社 2018 年版。

[3]郝铁川:《不可幻想和高估人工智能对法治的影响》,载《法制日报》2018 年 1 月 3 日。

[4]於兴中:《人工智能:法律界的期待远远超过恐惧?》,载《法制日报》2017 年 11 月 6 日。

[5]王曼利、倪建军、周启明:《加快推进城市公共交通立法》,载《检察日报》2020 年 11 月 30 日。

[6]郭大磊、刘冬:《信息社会数据垄断危害及其检察应对》,载《检察日报》2021 年 9 月 7 日。

[7]张铁薇:《"风险社会"与侵权法的新理念》,载《光明日报(学术版)》2007 年 4 月 17 日。

四、外文文献

[1]柳沼充彦「原子力損害賠償法の見直しに向けた課題:これからの原子力損害賠償制度を考える」立法と調査 No. 361(参議院事務局企画調整室編集,2015)。

[2]田中良弘「原子力損害賠償の法政策的検討」一橋大学環境法政策講座编『原子力損害賠償の現状と課題』(商事法務,2015 年)。

[3]原子力損害賠償実務研究会『原子力損害賠償の実務』(民事法研究会,2011 年)。

[4]藤田友敬『自動運転と運行供用者の責任』ジュリスト(有斐閣,2017 年)。

[5]Busuioc M., *Accountable Artificial Intelligence: Holding Algorithms to Account*, Public Administration Review, Vol. 81, 2021.

[6]Duplechin R. J., *The Emerging Intersection of Products Liability, Cybersecurity, and Autonomous Vehicles*, Tennessee Law Review, Vol. 3, 2018.

[7]Fishman Elliot, *The Sharing Economy and the Relevance for Transport*, Academic Press, 2019.

[8]John Lightbourne, *Algorithms & Fiduciaries: Existing and Proposed Regulatory Approaches to Artificially Intelligent Financial Planners*, Duke L. J., Vol. 67, 2017.

[9]Kenneth S. Abraham & Robert L. Rabin, *Automated Vehicles and Manufacturer Responsibility for Accidents: A New Legal Regime for a New Era*, Virginia Law Review, Vol. 105, 2019.

[10]Michelle Megna, *Peer-to-peer Car Rental (Turo, Getaround): A Guide to Insurance Coverage*, Sep 06, 2018.

[11]Norihito Sato, *Overview of Revisions to the Road Transport and Road Traffic Act in Preparation for the Realization of Autonomous Driving*, NBL No. 1149, 2019.

[12] Richard Loricco, *Autonomous Vehicles: Why We Need Them, But Are Unprepared For Them*, Quinnipiac law Review, 2018.

[13] Roman Dremliuga, Pavel Kuznetcov & Alexey Mamychev, *Criteria for Recognition of AI as a Legal Person*, Journal of Politics and Law, Vol. 1, 2019.

[14] Samir Chopra & Laurence F. White, *A Legal Theory for Autonomous Artificial Agents*, Michigan University of Michigan Press, 2011.

[15] Takeyoshi Imai, *Legal Regulation of Autonomous Driving Technology: Current Conditions and Issues in Japan*, Iatss Research, Vol. 43, 2019.

[16] В. В. Архипов, В. Б. Наумов. Искусственный нителлекти автономные устройства в контексте права: оразра ботке первого в России закона о робототехнике. Труды СПИИРАН. 2017. Вып. 6(55). С. 50 – 52.

后　记

随着人工智能技术的出现、数字社会的深入发展，在未来社会，无人驾驶汽车的普及是大势所趋。无人驾驶汽车在发展过程中不可避免地会产生一系列法律问题，需要我们关注和解决，尤其是侵权法律问题，包括侵权责任主体、归责原则、损害赔偿等，无疑都关乎每个人的切身利益。唯有切实解决无人驾驶汽车发生交通事故损害他人健康或生命、财产等侵权法律问题，方能实现无人驾驶汽车产业健康长远发展。首先，明确无人驾驶汽车“电子法人”的法律定位。承认无人驾驶汽车的民事主体地位，从风险社会、法经济学、法社会学和公共政策角度对无人驾驶汽车侵权损害的法理基础进行分析，在此基础上探讨无人驾驶汽车侵权损害的法律调整机制。其次，探究无人驾驶汽车侵权应适用何种侵权损害归责原则。现行机动车交通事故侵权归责原则在面对无人驾驶汽车时存在一定缺陷，如无法应对无人驾驶汽车产生的主体性问题，此时可把无人驾驶汽车的发展分为非自主阶段和自主阶段，分别讨论和适用不同的归责原则。再次，明确何种侵权损害事故应由哪些责任主体承担。最后，从家用汽车、共享汽车和公共交通三个方面分析无人驾驶汽车侵权的损害赔偿。根据责任主体、归责原则和因果关系论证损害赔偿的方式和范围，解决无人驾驶汽车发生交通事故侵权或信息泄露侵权等产生的损害赔偿责任，维护他人合法权益和社会公平正义，稳定社会秩序，并促进社会主义现代化向前推进。

近年来，无人驾驶共享汽车和无人驾驶公共交通都处于发展阶段，二者都属于无人驾驶技术在现代及未来社会的典型应用。但无人驾驶技术处于新发展阶段,新问题不断产生,需要不断探索和循序渐进地解决。伴随无人驾驶技术的成熟,无人驾驶卡车、无人驾驶飞机等逐步普及,甚至出现公路、机场、港口建设“无人化”,这些都是在无人驾驶技术发展后期需要思考的问题。应充分认识到无人驾驶汽车发展过程中会产生一系列新的法律问题,如无人驾驶汽车法律主体问题、无人驾驶汽车信息泄露问题、算法技术支配下的权利转移问题、深度伪造技术下的社会风险问题等。要用数字思维引领社会治理,用数字技术赋能社会治理,用数字伦理与法治规制社会治理。因此,研究无人驾驶汽车侵权法律问题,对于即将到来的无人驾驶汽车普及社会具有重要理论价值和实践意义。

本书立足于无人驾驶汽车发展状况和侵权损害责任这一主题,密切关注美国、俄罗斯、日本等发达国家无人驾驶汽车发展状况和无人驾驶汽车立法动态,并深入了解我国无人驾驶汽车的发展水平、实践难题及学界讨论动态,结合无人驾驶汽车侵权损害典型案例进行实证研究,就无人驾驶汽车法律地位、无人驾驶汽车侵权损害的法理基础、归责原则、责任主体、损害赔偿、立法建议等展开全面、系统、深入研究。就无人驾驶汽车大规模侵权责任的分配和承担提出了建设性的意见,对无人驾驶汽车主体地位、国家管理人责任、多元化的责任主体制度、归责原则和损害赔偿机制的构建等提出了许多创新性的见解。

本书是在笔者主持完成的国家社科基金项目“无人驾驶汽车侵权法律问题研究”项目成果的基础上修改而成。参加课题研究的有江西财经大学法学院的熊玉梅副教授、陈宾博士,江西省高级人民法院研究室颜凌云法官,以及笔者指导的博士生张志坚、廖雯栅、赵梦茜和硕士生章竹红。同时,笔者指导的硕士生黄晓斌、舒颖、李园玲、黄彩艳也参加了课题的调研和资料收集等工作,并多次参加了课题的专题讨论及部分写作。因而,本书是集体智慧的结晶。借本书出版之际,对他们的辛勤劳动和付出表示衷心感谢!本书得以顺利出版,还要感谢法律出版社及其责任编辑蒋橙老师,他们对本书的出版给予了极大的支持和帮助。

熊进光

2023 年 3 月于南昌九龙湖绿地卢塞恩小镇